THE HAPPINESS HYPOTHESIS

조너선 하이트의
바른 행복

불행의 시대에 고전에서 찾은 행복의 비밀

조너선 하이트 지음 | 왕수민 옮김

부·키

지은이 **조너선 하이트** Jonathan Haidt

인간 도덕성의 기원을 탐구한 《바른 마음》과 젊은 세대의 현실을 날카롭게 분석한 《나쁜 교육》(공저)을 쓴 베스트셀러 작가이자 현재 전 세계에서 가장 주목받는 사상가.

사회심리학자로서, 긍정심리학 분야의 세계적 석학이자 정치심리학과 도덕심리학 분야에서도 가장 많이 인용되는 연구자들 중 한 명이다. 1985년 예일대학교에서 학사 학위를, 1992년 펜실베이니아대학교에서 박사 학위를 받았다. 1995년부터 2011년까지 버지니아대학교에서 학생들을 가르쳤으며, 이후 현재까지 뉴욕대학교 스턴경영대학원 교수로 재직 중이다.

버지니아대학교 우수 교수상을 세 차례나 수상했고, 버지니아주로부터 표창을 받기도 했다. '정치 심리학' '종교' '미국 정치의 양극화 원인' '2016년 총선 이후 미국의 치유' 등의 주제로 진행한 네 번의 TED 강연은 600만 회 이상의 조회수를 기록하며 전 세계적 반향을 불러일으켰다.

옮긴이 **왕수민**

서강대학교에서 철학과 역사를 공부했다. 조너선 하이트의 《바른 마음》과 《나쁜 교육》을 우리말로 옮겼다. 번역한 책으로는 《수잔 와이즈 바우어의 세상의 모든 역사: 중세편 1, 2》 《클라이브 폰팅의 세계사 1》 《더 타임스 세계사》(공역) 《문명 이야기 1, 4》 등이 있다.

조너선 하이트의 바른 행복

초판 1쇄 발행 2022년 8월 23일

지은이 조너선 하이트 | **옮긴이** 왕수민 | **발행인** 박윤우 | **편집** 김동준, 김유진, 김송은, 성한경, 여임동, 장미숙, 최진우 | **마케팅** 박서연, 이건희 | **디자인** 서혜진, 이세연 | **저작권** 김준수, 백은영, 유은지 | **경영지원** 이지영, 주진호 | **발행처** 부키(주) | **출판신고** 2012년 9월 27일 | **주소** 서울 서대문구 신촌로3길 15 산성빌딩 5-6층 | **전화** 02-325-0846 | **팩스** 02-3141-4066 | **이메일** webmaster@bookie.co.kr | **ISBN** 978-89-6051-938-1 03180

만든 사람들
편집 김동준 | **디자인** studio forb | **조판** 권순나

행복의 근원을 찾는 한국 독자에게

한국은 불과 한 세대 만에 기적 같은 변모를 이루며 민주주의와 번영, 그리고 세계 주요국의 위상을 한꺼번에 이룩한 나라이다. 한국에 대해 아는 게 딱 이것 한 가지라 해도, 나는 심리학자인 만큼 다음의 예상들은 자신 있게 내놓을 수 있지 않을까 한다. 한국인들은 번영을 이루고 나서 두 세대 동안은 아마 자기 부모들 세대보다 훨씬 더 삶에서의 의미를 찾아 나서게 될 것이다. 또 한국인은 나름의 정체성을 형성하려 애를 쓰게 될 텐데, 거기엔 현대적 특성이 주를 이루되 전통적 요소도 약간은 가미돼 있을 것이다. 아울러 한국인들은 결혼, 가족, 일의 의미가 근본적으로 뒤바뀌는 속에서 한바탕 씨름도 해야 할 것이다. 그런 면에서 이 책은 한국인에게 제법 유용할 수 있는데, 고대 원전原典에 담긴 가장 훌륭한 충고들을 끌어와 그것을 얄팍하고 때로는 쓸쓸한 현대 삶의 여러 조건에 적용해 보고자 했기 때문이다.

나름의 인연 덕에 나는 한국을 약간은 안다고 할 수 있다. 미국인인 내가 한국인 아내를 만나 가정을 꾸렸기 때문이다. 장인어른은 일제 강점기에 서울에서 어린 시절을 보내셨다. 나중에는 미군 부대에서 통역사로 일하셨는데, 수많은 노력에 약간의 행운까지 더해져 미국 대학교에서 경제학 박사 학위를 취득하고 펜실베이니아주립대학교 교수직을 얻을 수 있었다. 장모님의 경우에는 부친이 일제 강점기에 의원으로 활동하며 조국 해방을 위해 싸우셨다. 1950년 6월 25일의 그 암울한 날에는 국회 의원이었던 까닭에 회의에 소집되기도 하셨다. 장모님 부친과 일가는 이내 공산당위원회의 손에 "반동분자"로 분류됐다. 장모님과 일가족은 체포를 면하려 도망치듯 서울을 떠날 수밖에 없었다.

따라서 나는 한국인이 유달리 굳세고, 억척스럽고, 부지런한 이들임을 잘 안다. 한국인이 뭔가 하겠다고 마음먹으면, 그들을 막을 것은 아무것도 없다. 또한 나는 한국인들이 미국인에 비해 개인의 내면적 행복보다는 가족에 대한 의무와 직업적 성공을 더 염두에 둔다는 사실도 안다. 한국은 세태가 무척 빨리 변화하는 편이고, 따라서 한국의 젊은 세대와 그 조부모 세대 사이에는 오늘날 미국에서 느껴지는 것보다 훨씬 더 큰 심리적 간극이 자리한다. 앞으로도 한국을 살아가는 여러 세대 사이에서는 저마다 생각하는 행복의 원천이 사뭇 다를 수밖에 없을 것이다.

지금 여러분 손에 들린 이 책의 주 내용은 사실 행복이 아니다. 그보다는 관계를 주로 이야기한다고 해야 맞을 것이다. 이 책에 담긴 제일 중요한 생각도, 풍성하고 보람찬 삶이 찾아오려면 세 가지 면에서 제대로 된 관계를 맺어야 한다는 것이다. 바로 나 자신과 다른 사람, 나 자신과 일, 나 자신과 나보다 더 커다란 무언가의 사이에서 말이

조너선 하이트의 바른 행복

다. 이들 관계를 여러분이 제대로 맺어 나가면 행복은 자연스레 뒤따라올 것이다. 이는 현대 사회를 살아가는 누구에게나 다 똑같이 적용되는 말이기도 하다.

따라서 여러분이 자신의 관계를 더 잘 맺어 나가고, 스스로 더 나은 사람이 되고, 더욱 커다란 마음의 평온을 얻어야겠다고 마음먹었다면, 이 책이 얼마간은 도움이 될 수 있을 것이다. 아니 엄밀히 말하면, 이 책이라기보다는 아시아, 중동, 유럽, 북아메리카에 살았던 고대 사상가의 생각들이 여러분에게 얼마쯤 도움을 주리라고 하는 편이 낫겠다. 사회심리학자로서 내가 한 일은 그저 그 생각들을 한데 끌어모아 이런저런 주석을 붙여, 왜 이런 생각들이 참되고 오랜 세월 변치 않고 참된 가치를 지니는지 여러분이 이해할 수 있도록 한 것일 뿐이니까.

부디 여러분 자신, 그리고 여러분이 맺는 관계가 아름답게 자라나길 바란다.

뉴욕에서
조너선 하이트

긍정심리학 문헌을 두루 살펴 덕과 행복한 삶이 무엇인지를 그 어떤 책보다 기막힌 솜씨로 명쾌하게 분석해 내고 있다. 행복이 무엇인지 알고자 하는 독자들에게 나의 충고는 이것이다. 하이트의 책부터 읽어 보라.

— **마틴 셀리그먼**, 펜실베이니아대학교 심리학 교수, 《긍정심리학》 저자

이 참신하고 독창적인 책은 문화와 시대를 막론하고 사람들이 지금까지 행복에 대해 알아낸 것들의 정곡을 찌른다. 재미있고, 뜻깊으며, 가독성도 대단히 좋다.

— **미하이 칙센트미하이**, 《몰입 Flow》 저자

인생의 가장 심오하고 절박한 물음에 깊은 통찰을 제공하는 놀랍고도 매력적인 책.

— **데이비드 버스**, 텍사스대학교 오스틴 캠퍼스 심리학 교수, 《욕망의 진화》 저자

저자는 개인적인 의미를 창조하는 데서 감정이 갖는 중요성을 확신하고 있다. 매우 흥미롭고 용기 있는 책이다.

— **안토니오 다마지오**, 서던캘리포니아대학교 심리학 교수, 《느끼고 아는 존재》 저자

조너선 하이트가 행복에 이르는 완벽한 길을 찾았다고 단언할 수는 없겠지만 우리 시대의 어떤 저자보다 그 언저리에 더 근접한 것 같다. 페이지를 넘길 때마다 좋은 삶과 그것을 어디서 찾아야 할지에 대한 보석 같은 통찰들이 반짝반짝 빛을 발한다. 인간성과 그것이 지닌 잠재력에 관심 있는 사람이라면 누구든 이 책을 집어들어야 한다.

— **윌리엄 데이먼**, 스탠퍼드대학교 교육학 교수, 《도덕적인 아이》 저자

삶의 길잡이로 삼기 위해 예전의 지혜에 기대야 할까, 최근의 발견에 눈을 돌려야 할까? 하이트는 인생과 행복의 심리를 다룬 보석 같은 이 연구에 두 가지 모두를 끌어옴으로써 우리의 고민을 불필요하게 만들었다.

— **대니얼 웨그너**, 버지니아대학교 심리학 교수, 《의식적인 의지의 환상》 저자

고대와 현대, 종교와 과학, 동양과 서양, 그리고 진보와 보수의 지혜들을 하나의 직물에 절묘하게 짜넣은 지적인 걸작이다. 그리고 이 모두는 더 의미 있고 도덕적이고 만족스러운 삶이라는 과녁을 겨냥하고 있다.

— **데이비드 마이어스**, 호프칼리지 심리학 교수, 《직관의 두 얼굴》 저자

이 멋진 저작에서 조너선 하이트는 최근의 심리 연구와 고대의 지혜 사이에 존재하는 깊은 연관성에 주목한다. 현대 심리학이 인생의 가장 중요하고 절실한 물음에 대해 얼마나 많은 말을 해 줄 수 있는지 확인하는 것은 흥미롭다 못해 감동적이기까지 하다.

　－**배리 슈워츠**, 스와스모어칼리지 교수, 《선택의 심리학》 저자

진정 매력적인 책. 긍정심리학 운동이 탄생시킨 책 중 지적인 면에서 가장 견고함을 자랑한다.　　　　　　　　　　　　　　－《네이처》

인간적이고 재치 있고 위안을 주는 책이다. 고대의 문화적 통찰과 현대 심리학을 훌륭하게 통합시킨 결과물이다.　　　　　　　　－《타임스》

대단하다. 현대의 인간 조건에 대한 이해를 이토록 단순하고 명쾌하고 알기 쉽게 풀어 낸 책은 본 적이 없다.　　　　　　　　　－《가디언》

읽는 이의 허를 찌르는 독창성이 돋보인다. 즐거움보다 근심이 더 익숙한 이들의 마음을 편안하게 해 준다. 영리함과 진지함 속에서도 거만함을 찾아볼 수 없는 책.　　　　　　　　　　　－《시애틀 타임스》

차 례

지혜는 모든 곳에 있다

무엇을 해야 할까? 어떻게 살아야 할까? 어떤 사람이 되어야 할까? 숱한 이들이 이런 질문을 던지지만, 사실 현대의 삶을 사는 한에는 그 답을 찾으려 굳이 멀리까지 갈 필요가 없다. 지금은 지혜가 너무 저렴하고 그득해서, 달력의 페이지, 티백, 병마개, 친구들이 선심 쓰듯 돌리는 단체 이메일 메시지에까지 차고 넘치기 때문이다. 어떻게 보면 우리는 마치 호르헤 루이스 보르헤스Jorge Luis Borges의 〈바벨의 도서관Libaray of Babel〉에서 살아가는 주민들 같기도 하다. 책이 무한정 들어차 있는 이 도서관에는 존재 가능한 모든 문자열의 조합이 책 안에 들어 있고, 도서관 어딘가에는 이곳이 존재하는 이유와 그 사용법을 설명해 줄 책도 있을 것이었다. 하지만 보르헤스의 사서司書들은, 아무 의미 없는 내용의 책들만 밑도 끝도 없이 꽂힌 한가운데서는 절대 그 책을 찾을 수 없을 거라며 미심쩍어할 뿐이다.

그래도 우리는 그들보다는 사정이 나은 편이다. 우리가 지혜의 원천으로 꼽을 말 중에는 아무 의미 없는 것은 극히 적을 뿐만 아니라, 개중에는 온전히 참인 것도 제법 있기 때문이다. 그렇다고 해도 사실상 무한정하기는 우리의 도서관도 마찬가지여서(한 사람이 평생 아무리 애써도 읽어 낼 수 있는 책의 양은 결국 티끌에 불과하다), 우리로서는 풍요의 역설(양量이 우리가 하는 일들의 질을 떨어뜨리는 것)에 마주치는 셈이다. 너무도 방대하고 또 대단한 도서관이 우리 눈앞에 펼쳐져 있는 까닭에, 오히려 우리는 책을 겉핥기식으로 훑거나 아니면 서평만 읽고 지나갈 때가 많다. 어쩌면 우리는 이미 일생일대의 위대한 생각the Greatest Idea 을 이미 만났을 수도 있다. 우리가 그것을 제대로 음미하고, 진심으로 받아들이고, 우리 삶에까지 접목했다면, 우리를 전과는 전혀 다른 사람으로 바꾸어 놓았을 그런 통찰을 말이다.

이 책에는 열 가지 위대한 생각이 담겨 있다. 각각의 장章별로 전 세계 곳곳의 문명이 이미 발견한 한 가지 생각을 골라 그것을 제대로 음미해 보고자 노력했다. 즉, 과학적 연구에서 나온 현재의 지식을 토대로 그 생각에 질문을 던져 보고, 현대 우리 삶에 여전히 적용될 만한 가르침들을 뽑아내 보고자 한 것이다.

나는 사회심리학자이다. 실험을 통해 인간 사회생활의 한 귀퉁이를 나름으로 이해해 보려 애쓰는 게 내 일인데, 내가 맡은 영역은 도덕과 도덕 감정들이다. 나는 학생들을 가르치는 사람이기도 하다. 버지니아대학교에서 많은 인원이 수강하는 심리학 개론 수업을 진행하고 있는바, 총 24회의 강의로 학생들에게 심리학 영역 전체를 설명하는 것이 이 수업의 목적이다(2022년 현재는 뉴욕대학교 교수로 재직 중이다 - 편집자). 이를 위해 나는 홍채의 구조부터 사랑의 작용에 이르기까지의 온갖 이야기를 이루 헤아릴 수 없이 많은 연구 결과를 제시하며 풀어내야 하고, 그런 다음에는 내 수업을 듣는 학생들이 그 내용을 빠짐없이 잘 이해하고 기억하기를 바라야 한다. 대학 강의를 시작한 첫해에 이 버거운 과제를 붙들고 씨름하면서, 개중 몇 가지 생각들은 강의 내용에 상관없이 되풀이해서 등장한다는 것을, 아울러 옛 사상가들이 이미 그 생각을 유려한 말로 표현해 놓은 경우가 많다는 사실을 깨달을 수 있었다. 예컨대 우리의 감정, 사건에 대한 반응, 몇몇 정신 질환은 이 세상을 바라볼 때 우리가 쓰게 되는 정신 필터 때문에 일어난다는 생각은 다음과 같은 셰익스피어의 한마디에 더없이 간명하게 정리돼 있었다. "세상에는 원래 좋은 것도 나쁜 것도 없어. 다 생각하기 나름이지."[1] 나는 심리학의 주요 생각들을 학생들이 잘 기억하게끔 그런 인용구들을 사용하기 시작했는데, 이런 식으로 접목할 수 있는 생각들이 세상에 얼마나 많을까 차츰 궁금해지기 시작했다.

그래서 그 수를 알아내고자 고대의 지혜와 관련된 저작을 수십 권 읽어 나갔는데, 그 대부분이 고전 사상을 탄생시킨 거대 권역 세 곳, 즉 인도(《우파니샤드》, 《바가바드 기타》, 부처의 말씀), 중국(공자의 《논어》, 《도덕경》, 맹자 및 여타 철학자의 글들), 지중해 문화권(《구약 성경》 및 《신약 성경》, 그리스와 로마 철학자들의 글, 《코란》)에서 나온 것들이었다. 나는 여기에 근래 500년 사이에 쓰인 각양각색의 철학 및 문학 작품들도 함께 읽어 나갔다. 책 안에서 심리학과 관련된 주장들(인간의 본성이나 마음의 작용과 관련된 것들)이 등장한다 싶으면 반드시 그 내용은 따로 잘 적어 두었다. 또한 어떤 생각이 시대와 장소를 막론하고 거듭 표명된다 싶을 때는 언제든 그것이 '위대한 생각'이 될 수 있겠다고도 여겼다. 하지만 나는 동서고금에 가장 널리 퍼진, 인간에 관한 최고의 심리적 생각 열 가지를 기계적으로 나열하는 데에 급급하지 않고, 빈도보다 일관성에 더 중점을 두자고 마음을 먹었다. 생각끼리 아귀가 잘 들어맞고, 서로를 토대로 내용이 잘 구축되어, 인간 존재가 삶에서 어떻게 행복과 의미를 찾을 수 있는지에 관한 이야기를 들려줄 수 있는 그런 생각들을 주제로 글을 쓰고 싶었다.

사람들이 행복과 의미를 찾게 돕는 것이야말로 긍정심리학이라는 새로운 분야가 내건 궁극적 목표인 데에다[2] 나 자신도 긍정심리학에서 활동하고 있는 만큼,[3] 어떻게 보면 이 책은 긍정심리학이 고대의 지혜에 어떤 식으로 연원을 두고 있고 또 오늘날의 긍정심리학을 어떻게 삶에 적용할지 밝힌 것이라고도 하겠다. 물론 이 책에서 내가 다루게 될 연구를 수행한 이들은 대부분 그 자신을 긍정심리학자로 여기지는 않을 테지만 말이다. 비록 그렇다 해도 나는 열 가지 고대의 생각과 그야말로 다종다양한 현대의 연구 결과물의 힘을 빌려, 인간 존재를 크게 성장시키는 것은 무엇이고, 또 우리가 어떻게 자기 앞길의 행복을 막는 장애물을 제 손으로 놓는 격이 되는지도 최선을 다해 이야기해 보고자 했다.

그 이야기는 인간의 마음이 작동하는 방식에 관한 설명으로 시작된다. 여기서 그 작동을 전부 설명하기는 어려우나, 고대의 진실 딱 두 가지만큼은 반드시 제대로 이해해야 현대 심리학을 이용해 여러분의 삶을 더 나아지게 만들 수 있다. 그 첫 번째 진실은 이 책의 토대를 이루는 생각이기도 한데, 인간의 마음은 더러 충돌하기도 하는 여러 부분으로 분열돼 있다는 것이다. 마치 코끼리 등에 올라탄 기수처럼, 우리 마음의 의식적이고 추론하는 부분은 코끼리가 하는 일에 제한적 통제력밖에 행사하지 못한다. 왜 이 같은 분열이 일어나고, 어떻게 해야 기수와 코끼리가 잘 의기투합하게 할지 그 몇 가지 방법들을 우리는 요즘에야 알게 되었다. 두 번째 생각은 셰익스피어의 희곡 대사인, "다 생각하기 나름"(아니면 부처[4]가 말했듯, "우리 삶은 우리 마음이 만들어 낸 것")이 과연 어떤 의미인가에 관한 것이다. 하지만 우리는 단순히 여기에 머물지 않고 이 옛 생각을 한층 발전시킬 수 있는데, 그러려면 사람들 대부분이 왜 편향을 가진 채 위협을 바라보는지, 왜 쓸데없는 걱정에 휘말릴 수밖에 없는지 그 이유를 설명해 낼 수 있어야 한다. 아울러 우리는 행복을 늘려 주는 세 가지 기법을 활용해(하나는 고대에, 나머지 둘은 무척 최근에 새로 개발되었다), 그런 편향을 바꾸기 위해 뭔가를 해 볼 수도 있다.

이 이야기의 두 번째 단계는 우리의 사회생활에 대해 나름의 설명을 제시하는 것이다. 이번에도 완벽한 설명은 어렵고, 널리 알려져는 있으나 그 진가를 충분히 인정 못 받는 진실 딱 두 가지만 살펴볼 것이다. 그 하나는 바로 황금률Golden Rule이다. 우리가 사람들과 어울려 지낼 때 활용하는 제일 중요한 도구는 호혜성인데, 이것을 어떻게 활용해야 여러분 삶 안의 문제를 잘 해결하고, 또 어떻게 해야 이 호혜성을 나한테 불리하게 사용하는 자에게 함부로 이용당하지 않을지를 여러분에게 보여 주려고 한다. 그런데 호혜성은 단순히 도구에 그치지 않는다. 호혜성은 우리 인간이 어떤 존재이고 또 무엇을 필요로 하는지 알려 주는 실마리이자, 더 커다란 이야기의 마지막을 이해하는 데에 무척 중요한 의미를 지니게 될 단서이기도 하다. 이 부분의 두 번째 진실은 인간은 누구나, 그 본성부터가, 위선자라는 것으로, 우리가 황금률을 성심껏 따르기가 그토록 어려운 까닭도 바로 여기에 있다. 최근의 심리학 연구에 따르면, 우리는 이웃의 눈에 든 작디작은 티끌은 기막히게 잘 알아보면서도 정작 자신의 눈에 든 들보는 알아보지 못하는 정신 기제를 가진 것으로 밝혀졌다. 만일 여러분의 마음이 무엇으로 구성돼 있고, 왜 여러분이 이 세상을 선과 악이라는 뒤틀린 렌즈를 통해 바라보기가 그렇게 쉬운지를 알게 되면, 여러분의 독단성을 줄여 나갈 발걸음도 내디딜 수 있을 것이다. 그렇게 되면 자신이 옳다고 확신하는 타인과 충돌을 빚는 횟수도 줄일 수 있을 테고 말이다.

이야기의 이 대목에 이르면, 우리는 다음과 같은 질문을 던질 채비를 갖춘 셈이 될 것이다. '행복은 어디에서 오는가?' 이 세상에는 서로 다른 여러 가지의 "행복 가설"이 존재한다. 그중 하나에서는 행복은 우리가 원하는 것을 얻는 데서부터 온다고 말하지만, 그런 행복은 덧없이 지나간다는 것은 다들 아는 사실이다(이 점은 연구를 통해서도 확인된다). 이보다 더 신빙성 있어 보이는 가설은 행복은 안에서부터 온다는 것으로, 이 세상을 내 욕망에 맞춰서는 행복을 얻을 수 없다고 말한다. 이 생각은 고대 세계에 두루 통하던 것이기도 했다. 인도의 부처와 고대 그리스 및 로마의 스토아학파 철학자들은, 사람과 세상만사는 언제나 자기 생각이나 뜻대로 되지 않는 만큼 그것들에 대한 감정적 집착은 버리고 대신 받아들임의 태도를 기르라고 사람들에게 권했다. 고대의 이 생각은 새겨들을 가치가 있을 뿐만 아니라, 보통은 세상을 바꾸기보다 우리 마음을 바꾸는 게 절망에 대처하는 더 효과적인 반응이기도 하다. 하지만 이 책에서 나는 행복의 이 두 번째 가설도 그르다는 증거를 제시하고자 한다. 최근의 연구 결과에 의하면, 우리의 삶 안에는 열심히 노력해서 얻어 낼 만한 가치가 있는 것들도 분명히 존재한다. 다시 말해, 우리의 삶을 지속적으로 더욱 행복하게 해 줄 삶의 외적 조건들이 존재하는 것이다. 그러한 조건 중 하나가 바로 관계 맺음이다. 우리가 다른 이들과의 사이에서 형성하게 되고, 또 형성할 필요가 있는 유대 말이다. 이와 관련해서는 사랑은 과연 어디에서부터 오고, 왜 열정적 사랑은 늘 차갑게 식어 버리고, "진정한" 사랑은 어떤 종류의 사랑인지 알려 주는 연구들을 제시하려 한다. 그러면서 부처와 스토아학파가 제시한 행복 가설을 다음과 같이 매만질 필요가 있다는 의견을 피력하게 될 것이다. '행복은 안에서도 오고, 밖에서도 온다.' 그 사이에서 제대로 균형을 잡으려면 우리에겐 고대의 지혜와 현대의 과학 모두를 길잡이로 삼아야만 한다.

인간이 어떻게 성장하는가에 관한 이 이야기의 다음 단계에서는 인간을 성장시키고 발달시키는 여러 조건을 살펴보게 된다. 죽지 않을 만큼의 고된 일들은 나를 강하게 만든다는 말은 다들 들어 봤을 테지만, 이는 위험을 내포한 지나친 단순화이다. 우리를 죽일 정도는 아닌 일 가운데에도 우리 인생에 해를 입힐 만한 것들이 많기 때문이다. 이와 관련해서는 "외상 후 성장"을 다룬 최근 연구를 통해, 사람들이 언제 그리고 왜 역경을 통해 성장하는지, 또 역경에 대비해 우리가 할 수 있는 일은 무엇인지, 막상 역경이 닥치고 난 후에는 그것을 어떻게 극복하면 좋은지를 살펴볼 수 있다. 이와 함께 덕은 그 자체가 보상이므로 사람은 모름지기 자신이 가진 덕을 계발해야 한다는 훈계를 우리는 다들 귀에 못이 박이도록 들어 왔지만, 이 역시 지나친 단순화이기는 마찬가지이다. 나는 지난 몇 세기에 걸쳐 덕과 도덕의 개념이 어떤 변화를 겪으며 그 의미가 좁아져 왔고, 아울러 덕과 도덕성 발달에 관한 고대의 생각들이 오늘날에도 어떻게 나름의 신빙성을 지니는지 보여 주려 한다. 이와 함께 여러분이 가진 강점과 덕을 "진단해" 그것들을 발달시킬 방법을 제시함으로써, 긍정심리학이 실제로 그 신빙성을 입증해 내고 있다는 사실도 함께 보여 주려 한다.

이 이야기는 의미에 관한 질문으로 끝을 맺는다. 즉, '왜 어떤 이들은 삶에서 의미, 목적, 보람을 찾아내는 반면, 왜 어떤 이들은 그러지 못하는가?' 이와 관련해서는 폭넓은 지역에 두루 존재하는 문화적 통념, 즉 인간의 존재에는 수직적, 영적 차원도 함께 자리한다는 사실로 그 서두를 연다. 그 차원을 품격, 덕, 혹은 신성함의 무엇으로 부르건, 혹은 신이 존재하건 않건, 사람들은 신성함, 거룩함, 혹은 타인이나 자연 속의 형언 못 할 훌륭함을 자신도 모르게 그냥 인지해 낸다. 이 부분에서는 역겨움, 고양감, 경외감 같은 도덕적 감정을 연구한 내용을 바탕으로 이 같은 수직 차원이 어떻게 작동하고, 나아가 이 차원이 종교적 근본주의, 정치적 문화 전쟁, 인간의 의미 찾기 여정을 이해하는 데 있어 왜 그토록 중요한지 설명하고자 한다. 이와 함께 사람들이 "삶의 의미는 무엇인가?"라는 질문을 던질 때 그 말뜻은 과연 무엇인지도 답을 제시해 보겠다. 그 대답은 삶에는 목적이 있다는 고대의 생각들을 빌려 오기는 하겠지만, 아주 최근의 연구 결과들을 통해 그 같은 고대의 생각들, 혹은 여러분이 한 번쯤은 마주쳤을 법한 그 모든 생각들을 한 차원 뛰어넘어 보고자 한다. 마음만 먹으면 나는 이쯤에서 행복 가설의 최종 형태를 몇 마디로 간단히 정리해 볼 수도 있었겠지만, 이 짧막한 서론에서 그런 시도를 했다간 괜히 내용만 어설퍼질 수 있다. 지혜의 말들, 삶의 의미, 심지어 보르헤스의 사서들이 애써 찾으려 했던 그 답…. 이것들은 어쩌면 하나같이 매일매일 우리 곁을 스치고 지나가고 있을지도 모르나, 그래 봤자 우리에게는 아무 소용이 없을 수 있다. 우리가 그것들을 제대로 음미하고, 그것들을 붙들고 씨름하고, 거기에 질문을 던져 보고, 그것들을 발전시키고, 그것을 우리 삶과 연결하지 않는 한에는 말이다. 바로 이것들이 내가 이 책에서 하고자 하는 일이다.

THE HAPPINESS HYPOTHESIS

1장 분열된 자기와 화해하라

살이 원하는 바는 영혼이 원하는 바를 거스르고,

영혼이 원하는 바는 살이 원하는 바를 거스르니,

둘이 서로를 거스르는 까닭은

네가 원하는 바를 하지 못하게 막으려 함이니라.

사도 바울, 〈갈라디아서〉 5:17[1]

열정이 멋대로 돌진한다면, 이성理性에게 고삐를 쥐게 하라.

벤저민 프랭클린[2]

내가 처음으로 말을 타 본 것은 1991년 노스캐롤라이나의 그레이트스모키마운틴스 공원에서였다. 어린아이였을 적에 10대였던 누군가가 나를 말 등에 태우고 짧게 밧줄을 메어 말을 끌어 준 적은 몇 번 있었지만, 그런 밧줄 없이 나와 말 단둘이서만 길을 간 건 그때가 처음이었다. 당시 말을 타고 있던 게 나 혼자만은 아니었기에(나 말고도 여덟 명이 말 여덟 마리의 등에 올라타 있었던 데에다, 개중 하나는 공원 경비원이었다) 말 타는 게 썩 힘든 일은 아니었다. 하지만 한번 정말 위태했던 고비가 찾아오기는 했었다. 우리가 둘씩 짝지어 말을 몰아 비탈진 언덕길을 따라 올라갈 때였는데, 그때 내 말이 걷고 있던 바깥쪽 길은 깎아지른 벼랑에서 1미터밖에 떨어져 있지 않았다. 그런데 길이 왼쪽으로 휙 꺾이는 지점에 왔는데도, 내 말은 벼랑을 향해 곧장 앞으로만 나아가는 것이 아닌가. 난 순간 얼어붙었다. 방향을 왼쪽으로 꺾어야 한다는 걸 알았지만, 내 왼쪽에서 걷고 있는 말과 부딪치면 어떡하나 하는 생각이 들었다. 물론 도움을 요청하거나, "조심하세요!" 소리를 지를 수도 있었겠지만, 내 안의 일부는 왠지 누가 봤다면 멍청이라고 확신할 만큼 그저 멀뚱히 앉아 벼랑 쪽으로 나아가는 편을 택했다. 난 얼어붙어 있는 수밖에 없었다. 내가 완전히 손을 놓은 채 절체절명의 5초를 보내는 동안, 내 말과 내 왼쪽의 말은 자기들끼리 차분하게 알아서 척척 왼쪽으로 방향을 틀었다.

순간 공포가 누그러지면서 내가 품은 두려움이 터무니없었다는 생각에 웃음이 터졌다. 내가 타고 있던 말은 자신이 뭘 하는지 정확히 알고 있었다. 그 길을 그 말은 수없이 지나다닌 데에다, 괜히 발을 헛디뎠다가 비명에 가고 싶지 않기는 나와 매한가지였다. 말에게 내가 이래라저래라 할 필요는 전혀 없었고, 아닌 게 아니라 실제로도 말에게 한두 번 지시를 내려 봤지만 말은 귓등으로도 듣는 것 같지 같았다. 내 생각이 이렇듯 완전히 엇나간 건 그전까지 10년 동안은 내가 말이 아니라 차를 몰아 왔기 때문이었다. 차는 내가 따로 지시를 내리지 않으면 벼랑을 향해 그냥 나아간다.

인간의 사고는 비유에 의존해 이뤄지곤 한다. 새로운 것이나 복잡한 것을 이해할 때 우리는 이미 알고 있는 것을 거기 연관시킨다.[3] 예를 들어, 삶을 일반적 차원에서 고찰하기는 어렵지만, "삶은 여행이다"라는 비유를 적용하면 그걸 길잡이로 몇몇 결론들에 이르기도 한다. 삶은 여행이니까 지형을 잘 파악해야 하고, 방향을 잘 설정해야 하며, 좋은 길벗을 몇 명쯤은 찾아야 하고, 막상 그 길의 끝엔 아무

것도 없을 수 있으므로 여행 자체를 즐겨야 한다는 식으로 말이다. 마음 역시 우리가 고찰하기 영 어려운 주제인데, 비유를 하나 고르면 생각의 가닥이 잡힌다. 지금껏 역사 시대 내내 사람들은 동물들과 함께 지내며 그것들을 인간들 뜻대로 움직이려 해 와서인지, 고대의 비유들에는 이런 동물들이 곧잘 등장한다. 그 일례로, 부처가 마음을 야생 코끼리에 빗댄 것이 있다.

> 지난날 이 내 마음은 길을 잃고 이기적 욕망, 정욕情慾, 쾌락에 이끌려 다녔다. 오늘날 내 마음은 더 이상 헤매지 않고 절제의 조화 속에 자리하고 있으니, 마치 조련사가 야생 코끼리를 부리는 것과 같노라.[4]

플라톤도 이와 비슷한 비유를 사용한 바 있으니, 자기self(혹은 영혼soul)는 마차이며, 마음의 차분하고 이성적인 부분이 말의 고삐를 쥐고 있다고 여겼다. 플라톤의 마부는 반드시 말 두 마리를 잘 잡아 끌어야 했다.

> 오른편의 더 고상한 말은 뼈대가 꼿꼿하고 관절이 마디마디 꽉 맞물린 데에다, 목이 길고 코엔 위엄마저 서려 있다. … 이 말은 명예를 사랑하되, 겸손하고 절제할 줄 안다. 참된 영광의 동반자인 이 말에겐 채찍 따위는 필요 없으며, 오로지 입에서 내리는 명령만으로도 충분히 움직인다. 한편 다른 말은 자세가 구부정하고 사지가 그야말로 아무렇게나 달린 듯하다. … 막된 허세와 무례의 동반자인 이 말은, 귀 언저리 털은 듬성듬성 빠져 있고(거기에 말

뚝처럼 말귀도 못 알아듣고) 채찍을 때리고 이랴 하고 외쳐도 도무지 말을 들으려 하지 않는다.[5]

플라톤이 보기에, 몇몇 감정과 열정은(예를 들면, 명예에 대한 사랑 같은 것들) 훌륭한 면이 있어서 자기self를 올바른 방향으로 끌어가는 데 도움을 주지만, 개중에는 나쁘다고 할 수밖에 없는 것들도 있다(예를 들면, 식욕과 정욕情慾 따위). 플라톤에게 있어 교육의 목적은 두 마리 말을 마부가 완벽하게 통제할 수 있도록 도와주는 데 있었다. 그런데 플라톤 이후 2300년이 흐르고 나서, 지그문트 프로이트Sigmund Freud가 이와 관련된 모형 하나를 세상에 내놓게 된다.[6] 프로이트에 따르면 우리 인간의 마음은 세 부분으로 나뉘어 있으니, 그 셋이란 에고ego(의식적이고 합리적인 자기), 슈퍼에고superego(양심, 더러 사회의 규칙들을 너무 엄격히 지킨다), 이드id(쾌락을, 많이, 되도록 빨리 즐기려는 욕구)를 말한다. 프로이트 관련 강의를 할 때면 나는 마음을 말과 사륜마차(빅토리아 여왕 시대의 마차)에 비유하곤 한다. 마차 앞쪽에서는 마부(에고)가 허기와 정욕에 허덕이는 반항적인 말(이드)을 몰려고 미친 듯 사투를 벌이고, 마차 뒷좌석에는 마부의 아버지(슈퍼에고)가 앉아 그래서 되겠냐며 왈가왈부한다는 식으로 말이다. 프로이트는 이 가련한 상태에서 벗어나는 것, 즉 에고의 힘이 강해져 이드를 확실히 통제하고 슈퍼에고로부터 더 독립하게 되는 것이 정신 분석의 목적이라고 보았다.

프로이트, 플라톤, 부처 모두 그들이 살던 세상에서는 길들인 동물들을 어딜 가나 쉽게 만날 수 있었다. 자기보다 훨씬 덩치가 큰 생물체에게 자신의 뜻을 행사하는 것이 이들에게는 익숙한 일이었다.

조너선 하이트의 바른 행복

하지만 20세기 이후 차츰, 사람들은 말 대신 차를 몰게 된 것은 물론 첨단 기술의 힘을 빌려 자신이 사는 물리적 세상을 그 어느 때보다 많이 통제할 수 있게 되었다. 그러자 비유를 들어야 할 때에도 마음은 이제 자동차를 모는 운전자나 아니면 컴퓨터에서 작동되는 프로그램으로 비치기에 이르렀다. 프로이트가 말한 무의식은 전혀 염두에 두지 않고, 오로지 사고 기제와 의사 결정 기제만 연구하는 일이 가능해진 것이다. 20세기의 마지막 3분의 1 기간에 사회 과학자들이 행한 작업이 바로 이것이었다. 사회심리학자들은 이른바 "정보 처리" 이론을 탄생시키고 그것으로 편견에서 우정에 이르기까지의 모든 것을 설명해 냈다. 사람은 합리적인 주체로서, 정보와 자원을 맘껏 활용해 지능적으로 자신의 목표를 설정하고 그것들을 추구해 나간다는 생각이 자리 잡았고, 이를 밑바탕으로 사회 과학은 일사분란하게 통일을 이루어 나가고 있었다.

그런데 그렇다고 하면 사람들은 왜 멍청한 짓을 그만두지 못하는 걸까? 왜 스스로를 제어 못 하고 자신에게 뻔히 안 좋은 일을 계속하는 것일까? 내 경우를 예로 들자면, 나는 식당에 가면 내가 가진 의지를 총동원해 메뉴판에 적힌 디저트를 모른 척하는 것까지는 할 수 있다. 하지만 그 디저트가 막상 테이블 위에 놓이면 먹지 않고는 도저히 못 배긴다. 또 과제를 집중해서 끝낼 때까지는 절대 자리에서 안 일어나겠다고 굳게 다짐까지는 할 수 있지만, 어느새 부엌에서 서성대거나 이런저런 핑계로 일을 미루는 나를 발견하곤 한다. 내일부터는 아침 6시에 기상해 원고 집필을 하겠다고 마음먹는 것까지도 가능하다. 하지만 알람을 한번 꺼 버리고 나면 아무리 일어나라고 스스로를 다그쳐도 절대 침대에서 기어 나오지 않는 나를 보고는, 플라톤이 나쁜 말을 가리켜 "말뚝처럼 말귀를 못 알아듣는다"라고 한 게 이런 뜻이 었구나 싶다. 하지만 나의 무력함을 더욱 뼈저리게 실감하기 시작한 것은 삶의 더 중차대한 결정들, 이를테면 데이트를 할지 말지 결정을 내려야 할 때였다. 당시 상황에서 내가 어떻게 해야 하는지를 보통 나는 정확히 알고는 있었다. 하지만 친구들에겐 나도 데이트할 거라고 잔뜩 떠벌려도, 그러지 않을 거라는 사실을 내 안의 일부는 어렴풋이 알았다. 그런 때에는 추론이 진행되기보다는 죄책감, 정욕, 두려움 같은 느낌이 더 강하게 들 때가 많다. (그러면서 한편으로는 비슷한 처지의 다른 친구들에게는 이렇게 해야 하지 않겠느냐며 훈수를 꽤나 두곤 했다.) 이런 내 상황은 로마 시대 시인 오비디우스Ovidius도 완벽하게 포착해 낸 바 있다.《변신 이야기Metamorhposes》에서 메데이아는 이아손에 대한 사랑과 아버지에 대한 효심 사이에서 갈팡질팡한다. 메데이아는 애통해하며 말한다.

지금 나는 이상하고 새로운 힘에 끌려가고 있어. 욕망과 이성이 서로 다른 방향에서 당기는구나. 어느 쪽이 옳은지를 나는 알고 그리로 가야지 생각은 하지만, 정작 발은 잘못된 길을 따르네.[7]

합리적인 선택과 정보 처리를 주로 이야기하는 오늘날의 이론으로는 의지의 나약함이 충분히 설명되지 않는다. 옛날 사람들이 썼던 동물을 제어할 때의 비유들이 차라리 무척 그럴싸하게 들어맞는다. 나 자신이 이렇게나 나약하구나 놀라던 순간 내 머리에 떠오른 이미지도, 내가 마치 코끼리 등에 올라타 있는 기수 같다는 것이었다. 내 손에는 그래도 고삐가 쥐어져 있어, 그것을 이쪽저쪽 당기며 코끼리

조너선 하이트의 바른 행복

에게 어느 방향으로 몸을 틀라거나, 멈추라거나, 출발하라거나 말은 할 수 있다. 하지만 내가 이래라저래라 지시를 내릴 수 있는 건, 코끼리 자신이 욕망을 갖지 않았을 때뿐이다. 코끼리가 진정 뭔가 하고 싶은 게 있을 땐, 나는 코끼리를 절대 당할 수 없다.

이 비유는 지난 10년 간 내 독자적인 생각을 이끄는 데에 활용해 온 것으로, 이 책을 처음 쓰기 시작할 때만 해도 나는 이 비유가 분열된 자기를 다루는 1장에나 유용하겠거니 했다. 하지만 막상 원고 집필에 들어가자, 이 비유는 책의 모든 장에서 유용한 것으로 드러났다. 심리학의 제일 중요한 사상들을 이해하기 위해서는 마음이 어떻게 분열돼 있고, 제각기 분열된 부분들이 때로 어떤 갈등을 빚는지 이해할 필요가 있다. 우리는 으레 한 몸에는 한 사람만 존재한다고 여기지만, 몇몇 측면에서 보면 우리 각자는 어쩌다 이런저런 성원들이 모여 만들어진 위원회와도 같다고 하겠으니, 그래서 이들 성원은 곧잘 상충하는 목표를 내걸고 일을 하곤 한다. 우리 마음은 네 가지 면에서 분열돼 있다고 말할 수 있다. 이 중에서도 제일 중요한 것은 네 번째 인데, 이것이 코끼리와 기수의 비유와 가장 딱 들어맞기 때문이다. 하지만 앞의 세 가지 분열도 우리가 쉽사리 유혹당하고, 나약해지고, 내면의 갈등을 겪는 데에 일정 부분 이바지한다.

첫 번째 분열: 마음과 몸

더러 우리는 몸이 제 마음이 있는 듯 따로 논다고 말한다. 프랑스 철학자 미셸 드 몽테뉴Michel de Montaigne는 여기서 한발 더 나아가 아예 우리 신체의 각 부분에 저마다의 감정과 다급한 현안이 있는 것 같다고 말한 바 있다. 그중에서도 몽테뉴가 가장 강하게 매료됐던 부분은 페니스가 독립적으로 활동한다는 사실이었다.

신체의 이 부분이 얼마나 음탕하고 반항적인지는 우리가 눈여겨보지 않을 수 없는바, 우리가 원하지 않는데도 그야말로 당치도 않은 때 앞으로 쑥 불거지는가 하면 우리가 그토록 간절히 원할 땐 그야말로 당치도 않게 우리를 낙담시킨다. 이놈은 해볼 테면 해보라는 듯 우리의 의지와 서로 지휘권을 놓고 겨룬다.[8]

몽테뉴는 우리 의지와 상관없이 사람 표정만 봐도 그의 진짜 심정이 다 드러난다는 데에도 주목했다. 어느 틈엔가 머리칼이 곤두서고, 심장은 방망이질하며, 혀는 말을 잇지 못한다. 거기에다 창자와 괄약근은 "우리의 바람과 상관없이, 심지어는 우리 뜻을 정반대로 거슬러, [자기들] 좋다 싶을 때에 이완과 수축"을 감행한다. 이런 일 일부가 자율 신경계(우리 신체를 이루는 각 기관들 및 생식선을 관장하는 신경망) 때문에 벌어진다는 사실을 그나마 지금 우리는 알고 있다. 몽테뉴가 맨 마지막에 문제 삼은 부분(창자)은 제2의 두뇌가 작동하는 모습을 나타내기도 한다. 인간은 창자에만 1억 개 이상의 뉴런이 방대한 망網을 형성하고 있다. 바로 여기에서 음식물의 영양소를 가공하고 추출하기 위한 화학적 정제에 필요한 모든 계산이 이뤄지는 것이다.[9] 이 장뇌gut brain는 일종의 지사支社와도 같아, 두뇌head brain가 굳이 나설 필요 없는 일들을 도맡아 처리한다. 그렇다면 이 장뇌는 두뇌가 시키는 대로 일을 하겠거니 생각할지 모르겠다. 하지만 장뇌는 일

처리에 있어 무척이나 자율적이며, 심지어 양쪽 두뇌를 하나로 연결해 주는 미주 신경이 절단돼도 계속해서 제 기능을 수행한다.

　장뇌가 자신의 독립성을 알리는 방식은 여러 가지이다. 먼저 장뇌는 창자를 싹 비워 내야겠다고 "결심"하면, 도무지 참기 힘든 복통을 일으킨다. 장腸 안에서 전염병이 감지되면 두뇌에 불안감을 유발해, 아픈 것이 빨리 낫도록 행동거지에 더욱 조심을 기하게 만들기도 한다.[10] 또한 장뇌는, 아세틸콜린이나 세로토닌 같은 자신의 주요 신경 전달 물질에 영향을 주는 것에는 무엇이든 예상치 못한 방식으로 반응한다. 프로작을 비롯해 여타 선별적 세로토닌 재흡수 억제제를 복용하면, 초기에 구토나 장 기능 변화를 동반하는 상당수의 부작용이 나타나는 것이 바로 이 때문이다. 두뇌 활동을 향상하려다 자칫 장뇌의 활동을 직접적으로 방해하는 경우가 생길 수 있는 것이다. 생식기가 자동으로 모습이 바뀌는 것도 그렇지만, 이 같은 장뇌의 독립성을 밑바탕으로 해서 고대 인도의 이론, 즉 인체 복부에 세 개의 차크라(각각 결장/항문, 성기, 장에 대응하는 에너지 중추이다)가 자리한다는 이론이 탄생하지 않았을까 한다. 심지어 장 차크라의 경우에는, 우리 정신의 테두리 바깥 어딘가에서 일어나는 생각들, 즉 육감과 직관의 근원이라고 말하기도 한다. 사도 바울이 살과 영혼의 투쟁을 한탄했을 때에도, 몽테뉴가 겪은 이 분열과 좌절을 어느 정도는 염두에 두었을 게 분명하다.

두 번째 분열: 왼쪽과 오른쪽

두 번째 분열은 우연찮게 발견되었는데 1960년대에 한 외과의가 사람의 뇌를 절반으로 가르기 시작한 게 계기였다. 이 외과의 조 보겐 Joe Bogen은 이런 작업을 해 볼 만한 이유가 충분히 있었다. 당시 보겐은 수시로 덮치는 엄청난 간질 발작 때문에 삶이 망가져 버린 사람들을 어떻게든 도우려 애쓰던 중이었다. 인간의 뇌는 구조상 두 개의 반구로 따로 분리되는데, 그 중간을 뇌량이라는 두툼한 신경 다발이 연결해 준다. 한편 간질 발작은 늘 두뇌의 어느 한 지점에서 시작되어 이내 주변의 뇌 섬유로 퍼져 나가는 경향이 있다. 이 발작이 뇌량을 건너면 두뇌 전체로 발작이 퍼질 수도 있고, 그러면 의식을 잃고 쓰러져 몸이 제멋대로 뒤틀리는 일이 일어난다. 군대의 사령관이 적군이 건너오는 것을 막으려고 교량을 미리 폭파해 버리기도 하듯이, 보겐은 두 반구를 이어 주는 뇌량을 절단해 발작이 두뇌 전체를 퍼지는 것을 막아 보고 싶었다.

얼핏 봤을 때 이건 정신 나간 전술이었다. 뇌량은 인간 신체 안에서 단일 신경 조직으로는 그 크기가 제일 큰 만큼, 뭔가 중대한 일을 맡고 있을 게 틀림없었다. 아닌 게 아니라 실제로도 그렇다. 뇌량은 뇌의 좌우 반구가 서로 소통하고 협응하여 활동하게 하는 역할을 한다. 그런데 동물을 대상으로 한 실험 결과, 뇌량 절단 수술을 받고 몇 주가 채 지나지 않았을 때 동물들이 정상 상태를 꽤 많이 회복하는 것이었다. 그래서 보겐은 내친김에 인간에게도 뇌량 절단을 시도해 보았는데, 과연 효과가 있었다. 발작의 강도가 현저히 떨어진 것이다.

하지만 그로 인한 능력 상실은 과연 하나도 없었을까? 그 답을 밝혀내고자 외과 수술팀은 젊은 심리학자 마이클 가자니가(Michael Gazzaniga)를 초빙해, 그에게 이 "뇌 절단" 수술의 후유증이 어떤 것인지 밝혀내는 임무를 맡겼다. 이 과업을 해결하기 위해 가자니가는 우선 뇌가 이 세상을 두 개의 반구(좌뇌와 우뇌)로 받아들이면서 정보를 처리한다는 사실에 주목했다. 좌반구는 세상 오른쪽 절반에서 들어오는 정보를 받아들여, 다시 말하면 오른쪽 팔과 다리, 오른쪽 귀, 양 눈 망막의 **왼쪽** 절반(이 부분이 우리 시야 **오른쪽** 절반에서 들어오는 빛을 받아들인다)에서 오는 신경 전달을 받아들여, 인체의 오른쪽 팔다리에 동작 명령을 내린다. 이와 관련해 우반구는 좌반구와 거울에 비친 듯 완전히 대칭을 이루어, 세상 왼쪽 절반의 정보를 받아들여 인체 왼쪽 부위의 움직임을 통제한다. 왜 모든 척추 동물 안에서 이런 식으로 신호 교차가 일어나게 됐는지는 지금도 전혀 알 길이 없다. 단지 그런 식으로 정보 처리가 이루어진다는 것만 알 뿐. 그런데 또 다른 측면에서 보면, 두뇌의 좌우 반구는 각기 다른 과업에 특화돼 있기도 하다. 좌반구의 전문 분야는 언어 처리 및 분석 작업이다. 시각과 관련된 작업에서도 좌반구가 세부 사항을 짚어 내는 데에 더 뛰어난 능력을 보인다. 반면 우반구는 우리 삶에서 무엇보다 중요한 패턴인 얼굴을 비롯해, 공간 내 패턴을 처리하는 데에 더 뛰어나다. (예술가를 "우뇌형"으로, 과학자를 "좌뇌형"으로 분류하는 대중적이고 과도한 단순화는 바로 여기서 비롯됐다.)

가자니가는 두뇌가 분업해 일한다는 점에 착안해, 두뇌 양쪽 절반에 각기 정보를 제시해 보았다. 그는 뇌가 분할된 환자들에게 화면의 점 하나를 주시해 달라고 했다. 그런 뒤 곧바로 점의 바로 오른쪽, 혹은 바로 왼쪽에 단어나 물체 그림을 깜박이되 너무 순식간이라 환자가 시선을 옮길 시간조차 없게 했다. 예를 들어, 모자 그림을 점의 바로 오른쪽에 비추면, 이미지는 (망막을 통과해 한 번 반전된 후) 양 눈 망막의 왼쪽 절반에 맺힌 뒤 뇌의 좌반구에 해당 신경 정보를 보내 줄 것이었다. 그런 뒤 가자니가가 이렇게 물었다. "무엇이 보였나요?" 뇌의 좌반구는 언어 능력이 온전히 발달해 있는 만큼, 환자는 식은 죽 먹기라는 듯 재빨리 이렇게 답했다. "모자요." 하지만 모자 이미지를 점의 왼쪽에 깜박이면, 그 이미지는 말을 통제하지 않는 두뇌 우반구에만 보내지게 된다. 그런 뒤 가자니가가 "무엇이 보였나요?"라고 묻자, 환자는 좌반구에서 나온 반응을 반영해 "아무것도 못 봤는데요"라고 답했다. 하지만 가자니가가 여러 개의 이미지를 보여 주며 그중 맞는 이미지를 환자의 왼손으로 하나 골라 달라고 하자 환자는 모자 이미지를 정확히 가리켰다. 뇌의 우반구도 실제 모자를 보긴 했지만, 좌반구의 언어 센터를 이용할 길이 없었기 때문에 본 것을 말로 보고할 수 없었던 것이었다. 마치 별개의 지능이 우반구에 옴짝달싹 못 한 채 갇혀 있고, 그것의 의사를 밖으로 알릴 유일한 장치는 오로지 왼손 뿐인 것처럼만 보였다.[11]

가자니가가 뇌의 두 반구에 서로 다른 그림을 깜박이자, 상황은 더 묘하게 돌아갔다. 한번은 가자니가가 오른쪽에는 닭발 그림을, 왼쪽에는 집과 차가 눈에 뒤덮인 그림을 깜박여 보았다. 그런 다음 뇌량 절단 수술 환자에게 그림 여러 개를 보여 주며, 그가 본 것과 "어울리는" 것을 하나 골라 달라고 했다. 그러자 환자의 오른손은 닭을 가리켰지만(좌반구가 본 닭발과 어울리는 그림이었다), 왼손은 삽을 가리켰다(우반구에 제시된 눈 덮인 풍경과 어울리는 그림이었다). 왜 두 가지 반응을 하는지 설명해 달라고 했을 때 환자가 이렇게 답하는 법은 없었다. "왜 제 왼손이 삽을 가리키는지 모르겠네요. 당신이 제 우뇌에 뭔가를 보여 준 게 틀림없어요." 대신 좌반구는 즉석에서 그럴싸한 이야기를 지어냈다. 환자는 주저 없이 이렇게 말했다. "아, 그야 쉽죠. 닭발은 당연히 닭과 어울리고, 닭장을 치우려면 삽이 필요하지 않습니까."[12]

이 같은 발견, 즉 자기 행동을 설명하기 위해 사람들이 얼른 갖가지 근거들을 날조하는 것을 오늘날 용어로는 "작화증"이라고 한다. 작화증은 뇌 분할 환자를 비롯해, 두뇌 손상으로 고통받는 여타 환자에 관한 연구에서 매우 빈번하게 발견되는 현상이어서, 가자니가는 두뇌 왼쪽의 언어 센터를 아예 해석자 모듈이라 지칭하기도 한다. 이 해석자 모듈은 자기self가 지금 무엇을 하든 거기에 쉬지 않고 해석을 다는 세 일이니, 자기가 그런 행동을 한 진짜 원인이나 동기를 전혀 종잡지 못할 때에도 이 모듈은 작동을 멈추지 않는다. 예를 들어, 뇌 분할 환자의 우반구에 "걷다"라는 단어를 깜박이면, 환자가 자리에서 일어나 걸어 나가는 일이 일어날 수도 있다. 하지만 왜 자리에서 일어났는지 그 까닭을 물으면 그는 아마 이렇게 말할 것이다. "콜라 가져오려고요." 해석자 모듈은 설명을 지어내는 데에는 명수지만, 자신이 그런 일을 했다는 것은 잘 모른다.

과학은 이보다 훨씬 기이한 일들도 여럿 발견해 왔다. 일부 뇌 분할 환자들, 혹은 뇌량 손상으로 고생하는 여타 환자들에게서는 이른바 외계인 손 증후군이 나타나는데, 그렇게 되면 우반구가 좌반구에 열심히 맞서 싸우는 것처럼 보인다. 이 증상이 나타나면 한 손이(대체로 왼손) 저만의 용무를 따로 갖고 있기라도 한 듯 저절로 움직인다. 이런 증세가 있는 손은 벨이 울려 전화기를 집어 들어도, 그걸 다른 손에 넘겨주거나 아니면 귀에 갖다 대기를 거부한다. 이런 손은 그 사람이 지금 막 행한 선택을 거부하기도 하는데, 이를 테면 다른 손이 방금 꺼낸 옷을 도로 선반 위에 올려두는 식이다. 그런가 하면 다른 손 손목을 꽉 움켜쥐어, 그 사람의 의식적 계획이 실행되지 않도록 막으려 하기도 한다. 이런 외계인 손은 더러 그 손이 달린 사람의 목으로 다가들어 그를 목 졸라 죽이려고도 한다.[13]

위와 같은 마음의 분열은 뇌가 절단당하는 아주 드문 경우에만 일어난다. 보통 사람들에게서 뇌 분할을 찾아보기 힘들다. 하지만 뇌 분할 연구가 심리학에서 중요한 것은, 비록 그 방식은 기괴하더라도, 마음이 여러 모듈의 연합체로 이루어져 있음을 나아가 그것들이 독립적으로 심지어 때로는 상충하는 목표를 갖고 작동할 수 있다는 사실을 보여 주었기 때문이다. 이 책에서도 뇌 분할 연구들이 중요성을 가지니, 개중 한 모듈에 (설령 그 행동이 일어난 진짜 이유를 몰라도) 우리 행동을 아주 그럴싸하게 설명해 내는 재주가 있다는 사실이 이들 연구를 통해 아주 드라마틱하게 드러나기 때문이다. 가자니가가 명명한 이 "해석자 모듈"은 근본적 차원에서 보면 기수나 다름없다. 이 기수가 작화하는 모습을 여러분은 이어지는 장들에서 여러 차례 마주치게 될 것이다.

세 번째 분열: 새것과 헌것

여러분이 비교적 신축인 교외의 주택에 산다면, 아마도 그 집은 지어진 지 1년이 채 안 되었을 테고, 방 배치도 사람들의 필요를 전부 충족시키려 애쓴 건축가의 안목에 따랐을 것이다. 하지만 내가 사는 거리의 주택은 죄다 1900년대에 지어진 것들이라, 건물이 생긴 이후 뒷마당 쪽으로 영역을 넓혀 왔다. 확장 공사를 해서 현관을 덧댄 적이 있는가 하면, 그곳을 다시 둘러쳐서 막기도 했고, 나중에는 다시 부엌으로 개조했다. 이렇게 확장해서 생긴 공간들 위에는 또 침실을 들였고, 새로 꾸며진 방들에 화장실까지 뚝딱 만들었다. 척추 동물의 뇌도 이와 비슷한 식으로 확장됐는데, 단 방향이 앞쪽이었다. 애초 두뇌에 딸린 방, 즉 신경 세포 덩어리들은 단 세 개였다. 후뇌(척추와 연결), 중뇌, 전뇌(동물 몸 앞면의 감각 기관들에 연결)가 그것이다. 그런데 세월이 흘러 더 복잡한 신체와 행동들이 발달하면서, 두뇌는 줄기차게 앞부분만 증축해 척추와 멀어지니, 이때 그 어느 부분보다 많이 확장된 데가 전뇌였다. 가장 초기 포유류의 전뇌는 새 외피를 한 겹 발달시키게 되는데, 시상하부(기본적 충동과 동기를 조화롭게 조정하는 일 전담), 해마(기억 전담), 편도체(감정적 학습 및 반응 전담)가 여기 포함된다. 이들 구조는 더러 변연계limbic system 라고도 하는데(라틴어 **림부스**limbus 가 "경계" 혹은 "가장자리"라는 뜻이다), 이 부분들이 뇌 나머지 부분들을 바깥쪽에서 감싸며 뇌의 경계를 이루기 때문이다.

(공룡 멸종 이후) 포유류의 몸집이 점차 커지고 행동도 더욱 다양해지면서 두뇌 리모델링도 쉬지 않고 진행되었다. 사회성이 더 강한 포유류에서는(특히 영장류 사이에서) 새로운 신경 세포 섬유층이 발달하더니 그 영역을 점점 넓혀 종전의 변연계까지 둘러쌌다. 이 신피질 neocortex(라틴어로 "새로운 덮개"라는 뜻)이야말로 인간 두뇌를 가장 단적으로 특징 짓는 회백질이다. 신피질에서도 특히 흥미로운 건 앞부분인데, 이 영역 일부는 (손가락을 움직이거나 소리를 처리하는 일 등) 구

체적 작업에 전념하지 않는 것처럼 보이기 때문이다. 대신에 이 영역은 새로운 연상聯想을 하거나, 사고, 계획 수립, 의사 결정 같은 일들을 하는 데에 쓰인다. 이 같은 정신 과정을 통해 유기체는 눈앞에 닥친 상황에만 반응하는 삶에서 벗어날 수 있다.

　이 같은 전두피질의 발달은 얼핏 보면 우리가 겪는 마음속 분열을 잘 설명해 줄 듯한 요인으로 보인다. 짐작컨대 이성이 자리 잡은 데가 이 전두피질일 것이기 때문이다. 이것이 플라톤이 말한 마부, 사도 바울이 말한 영혼인 것이다. 나아가 (비록 완전하게는 아닐지언정) 더 원시적인 변연계(플라톤의 나쁜 말, 사도 바울의 살)로부터 힘을 넘겨받은 것이 두뇌의 이 영역이다. 이런 식의 설명에 굳이 이름을 붙이면, 인간 진화에 대한 프로메테우스식 각본이라 하겠는데, 신들에게서 불을 훔쳐 인간에게 갖다준 그리스 신화 속 인물의 이름을 딴 것이다. 이 각본에 의하면 우리 조상들은 변연계의 원시적 감정과 충동에만 지배당한 채 금수처럼 살아가다가, 나중에야 이성이라는 거룩한 선물을 받은 것으로 이 이성은 새로이 확장된 신피질 안에 자리 잡고 있었다.

　이 프로메테우스식 각본이 우리에게 만족스럽게 들리는 이유는, 그 내용대로라면 우리 인간은 다른 모든 동물보다 보란듯 격이 더 높아져 이성을 가진 우리가 더 우월한 존재임이 그 각본에 의해 정당화되기 때문이다. 이와 함께 이 각본 안에는 우리가 아직은 신이 아님을 (즉, 합리성이라는 불이 우리에게 다소 생소하고, 아직은 그것의 사용에도 완전히 통달하지는 못했음을) 인식한다는 뜻도 담고 있다. 프로메테우스 각본은 전두피질의 역할을 논한 초기의 연구 결과와도 아귀가 잘 맞는다. 예를 들어, 시상하부 일부 영역에 소량의 전류를 흘려 직접

　　　　　　　　　　　　조너선 하이트의 바른 행복

자극을 가하면, 쥐, 고양이와 여타 포유류에서 폭식, 난폭성, 성욕 과잉이 나타나기도 하는데, 이는 변연계가 우리의 수많은 동물적인 기본 본능의 밑바탕을 이룬다는 뜻일 수 있다.[14] 그런데 역으로, 사람들은 전두피질이 손상돼 고통을 받아도 더러 성적이고 공격적 행동을 보이곤 하는데, 이는 전두피질이 행동 충동을 억누르거나 금하는 데에 중요한 역할을 담당하기 때문이다.

실제로 그런 사례가 최근 버지니아대학교의 병원에서 벌어진 적이 있었다.[15] 40대의 한 교사가 평소엔 안 그러다 꽤나 갑작스럽게 매춘부를 찾아가는가 싶더니, 아동 포르노 웹사이트를 서핑하고, 젊은 아가씨들에게 자기와 자자며 말을 거는 것이었다. 그는 이내 체포되어 아동 성희롱으로 유죄를 선고받았다. 그런데 형 선고 바로 전날, 그는 병원 응급실에 실려 가야 했다. 머리가 깨질 듯 아픈 데에다, 자신이 세를 사는 건물 여주인을 강간하고 싶다는 충동을 도무지 떨칠 수 없어서였다. (그의 아내는 몇 개월 전 그를 버리고 집을 나간 터였다.) 심지어 그는 의사와 면담을 하는 중에도, 지나가는 간호사들에게 자기와 함께 자자고 부탁할 정도였다. 뇌 스캔 결과 그의 전두피질에는 엄청난 크기의 종양이 있는 것으로 밝혀졌고, 이 종양 때문에 부적절한 행동을 사전에 차단하고 차후의 결과를 따지는 전두피질이 제 역할을 못한 것이었다. (그런데 그의 올바른 마음 속의 누가 형 집행 바로 전에 이런 상황을 연출한 것일까?) 종양이 제거되자 과잉 성욕도 사라졌다. 그뿐 아니었다. 다음 해에 다시 그 종양이 자라나자 증상들도 되돌아왔고, 재차 이 종양을 없애자 증상들도 다시 사라졌다.

하지만 프로메테우스식 각본에는 결함이 있으니, 이성은 전두피질에 감정은 변연계 뒤편에 머물 것이라 가정한 것이다. 전두피질은 인간의 정서적 부분을 대폭 확장시키는 역할도 한다. 전전두피질 아래쪽의 3분의 1에 걸쳐져 있는 데를 양 눈 바로 위쪽 두뇌를 이룬다는 의미에서 안와전두피질orbitofrontal cortex (orbit는 안와眼窩를 뜻하는 라틴어이다)이라 한다. 피질의 이 부분은 인간을 비롯한 여타 영장류 안에 특히 커다랗게 발달해 왔으며, 감정적 반응이 일어나는 동안 두뇌에서 가장 일관되게 활성화되는 부분 중 하나이기도 하다.[16] 우리가 어떤 상황에서 보상을 줄지 벌을 내릴지 따질 때에 핵심 역할을 하는 부분이 이 안와전두피질이다. 또한 당장 즐거움과 고통, 혹은 손실이나 이득의 가능성이 있을 때에도 해당 영역 피질의 신경 세포들이 격렬하게 발화한다.[17] 우리가 맛깔나게 차려진 밥상, 멋진 풍경, 혹은 매력적인 사람에게 나도 모르게 이끌리는 것은, 또는 동물 사체를 보거나, 음치의 노래를 듣거나, 소개팅에 나갔다가 나도 모르게 몸서리를 치는 것은, 우리의 안와전두피질이 열심히 작동해 우리에게 접근하고 싶다거나 도망치고 싶다라는 감정적인 느낌을 들게 하기 때문이다.[18] 따라서 안와전두피질은 초자아나 영혼보다는 오히려 이드나 사도 바울이 말한 살의 후보로 더 적당해 보인다.

감정에 안와전두피질이 중요한 역할을 한다는 점은, 두뇌 손상을 다룬 연구를 통해서도 추가로 입증된 바 있다. 안토니오 다마지오 Antonio Damasio는 신경학자로 뇌졸중, 종양, 두부 타격 등으로 인해 전두피질 곳곳이 손상된 사람들을 대상으로 연구를 진행해 왔다. 1990년대에 들어 다마지오는 안와전두피질의 특정 영역이 손상되면 환자들이 대체로 감정적인 삶을 영위하지 못한다는 사실을 발견할 수 있다. 이들 환자의 보고에 의하면, 그들은 어떤 감정을 당연히 느껴야 하는 상황에서도 아무것도 느끼지 못하며, 이들이 보인 자동 반응(거짓말

탐지기 조사에서 사용하는 것과 같은 반응들)에 대한 연구를 봐도 이런 환자에게서는 우리 같은 일반인이 끔찍하거나 아름다운 광경을 봤을 때 보통 경험하는 순식간의 신체 반응이 분명 나타나지 않았다. 하지만 이들은 추론이나 논리적 능력은 온전히 간직하고 있었다. 지능 테스트나 사회 규칙 및 도덕 원칙 관련 지식에서도 이들은 일반인에 필적하는 능력을 보여 준다.[19]

그렇다면 이들이 문밖을 나서 세상을 만나면 과연 어떤 일들이 벌어질까? 사람을 심란하게 만드는 감정에서 해방된 만큼, 고도로 논리적인 사람이 되어, 우리 같은 이의 앞을 가리는 갖가지 감정의 안개를 걷어 내고 완벽한 합리성이 길을 꿰뚫어 보지 않을까? 실제로는 그 정반대다. 이들은 간단한 결정이나 목표 설정조차 버거워하게 되며, 이느 순간부디는 자신의 삶이 차차 무너지고 있음을 알게 된다. 바깥세상으로 눈을 돌려 "이제 뭘 해야 하지?"라는 생각을 하는 순간, 그들 눈앞에는 수십 개의 선택지가 어른거리지만 정작 내면에서는 당장 호불호의 느낌이 들지 않는다. 즉, 모든 선택지의 장단을 자신의 추론으로만 면밀히 따져야 한다는 이야기인데, 감정이 없다 보니 개중에 어느 하나를 고를 이유를 거의 찾을 수 없다. 우리 같은 사람들은 바깥으로 눈을 돌려 세상을 바라본 순간, 벌써 감정 두뇌들이 즉각적이고 자동적으로 여러 가능성들을 평가해 놓고 있다. 또한 보통은 그중 한 가지 가능성이 누가 봐도 가장 좋은 선택지로서 단박에 우리 눈에 들어온다. 우리가 이성을 사용할 필요를 느끼는 것은 어떤 가능성 두세 개가 똑같이 좋아 보일 때뿐이다.

인간의 합리성은 정교한 정서에 기대는 바가 무척이나 크다. 어떤 식이든 우리의 추론이 제대로 작동하는 건, 다른 이유에서가 아니라 우리의 정서 두뇌가 아주 원활히 작동하고 있기 때문이다. 플라톤이 이성의 모습을 열정이라는 아둔한 짐승을 부리는 마부로 그린 것은, 단순히 지혜만이 아니라 마부의 힘까지 과대 포장한 표현일 수 있다. 다마지오의 연구 결과에는 플라톤의 비유보다는 코끼리 위에 올라탄 기수의 비유가 더 딱 들어맞는다. 지능적인 행동을 만들어 내기 위해서는 이성과 감정이 의기투합해 일해야 하지만, 그 작업 대부분을 도맡아 하는 것은 감정이다(코끼리에서도 감정이 주된 부분을 이룬다). 두뇌에 신피질이 등장하면서 기수도 존재하게 됐지만, 신피질의 등장 덕에 코끼리도 종전보다 훨씬 영리해질 수 있었다.

네 번째 분열: 통제와 자동

1990년대는 내가 나름으로 코끼리/기수 비유를 한창 개발하는 시기였던 동시에, 사회심리학 영역도 마음에 대해 점차 엇비슷한 생각에 도달하고 있던 시기였다. 오랜 세월 정보 처리 모델과 컴퓨터 비유에 심취해 있던 심리학자들이 이 무렵 마음 안에서 항시 작동하는 처리 시스템이 실제로는 두 가지임을 깨닫기 시작한 것이다. 그 두 가지란 제어적 과정controlled process과 자동적 과정automatic process이다.

논의 전개를 위해 여러분이 이런 실험에 자원해 참여했다고 상상해 보자.[20] 실험 첫 단계에서 실험자가 몇 개의 단어 문제를 여러분에게 건네주고, 문제 풀이가 끝나는 대로 자신을 찾아오라고 일러 준다. 단어 문제는 무척 쉬운 것들로, 단어 다섯 개가 든 조합을 풀어 그중 네 개로 문장을 만들면 된다. 예를 들어, '그들은they' '그녀를her' '성가시게 하다bother' '보다see' '보통usuallay'이라는 단어가 들어 있으면, "그들은 보통 그녀를 본다" 혹은 "그들은 보통 그녀를 성가시게 한다"라는 문장이 만들어진다. 몇 분이 훌러 테스트를 마치고 여러분은 실험자의 애초 지시에 따라 복도로 나간다. 그곳에서 실험자를 찾았는데, 그녀는 누군가와 열심히 이야기를 나누느라 당신과 영 눈을 마주치지 않는다. 이럴 때 당신은 어떻게 하게 될까? 만일 여러분이 짜 맞춘 문장 중 절반에 무례함 관련 표현(성가시게 하다bother, 철면피의brazen, 공격적으로aggressively 따위)이 있다면, 당신은 1~2분 내에 실험자의 대화를 자르고 이렇게 말할 가능성이 높다. "저기요, 다 끝났는데요. 이제 어떻게 하면 되죠?" 하지만 무례한 말 대신 공손함 관련 표현이 들어 있는 조합(그들은they 그녀를her 존중한다respect 본다see 보통usually)으로 문장을 만들면, 당신은 수굿하게 그 자리에 앉아 실험자가 당신을 알아볼 때까지(10여 분까지도) 기다릴 가능성이 있다.

마찬가지로, 고령자 관련 단어에 노출된 사람들은 더 천천히 걷고, 교수 관련 단어 노출되면 트리비얼 퍼슈트Trivial Pursuit처럼 상식과 문학적 소양이 있어야 유리한 보드게임에서 더 영리하게 플레이하게 되며, 축구 훌리건 관련 단어에 노출되면 아둔한 행동을 한다.[21] 심지어 이들 단어를 의식적으로 읽어야만 이런 효과들이 나타나는 것도 아니다. 해당 단어들을 잠재 의식에 제시만 해 주어도, 즉 너무 순식간이라 의식적 마음이 단어를 입력할 겨를이 없게 이들 단어를 화면 위에 0.01~0.02초만 깜박여도 효과는 똑같다. 그렇게 해도 마음의 어떤 부분이 그 단어들을 분명 알아보고, 심리학자들이 측정 가능한 동작들이 일어나게 발동을 건다.

이 연구의 선구자인 존 바즈John Bargh에 따르면, 이들 실험을 통해 우리는 대부분의 정신 과정이 의식적인 집중이나 통제 없이 자동적으로 일어남을 알 수 있다. 나아가 이런 자동적 과정은 대부분, 물론 개중 몇몇은 의식에 자신을 내보이기도 하지만, 완전히 무의식적으로 이루어진다. 예를 들어, 우리는 우리 안에서 "의식의 흐름"을 인지하는데,[22] 이 흐름은 자아의 인위적 노력이나 지시가 일체 없이 자기 나름의 연상 법칙에 따라 줄기차게 흐르는 것처럼 보인다. 바즈는 자동적 과정을 제어적 과정과 뚜렷이 대비시키는데, 노력이 얼마간 들어가는 사고 과정인 제어적 과정은 여러 단계로 진행되며 늘 의식의 중앙 무대에서 활동이 펼쳐진다. 예를 들어, 런던행 6시 26분 비행기를 잡아타야 할 때, 우리는 몇 시에 집을 나서야 할까? 이는 우리가 의식적으로 생각해야만 하는 문제로, 우선 뭘 타고 공항까지 갈지 선택한 다음, 교통 체증에 걸리는 시간대, 날씨, 위조 여권 담당 경찰의 까탈스러움까지 고려해야 한다. 집을 나서는 시간을 육감에 의지해 정할 수는 없는 것이다. 하지만 차를 몰고 공항까지 갈 때에는, 공항에 가기까지의 모든 일이 거의 자동적으로 이루어질 것이다. 숨을 쉬고, 눈을 깜박이고, 의자를 고쳐 앉고, 몽상을 하고, 앞차와 충분한 거리를 유지하고, 심지어는 굼벵이 운전자들을 째려보며 악담을 하는 것까지도 말이다.

통제된 사고 과정은 그 경계가 정해져 있는 한편(즉, 의식적으로는 한 번에 오직 하나만 생각할 수 있지만), 자동적 사고 과정은 병행해 일어나기도 하고, 갖가지 일을 동시에 처리하기도 한다. 만일 마음이 매초 수백 가지 작동을 수행한다면, 하나를 제외한 나머지 작동은 모두 자동적으로 처리되어야 할 게 틀림없다. 그렇다면 통제된 사고 과정과 자동적 사고 과정 사이에는 어떤 관계가 있을까? 통제된 사고 과정이

조너선 하이트의 바른 행복

현명한 상사, 왕, 혹은 CEO 자격으로 가장 중요한 문제를 처리하고 혜안이 돋보이는 방침을 설정하면서, 아둔한 자동적 사고더러 그것을 실행하라 지시하는 것일까? 그렇지 않다. 만일에 그렇다면 우리는 다시 프로메테우스식 각본과 거룩한 이성이라는 틀로 돌아가는 꼴이 된다. 이참에 프로메테우스식 각본을 내던질 거라면, 시간을 되돌려 왜 우리가 이 두 가지 사고 과정을 갖게 됐는지, 또 기수는 왜 덩치가 작고 코끼리는 덩치가 큰지 그 이유를 살펴보는 게 좋겠다.

지금으로부터 6억 년도 더 전 최초의 신경 다발이 두뇌를 처음 형성했을 때, 이들 신경 다발은 해당 유기체에게 어떤 식으로든 이점을 가져다준 게 틀림없다. 그 이후 세상에는 두뇌들이 어디에나 널려 있게 되었기 때문이다. 두뇌에 적응성이 있다는 것은, 그것이 동물 신체 여기저기서 들어오는 정부를 통합해, 주변 환경의 갖가지 위협과 기회에 재빨리 그리고 자동적으로 반응하기 때문이다. 지금으로부터 300만 년 전, 인간이 등장했을 때쯤 이 지구에는 지극히 정교한 자동적 능력을 갖춘 동물들이 가득했다. 그 가운데서도 대표적인 것을 꼽자면, 새들은 밤하늘 별의 위치로 비행 경로를 정할 줄 알았고, 개미들은 협동해 전쟁을 치르고 곰팡이 농장을 경영할 줄 알았으며, 호미니드Hominidae(사람과) 몇몇 종은 이미 도구를 제작하기 시작한 참이었다. 이런 생물체 상당수는 갖가지 통신 체계는 갖추었지만, 그중 언어를 발달시킨 생물체는 단 하나도 없었다.

통제된 사고 과정엔 언어가 필요하다. 이미지를 통해서도 갖가지 생각을 떠올릴 수 있지만, 뭔가 복잡한 것을 계획하거나, 서로 다른 경로의 장단점을 저울질하거나, 지난날 성공과 실패의 원인을 분석하려면 말語이 필요하다. 인간 존재가 얼마나 오래전에 언어를 발달시켰는지는 지금도 알 길이 없지만, 대체로 호미니드의 두뇌가 종전에 비해 훨씬 커진 약 200만 년 전부터, 가깝게는 오늘날 인간도 충분히 그 의미를 어림짐작할 동굴 벽화와 여타 인공물이 제작된 약 4만 년 전까지의 사이에 언어가 만들어졌으리라 여겨진다.[23] 그 안에서 우리가 어느 시기를 선호하든, 언어, 추론, 의식적 계획이 등장한 건 진화의 역사에서 극히 최근의 잠깐 사이였다. 한마디로 기수 버전 1.0Rider version 1.0 같은 새로운 소프트웨어인 셈이랄까. 언어와 관련된 부분은 그나마 지금은 잘 작동하는 편이지만, 우리 안의 추론과 계획 프로그램에선 아직도 버그가 많이 발생한다.[24] 반면 자동적 사고 과정은 이미 수천 번의 생산 사이클을 거친 참이라 거의 완벽에 가까운 상태다. 자동적 사고 과정과 통제된 사고 과정 사이에 이렇듯 성숙도 차이가 있다는 사실을 알면, 논리, 수학, 체스 문제 풀이(우리 대부분은 이런 과제를 붙들고 진땀을 뺀다)에는 그 어떤 인간보다 능한 컴퓨터를 비교적 헐값에 집에 들여놓는 이유, 나아가 제아무리 돈을 많이 들인 로봇이라도 숲 사이를 헤치고 걷는 데에서는 절대 여섯 살배기 꼬마를 따르지 못하는 이유를(우리 인간의 인식 체계 및 운동 능력이 월등하다는 이야기이다) 한결 쉽게 이해할 수 있다.

진화는 절대 앞을 보고 나아가지 않는다. A 지점에서 B 지점으로 나아가는 최상의 길을 짜는 법을 진화는 모른다. 대신 (유전적 변이를 통해) 종래의 형태에 일어난 작은 변화들이 한 개체군 내에 확산돼, 결국 해당 유기체가 당면 조건에 더 효과적으로 반응할 수 있는 수준에까지 이른다. 그런데 언어가 발달할 당시에, 인간의 두뇌도 재설계를 거치며 기수(말語을 이용한 의식적 사고)에게 권력의 고삐를 넘겨주었는가 하면 그렇지는 않았다. 이미 만사가 아주 순조롭게 돌아가고

조너선 하이트의 바른 행복

있었기 때문에, 언어 능력은 뭔가 중요한 일은 코끼리가 더 훌륭히 행하도록 돕는 정도까지만 그 영역이 확대되었다. **기수는 코끼리에게 봉사하기 위해 진화한 것이었다.** 하지만 애초 기원이야 어쨌든, 일단 언어를 갖게 되자 그것은 갖가지 새로운 방식으로 사용될 강력한 도구로 기능했고, 따라서 이후 진화는 언어를 최대한 잘 활용하는 개체들을 선택했다.

　이런 언어가 가진 쓸모 중 하나가 부분적이나마 인간을 "자극 통제"에서 벗어나게 한다는 것이다. B. F. 스키너B. F. Skinner 같은 행동주의자들은 동물의 행동을 자극과 반응 사이의 연결 조합으로 설명해 낸 바 있다. 이런 연결 일부는, 어떤 동물이 자연 안에서 먹을거리를 보거나 냄새를 맡으면 배고픔을 느끼거나 먹듯이, 선천적으로 타고난다. 이와 함께 후천적 연결도 이루어진다는 사실은 이반 파블로프Ivan Pavlov의 개들이 증명해 주었는데, 이 개들은 앞서 음식 도착을 알렸던 종소리가 똑같이 들려오자 그 소리만 듣고도 침을 흘렸다. 행동주의자는 사람도 여타 동물과 전혀 다를 바 없다고 여겼다. 이 관점을 취하면, 사도 바울의 탄식을 이렇게 고쳐 쓸 수도 있다. "내 살은 자극 통제의 지배를 벗어나지 못하는구나." 우리가 육체적 쾌락에서 그토록 큰 보상을 느끼는 것도 결코 우연은 아니다. 쥐의 두뇌와 마찬가지로, 우리의 두뇌도 음식을 먹거나 섹스를 하면 도파민 분비가 약간 늘어나게 회로가 짜여 있는데, 두뇌가 도파민이라는 이 신경 전달 물질을 이용해 우리 유전자의 생존에 좋은 활동들을 우리가 즐기게끔 만드는 것이다.[25] 우리를 그런 활동으로 끌어당기는 데 중요한 역할을 하는 게 바로 플라톤이 말한 "나쁜" 말이니, 먼 옛날 우리 조상들이 살아남아 용케 우리의 조상이 된 것도 이 "나쁜" 말이 도와준 덕인 셈이다.

하지만 인간에 대한 행동주의자의 이 같은 주장이 정확히 다 맞는 것은 아니었다. 사람들은 통제된 체계를 활용해서 장기적 목표를 염두에 두고, 그에 따라 지금 당장의 충동이 행사하는 압제, 즉 우리를 유혹하는 뭔가가 눈앞에 있으면 자동적으로 그에 대한 충동이 이는 것에서 벗어날 수 있기 때문이다. 사람에겐 지금 당장은 눈 앞에 펼쳐지지 않는 각종 대안을 상상하는 능력이 있다. 다시 말해 당장의 즐거움을 참고서 장기적 차원의 건강 문제를 헤아릴 수도 있고, 어떤 선택을 해야 나중에 성공과 명망을 얻을지 대화를 통해 배울 수도 있다. 그런데 안타깝게도, 사람들에 대한 행동주의자들의 주장이 전부 틀린 것은 또 아니었다. 왜냐하면, 통제된 체계가 행동주의자가 세운 원칙들에는 잘 부합하지 않을지언정, 이 체계가 실제 행동을 일으키는 힘은 거의 없는 게 사실이기 때문이다. 자동적 체계는 그간 자연 선택을 거치면서 옳다 싶은 행위를 얼른 유발하게끔 그 틀이 짜였고, 쾌락과 고통을 느끼게 하는 뇌의 부분(안와전두피질 등)이나 생존 관련 동기를 유발하는 뇌의 부분(시상하부 등)도 모두 자동적 체계 안에 포함돼 있다. 도파민 분출 버튼 위에 손가락을 올리고 있는 것은 결국 자동적 체계라는 이야기이다. 이에 반해 통제된 체계는 조언자로 봐야 더 나을 것이다. 코끼리 등 위에 올라타 코끼리가 더 나은 선택들을 하게 도와주는 것이 바로 기수다. 기수는 미래를 내다볼 수 있는 한편, 다른 기수들과 이야기를 나누거나 지도를 읽어 내는 일들을 통해 값진 정보를 알아낼 수는 있지만, 코끼리에게 명령을 내려 그것의 의지를 꺾을 수는 없다. 그런 면에서 나는 플라톤보다는 스코틀랜드 철학자인 데이비드 흄David Hume의 다음과 같은 말이 진실에 더 가깝다고 믿는다. "이성은 열정의 노예이며 모름지기 열정의 노예여야만 한다. 이성은 절대 열정에 봉사하고 복종하는 것 외의 다른 직職을 맡은 양 행세할 수 없다."[26]

이상을 종합하면, 기수는 조언자 혹은 하인 같은 존재이지, 왕, 대통령, 혹은 고삐를 틀어쥔 마부는 아니다. 기수는 가자니가가 말한 해석자 모듈이자, 의식적이고 제어된 사고이다. 그에 반해, 코끼리는 제어된 사고를 제외한 나머지 모든 것이다. 코끼리에는 직감, 본능적 반응, 감정, 직관이 포함되며, 이것들이 자동적 체계의 많은 부분을 구성한다. 코끼리와 기수는 저마다 각자의 지능을 갖추고 있으며, 이 둘이 의기투합해 작동할 때 인간만의 독특하고 기막힌 능력이 빛을 발할 수 있다. 하지만 이 둘이 항상 잘 의기투합하는 것은 아니다. 다음과 같은 일상의 별난 사례들을 보면 더러 기수와 코끼리 사이에 나타나는 복잡한 관계가 어떤 식인지를 잘 알 수 있다.

감성 지능을 활용하는 방법

이번에는 지금이 1970년이고, 당신은 네 살짜리 아이로 스탠퍼드대학교의 월터 미셸Walter Mischel이 진행하는 실험에 참여하고 있다고 상상해 보자. 당신이 다니는 유치원의 어느 방에 들어가자 한 멋진 아저씨가 당신에게 장난감을 안겨주고 잠시 함께 놀아 준다. 그런 뒤 그 아저씨는 마시멜로를 좋아하는지 당신에게 묻더니(당신은 마시멜로를 좋아한다), 이어 마시멜로 하나가 담긴 이 접시와 두 개가 담긴 저 접시 중 어느 것을 갖겠느냐 묻는다(당연히 당신은 저쪽 접시를 고른다). 이제 그 남자는 자신이 볼일이 있어 잠시 방을 나가야 하는데, 그가 돌아올 때까지 당신이 기다릴 수 있으면 마시멜로 두 개를 먹을 수 있다고 말해 준다. 기다리는 것이 정 싫다면, 여기 있는 종을 치면 되고 그러면 그가 당장 돌아와 마시멜로 하나짜리 접시를 줄 것이라고 한다. 하지만 그렇게 하나를 받으면 두 개는 먹을 수 없다. 남자는 방을 나선다. 당신은 뚫어져라 마시멜로를 바라본다. 침이 고인다. 먹고 싶다. 당신은 먹고 싶은 욕구와 싸운다. 만일 당신이 대부분의 네 살짜리 아이들과 비슷하다면, 당신이 참을 수 있는 시간은 고작 몇 분에 불과할 것이다. 그 시간이 지나면 아이들은 보통 종을 친다.

이제는 시간을 훌쩍 건너뛰어 1985년으로 가 보자. 얼마 전 미셸은 당신의 부모에게 설문지를 하나 보낸 참인데, 당신의 성격을 비롯해 만족을 미루고 절망감에 대처하는 당신의 능력, 그리고 당신의 SAT(대학 입학 시험) 성적을 묻는 내용이 담겨 있다. 당신의 부모님은 이 설문지를 작성해 보내 준다. 이를 통해 미셸이 발견한 바에 따르면, 1970년 당시 벨을 울리기까지 당신이 기다린 시간은 10대가 된 당신에 관해 부모님이 하는 이야기는 물론, 당신이 일류 대학에 입학할 가능성까지 점쳐 준다. 1970년 실험에 참여해 자극 통제를 이겨 내고 만족을 몇 초라도 더 미룰 줄 알았던 아이들이 십 대 청소년이 되어서도 유혹을 더 잘 물리치고, 공부에 더 잘 집중할 줄 알았으며, 자기가 원하는 대로 상황이 흘러가지 않을 때에도 스스로를 더 잘 통제할 수 있었다.[27]

이 아이들이 이렇게 할 수 있었던 비결은 무엇이었을까? 대체로 그것은 전략이었다. 제한적인 자신의 정신적 통제력으로 주의를 완전히 딴 데로 돌리는 나름의 방법들이 있었던 것이다. 후일 진행된 연구에서 미셸은 유혹에서 눈을 돌리거나 뭔가 다른 재미난 활동들을 생각해 낼 줄 알았던 아이들이 결국 성공한다는 사실을 밝혀냈다.[28] 이런 식의 사고 기술은 감성 지능(스스로가 가지는 느낌과 욕구들을 이해하고 통제하는 능력)의 한 측면이기도 하다.[29] 감성 지능이 발달한 사람은 매우 노련한 기수를 가진 것으로, 이런 기수는 코끼리의 주의를 딴데로 분산시키고 좋은 말로 어르는 법을 알고 있기에 둘의 뜻이 직접 맞부딪칠 일이 없다.

통제된 체계가 자동적 체계를 순전히 의지만으로 꺾기는 여간 어려운 일이 아니다. 활동에 지친 근육이 으레 그렇듯,[30] 통제된 체계는 금세 힘이 떨어져 무릎을 꿇지만, 자동적 체계는 자동적으로, 힘들이지 않고, 쉼 없이 돌아간다. 자극 통제는 그 힘을 제대로 이해하기만 하면, 주변 환경의 자극에 변화를 주거나 바람직하지 않은 자극들을 피하는 식으로 우리가 좀 더 유리한 입지에 서는 데 활용할 수 있다. 그것이 불가능할 경우엔, 그다지 이끌리지 않는 측면들에 대한 생각으로 우리의 의식을 가득 메우는 방법도 있다. 예를 들어, 불교에서는 자신(및 타인)에 대한 육욕의 집착을 끊으려 썩어 가는 시신을 화두로 명상하는 법을 개발하기도 했다.[31] 자동적 체계를 교란하는 무언가를 정하고 그것만 응시함으로써, 기수는 코끼리가 앞으로 원할 만한 일들에 차츰 변화를 주기 시작할 수 있다.

내 정신을 비집는 생각들

에드거 앨런 포Edgar Allan Poe는 분열된 마음이 어떤 식인지를 잘 이해한 작가였다. 〈비뚤어진 마음의 악귀The Imp of the Perverse〉라는 작품 속에서, 포의 주인공은 완벽한 살인을 실행해 고인의 재산을 고스란히 물려받은 뒤 몇 년은 부정하게 손에 넣은 것들을 마음껏 누리며 살아간다. 이따금 의식 가장자리에서 자신이 저지른 살인이 떠오를 때마다, 그는 이렇게 되뇐다. "난 괜찮아." 정말로 만사가 괜찮았다. 어느 날 자신이 되뇌던 주문을 이렇게 가다듬기 전까지는. "난 괜찮아. 그럼. 내가 모든 일을 죄다 털어놓을 만큼 지독히 멍청하게만 굴지 않는다면." 그런데 이 생각이 머리에 떠오른 순간, 굳게 닫혔던 마음의 빗장이 풀려 버린다. 자백 생각을 억누르려 할수록, 그러려고 더 격렬하게 애쓸수록, 그 생각은 더욱 끈질기게 그에게 달라붙는다. 공포에 질린 그는 어느덧 내달리기 시작하고 그의 뒤를 사람들이 뒤쫓다 그가 의식을 잃고 쓰러진다. 얼마 뒤 정신이 돌아왔을 때, 사람들은 그에게 말한다. 그가 모든 걸 털어놨다고.

나는 이 이야기를 무척 좋아하는데, 다른 무엇보다 특히 제목 때문이다. 나도 절벽, 옥상, 높은 데의 발코니에 올라설 때마다, 비뚤어진 마음의 악귀가 내 귓가에 이렇게 속살거리는 게 들린다. "뛰어내려." 이것은 명령까지는 아니고, 순식간에 내 의식 속에 훅하고 떠오르는 단어일 뿐이다. 디너파티가 열려 평소 내가 존경하는 사람의 옆자리에 앉아 있을 때에도, 이 악귀는 내가 입에 담기 민망할 말들을 자꾸만 하라고 거세게 몰아친다. 이 악귀는 대체 누구, 혹은 무엇일까? 댄 웨그너Dan Wegner는 사회심리학자 가운데에서 제일 비뚤어지고 또 창의적이라고 손꼽히는 이로, 이 악귀를 실험실로 끌고 와 그것이 자동 처리 과정의 한 측면이라고 자백하게 만든 적이 있다.

웨그너의 연구에서 참가자들이 요청받은 것은, 흰 곰, 음식, 어떤 편견 등의 특정한 무언가를 머리에 떠올리지 **않기** 위해 열심히 노력해 달라는 것이었다. 이것이 영 쉽지 않다. 더 중요한 사실은, 어떤 생각을 억누르겠다는 노력을 멈추는 바로 그 순간 해당 생각이 물밀 듯 몰려들면서 머릿속에서 그 생각을 떨쳐 내기가 훨씬 어려워진다는 것이다. 다시 말해, 웨그너는 사람들에게 집착하지 말라는 지시를 내림으로써, 자기 실험실 안에 사소한 집착 증세들을 만들어 낸 셈이었다. 웨그너는 이 효과를 정신적 통제의 "역설적 효과"라는 말로 설명한다.[32] 제어적 과정은 어떤 생각에 영향을 끼치려고 할 때("흰 곰에 대해 생각하지 마!"하는 식으로) 나름 명확한 목표를 설정한다. 그런데 그 목표를 추구하려 할 때마다 마음의 어느 한 부분이 자동적으로 그 진행 과정을 모니터해 정정을 지시하거나 아니면 목표가 성공적으로 성취되었는지 알 수 있게 한다. 이러한 목표가 현실 세상에서 일어나는 어떤 행위일 때에는(늦지 않게 공항에 도착하는 일 등), 이런 피드백 체계가 원활히 작동한다. 하지만 그 목표가 정신적인 것일 때에는 역화逆火가 일어난다. 자동적 과정이 다음과 같이 끊임없이 체크를 하기 때문이다. "나는 지금 정말 흰 곰 생각을 안 하나?" 해당 생각이 부재하는지 모니터하는 행위가 그 생각을 불러들이기에, 그 사람은 자신의 의식을 딴 데로 돌리기 위해 훨씬 더 열심히 노력해야만 한다. 그렇게 되면 자동적 과정과 제어적 과정이 서로 상충하는 목표를 염두에 둔 채 돌아가고, 그러다 끝내는 서로를 상대로 그 어느 때보다 맹렬히 불을 뿜는다. 하지만 제어적 과정은 금세 피로해지므로, 종국에는 지칠 줄 모르는 자동적 과정이 별다른 저항 없이 돌아가며 머릿속에 보란 듯 흰 곰 떼를 등장시킨다. 따라서 불쾌한 생각을 애써 지우려 노력했다가는 도리어 그 생각이 정신적 반추의 즐겨찾기 목록에 한 자리를 차지해 버릴 수도 있다.

이쯤에서 디너파티에 참석한 내 모습으로 돌아가 보기로 하자. 이 자리에서 내가 그저 "바보 같은 짓 하지 말자"라고 생각하는 것만으로 자동적 과정은 순간 작동을 시작해 내 바보 같음의 흔적을 탐색하기 시작한다. 내가 그분의 이마 위 점에 대해 한마디 한다든지, "사랑해요"라고 말한다든지, 망측한 이야기를 떠벌렸다간 멍청이 취급을 받을 게 뻔하다. 그런데도 저 위의 의식 속에서 나는 세 가지의 생각이 일어났음을 분명히 인지하게 된다. '점에 대해 한마디 한다.' '"사랑해요"라고 말한다.' '망측한 이야기를 떠벌린다.' 이것들은 명령이라기보다, 내 머릿속에 순간 떠오른 생각들일 뿐이다. 프로이트는 바로 이런 정신적 틈입 및 자유 연상을 근거로 자신의 정신 분석 이론의 상당 부분을 정립했고, 나아가 이런 식의 사고는 성적이거나 공격적인 내용을 담고 있을 때가 많다는 사실도 알아냈다. 하지만 웨그너의 연구 결과는 그보다는 더 간단하고 더 순수한 설명을 제시한다. 자동적 과정은 매일 수천 개의 생각과 이미지를 만들어 내며, 그것들은 무작위 연상을 통해 생겨날 때가 많다는 것이다. 그중 우리 머리에 딱 달라붙는 것들은 우리를 유달리 충격에 빠뜨린 것들이고, 따라서 우리는 이것을 억누르고 부정하려 애쓴다. 우리가 이것들을 억누르려는 이유는, 우리의 마음 깊은 곳에서 그것들이 진짜임을 알아서가 아니라(물론 어떤 것은 진짜일 수도 있지만), 그것들이 무섭거나 혹은 부끄럽기 때문이다. 하지만 우리가 이 생각들을 억누르려고 했다가 실패해 버리고 나면, 그것들은 일종의 강박적인 생각이 되어 인간의 무의식은 음침하고 사악하다는 프로이트의 생각들이 과연 옳다고 믿게 만들 수도 있다.

코끼리 등에 올라탄 기수

다음 이야기를 읽고 한번 생각해 보자.

줄리와 마크는 남매 사이이다. 대학의 여름 방학을 맞아 지금 둘은 함께 프랑스를 여행 중이다. 어느 날 밤, 해변 가까운 곳에 있는 오두막에 줄리와 마크 단둘만 머물게 된다. 둘은 이참에 사랑을 나눠 보면 재밌겠다고 마음먹는다. 다른 건 몰라도 이번 일이 적어도 각자에게 새로운 경험은 될 것이었다. 줄리는 여행 전부터 피임약을 복용하고 있었지만, 만에 하나에 대비해 마크도 콘돔을 쓰기로 한다. 둘은 모두 즐기며 사랑을 나누었지만, 다시 그러지는 않기로 한다. 둘은 그날 밤을 둘만의 특별한 비밀로 간직하기로 하고, 이번 일로 둘 사이가 훨씬 가까워졌다고 느낀다.

하필이면 남매지간인 두 명의 성인이 서로 합의하고 사랑을 나누는 일이 용인될 만하다고 여러분은 생각하는가? 만일 여러분이 내 연구에 참여한 대부분의 사람들과 비슷하다면,[33] 당장 '아니요'라고 답할 것이다. 그런데 그 판단을 과연 어떻게 정당화할 수 있을까? 이런 주장을 펼치기 위해 사람들이 종종 제일 먼저 도달하는 근거는, 근친상간을 저지르면 유전적 기형을 앓을 자식을 출산하게 될 거라는 점이다. 내가 이들 남매는 두 가지 피임법을 다 사용했다는 점을 지적해도, 사람들은 누구 하나 "아, 그랬죠, 그럼 괜찮겠네요"라고 말하지 않는다. 대신 다른 논거들을 찾기 시작하는데, 예를 들면, "둘의 관계가 틀어질 겁니다" 하는 식이다. 이 논거에 대해 내가 성교로 둘 사이의 관계는 더 돈독해졌다고 말하면, 사람들은 그제야 머리를 긁적이고 미간을 찌푸리며 이렇게 말한다. "잘못이란 건 분명 알겠는데, 그 이유를 설명하려니 참 힘드네요."

이 연구의 핵심은 도덕적 판단은 미학적 판단과 비슷하다는 데에 있다. 어떤 그림을 봤을 때, 당신은 그 그림이 마음에 드는지 아닌지 보통 즉각적으로 그리고 자동적으로 안다. 만일 어떤 사람이 당신에게 왜 그런 판단을 했는지 설명해 달라고 하면, 당신은 이것저것 말을 지어낸다. 무언가가 아름답다고 생각하는 이유를 실제로는 알지 못해도, 당신의 해석자 모듈(기수)은 (가자니가가 자신의 뇌 분할 연구들에서도 밝혀냈듯) 갖가지 이유를 만들어 내는 재주가 아주 뛰어나다. 당신은 그 그림을 좋아하는 그럴싸한 이유를 하나 찾아낸 뒤, 나름의 의미를 가진 첫 번째 이유(화가가 광대의 반짝이는 코에 어떤 식으로 색, 빛, 반사광을 쓴 것 같다는 식의 애매한 말들)를 들고 그것을 물고 늘어질 것이다. 도덕적 주장도 이와 똑같은 면이 많다. 두 사람이 한 가지 이슈에 대해 어떤 느낌을 강하게 받을 때, 알고 보면 느낌이 먼저고 그들이 생각하는 이유는 중간에 주먹구구식으로 만들어 서로에게 내던지기 일쑤이다. 여러분이 어떤 사람의 주장을 논박했을 때, 대체로 그 사람이 마음을 바꾸어 당신의 생각에 동조하던가? 당연히 아니다. 왜냐하면 당신이 깨트린 그 주장은 애초부터 그 사람이 그런 입장을 가진 원인이 아니었기 때문이다. 그 이유는 판단이 이미 내려진 뒤 만들어진 것일 뿐이다.

도덕적 주장에 가만히 귀를 기울여 보면, 우리에게 때로 무척 놀라운 속삭임이 들려올 때가 있다. '실제로는 코끼리가 고삐를 쥐고 기수를 이끌어 간다.' 무엇이 좋거나 나쁜지, 또 아름답거나 추한지를

조너선 하이트의 바른 행복

결정하는 것은 코끼리이다. 이렇듯 직감, 직관, 순간적 판단들은 끊임없이 자동적으로 일어나지만(말콤 글래드웰Malcolm Gladwell이《블링크 Blink》에서 묘사했듯),[34] 문장들을 줄줄이 꿰어 다른 이에게 내놓을 논변으로 만들어 낼 수 있는 것은 또 기수뿐이다. 도덕적 주장에 있어서는 코끼리에게 기수가 해 주는 역할이 단순히 조언자에만 그치지 않는다. 이때에는 기수가 변호사라도 되듯 여론의 법정에 서서 다른 이들에게 코끼리의 관점을 납득시키기 위해 싸움을 벌인다.

이상이 바로 사도 바울, 오비디우스, 그 외의 숱한 이들이 탄식해 마지않은 우리의 상황이다. 우리 마음은 느슨하게나마 여러 부분이 연합해 있음에도, 우리는 그중 한 부분과만 스스로를 동일시하며 거기에 너무 많은 관심을 쏟는다. 우리는 자동차 키를 찾으려고 기로등 불빛 아래에서 헤맸다는 그 유명한 만취자나 다름없다. ("여기서 열쇠를 잃어버렸습니까?" 경찰관이 묻는다. "아뇨."라고 남자가 답한다. "저쪽 골목에 있을 때 떨어뜨렸는데요. 보니까 거기보다 여기 불빛이 더 밝아서요.") 광대한 마음의 작동 중 한 귀퉁이만 볼 뿐이기에, 우리는 어떤 충동, 바람, 유혹들이 어딘가에서부터 난데없이 나타나는 것 같아 깜짝 놀랄 뿐이다. 이렇게 하겠다는 발표, 서약, 다짐들을 한 뒤, 그것들을 실행시키지 못하는 자신의 무력한 모습에도 깜짝 놀랄 뿐이다. 때로는 우리가 스스로의 무의식, 이드, 짐승 같은 자기와 계속 싸움을 벌이며 살아간다는 견해에 휩쓸리기도 한다. 하지만 알고 보면 그 모든 게 다 우리이다. 우리는 기수이기도 하고, 코끼리이기도 하다. 기수와 코끼리는 모두 저마다 자신만의 강점, 그리고 그들만의 특별한 기술들을 갖고 있다. 이 책의 나머지 부분에서는 우리처럼 복잡하고 때로는 종잡을 수 없는 생물체가 어떻게 하면 서로 잘 어울려 지낼 수 있을지 (3장과 4장), 어떻게 하면 행복을 찾을 수 있을지(5장과 6장), 어떻게 하면 심리적으로나 도덕적으로 성장할 수 있을지(7장과 8장), 또 어떻게 하면 우리의 삶에서 목적과 의미를 찾을 수 있을지(9장과 10장) 다루려고 한다. 하지만 그 전에 반드시 해야 할 일이 있으니, 코끼리는 왜 그토록 심한 비관주의자인지부터 밝혀내는 것이다.

조너선 하이트의 바른 행복

2장 마음 속 변화를 불러일으켜라

우주 전체가 변화요,
삶을 무엇으로 여기느냐가 곧 우리의 삶이다.

마르쿠스 아우렐리우스[1]

오늘의 우리는 어제의 생각들에서 비롯되고,
우리의 현재 생각들이 내일의 삶을 지어 올린다.
우리의 삶은 우리 마음이 만들어 낸 산물이다.

부처[2]

위의 두 인용문 속에는 오늘날 대중 심리학의 가장 중요한 발상이 담겨 있는데, 이 세상에서 일어나는 일들은 오로지 우리가 그것을 어떻게 해석하느냐를 통해서만 영향을 미치며, 따라서 만일 우리가 우리의 해석을 통제할 수 있으면 세상도 우리 뜻대로 통제할 수 있다는 것이다. 1944년에 책을 써 내, 오랜 세월 꾸준히 사람들이 가장 많이 찾는 자기 계발 조언자로 자리 잡은 데일 카네기Dale Carnegie 는 아우렐리우스의 명언집 말미를 장식한 저 여섯 마디를 "우리 삶을 통째로 뒤바꿔 줄 수 있는 여섯 마디"라 칭하기도 했다.[3] 더 최근 들어서는 "필 박사"(필 맥그로Phil McGraw)가 텔레비전이나 인터넷에 등장해 "실재는 없으며, 존재하는 것은 오로지 인식뿐이다"를 자신의 "10가지 삶의 법칙" 중 하나로 제시하기도 했다.⁴ 이따금 자기 계발서나 자기 계발 세미나는 그 내용이 사람들이 이 발상을 이해할 때까지, 나아가 이것이 삶에 어떤 의미를 갖는지 깨달을 때까지 줄기차게 잔소리를 하는 것에 불과한 것처럼 보인다. 물론 뭔가 커다란 감화를 받을 때도 있다. (일례로) 어떤 사람이 몇 년을 원한, 고통, 분노 속에서 허우적댔는데, 알고 보니 아버지가 가족을 내팽개친 것이 그녀에게 직접적인 상처를 입힌 건 아니었다는 깨달음을 얻는 경우가 종종 있다. 아버지는 그저 자신이 살던 집을 나간 것일 뿐이다. 그의 행동이 도덕적으로 잘못이긴 하지만, 그 일이 고통스러웠던 건 그녀가 그 일에 그렇게 반응했기 때문이며, 만일 그녀가 그런 반응에 변화를 줄 수 있다면, 그녀는 고통의 20년 세월을 뒤로하는 것은 물론 심지어는 아버지가 어떤 사람인지 더 잘 알 수도 있다. (잔소리하고 다그치는 것을 넘어서) 사람들이 이런 깨달음에 이르도록 하는 방법을 계발해 내는 것이 바로 대중 심리학의 기술이다.

이 기술은 사실 연륜이 깊다. 여기서 아니키우스 보에티우스 Anicius Boethius에 대해 한번 생각해 보기로 하자. 그는 로마가 고트족에게 함락당하고 4년 뒤인 기원후 480년에 로마 제일의 명문가에서 태어났다. 당대에 최고의 교육을 받은 그는 철학을 공부하고 공직에도 복무하며 출세 가도를 달렸다. 수학, 과학, 논리학, 신학과 관련해 수십 권의 저작을 저술하거나 번역해 내는가 하면, 510년에는 정계에서 두각을 나타내며 로마 집정관(가장 고위의 선출직) 자리에까지 올랐다. 그는 부유했고, 결혼 생활도 순탄했으며, 슬하의 아들들도 장성하여 아버지처럼 집정관 자리에까지 올랐다. 그러다 523년, 그의 권력과 복이 절정에 달해 있던 때, 보에티우스는 로마와 원로원에 한결같은 충의를 보이다 동고트족 왕 테오도리크에게 반역죄를 저질렀다는 혐의를 쓴다. 그가 지키고자 했던 로마 원로원이 비열하게도 그에게 유죄를 선고하면서, 보에티우스는 가지고 있던 재산과 명예를 모조리 빼앗긴 채, 멀리 떨어진 한 섬의 옥에 갇혔고 524년에 처형을 당했다.

무언가를 "철학자답게" 받아들인다는 것은, 대단한 불행이 닥쳐도 그것을 설움이나 심지어 고통 속에서 받아들이지 않음을 의미한다. 우리가 이런 화법을 구사할 수 있는 것은 고대의 세 철학자(소크라테스, 세네카, 보에티우스)가 처형당할 날을 기다리면서도 차분함, 자기 절제, 용기의 면모를 잃지 않은 덕이기도 하다. 하지만 옥에 갇혔을 때 저술한 《철학의 위안Consolation of Philosophy》에서 보에티우스는 애초 자신에게는 철학자다움은 전혀 찾아볼 수 없었다고 털어놓는다. 그는 서럽게 눈물을 흘리며 울음에 관한 시를 몇 편 짓기도 했다. 불의, 노년, 그리고 한때 자신에게 축복을 내렸다 나중에 그를 내팽개친 행운의 여신에게도 그는 저주를 퍼부었다.

그러던 어느 날, 보에티우스가 참담한 심정에서 헤어나지 못하고 있을 때 장엄한 모습의 철학 부인 유령이 찾아와 그의 철학자답지 못한 행동을 꾸짖는다. 그런 다음 철학 부인은 오늘날의 인지 치료라고 할 방법으로(이어지는 내용의 설명 참조) 보에티우스를 이끌어 가며 상황을 재해석하게 한다. 먼저 그녀는 보에티우스에게 행운의 여신과 맺고 있는 관계를 생각해 보라고 한다. 행운의 여신은 원래 변덕스러운 터라, 자기 기분 내키는 대로 오고 가고 하는 법임을 그녀는 일깨운다. 보에티우스는 행운의 여신이 그의 정부情婦라도 되는 것처럼, 그녀가 가는 길을 속속들이 알고자 하고, 그녀를 오래도록 곁에 붙잡아 두려고 한다. 하지만 그가 무슨 권리로 그녀를 자신 옆에만 매어

두어야 한다고 할 수 있는가? 철학 부인은 행운의 여신을 대신해 이렇게 변론을 펼친다.

왜 저만 제 권리를 빼앗겨야 하나요? 하늘도 환한 낮을 선사했다, 다시 어둑한 밤으로 물들여도 되지 않나요. 한 해도 땅의 얼굴을 한 순간 갖가지 꽃과 열매로 장식했다가, 다른 한 순간 먹구름과 서리로 뒤덮어 황무지로 만들어 버릴 수 있잖아요. 바다 역시 뱃사람에게 화창한 날씨를 선보였다가, 얼마든지 다시 태풍으로 공포에 질리게 할 수 있는데요. 그런데도 저 혼자만 인간의 지칠 줄 모르는 탐욕을 위해, 제 습성에는 낯설기만 한 한결같음을 지켜야 한다는 것인가요?[5]

철학 부인은 변화는 통상 일어나는 일이자, 행운이 가진 권리라며 그의 관점을 바로잡는다("우주 전체가 변화다"라고 아우렐리우스도 말하지 않았던가). 옛날에는 보에티우스에게 행운이 따랐지만, 지금은 그렇지 못하다. 하지만 그것이 절대 화를 낼 이유는 되지 않는다. 오히려 그토록 오래 행운을 누릴 수 있었던 데에 감사하고, 지금 행운의 여신이 그를 떠났다 해도 차분해야 마땅하다. "무릇 사람이란 행운에게 버림을 받아 본 후에야 어느 때보다 든든한 마음으로 살 수 있다."[6]

철학 부인은 그 외에도 보에티우스의 관점을 바로잡아 주는 여러 다른 전략들도 시도한다. 그녀는 그의 아내, 아들들, 아버지 모두 그의 목숨보다 더 소중한 존재임을, 나아가 그 네 사람이 여전히 살아 있음을 일러 준다. 또한 행운보다 역운逆運에서 얻을 게 많다는 점도 알게 하니, 행운은 인간을 더 많은 것을 원하는 탐욕스러운 존재로 만

조너선 하이트의 바른 행복

들 뿐이지만 역경은 인간을 굳세게 만들기 때문이다. 이와 함께 철학 부인은 보에티우스의 상상력을 저 위 하늘까지 끌어올리는데, 그곳에서 지구Earth를 굽어보니 지상은 한낱 작은 점에 불과하고 그 위에서 살아가는 훨씬 하찮은 존재인 인간은 우스꽝스럽고 종국엔 별 의미도 없는 야망을 내세우며 살아가고 있다. 철학 부인을 통해 부와 명예는, 평화와 행복이 아닌, 근심과 탐욕을 불러온다는 사실을 보에티우스는 인정한다. 이 새로운 관점을 접하고 과거의 가정들에 의문을 느낀 보에티우스는 마침내 동서고금을 통틀어 가장 위대한 가르침, 부처와 아우렐리우스가 그로부터 몇 세기 전 이미 가르친 바 있는 그 가르침을 오롯이 받아들일 준비가 된다. "그 어떤 일도 우리가 그것을 불행이라고 생각하지 않는 한, 불행이 아니다. 더불어 그 어떤 일도 우리가 그것에 만족하지 못하는 한, 행복을 가져다주지 못한다."**7** 이 가르침을 가슴으로 받아들이면서, 보에티우스는 정신의 감옥에서 풀려난다. 평정을 되찾은 그는, 이후 수 세기 동안 사람들 마음을 다독여 주는 책을 저술한 후, 고귀하게 죽음을 맞이한다.

　여기서 나는 《철학의 위안》이 단순히 로마 시대 대중 심리학서였다는 말을 하려는 게 아니다. 이 책에서는 통찰력을 통해 자유를 얻는 이야기를 하고 있는데, 도리어 거기에 질문을 던지고자 하는 것이 나의 의도이다. 앞서 1장에서 나는 우리의 분열된 자기는 코끼리 등 위에 올라탄 기수와 비슷하다는 견해를 이야기했다. 아울러 우리가 기수(의식적인 사고)에 너무 치중한다고도 했다. 철학 부인도, 오늘날 대중 심리학의 대가들과 마찬가지로, 기수를 상대로 필요한 일들을 하는데, 기수를 이끌어 가며 인지적 통찰력과 관점 전환의 순간에 이르게 하는 것이다. 하지만 한 번이라도 그런 극적인 통찰력을 삶 속에

끌어들여 삶의 방식과 관점을 기필코 변화시켜 본 적이 있는 사람이라면 알 것이다. 그로부터 3개월이 지났을 때는 어느덧 자신이 애초의 그 자리로 되돌아가 있음을 말이다. 거룩한 통찰이 삶을 바꿔 주는 것은 가능하지만,[8] 그런 통찰 대부분은 며칠 혹은 몇 주 만에 희미해진다. 기수가 단순히 변화해야겠다고 결심한 후, 코끼리에게 명령을 내려 그 프로그램에 따르게 하기는 불가능하다. 지속적 변화는 오로지 코끼리를 재훈련시킴으로써만 이루어지는데, 그렇게 하기가 영 쉽지는 않다. 대중 심리학 프로그램이 성공하는 것은(그렇게 될 때도 더러 있다) 첫 순간의 통찰력 때문이 아니라, 그 프로그램들이 수개월에 걸쳐 사람들 행동에 변화를 줄 여러 방법을 찾아내기 때문이다. 이런 프로그램은 사람들을 충분히 오랜 시간 거기 참가시켜 코끼리를 재훈련시킬 수 있게 한다. 이번 2장에서는 그토록 수많은 사람들 안의 코끼리가 왜 근심과 비관주의를 향하는 경향이 있는지, 나아가 기수가 코끼리를 재훈련시키는 데에 사용할 세 가지 도구로는 무엇이 있는지를 살펴보고자 한다.

자동 호불호 측정기

코끼리의 언어 중 가장 중요한 말들은 "좋음"과 "싫음", 혹은 "다가가자"와 "물러나자"이다. 심지어 가장 단순한 동물들조차 매 순간 어떤 결정들을 내린다. '왼쪽 아니면 오른쪽?' '갈까 아니면 멈출까?' '먹을까 아니면 먹지 말까?' 감정을 지닐 만큼 복잡한 두뇌를 가진 동물은 별 노력 없이 자동적으로 이런 결정들을 내리는데, 그들의 머리 안에 시종 멈추지 않고 돌아가는 일명 "좋음 측정기"가 들어 있기 때문이다. 어떤 원숭이가 새로운 과일을 맛보고는 단맛을 느낀다면, 원숭이의 좋음 측정기는 "이거 좋아"라는 정보를 등록한다. 쾌감을 느낀 원숭이는 곧바로 과일을 한입 더 베어 문다. 그런데 만일 그 맛이 쓰다면, 순간 불쾌감이 스치고 지나가면서 더 먹기를 주저하게 만든다. 이런 상황에서는 장단점을 따지는 일도 없고 추론 체계도 필요치 않다. 그저 순식간의 쾌감과 불쾌감이 스치고 지나가면 끝이다.

우리 인간 안에도 이 좋음 측정기가 자리한 채 늘 쉬지 않고 돌아간다. 이 측정기는 미묘하게 영향을 미치지만, 세심하게 설계된 실험들에 따르면 우리는 자신이 경험 중인 모든 것에 좋음-싫음 반응을 보이는 것으로 나타난다. 심지어 자신이 그런 경험을 한다는 것을 인지하지 못할 때조차 그렇다. 예를 들어, 당신이 "정서 점화"로 널리 알려진 실험에 참가했다고 해 보자. 당신은 컴퓨터 화면이 놓인 책상 앞에 앉아 중앙의 한 점을 응시한다. 그러면 몇 초마다 한 번씩 점 위에 어떤 단어가 반짝 스친다. 이때 당신은, 그 단어가 뭔가 좋거나 호감 가는 뜻을 가졌을 때에는(정원, 희망, 재미 같은 것들) 왼손으로 자판을 두드리고, 뭔가 나쁘거나 불쾌감이 드는 뜻일 때에는(죽음, 독재, 지루함) 오른손으로 자판을 두드리기만 하면 된다. 얼핏 보기엔 쉬운데, 무슨 까닭에서인지 몇몇 단어들 앞에서는 당신도 모르게 몇 분의 1초가량 망설이게 된다. 여기서 당신이 미처 몰랐던 사실이 하나 있으니, 컴퓨터 화면에서는 점 오른쪽에 또 하나의 단어가 순식간에 지나가고 있다. 그 단어는 당신이 평가하게 될 목표 단어가 화면에 뜨기 단 몇백 분의 1초 전에 스치고 지나간다. 결국 이들 단어는 잠재의식(인지 수준 아래에 자리 잡고 있다) 속에 제시되는 것인 셈인데, 그런데도 당신의 직관 체계는 그 속도가 너무 빨라 이 단어들을 읽고 좋음 측정기 평가를 통해 반응을 한다. 잠재의식에 제시된 단어가 **두려움**이면, 당신의 좋음 측정기에 부정적인 것으로 등록될 테고, 일순 당신은 불쾌감을 느낄 것이다. 그러고서 몇 분의 1초가 흐른 뒤에 **지루함**이라는 단어를 본다면, 당신은 더 빨리 지루함을 나쁘다고 말한다. 두려움에 대한 부정적 느낌이 스치고 지나가면서, 지루함에 대한 여러분의 부정 평가를 촉진한(달리 말하면 "점화한") 것이다. 하지만 **두려움**에 곧바로 **정원**이 뒤따르면, 당신은 정원이 좋다고 말하는 데 더 오랜 시간이 걸린다. 당신이 좋음 측정기가 나쁨에서 좋음으로 방향을 트는 데 시간이 걸리기 때문이다.[9]

1980년대에 이루어진 정서 점화의 발견은 심리학에 간접 측정의 세계를 여는 계기가 되었다. 이 방법을 통해 기수를 슬쩍 지나쳐 코끼리에게 직접 말을 거는 게 가능해진 것인데, 더러는 코끼리가 꼭 말하고자 하는 것들이 우리를 심란하게 하기도 한다. 예를 들어, 잠재의식 안에 단어들을 깜박이는 대신 흑인과 백인의 얼굴 사진들을 보여주면 어떨까? 연구자들이 밝혀낸 바에 의하면, 모든 미국인들이(연령, 계급, 정치 성향에 상관없이) 흑인 얼굴이나 여타 아프리카계 미국인 문화와 관련된 이미지와 단어들에 순간적 부정성 반응을 보이는 것으로 나타났다.[10] 자신은 흑인에게 별다른 편견이 없다고 말하는 사람들에게서 (평균적으로) 자동적 편견이 약간 적게 나타나기는 하지만, 그렇다 해도 기수와 코끼리가 각자 나름의 의견을 가지는 것은 맞는 듯하다(www.projectimplicit.com에 가면, 우리 안의 코끼리는 어떤지 직접 테스트해 볼 수 있다). 심지어 아프리카계 미국인 안에도 이런 암묵적 편견을 보이는 이들이 많다. 물론 흑인의 얼굴과 이름에 암묵적 선호

조너선 하이트의 바른 행복

를 보이는 이들도 있다. 이 둘의 총계를 내 보면, 아프리카계 미국인은 어느 쪽에도 암묵적 편향을 갖지 않는 것으로 나타난다.

좋음 측정기가 현실에서 가장 묘하게 작동하는 사례는 브렛 펠럼 Brett Pelham 의 연구에서 찾을 수 있는데,[11] 그가 발견한 바에 의하면 좋음 측정기는 사람들 각자가 가진 이름에도 자극을 받아 돌아간다. 자신의 이름과 비슷한 단어를 보거나 들을 때마다, 우리에게는 약간의 순간적 쾌감이 스치고 지나가면서 그것이 좋다는 생각이 들게 편향을 일으킨다. 따라서 데니스Dennis 라는 이름을 가진 남자는 장차 어떤 이력을 밟을지 고민할 때 이런 식으로 여러 가능성을 점쳐 본다. "변호사lawyer, 의사doctor, 은행원banker, 치과의사dentist … 치과의사… 왠지 치과의사가 맞을 것 같은데." 데니스Dennis 나 드니즈Denise 라는 이름을 가진 이들은 실제로도 다른 이름을 가진 이들보다 치과의사가 될 확률이 약간 더 높다. 로런스Lawrence 라는 이름의 남자나 로리Laurie 라는 이름의 여자는 변호사가 될 확률이 더 높다. 루이스Louis 나 루이즈Louise 는 루이지애나나 세인트루이스로 이사 갈 가능성이 더 높으며, 조지George 와 조지나Georgina 는 조지아로 이사 갈 가능성이 더 높다. 자기 이름을 선호하는 이런 성향은 심지어 혼인 기록에까지 나타난다. 사람들은 자기 이름과 비슷하게 발음되는 이름의 사람들과 결혼할 가능성이 약간 더 높다(단순히 각자의 이름 첫 이니셜만 유사해도 그렇다). 펠럼이 그의 연구 내용을 내가 몸담은 학과에 소개했을 때, 우리 연구실의 기혼자 대부분이 그의 주장에 딱 들어맞는다는 사실을 알고 나는 놀라지 않을 수 없었다. 제리와 주디Jerry and Judy, 브라이언과 베서니Brian and Bethany 부부도 그랬지만, 그중에서도 단연 최고는 바로 우리 부부 존과 제인John and Jayne 이었다.

펠럼의 연구에서 다소 심란하게 느껴지는 부분이 있다면, 대부분 사람들의 삶에서 가장 중대한 세 가지 결정들(뭘 해서 먹고살고, 어디에 살 것이며, 누구와 결혼해야 할지)까지도 모두 (비록 약간이나마) 이름이 어떻게 발음되는지와 같은 하찮은 것들로부터 영향을 받을 수 있다는 사실일 것이다. 삶은 정말이지 우리가 생각하기 나름이지만, 그 생각은 순식간에 그리고 무의식적으로 일어난다. 코끼리는 본능에 따라 반응을 하면서, 기수를 몰아 새로운 목적지를 향해 나아가는 것이다.

긍정보다 힘이 센 부정

임상심리학자들이 더러 하는 말로, 치료를 받고자 자신을 찾아오는 사람들은 크게 두 부류로 나뉜다고 한다. 하나가 긴장의 끈을 조여야 하는 사람들이면, 다른 하나는 긴장의 끈을 풀어야 하는 사람들이다. 그런데 더 체계적이고, 자기 통제에 더 능하고, 자기 미래를 더 잘 책임지게 도와달라고 찾아오는 이들이 한 명이라면, 어제 간부 회의에서 자신이 내뱉은 어처구니없는 말이나 내일 점심 데이트에서 뻔히 퇴짜 맞을 일이 너무 신경 쓰여 얼마간 긴장을 풀고, 마음을 다독이고, 또 걱정을 내려놓으려 병원을 찾는 이들은 환자 대기실을 가득 메울 정도다. 대부분 사람들의 코끼리는 너무 많은 것을 나쁘게 보며, 그만큼 좋게 보는 것은 별로 없다.

여기엔 그럴 만한 이유가 있다. 우리가 물고기의 마음을 설계한다고 할 때, 과연 우리는 위협에 강하게 반응하는 만큼 기회에도 똑같이 강하게 반응하도록 설계할까? 그럴 리 없다. 저기 먹을 게 있다는 신호를 놓쳤을 때의 비용은 그렇게 크지 않다. 바다에는 다른 물고기가 있게 마련이고, 그 한 마리를 놓쳤다고 당장 굶어 죽지도 않는다. 하지만 지척에 포식자가 있다는 신호를 놓쳤을 때의 비용은 재앙에 맞먹는다. 그야말로 게임 끝, 그 개체 안에서 이어져 온 유전자들의 계보는 거기서 끊어진다. 물론 진화에 설계자가 따로 존재하는 것은 아니나, 자연 선택이 만들어 낸 마음은 결과적으로 (우리에겐) 마치 무언가에 의해 설계된 것처럼 보이는데 일반적으로 마음이 융통성을 발휘하며 자신의 생태적 지위ecological niche 안에서 적응하는 행동을 하기 때문이다(자연 선택이 어떻게 설계자 없이 설계를 행하는지와 관련해서는 스티븐 핑커[12]를 참조하면 좋다). 동물들의 삶에서 나타나는 얼마간의 공통성은 심지어 설계 원칙이라 불러도 좋을 법한 종種 간 유사성을 낳기도 한다. 그러한 설계 원칙 중 하나가 바로 **좋은 것보다는 나쁜 것이 더 강하다**이다. 위협과 불쾌감에 대한 반응이 더 빠르고 강력하며, 그런 반응은 기회나 쾌감에 대한 반응보다 억제하기도 더 어렵다.

일명 "부정성 편향negativity bias"[13]이라고도 불리는 이 원칙은 심리 작용의 전 영역에서 그 모습을 드러낸다. 둘이 함께 결혼 생활을 해 나갈 때, 위태로운 행동이나 둘의 관계를 파탄 내는 행동을 한 번 했다간 최소 다섯 번의 좋은 혹은 건설적 행동이 있어야 그 손상이 메워진다.[14] 금융 거래와 도박에서도, 똑같은 금액이라도 돈을 땄을 때 느끼는 기쁨보다 돈을 잃었을 때의 고통이 더 크다.[15] 어떤 이의 인간됨을 평가할 때도, 살인을 한 번 저지른 사람은 생명을 구해 내는 영웅적 행동을 최소 스물다섯 번은 해야 그 과오가 상쇄된다고 사람들은 여긴다.[16] 밥을 차릴 때에도, 먹을거리가 (바퀴벌레 더듬이 따위 하나에도) 오염되기는 쉬운 한편, 그것을 다시 깨끗이 만들기는 어렵다. 이렇듯 인간의 마음이 좋은 것보다 나쁜 것에 더 빨리, 더 강하게, 더 끈질기게 반응한다는 사실을 심리학자들이 연구를 통해 누차 밝혀내고 있다. 우리가 단순히 의지만으로 매사를 스스로 좋게 볼 수 없는 것은, 애초 우리 마음이 위협, 침해, 장애물부터 먼저 발견하고 거기에 반응하도록 회로가 짜여 있기 때문이다. 벤 프랭클린은 이렇게 말했다. "우리는 어디 한 군데가 조금만 아파도 기막히게 알아채지만, 자신이 더할 나위 없이 건강한 때는 잘 모른다."[17]

동물의 삶에 내재하는 또 다른 설계 원칙 후보로, 상반되는 체계가 서로를 밀어내며 균형점에 이르지만 그 균형점은 조절이 가능하다는 것을 들 수 있다. 우리가 팔을 움직이는 것을 봐도, 팔을 신장시키는 근육 다발이 있고 팔을 수축시키는 근육 다발이 있다. 이 두 종류의 근육은 늘 약간 긴장한 채, 언제든 움직일 태세를 갖추고 있다. 우리의 심장 박동과 호흡을 조절하는 자율 신경계도, 신체 기관을 반대 방향으로 밀어내는 두 가지 하위 체계로 구성돼 있다. 즉, 교감 신경은 우리 몸이 태세를 갖추어 "싸울지 아니면 도망칠지" 결정하게 하는 반면, 부교감 신경은 우리를 차분하게 가라앉혀 주는 역할을 한다. 이 둘은 늘 활동하지만, 활성화 비율은 각기 다르다. 우리의 행동을 관장하는 것도 상반되는 동기 체계motivational system인데, 접근 체계는 긍정적 감정을 유발해 우리가 무언가를 향해 움직이게 하는 한편, 도피 체계는 부정적 감정을 유발해 우리가 다른 무언가로부터 물러나거나 그것을 피하고 싶게 만든다. 두 체계는 늘 활동하며 주변 환경을 모니터하는데, 동시에 상반되는 동기가 생겨날 때에는(우리가 양면적 감정을 느끼는 게 바로 이런 순간이다)[18] 둘 사이의 상대적 균형에 따라 어느 쪽으로 움직일지가 결정된다. ("좋음 측정기"는 이 균형 잡기 과

조너선 하이트의 바른 행복

정 및 미묘한 순간순간의 동요에 대한 비유인 셈이다.) 이 균형은 순식간에 뒤바뀌기도 한다. 예를 들어, 호기심에 이끌려 사고 현장에 다가갔다가 굳이 보지 않았어도 될 피를 보고 공포에 움츠러드는 때가 그렇다. 또 낯선 이에게 말을 걸고 싶은데, 막상 다가가서는 갑자기 나도 모르게 몸이 뻣뻣하게 굳어 버리는 때도 있다. 도피 체계는 가진 힘을 재빨리 최대한도로 끌어올려,[19] 자신보다 더딘(아울러 일반적으로 더 약한) 접근 체계를 추월한다.

도피 체계가 이렇듯 재빨리 막강한 힘을 발휘하는 한 가지 이유는, 이 체계가 우리 안으로 들어오는 모든 정보를 제일 먼저 처리하기 때문이다. 우리의 눈과 귀에 들어오는 모든 신경 자극이 가장 먼저 도달하는 곳은 시상(두뇌 안의 일종의 중앙 중계실 스위칭 센터)이다. 이 시상에서부터 신경 자극들은 다시 피질의 특별한 감각 처리 영역으로 보내지고, 이들 영역에서 정보가 다시 전두피질로 전달돼 다른 고차원의 정신 과정 및 우리 안에서 진행 중인 의식의 흐름과 융합된다. 만일 앞쪽에 뱀이 쉭쉭대는 걸 이 과정의 말미에 인지한다면, 우선은 얼른 달아나야겠다고 마음부터 먹은 뒤에야 다리에 움직이라는 지시를 할 수 있을 것이다. 하지만 신경 자극의 이동 속도는 초당 30미터 정도에 불과하기 때문에, 의사 결정을 포함한 이 긴 여정은 1~2초 가량 걸리기 십상이다. 이 사실을 알면 신경 지름길이 있는 편이 더 유리한 이유를 쉽게 알 수 있으니, 그 지름길이 바로 편도체이다. 편도체는 시상 바로 아래쪽을 위치하고, 시상을 흐르는 아직 처리되지 않은 정보의 강줄기에 잠긴 채 과거 위험과 연관된 각종 패턴들에 반응을 한다. 편도체는 뇌간 안에서 싸움 아니면 도피 반응을 활성화시키는 부분과 직접 연결돼 있으며, 과거 우리를 두려움에 떨게 만들었던

일에 들어 있는 패턴(뱀의 쉭쉭대는 소리 등)을 발견하면 신체에 적색 경보를 내린다.[20]

　이런 일이 일어나는 것은 여러분도 이미 느껴 봤다. 방 안에 혼자인 줄 알았는데 뒤에서 어떤 목소리가 들렸다든지, 공포 영화를 보는데 미리 음악이 깔리지도 않고 어떤 미치광이가 칼을 휘두르며 화면 안으로 툭 튀어나왔다거나 하면, 순간 움찔한 것은 물론 심장 박동도 치솟았을 것이다. 이런 일이 일어나면 10분의 1초 안에 (편도체에 난 지름길로) 몸이 두려움에 휩싸인 반응을 한 후, 이어 0.9초 동안 (속도가 더딘 외피 경로로) 이게 도대체 무슨 일인지 사태 파악을 한다. 물론 편도체도 긍정적 정보를 얼마쯤 처리하지만, 우리 두뇌에는 적색경보처럼 저기 맛있는 밥이나 알맞은 짝이 있다고 알려 주는 "녹색경보" 같은 것은 존재하지 않는다. 그런 식의 평가가 이뤄지는 데에는 1~2초가 걸린다. 이번에도 나쁜 게 좋은 것보다 더 강하고 더 빠르다. 코끼리는 기수가 길 위에서 뱀이 있다고 알아보기도 전에 먼저 반응을 한다. 뱀 따위 무섭지 않다고 혼잣말을 하는 순간에도, 코끼리가 겁을 집어먹고 허둥지둥 몸을 일으키면 우리도 별 수 없이 나가떨어진다.

　편도체와 관련해 마지막으로 짚고 넘어갈 게 하나 있다. 편도체는 뇌간 아래쪽에 도달해 위험 반응을 유발하기도 하지만, 위쪽의 전두피질로도 올라가 우리 생각에 변화를 준다는 점이다. 편도체는 두뇌 전체를 급전환시켜 도피 성향을 띠게끔 한다. 우리의 감정과 의식적인 사고 사이에는 양방향으로 길이 뚫려 있다. 우리 안에서는 생각이 감정을 일으키기도 하지만(한번 내뱉은 말을 곱씹을 때처럼) 감정이 생각을 일으키기도 하는데, 그럴 때면 우리에게는 정신의 필터가 장착돼 차후의 정보 처리 과정에 편향이 일어난다. 순간 두려움이 스치고 지나가면 우리는 또 있을 위협을 더욱 경계하게 된다. 그 필터를 끼고 세상을 바라보면 모호한 일들까지 잠재 위험으로 해석된다. 누군가에게 분노를 느끼는 순간에도 필터가 생겨나 우리 심기를 거스른 그 사람의 모든 말과 행동을 더한 모욕이나 침해로 보이게 만든다. 슬픈 느낌은 우리 눈을 가려 즐거움과 기회를 보지 못하게 한다. 유명했던 한 우울증 환자가 이렇게 썼듯이 말이다. "세상의 쓸모가 내게는 하나같이 얼마나 피로하고, 맥 빠지고, 단조롭고, 무익하게만 보이는지!"[21] 따라서 마르쿠스 아우렐리우스가 했던 말을 세월이 흘러 셰익스피어의 햄릿이 나름 각색했을 때("세상엔 좋은 것도 없고 나쁜 것도 없구나. 오로지 생각이 그렇게 만들 뿐."[22]) 그는 분명 옳은 말을 한 것이지만, 몇 마디 더 덧붙였어야 했을 것 같다. 그의 부정적 감정이 모든 걸 나쁘게 보는 그의 생각을 일으키고 있는 것이라고.

피질 복권에 당첨된 사람들

햄릿은 운이 없는 사람이었다. 다른 사람도 아닌 자신의 숙부와 어머니가 왕이었던 자기 아버지를 살해했으니까. 하지만 이런 시련에 맞닥뜨려 오랜 시간 심한 우울증에 빠져 지냈다는 건, 또 다른 면에서 햄릿은 운이 없는 사람이었다는 이야기일 수 있다. 그는 아예 날 때부터 비관주의자였던 것이다.

한 사람의 성격을 설명할 때, 타고난 천성과 양육이 함께 작용한다는 말은 백번 옳다. 하지만 이와 함께 또 옳은 말은 대부분 사람이 알고 있는 것보다 천성이 더 큰 역할을 한다는 사실이다. 여기 다프네와 바버라라는 일란성 쌍둥이 자매의 이야기에 대해 함께 생각해 보기로 하자. 런던 외곽에서 자라난 이들 자매는, 둘 다 똑같이 열네 살에 학교를 졸업해 지방 정부에 취직되었고, 똑같이 열여섯 살에 지방 청사에서 열린 댄스파티에서 미래의 남편을 만났으며, 똑같은 시기에 유산의 아픔을 겪은 뒤 아들 둘에 딸 하나를 낳았다. 이 둘은 많은 것들을 똑같이 무서워하고(피와 높은 곳), 일상에서 똑같이 유별난 행동들을 보인다(둘 모두 커피를 차갑게 해서 마시는가 하면, 손바닥으로 코를 세게 밀어 올리는 동작을 습관적으로 하는데, 똑같이 이 습관을 "코 짜부"라고 불렀다). 일란성 쌍둥이가 이 정도 똑같은 게 뭐 대단한 일이냐고 할지 모르지만, 다프네와 바버라가 갓난아기 때 각기 다른 가정에 입양되었다는 사실을 알면 아마 생각이 달라질 것이다. 이 둘은 마흔 살에 재회하기 전까지만 해도 자신에게 쌍둥이 자매가 있다는 사실조차 몰랐다. 마침내 서로를 만났을 때, 둘은 거의 똑같은 옷을 몸에 걸치고 있었다.[23]

이런 식으로 우연이 줄줄이 겹치는 일은 태어나자마자 떨어진 일란성 쌍둥이들에게서는 흔히 볼 수 있지만, 이란성 쌍둥이 사이에서는 비슷한 식으로 헤어져도 이런 일이 일어나지 않는다.[24] 이제까지 연구 대상이 된 모든 특성들에서, 일란성 쌍둥이(유전자가 모두 똑같고, 한배에서 똑같이 아홉 달을 지낸 사이)가 동성의 이란성 쌍둥이(유전자는 절반만 같고, 한배에서 똑같이 아홉 달을 지낸 사이)보다 비슷한 것으로 나타난다. 이 같은 연구 결과는 유전자가 인간의 거의 모든 특성에 최소한 일정 부분은 반드시 기여한다는 뜻이기도 하다. 그 특성이 지능, 외향성, 겁, 종교성·정치적 성향, 재즈 애호, 매운 음식 불호 등의 무엇이 되었던 간에, 일란성 쌍둥이들이 이란성 쌍둥이들보다 서로 더 비슷할 뿐 아니라, 태어나는 순간에 떨어져도 보통은 서로 거의 비슷한 모습을 하게 된다.[25] 유전자는 사람의 구조를 조목조목 보여 주는 청사진이 아니다. 그보다 유전자는 오랜 시간을 들여 한 사람을 만들어 내는 데 활용되는 일종의 **레시피**라고 생각하는 게 더 낫다.[26] 일란성 쌍둥이는 똑같은 레시피에 따라 만들어지기 때문에, 이들의 두뇌는 (완전히 동일하지는 않더라도) 시간이 흐르면 꽤 비슷해지며, 이 비슷한 두뇌들이 둘에게서만 나타나는 여러 똑같은 특이 행동을 일으킨다. 반면 이란성 쌍둥이는 어떻게 하다 보니 요리법이 절반만 같고 나머지는 다른 두 개의 레시피로 만들어져 있다. 이란성 쌍둥이는 시간이 흘러도 서로 50퍼센트도 같아지지 않는다. 이 둘은 상당히 다른 두뇌를 갖게 되고, 따라서 둘의 성격도 크게 차이 나게 마련이다. 거의 아무 연고도 없는 남의 집에서 태어난 사람들만큼이나.[27]

다프네와 바버라는 "낄낄 쌍둥이"로 통하며 유명세를 탔다. 두 자매 모두 무척 명랑하고, 말 중간에 갑자기 웃음을 터뜨리는 습관이 있어서였다. 이 둘은 피질 복권 당첨자이기도 했다. 둘의 두뇌는 세상의 좋은 면을 보게끔 설계가 미리 짜여 있었던 것이다. 하지만 날 때부터 세상의 어두운 면을 보게 돼 있는 쌍둥이들도 얼마든 있다. 아닌 게 아니라, 행복은 사람의 성격 중에서도 유전적 요소가 가장 높은 축에 속한다. 쌍둥이 연구를 통해 보면 일반적으로 사람들이 느끼는 행복의 **평균** 수준에서 모든 변동량의 50~80퍼센트는 삶의 경험보다 유전자 차이를 통해 설명된다.[28] (물론 삶에서 각별히 기쁘고 우울했던 어떤 경험담을 이해하려면, 보통은 인생의 사건들이 그 사람의 감정적 성향과 어떻게 상호 작용했는지 반드시 살펴봐야 한다.)

한 사람이 느끼는 평균적인 혹은 전형적인 행복함의 수준은 곧 그 사람의 "정서 유형"이기도 하다("정서affect"란 감정 안에서 느껴지거나 경험되는 부분을 말한다). 각자의 정서 유형을 보면 우리의 접근 체계와 도피 체계가 일상에서 어떤 식으로 균형을 잡고 있는지 알 수 있는데, 우리 이마를 읽는 것만으로도 이 균형이 어떤 상태인지 곧장 파악할 수 있다. 오랫동안 뇌파 연구를 통해 알려져 온 바에 의하면, 대부분 사람들의 두뇌 활동에서는 비대칭성이 나타난다. 즉, 우측전두피질이든 좌측전두피질이든 어느 한쪽이 더 활발한 움직임을 보이는 것이다. 1980년대 말 위스콘신대학교의 리처드 데이비슨Richard Davidson이 발견한 바에 따르면, 이 비대칭성은 긍정적 및 부정적 감정을 경험하며 사람들이 보이는 일반적 성향과도 상호 연관이 있다. 이마 왼쪽 경로로 도달하는 특정 종류의 뇌파가 더 많이 나타나는 사람은, 오른쪽 활동이 더 활발한 사람보다 일상생활에서 더 많은 행복감을 느끼는 한편, 두려움, 불안감, 창피함은 덜 느끼는 것으로 보고했다. 차후 연구에서도 피질 "좌파"들이 우울증에 덜 걸리고, 부정적 경험들에서도 더 빨리 회복하는 것으로 드러났다.[29] 피질 우파와 좌파 사이의 이 차이는 심지어 젖먹이 아기들에게도 나타난다. 10개월의 같은 젖먹이라도 오른쪽의 움직임이 더 활발한 아기들이 엄마와 잠깐 떨어졌을 때 울음을 터뜨릴 확률이 더 높다.[30] 아울러 영유아에서 나타나는 이런 차이는 안정이라는 성격적 측면을 반영하는 것으로 보이고, 그 특징이 (대부분 사람에 있어) 성인기까지 줄곧 이어진다.[31] 이마 오른쪽의 활동성이 훨씬 큰 아기들은 생소한 상황들을 더 불안해하며, 10대 청소년이 되어서는 데이트나 사회 활동을 두려워할 확률이 더 높다. 마지막으로, 어른이 되어서는 긴장감 완화를 위해 정신과 치료가 필요할 가능성이 더 높다. 피질 복권에 당첨되지 못한 이런

두뇌를 스캔해 보기

다음의 문장 조합 중에서 당신에게 더 잘 맞는 것은 어느 쪽인가?

조합 A

- 나는 재밌겠다 싶으면, 뭔가 새로운 것을 항상 해보려고 노력한다.
- 내가 원하는 뭔가를 얻을 기회가 포착되면, 나는 곧바로 움직인다.
- 내게 좋은 일들이 일어나면, 거기서 강한 영향을 받는다.
- 순간의 동기에 따라 곧잘 행동하곤 한다.

조합 B

- 실수를 할까 걱정하는 편이다.
- 비난이나 질책을 들으면 꽤 커다란 상처를 입는다.
- 중요한 일을 제대로 못 했다는 생각이 들면 불안하다.
- 내 친구들에 비해 겁이 많다.

자신이 B보다 A 문장들에 더 많이 해당한다고 생각하는 사람은 접근 지향적 유형이며, (평균적으로) 이마 왼쪽에서 훨씬 활발하게 피질 활동이 나타난다. 한편 자신은 B에 해당한다고 여기는 사람들은 도피 지향적 유형이며, (평균적으로) 오른쪽에서 훨씬 활발하게 피질 활동이 나타난다. (Carver & White, 1994년 내용을 실음. Copyright © 1994 미국심리학회. 승인을 받아 게재.)

사람들은 과민한 도피 체계의 위력에서 벗어나고자 평생 씨름을 하게 된다. 내 친구(부정적 정서 유형이었다)가 한번은 자기 삶은 왜 이 모양인지 모르겠다고 신세 한탄을 하자, 누군가가 다른 도시로 이사 가면 그녀에게 잘 맞지 않을까 하고 말했다. "아니." 그녀는 말했다. "그 어디에서도 나는 행복할 수 없어." 존 밀턴John Milton이 아우렐리우스의 말을 각색한 대사를 그 친구가 이 대목에서 가져다 읊을 수 있었다면 아마 좋았을지 모르겠다. "마음은 각자 나름의 자리가 있으니, 그 안에서 천국은 지옥이 되기도 하고, 지옥은 천국이 되기도 한다."**32**

마음을 바꾸는 세 가지 확실한 방법

만일 나에게도 일란성 쌍둥이 형제가 하나 있다면, 그 사람은 십중팔구 옷을 참 못 입는 사람일 것이다. 지금까지 나는 쇼핑이라면 늘 질색인 사람이었고, 지금도 색깔을 이름으로 구별하라고 하면 여섯 가지 정도를 구분하는 게 고작이다. 몇 번이나 더 멋진 스타일이 돼 보자고 굳게 다짐하기도 하고, 심지어 몇몇 여성의 제안에 응해 함께 쇼핑에 나서 보기도 했다. 하지만 다 소용없는 짓이었다. 나는 얼마 안 있어 1980년대 초 몸에 밴 내 익숙한 방식으로 돌아오곤 했다. 순전히 의지력만 갖고는 변하겠다는, 즉 내가 아닌 다른 뭔가가 돼 보겠다는 결심이 도저히 서지 않았다. 대신 빙 돌아가나마 확실히 변할 길이 있음을 알게 됐다. 결혼을 한 것이다. 지금 내 옷장에는 근사한 옷들이 빼곡 들어차 있고, 그중 몇몇 벌은 어떤 식으로 매치하면 좋은지 외워 두었으며, 여러 방식으로 다르게 입어 보라고 권해 주는 스타일

상담사가 곁에 있다.

우리의 정서 유형도 변화시키는 게 가능하다. 하지만 이 역시 순전히 의지력만 가지고는 되지 않는다. 지금 우리 머리에 담겨 있는 이런저런 생각들을 변화시킬 수 있는 무언가를 해야만 하는 것이다. 그러기 위해 우리가 할 수 있는 가장 좋은 방법들을 세 가지 제시하면 다음과 같다. 명상, 인지 치료, 프로작. 이 방법들이 나름대로 효과가 있는 건 이 세 가지 모두가 우리의 코끼리에 작용을 하기 때문이다.

명상

어느 날 여러분이 하루 한 번만 복용하면 불안감은 줄고 만족감은 늘어나는 알약에 관한 이야기를 읽었다고 해 보자. 여러분이라면 그 약을 먹겠는가? 게다가 그 알약은 엄청나게 다양한 부수적 효과도 가져다주는데, 하나같이 좋은 것들뿐이다. 자긍심, 공감 능력, 신뢰 향상은 물론, 심지어 기억력까지 향상시킨다. 마지막으로, 이 약은 완전히 자연적일 뿐 아니라 돈 한 푼 들지 않는다. 이제 그 약을 한번 먹어 보겠는가?

그런 약이 실제로 있다. 바로 명상이다.[33] 명상은 수많은 종교 전통들에서 발견되고 인도에서는 부처가 나기 전부터 이미 활용되고 있었지만, 명상을 서양의 주류 문화로 끌어들인 것은 다름 아닌 불교였다. 명상에는 수많은 종류가 있지만, 비분석적 방식을 통해 주의를 집중하고자 의식적 노력을 기울인다는 점에서는 모두 같다.[34] 말로 들으면 쉽다. 우선 자리에 가만히 앉아(대부분이 이 자세를 취한다) 오로지 호흡이나 단어 하나, 혹은 이미지 하나에만 인지를 집중한 뒤, 그 외의 모든 말, 생각, 혹은 이미지는 의식 안에 떠오르지 못하게 막는다. 그런데 명상은 막상 시작해 보면 처음엔 지독히 어려울 뿐만 아니라, 처음 몇 주간 아무리 노력해도 실패를 거듭하면 결국 기수에게 겸손과 인내를 가르치고 말 뿐이다. 명상이 갖는 주된 목표는 자동적 사고에 변화를 주는 것, 나아가 그렇게 함으로써 결국 코끼리를 길들이는 데에 있다. 그리고 집착이 끊어졌다는 것이 바로 코끼리가 길들여졌다는 증거이다.

우리 집 개 앤디가 집착하는 건 크게 두 가지로, 녀석은 우리 집 안에서 일어나는 모든 것을 이 두 가지 집착을 통해 해석한다. 그 두 가지란 바로 고기 먹는 것과 집에 혼자 남겨지지 않는 것이다. 아내와 내가 현관 근처에 가서 서면, 순간 앤디는 불안해진다. 우리가 열쇠를 집어 들고 문을 연 뒤 "말썽 피우지 말고 얌전히 있어야 해"라고 말하면, 녀석은 꼬리와 머리, 심지어 엉덩이까지 애처롭게 바닥으로 축 늘어뜨린다. 그런데 여기서 만일 우리가 "앤디, 가자"라고 하면, 순간 녀석은 기뻐 날뛰며 우리를 쌩 지나쳐 출입구를 빠져나간다. 집에 혼자 남겨지는 데 대한 앤디의 두려움으로 말미암아, 앤디는 하루를 지내며 많은 순간 불안을 느끼고, 몇 시간은 절망에 빠지며(집에 혼자 남겨졌을 때), 몇 분은 기쁨에 들뜬다(고독에서 해방될 때마다). 앤디가 기뻐하느냐 고통스러워하느냐는 아내와 내가 어떤 선택을 하느냐에 따라 결정된다. 만일 나쁜 게 정말 좋은 것보다 더 강력하다면, 앤디는 재회에서 얻는 득보다 헤어짐으로 인한 고통을 더 많이 겪고 있는 셈이다.

사람들 대부분은 앤디보다 더 많은 것에 집착한다. 그러나 불교 교리에 따르면, 인간 심리는 앤디의 심리와 여러모로 비슷하다. 레이철은 평소 사람들로부터 존경받길 원하기 때문에, 누가 자신을 멸시하지는 않나 늘 촉각을 곤두세우며 사는 데에다, 자신의 명성에 흠집이 날 법한 일이 벌어지면 며칠을 끙끙 앓는다. 레이철에겐 존경 어린 대우를 받는 게 즐거울 수도 있지만, 평균적으로 보면 존경이 좋게 느껴질 때보다 멸시가 상처로 다가올 때가 더 많다. 찰스는 돈을 벌길 원하고, 그래서 어디 돈 벌 기회가 없는지 늘 촉각을 곤두세우고 살아간다. 따라서 찰스는 벌금을 물거나, 돈을 잃거나, 자기 생각에 최상의 조건으로 거래를 따내지 못했다 싶으면 밤잠을 설친다. 그의 경우에도 역시, 얻은 것보다 잃은 것에 대한 생각이 머리를 더 가득 메우고 있고, 따라서 점차 부가 늘어나는 게 분명한데도 평균적으로 보면 돈에 대한 생각은 그에게 행복감보다 불행감을 더 많이 안겨 준다.

부처가 보기에 집착은 다른 누군가가 돌리는, 멋대로 조작된 룰렛(도박 기구의 하나. 적색과 흑색이 번갈아 칠해진, 0에서 36까지의 숫자를 적은 구멍 뚫린 원반을 돌리면서 구슬을 굴리나가 넘추었을 때 구슬이 들어간 구멍의 색이나 숫자로 이기고 짐을 결정한다. - 옮긴이) 게임과 비슷하다. 이 게임을 하면 할수록, 우리가 잃는 것도 많아진다. 이 게임에서 이기는 유일한 방법은 테이블에서 손을 털고 나오는 것뿐이다. 그리고 우리가 테이블을 떠나는, 즉 삶의 기복에 스스로 어떤 반응도 보이지 않는 유일한 방법은, 명상을 통해 마음을 길들이는 것뿐이다. 그렇게 되면 승리의 쾌감을 내려놔야 할 테지만, 그보다 더 커다란 패배의 고통도 함께 내려놓게 된다.

과연 이 거래가 대부분 사람에게 정말로 좋은 것인지에 대해서는 이 책 5장에 가서 다시 질문을 던지게 될 것이다. 다만 여기서 중요한 것은 부처가 심리적 면에서의 어떤 발견, 부처와 그의 추종자 덕에 철학과 종교 안에 확실히 자리매김하게 된 발견을 했다는 데에 있다. 이들은 그 발견을 아낌없이 나누어, 모든 신앙인은 물론 비신앙인에게까지 두루 설파했다. 그 발견이란, 우리가 명상을 통해 코끼리를 길들이고 차분하게 가라앉힐 수 있음을 말한다. 몇 달 동안 거르지 않고 매일 꾸준히 명상을 하게 되면 두렵고, 부정적이고, 무언가를 차지하고 싶은 생각이 드는 빈도가 상당히 줄어들고, 이를 통해 자신의 정서 유형도 개선할 수 있다. 부처는 이렇게 말했다. "침묵 가운데 고독을 아는 자, 고요함 가운데 기쁨을 느끼는 자, 그는 두려움과 죄에서 자유로워질 것이니."[35]

인지 치료

명상은 삶에서 일어나는 갖가지 문제를 해결하는 동양 특유의 방식이라 할 수 있다. 심지어 부처가 등장하기 이전에도, 중국의 철학자 노자 역시 무위를, 즉 욕심을 버린 기다림을 지혜로 통하는 길이라 말한 바 있었다. 한편 서양에서는 삶의 문제에 접근할 때 연장통을 꺼내 들고 망가진 부분들을 직접 손보는 것이 더 일반적이다. 철학 부인이 숱한 논변과 관점 전환 기법을 이용해 취한 접근법도 바로 이것이었다. 이 연장통은 1960년대에 에런 벡Aaron Beck을 거치며 오롯이 현대적 면모를 갖추게 된다.

벡은 펜실베이니아대학교의 정신과 교수로, 심리학도 시절 "아이야말로 인간의 아버지다"라는 프로이트파의 접근법 속에서 정신과 의사로 양성이 되었다. 그 기조에 따르면 무엇이건 우릴 아프게 하는 것은 어린 시절 일어난 일들에 원인이 있었고, 따라서 시간이 흐른 지금 스스로가 변화할 수 있는 유일한 길은 억압된 기억을 헤집고 들어가, 거기 해당하는 진단을 내린 뒤, 마음에 쌓인 응어리를 푸는 것뿐이다. 하지만 벡은 우울증 환자 치료에도 이 접근법이 효과가 있다는 증거를 어떤 과학적 문헌이나 그 자신의 임상 경험에서도 발견할 수 없었다. 오히려 자기 비판적 사고나 부당한 일을 당한 기억이 의식 안에서 흐를 여지가 많아질수록, 환자의 기분은 더 나빠질 뿐이었다. 그러다 1960년대 말, 벡이 정석으로 정해진 틀을 깨고 철학 부인이 하듯 환자의 비합리적이고 자기 비판적 생각들이 과연 정당한지 질문을 던지기 시작했고, 그러자 환자들의 기분도 한결 나아지는 듯 보였다.

벡은 이 기회를 놓치지 않았다. 그는 우울증 환자 특유의 왜곡된 사고 과정들을 일목요연하게 정리한 뒤, 자신의 환자들을 훈련시켜 그 생각들을 포착하고 거기에 이의를 제기하도록 했다. 그러자 프로이트의 학설을 신봉한 동료들이 벡을 손가락질하기 시작했는데, 벡이 우울증 증상에 밴드만 붙이고 말 뿐 분노 아래의 병은 그냥 방치하고 있다는 것이었다. 하지만 벡이 발휘한 용기와 불굴의 인내는 끝내 결실을 맺었다. 벡을 통해 인지 치료가 탄생했고,[36] 현재 이것은 우울증과 불안증을 비롯한 여타 수많은 심리적 문제 해결을 위한 가장 효과적인 방법으로 통한다.

1장에서도 넌지시 이야기했지만, 우리는 진실을 찾기보다 내면 깊숙한 곳의 직관적 믿음을(코끼리 안에 자리 잡고 있다) 뒷받침할 논변을 지어 내려 추론을 이용할 때가 많다. 우울증에 걸린 사람들의 특징은 벡의 이른바 우울증 '인지삼제', 즉 서로 관련된 세 믿음을 진심으로 굳게 믿는다는 것이다. 그 세 가지란, "나는 아무짝에도 쓸모 없어" "내가 살아가는 세상은 암울해" "내 미래는 아무 희망도 없어"를 말한다. 우울증에 걸린 사람은, 다른 때보다 특히 일이 꼬일 때, 결함투성이인 저 세 믿음을 뒷받침하는 자동적 사고들로 머릿속을 꽉 채운다. 벡은 이런 사고 왜곡이 환자들 사이에서 두루 유사하게 나타나는 것을 보고, 그 사고들에 따로 이름까지 붙일 수 있었다. 예를 들어, 여기 우울증에 걸린 아빠가 있는데 아이를 보던 중 딸이 발을 헛디뎌 바닥에 머리를 부딪혔다고 해 보자. 순간 아빠는 다음과 같은 생각들로 자신을 채찍질한다. "나는 끔찍한 아빠야."(일명 '개인화'로, 딸이 넘어진 것을 사소한 의학적 사건보다 자신이 잘했는지 여부를 따지는 척도로 본다.) "왜 항상 내 아이들에게 나는 이런 끔찍한 짓을 저지를까?"('과도한 일반화'와 '항상/절대'의 이분법적 사고가 맞물려 있다.) "이제 딸아이는 뇌 손상을 안고 살아가게 될 거야."('확대 해석.') "그러면 모두가 날 미워하겠지."('임의적 추론', 혹은 증거 없는 결론으로의 비약.)

우울증에 걸린 사람들은 되먹임 고리feedback loop에 사로잡히는데, 이 고리 안의 왜곡된 사고들이 부정적인 느낌들을 불러일으키고, 부정적인 느낌들은 다시 사고를 더욱 심하게 왜곡한다. 벡이 발견한 것은 사고 변화를 통해 이 순환을 깨뜨릴 수 있다는 사실이었다. 인지 치료에서는 내담자에게 자기 생각을 포착해, 글로 적고, 그것이 어떤 왜곡인지 명시하게 한 뒤, 대안적이고 더 정확한 사고방식을 찾게 하는 게 관건이다. 몇 주가 흐르면, 내담자의 사고가 현실을 더욱 직시하면서 되먹임 고리가 깨지고, 그러면 내담자의 불안과 우울도 옅어진다. 인지 치료가 효과적인 이유는, 논쟁에서 다짜고짜 코끼리를 꺾기보다 코끼리를 훈련할 방법을 기수에게 가르치기 때문이다. 치료 첫날에는 기수조차 코끼리가 자신을 통제하고 있다는 사실, 즉 코끼리의 두려움이 자신의 의식적 사고를 몰아가고 있다는 사실을 미처 알지 못한다. 그러다 차츰 시간이 흐르며 내담자가 각종 연장의 사용법을 익혀 나가게 된다. 예를 들면, 자동적 사고에 자꾸 이의를 제기하고, 뭔가 단순한 일을 벌여 실행하도록 하는 것이다(가만히 침대

조너선 하이트의 바른 행복

에 누워 온종일 생각을 곱씹기보다, 밖에 나가 신문이라도 사 오는 식으로). 이런 일은 내담자에게 매일같이 해야 하는 숙제로 할당될 때가 많다. (코끼리는 하루도 거르지 않고 매일 훈련을 해 줄 때 가장 잘 배운다. 일주일에 한 번 치료사를 만나는 것으로는 충분치 않다.) 관점 전환이 이루어지고 단순한 일을 성취하는 매 순간마다, 내담자는 자그마한 보상, 즉 잠시 안도감과 즐거움이 스치고 지나가는 걸 느낀다. 이런 매 순간의 즐거움은, 코끼리에게 주어지는 땅콩처럼, 새로운 행동을 강화해 주는 역할을 한다. 잔뜩 성이 나거나 두려움에 떠는 코끼리를 상대로는 줄다리기를 해 봐야 이길 수 없지만, (행동주의자의 이른바 점진적 개조를 통해) 우리의 자동적 사고를 변화시키고, 그 과정에서 우리의 정서 유형까지 변화시키는 것은 얼마든지 가능하다. 실제로, 치료사 중에는 행동주의에서 직접 차용한 기법들을 인지 치료에 접목해 오늘날 소위 "인지 행동 치료"로 통하는 것들을 만들어 내는 이들도 많다.

프로이트와는 달리, 벡은 대조 실험을 시행해 자신의 이론이 옳은지 검증하는 과정을 거쳤다. 그 결과 우울증 명목으로 인지 치료를 받은 이들의 증상이 눈에 띄게 호전된 것으로 나타났다. 치료 대기자 명부에 올라 있는 이들보다 실제 치료를 받은 이들이 훨씬 빠르게 호전되었을 뿐 아니라, (적어도 일부 연구에서는) 다른 치료보다 인지 치료를 받은 이들의 증상이 훨씬 빠르게 호전되었다.[37] 인지 치료는 무척 원활히 진행되기만 하면, 프로작 같은 약만큼이나 우울증 치료에 효과적이며,[38] 코끼리가 이미 재훈련이 된 뒤이기 때문에 일정 기간이 지난 뒤 치료를 멈추어도 치료 효과가 지속된다는 점에서는 프로작에 비해 월등히 낫다. 인지 치료와는 반대로, 프로작은 반드시 약을 섭취하고 있어야만 그 효과가 나타난다.

여기서 나는 인지 행동 치료만 유일하게 효과가 있는 정신 치료라고 말하려는 게 아니다. 정신 치료의 형태를 띤 것들은 대부분 다 얼마간 효과를 발휘하며, 일부 연구에서는 모든 정신 치료가 똑같이 효과를 잘 발휘하는 것처럼 보이기도 한다.[39] 이는 결국 해당 치료가 그 사람에게 얼마나 잘 맞느냐의 문제이다. 다른 치료보다 특정 치료에 더 잘 반응하는 사람들이 있는가 하면, 어떤 이들의 심리 장애는 다른 것보다 특정 치료를 이용했을 때 더 효과적으로 치료되기도 한다. 만일 여러분이 자신, 자신의 세상, 혹은 자신의 미래에 자동적으로 부정적 생각을 가지는 일이 잦다면, 또 그런 생각들 때문에 만성적 불안감이나 절망감에 시달린다면, 어쩌면 인지 행동 치료가 여러분에게 아주 잘 맞는 방식일 수도 있을 것이다.[40]

프로작

마르셀 프루스트Marcel Proust는 책에 "먼 길을 떠나는 진정으로 참된 여행은 단 하나 … 낯선 땅을 밟는 것이 아닌, 다른 사람의 눈을 가져 보는 것이리라"라고 썼다.[41] 1996년 여름, 나도 세상을 바라보는 새로운 눈을 가져 보고자 했으니, 프로작의 사촌 격인 팍실을 8주간 복용해 본 것이다. 초반 몇 주 동안에는 부작용 외에는 느껴지는 게 없었다. 속이 약간 메스껍고, 밤잠을 설쳤으며, 내 몸이 이런 감각을 만들어 내리라고는 미처 생각지 못했던 다양한 신체 감각들이(뇌가 건조하다는 것 외에 달리 표현할 길 없는 느낌 등) 느껴졌다. 하지만 5주째 첫날이 되자 세상이 정말로 다른 색깔로 보였다. 어느 날 아침 눈을 떴는데 과중한 업무량을 비롯해, 종신 재직권을 받지 못한 교수의 불확실한 앞날에 대한 걱정이 더 이상 나를 짓누르지 않았다. 꼭 마법

같았다. 몇 년 동안이나 나 혼자 힘으로 이루고 싶어 했던 일련의 변화들(긴장의 끈을 풀고, 마음을 가볍게 먹고, 내가 저지른 실수를 굳이 되새기지 말고 그대로 받아들이는 것)이 하룻밤 새에 다 이루어진 것이다. 하지만 내게는 엄청난 손실일 수밖에 없는 부작용을 팍실은 하나 갖고 있었다. 팍실을 복용하면 분명 잘 알고 있는 사실들이나 이름조차도 머리에 영 떠오르지 않았다. 내가 가르치는 학생들이나 학교 동료들을 만나 인사를 건넬 때에도, "안녕하세요" 다음에 붙일 이름을 찾아 헤매다 결국 "안녕하죠… 그쪽도"라고 인사를 끝맺기 일쑤였다. 교수로 일하는 만큼 내게 더 필요했던 것은 마음의 평화보다 기억력이었고, 그래서 팍실 복용은 그쯤에서 관두기로 마음먹었다. 그로부터 5주 후, 기억력이 돌아왔다. 내가 안고 있던 여러 가지 걱정거리들도 함께. 그래도 장밋빛 인경을 직접 써 본 경험, 새로운 눈으로 세상을 바라봤던 경험은 오롯이 남았다.

프로작은 선택적 세로토닌 재흡수 억제제SSRI: selective serotonin reuptake inhibitor로 알려진 일군의 약물 가운데 제일 먼저 나온 제품이다. 이어지는 내용에서는 프로작을 이 계열의 약물 전체(심리적 면에서 거의 똑같은 효과를 보이며, 대표적으로 팍실Paxil, 졸로프트Zoloft, 셀렉사Celexa, 렉사프로Lexapro 등이 있다)를 지칭하는 말로 사용할 것이다. 프로작과 그의 계통 약물들에 대해서는 (무엇보다 그 작동 원리에 대해서는) 알려진 게 별로 없다. 그나마 약물 분류 명칭을 통해 내막을 약간 짐작할 수 있다. 프로작은 시냅스(신경 사이의 틈)를 비집고 들어가는데, 이 물질이 **선택적**인 특성을 가진다고 하는 것은 **세로토닌**을 신경 전달 물질로 이용하는 시냅스에만 영향을 미치기 때문이다. 프로작은 시냅스 안으로 들어가면 거기서 일어나는 **재흡수** 과정을 **억제**한다. 정상적 과정에서는 신경이 방금 전 시냅스에 세로토닌을 분비하고 곧바로 다시 자기 안으로 빨아들여, 다음 신경 자극 때 다시 분비하게 돼 있다. 그 결과 프로작을 복용한 두뇌는 특정 시냅스 안에 더 많은 세로토닌이 들어 있게 되며, 이에 따라 이들 신경도 더 자주 발화한다.

여기까지만 보면 프로작은 코카인이나 헤로인, 혹은 특정 신경 전달 물질과 연관됐다고 우리가 알고 있을 법한 여러 여타 약물들과 비슷한 물질이라는 이야기로 들린다. 하지만 프로작을 복용하면 하루도 지나지 않아 세로토닌 양이 증가하지만, 세로토닌 증가에 따른 각종 효과들은 4~6주 동안은 나타나지 않는다. 이런저런 과정을 거쳐 얼마 후 시냅스 반대편의 뉴런이 새로운 세로토닌 수치에 적응하게 되는데, 바로 이 적응 과정에서 세로토닌 증가로 인한 각종 효과가 나타나는 것일 가능성이 있다. 아니면, 프로작의 효과는 신경 적응과는 전혀 상관없는 일일 수도 있다. 프로작을 연구한 다른 유력한 이론에 따르면, 프로작은 해마(두뇌의 이 부분은 학습 및 기억에서 매우 중대한 역할을 담당한다) 안에서 신경 성장 호르몬neural growth hormone 수치를 증가시킨다. 일반적으로 부정적 정서 유형을 가진 이들은 혈액 안의 스트레스 호르몬 수치가 더 높다. 그런데 이 스트레스 호르몬이 계속 작용하면 해마 안의 몇 가지 결정적 세포를 죽여서 쳐내고, 따라서 해마에서는 자신들을 죽이는 그 스트레스 반응을 차단하는 것을 자신들이 해야 할 일로 여긴다. 그래서 부정적 정서 유형을 가진 이들은 해마에 가벼운 신경 손상만 입어도 종종 고통을 받는데, 프로작을 써서 신경 성장 호르몬 분비를 유발하고 나면 그 뒤로 4~5주 만에 이 증상이 고쳐질 수 있다.[42] 프로작이 과연 **어떻게** 작동하는 것인지는 정확히 알 수 없지만, 프로작이 확실히 효과가 있는 것만은 분명하다.

조너선 하이트의 바른 행복

프로작은 우울증, 일반적인 불안 장애, 공황 발작, 사회 공포증, 월경전 불쾌 장애, 몇몇 종류의 섭식 장애, 강박 장애 등 이루 헤아릴 수 없이 다양한 정신병을 다루는 데에 위약 대조군이나 비치료 대조군에 비해 더 나은 효과를 낸다.[43]

프로작이 세간에서 논쟁거리가 되는 데에는 적어도 두 가지 이유가 있다. 첫째, 프로작은 (수고롭지 않은) 지름길이다. 대부분 연구에서 프로작은 딱 인지 치료 정도의 효과를 내는 것으로 드러났지만(경우에 따라 효과가 약간 더하기도 하고 덜하기도 하다), 확실히 프로작 복용이 치료보다는 훨씬 **더 쉽다**. 매일 해야 할 숙제가 있는 것도 아니고, 힘들게 배워야 하는 새로운 기술도 없다. 일주일에 한 번씩 치료 약속을 잡을 필요도 없다. 혹시 청교도의 노동 윤리, 또는 "고통 없이는 얻는 것도 없다"란 금언을 신봉하는 사람이라면, 프로작 때문에 다소 심기가 불편할 수도 있겠지만 말이다. 둘째, 프로작은 단순히 각종 심리적 증상만 완화하는 게 아니라, 더러는 사람 성격까지도 변화시킨다. 피터 크레이머Peter Kramer의 《프로작 이야기Listening to Prozac》[44]를 보면, 오랜 세월 우울증이나 불안증을 앓아 오던 자기 환자들이 프로작을 처방받은 이후 병이 나은 것은 물론, 나중에는 성격까지 밝게 피어난(자신감이 훨씬 커지고, 난관이 닥쳤을 때 훨씬 나은 회복력을 보였으며, 기쁨도 더 많이 느꼈는데, 이런 성격상 변화들은 하나같이 환자의 경력이나 인간관계가 크게 변화하는 계기가 되기도 했다) 사례 연구를 만날 수 있다. 이들 사례는 사람들이 치료를 받으며 꿈꿀 법한 그런 이상적인 이야기의 본보기를 그대로 따른다. 평생을 질병에 시달리며 고생하던 사람이, 의료 혁신으로 병이 나아, 족쇄에서 해방되고, 새로 얻은 자유를 사람들과 함께 기뻐한다는 것으로, 아이들과 즐겁게 뛰노는 마지막 장면으로 마무리되는 것이다. 그런데 병을 앓지 않는 이들에 대해 크레이머가 들려주는 이야기도 무척 솔깃하게 들리는데, 이런 사람들은 정신 장애 진단 범주에는 들지 않고 대부분 사람이 얼마씩 보이는 신경증이나 성격상 기벽만 갖고 있다. 즉, 비난받는 것을 두려워하고, 사람들과 관계 맺지 못하면 불행하다고 느끼고, 배우자와 자녀를 과도하게 통제하는 경향 등을 가지고 있는 것이다. 모든 성격적 특질이 그렇듯, 이런 특징은 여간해서는 잘 바뀌지 않으며, 대화 치료가 만들어진 것도 바로 이 부분을 다루기 위해서이다. 보통은 치료를 해서는 성격을 변화시키지 못하지만, 문제시되는 특징이 나타나지 않게 노력해 볼 수는 있다. 그런데 크레이머가 프로작을 처방해 주자, 거슬리는 그런 특성들이 싹 사라졌다. 평생 붙어 있던 습관들이, 심리 치료는 아무리 해도 소용없었는데도, (프로작 복용 5주 후부터) 하룻밤 새에 없어진 것이다. 크레이머가 "심리 성형약cosmetic psychopharmacology"이란 말을 고안해 낸 것도 이런 맥락에서였으니, 성형외과 의사들이 몸의 형태를 잡아 완벽하게 만들어 주듯, 정신과 의사도 마음의 형태를 잡아 완벽하게 만들 거라고 프로작은 약속해 주는 듯했다.

이것이 여러분에게는 진보로 들릴까? 아니면 판도라의 상자처럼 들릴까? 이 질문에 답하기에 앞서, 다음 질문에 한번 답해 보자. 다음 두 구절 중 여러분은 어느 것이 정말 맞는 말이라 여겨지는가? "할 수만 있다면, 무엇이든 다 돼 보도록 하라." "무엇보다 명심할지니, 너 자신에게 진실하라." 미국 문화는 이 둘(끊임없는 자기 계발과 참된 자기 모습) 모두를 무척 가치 있는 것으로 여기지만, 곧잘 자기 계발을 진정성의 틀 안에 넣어 둘 사이의 모순을 피하곤 한다. 공부한다는 것이 곧 자신의 지적 잠재력을 계발하기 위해 12~20년 간 힘겹게 노력하는 것을 의미하는 것과 꼭 마찬가지로, 품성 계발에도 평생을 힘겹게 노력해 자신이 가진 도덕적 잠재력을 계발하는 과정이 꼭 필요하다고 보는 것이다. 아홉 살 아이가 시종 아홉 살의 마음과 품성에 머물러서는 참된 자기의 모습이 될 수 없다. 아이는 이상적인 자기에 이르기 위해 열심히 노력해야 하고, 부모도 피아노, 종교, 미술, 체육 관련의 방과 후 및 주말 수업을 듣도록 아이들의 등을 떠밀고 몸소 기사 노릇까지 해야 한다. 그렇게 해서 더디게나마 변화가 일어나 아이가 힘겹게 노력한 성과가 나타나면, 아이는 변화를 이루어 냈다는 도덕적 신뢰를 얻으며, 이런 변화는 다름 아닌 참된 자기의 모습을 이뤄가는 과정이다. 그런데 복용하기만 하면 테니스 치는 기술을 늘려 주는 알약이 있다면 어떨까? 아니면 가벼운 외과 시술 한 번으로 거장 피아니스트의 실력을 두뇌에 영구적으로 심을 수 있다면 어떨까? 이렇게 참된 자기의 모습을 찾는 과정이 자기 계발 과정과 분리되면 적잖은 사람들이 순간 공포감을 느끼며 몸서리를 칠 것이다.

공포감은 내게 무척 매력적인 주제인데, 딱히 희생자를 찾을 수 없을 때의 공포감이 특히 그렇다. 지금도 나는 합의된 근친상간, 은밀한 국기 훼손 같은 무해한 금기 위반 사례에 대해 사람들이 보이는 도덕적 반응을 연구하고 있다. 대부분 사람에게 이런 일들은 그저 잘못된 것으로 **느껴지는데**, 심지어 그 이유가 도저히 설명 안 될 때도 있다 (그 이유는 내가 9장에 가서 설명해 주겠다). 내 연구에 따르면, 세상의 수많은 도덕성을 이끌고 제약하는 선천적 도덕적 직관은 몇 가지 안 되는데, 우리 몸은 영혼이 거하는 신전이라는 생각도 그런 직관 중 하나다.[45] 신이나 영혼을 의식적으로 믿지 않는 사람조차 자기 몸을 놀이터 취급하는 이를 보면, 즉 오로지 즐거움만 주기 위해 몸을 놀리는 이를 보면 심기가 상하거나 불편함을 느낀다. 부끄럼이 많은 어떤 여성이 코 수술과 가슴 확대 수술을 받고, 몸에 피어싱을 열두 개 뚫고, 병원을 찾아 프로작을 처방받았다고 하면, 아마도 많은 이들이 교회를 오스만 제국의 하렘처럼 개조한 목사를 보기라도 한 듯 혀를 끌끌 찰 것이다.

교회 개조의 경우, 뇌졸중으로 쓰러지는 교구민이 몇몇 있을 테니까 타인에게 해를 끼치는 경우라고도 할 수 있겠다. 하지만 "참된 자기 모습"이라는 다소 모호한 관념을 넘어서서 자기를 뜯어고친 그 여성에게서는 피해를 찾아보기 힘들다. 그런데 만일 그 여성이 극도로 예민하고 지나치게 숫기 없는 성격 때문에 과거에 불행했었고, 심리 치료를 받아도 나아진 게 거의 없었다면, 원하지도 않는 자기 모습에 그녀가 충실해야 할 이유가 과연 무엇일까? 그럴 바엔 더 나은 쪽으로 자신을 바꿔도 괜찮지 않을까? 나 같은 경우에도 팍실을 복용하면서 내 정서 유형을 더 나은 쪽으로 변화시킬 수 있었다. 팍실이 나를 나 아닌 무언가로 만들기는 했지만, 그것은 살면서 오래도록 내가 원해 왔던 모습이었다. 걱정을 덜 하고, 이 세상을 위협이 아닌 가능성이 가득한 곳으로 바라보는 사람이 될 수 있었으니까 말이다. 팍실을 복용했을 때 내 접근 체계와 도피 체계 사이의 균형이 더 잘 잡혔던 만큼, 부작용만 없었더라면, 나 역시 지금까지 계속 팍실을 복용하고 있었을지 모른다.

따라서 프로작을 비롯해 그 계통의 다른 약물들이 과잉 처방되고 있다는 통설에 나는 적잖이 의문이 든다. 피질 복권에 운 좋게 당첨된 사람들이야 고된 노력이 중요하다고, 화학 물질을 통한 지름길은 자연스러운 길이 아니라고 설교를 늘어놓는 게 어렵지 않다. 하지만, 자

조너선 하이트의 바른 행복

기 잘못도 아닌데, 어쩌다 정서 유형 스펙트럼에서 부정적 절반을 갖게 된 이들에게는 프로작이야말로 피질 복권의 불공평을 상쇄할 하나의 방법이다. 그뿐 아니다. 몸이 곧 신전이라고 믿는 사람들도 심리 성형약이 일종의 신성 모독이라고 말하기 쉽다. 물론 정신과 의사들이 자기 환자들 이야기에 더 이상 사람으로서 귀를 기울이는 게 아니라, 자동차 정비공이 엔진 소리를 귀담아듣고 다음엔 어느 쪽 노브를 매만져야 할지 그 단서만 찾는 식으로 한다면 분명 길을 헤매는 게 맞다. 하지만 프로작과 관련한 해마 이론이 정말 옳다면, 이 세상에는 두뇌를 기계적으로 매만지는 일이 절실하게 필요한 이들도 많다. 말하자면 이런 사람들은 비상 브레이크를 반만 밟은 채 몇 년간 차를 몰아 온 셈이고, 따라서 브레이크가 완전히 풀렸을 땐 5주 실험이 자기 삶에 어떤 일이 일어나게 하는지 한번 보는 것도 가치 있는 일일지 모른다. 이 틀에서 보면, 이른바 "건강 염려증 환자"들에게 프로작은 더 이상 단순한 성형약이 아니다. 오히려 그것은 시력은 나쁘지만 시각 기능은 온전한 사람, 자신의 나쁜 시력을 극복하기 위해 진작에 여러 가지 방법을 알아봤을 사람에게 콘택트렌즈를 건네주는 것과 더 비슷하다. 콘택트렌즈는 그의 "참된 자기"를 배반하는 일이기는커녕, 제대로 세상을 보기 위한 합리적인 지름길이 될 수도 있다.

2장의 서두를 장식한 경구는 분명 진실을 담고 있는 말들이다. 삶은 우리가 생각하기 나름이고, 우리 삶도 결국 우리 마음이 만들어 간다는 이야기 말이다. 하지만 이런 주장들이 현실에서 정말 쓸모를 가지려면 분열된 자기 이론(기수와 코끼리 같은)과 함께, 부정성 편향, 정서 유형에 대한 이해가 먼저 보강되어야만 한다. 변화가 왜 그렇게 어려운지 일단은 그 이유부터 알아야, 우격다짐의 방법 대신 심리적으로 더욱 정교한 접근법을 택해 자기 계발에 이용할 수 있다. 부처는 생전에 이 점을 정확히 간파했다. 코끼리를 길들이기 위해서는, 즉 우리 마음을 서서히 변화시키기 위해서는 나름의 방도가 필요하다는 사실을 말이다. 명상, 인지 치료, 프로작이 그것을 이룰 세 가지 효과적인 방법이다. 이 방법들은 제각각 누구에게는 맞고 또 누구에게는 맞지 않을 것이기에, 나는 세 방법 모두를 사람들이 손쉽게 접할 수 있어야, 또 이것들이 널리 알려져야 한다고 믿는다. 삶은 정말이지 우리가 생각하기 나름일 뿐이니, 우리는 (명상, 인지 치료, 프로작을 이용해) 스스로를 구원할 수 있다.

조너선 하이트의 바른 행복

3장 상호주의의 마법을 믿어라

자공이 물었다. "한 사람이 평생을 지침으로 삼고
살아갈 단 한마디 말이 있습니까?"
스승이 말했다. "그건 호혜여야 하지 않겠느냐?
너에게 일어나길 바라지 않는 것을 남에게도 해서는 안 되느니라."

공자의 《논어》[1]

네가 끔찍이 싫은 것은 네 친구에게도 하지 말라.
이 몇 마디에 토라 전부가 담겨 있다.
토라의 나머지는 다 이 하나의 핵심을 풀이한 것에 지나지 않는다.

랍비 힐렐Hillel, 기원전 1세기[2]

현자들이 다른 걸 제치고 제일 상위에 올라갈 단어나 원칙을 단 하나만 고르게 될 때, 거의 백이면 백 낙점받는 것은 "사랑" 아니면 "호혜"이다. 사랑에 관해서는 이 책 6장에서 다루게 될 것인 만큼, 이번 3장에서는 호혜성에 대해 이야기해 보기로 하자. 궁극적으로 보면 사랑이나 호혜성이나 중시하는 것은 모두 똑같으니, 우리 사이를 엮어 주는 유대가 바로 그것이다.

영화 〈대부Godfather〉의 첫 장면은 현실에서 호혜성이 어떻게 작동하는지를 세밀하게 그려 낸다. 대부 돈 코를레오네의 딸이 결혼식을 올리는 날. 장의업을 하는 이탈리아 출신 이민자 보나세라가 청이 있다며 대부를 찾아온다. 자기 딸이 남자 친구와 또 다른 젊은이에게 얻어맞아 능욕당하고 몸이 상한 것에 복수하고 싶다는 것이었다. 보나세라는 두 젊은이가 딸을 폭행한 뒤 체포되고 재판받은 일을 설명한다. 재판정에서 판사는 둘에게 집행 유예를 선고한 뒤 그날 감방에서 풀어 주었다. 보나세라는 분노가 치밀고 굴욕감을 떨칠 수 없었다. 그래서 돈 코를레오네를 찾아와 정의를 실현시켜 달라고 부탁하는 것이었다. 코를레오네는 보나세라에게 원하는 게 정확히 무엇이냐고 묻는다. 그러자 보나세라가 코를레오네의 귀에 대고 무슨 말인가를 속삭이는데, 필시 "그놈들을 죽여 주십시오"였을 것이다. 코를레오네는 이 청을 거절하면서 자기는 지금까지 보나세라와 그렇게 돈독한 우정을 나눠 온 사이가 아니었음을 지적한다. 보나세라 역시 그동안 마피아와 손잡았다가 괜히 "곤경"에 빠질까 두려웠음을 시인한다. 대화는 이렇게 이어진다.[3]

코를레오네: 이해하네. 자네에겐 미국이 천국이었지. 사업도 번창했고, 생활도 넉넉했어. 경찰이 보호해 줬고, 법정도 있었고. 나 같은 친구는 자네에겐 필요 없었겠지. 그런데 지금 나를 찾아와 "돈 코를레오네, 정의를 보여 주십시오"라고 하는군. 존경심을 갖고 부탁하는 것도 아니고. 우정을 쌓자는 이야기도 없어. 심지어 자네는 날 "대부"라고 부를 생각조차 없어. 존중은커녕, 내 딸 결혼식 날 불쑥 내 집에 찾아와 살인을 부탁하고 있네. 돈을 준다면서.
보나세라: 정의를 이루어 달라 부탁드리는 겁니다.
코를레오네: 그건 정의가 아냐. 자네 딸은 아직 살아 있잖나.
보나세라: 놈들도 고통을 맛보게 해 주십시오. 제 딸애가 당한 것처럼. [잠시 침묵] 얼마나 드리면 되겠습니까?

조너선 하이트의 바른 행복

코를레오네: 보나세라… 보나세라… 도대체 내가 자네에게 뭘 어 쨌기에 나한테 이렇게 무례하게 굴지? 자네가 날 친구로서 찾아 왔더라면, 자네 딸을 짓밟은 이 쓰레기 같은 자식은 오늘 당장 쓴 맛을 봤을 걸세. 그리고 자네처럼 정직한 사람이 어쩌다 적으로 삼게 된 그 자들은, 곧 **나의** 적이기도 했을 테지. 그러면 그놈들도 진작 자네를 두려워했을 테고.

보나세라: 제 친구가 되어 주십시오. [코를레오네에게 공손히 인 사한다.] 대부님? [코를레오네의 손에 입을 맞춘다.]

코를렌오네: 좋아. [잠시 침묵] 언젠가, 그런 날은 절대 오지 말아 야겠지만, 내가 자네에게 연락해 무언가를 부탁할 일이 있을 걸 세. 하지만 그날까지는 이 정의는 내 딸 결혼식 날에 받은 선물이 라고 생각하고 있게.

매우 파격적인 이 장면은, 음악의 서곡처럼 이후 영화를 휘몰아 붙이는 폭력, 연줄, 도덕성의 주제를 미리 관객에게 선보인다. 그런데 나에겐, 조폭 집단이라는 생경한 하위 문화 안의 복잡한 상호 작용을 우리가 너무도 쉽게 이해한다는 사실이 영화 장면 자체만큼이나 무 척이나 파격적으로 다가왔다. 보나세라가 그 청년들을 죽이고 싶어하 는 이유, 코를레오네가 보나세라의 청을 거절하는 이유를 우리는 직 관적으로 이해한다. 아직 관계가 잘 맺어지지도 않았는데 보나세라 가 돈을 드리겠다며 어설프게 부탁을 하는 데에 움찔 놀라기도 하고, 보나세라가 그간 왜 코를레오네와 친분을 쌓는 데 신중했는지도 십 분 이해한다. 마피아 두목이 건네는 "선물"을 받아 드는 순간, 그에게 는 단순한 줄이 아닌 족쇄가 채워진다는 사실을 우리는 알고 있다. 이 모든 것을 우리가 별 노력 없이 아는 이유는, 우리가 호혜성의 렌즈를 통해 이 세상을 바라보기 때문이다. 호혜성은 우리 안의 깊숙한 본능으로, 사회생활의 기본 통화로 통한다. 보나세라는 이것으로 복수를 사고자 한 것이었는데, 따지고 보면 복수도 호혜성의 한 형태이다. 코를레오네는 호혜성을 교묘히 이용해, 규모가 커진 자신의 패밀리 안에 보나세라를 끌어들이려 하는 것이고 말이다. 이어지는 3장에서는 우리가 호혜성을 어떻게 사회적 통화로 채택하게 되었는지, 나아가 어떻게 하면 그것을 현명하게 사용할 수 있는지 설명해 보려 한다.

이기심이라는 이름의 유전적 자살행위

하늘을 나는 동물은 얼핏 보면 물리학 법칙을 거스르는 것 같지만, 물리학의 원리를 조금만 더 깨달아도 곧 그렇지 않음을 알게 된다. 비행은 동물계 안에서 최소 세 차례, 즉 곤충, 공룡(오늘날 조류 포함), 포유류(박쥐) 안에서 독립적으로 진화했다. 그리고 이 세 경우 모두 제각기, 잠재적으로 공력空力(물체와 기체의 상대 운동에 따라 둘 사이에 작용하는 힘-옮긴이)의 속성을 지니는 물리적 특징들이 이미 발현돼 있었다(예를 들면, 갈수록 비늘이 길어지면서 깃이 되었고 그 덕에 나중에 활공이 가능해졌다.)

커다랗고 평화로운 사회에서 살아가는 동물들은 얼핏 보면 (경쟁이나 적자생존 같은) 진화의 법칙을 거스르는 듯하지만, 진화가 뭔지를 조금만 더 깨달아도 곧 그렇지 않음을 알게 된다. 초사회성[4](수백에서 수천의 개체가 커다란 협동 사회를 이루고, 광범위한 노동 분업의 결실을 거두며 살아가는 것)은 동물계 안에서 최소 네 차례 독립적으로 진화했는데, 벌목(개미, 꿀벌, 말벌), 흰개미, 벌거숭이 두더지쥐, 인간이 여기 해당한다. 이들 네 경우에도 모두 제각기, 잠재적으로 협동이 증진되는 속성을 갖는 어떤 특징이 이미 존재하고 있었다. 인간이 아닌 모든 초사회성 종들의 경우에는, 이것이 친족 이타주의kin altruism라는 유전적 특징으로 나타난다. 동물들이 자기 목숨을 걸고라도 자식의 안전을 지키려 드는 것은 아주 당연하다. 진화 게임에서 "이기는" 길은 단 하나, 우리 유전자의 살아 있는 복제본을 이 세상에 남기는 것이니 말이다. 하지만 우리의 유전자를 똑같이 복제해 가지고 다니는 것이 비단 우리의 자식들만은 아니다. 형제자매도 자식들만큼이나 (유전자의 50퍼센트를 공유하며) 우리와 밀접한 관계를 맺고 있다. 조카는 우리 유전자의 4분의 1을 공유하고, 사촌은 8분의 1을 공유한다. 철저하게 다윈주의식으로 계산했을 때, 자식 하나를 구하는 데 우리가 얼마나 많은 비용을 들일 의사가 있든 우리는 그만큼의 비용을 조카 둘 아니면 사촌 넷을 구하는 데에도 기꺼이 들이려 해야 할 것이다.[5]

협동적 집단을 이루고 살아가는 동물은 거의 모두 가까운 친족 집단끼리 모여 살기 때문에, 동물계의 이타주의를 살펴봤을 때 드러나는 이치도 대부분은 개체끼리 유전자를 공유하는 만큼 이익도 공유한다는 아주 단순한 것이다. 그러나 가계도의 가지가 한번 갈라질 때마다 공유 정도가 순식간에 떨어지는 까닭에(육촌끼리는 유전자의 32분의 1만 공유할 뿐이다), 친족 이타주의는 고작해야 수십 마리(혹은 아마 100마리 정도까지의) 동물들이 서로 힘을 합치는 원리를 설명해 줄 뿐이다. 군집이 수천 마리인 무리 가운데에서는, 위험을 무릅쓰면서까지 다른 개체와 가까운 관계를 유지하려 하는 개체의 비율은 얼마 되지 않는다. 나머지는, 다윈주의에서 말하는, 서로 경쟁을 벌이는 사이가 되는 것이다. 꿀벌, 흰개미, 두더지쥐 조상들은 바로 이 부분에서 친족 이타주의라는 공통의 메커니즘을 취한 것이었고(이로 인해 수많은 종이 사회적인 동물이 된다), 거기서 판을 더 확장해[6] 그것들이 가진 흔치 않은 초사회성의 토대까지 놓았다. 초사회성을 가졌다는 것은 곧 군집에 속한 개체들은 모두 형제자매간임을 말한다. 이런 종들이 발달시킨 생식 체계에서는 여왕 한 마리가 모든 자식을 낳으며, 그 자식들은 거의 예외 없이 불임이거나(개미) 생식 능력을 억제당한다(꿀벌, 두더지쥐). 따라서 이 동물들의 집, 둥지, 군락은 그 자체가 하나의 커다란 가족이다. 만일 우리도 주변 모든 이가 나와 형제자매간이고, 여왕이 살아남아야만 우리 유전자도 살아남을 수 있는 상황에 있다면, 이기적인 행동은 곧 유전적 자살행위가 된다. 초사회성을 지닌 이런 종들이 보여 주는 다양한 수준의 협동과 자기희생의 모습은 지금도 그것들을 연구하는 이들에게 커다란 놀라움과 영감을 안겨 준다. 예를 들어, 몇몇 개미들은 개미집의 굴 꼭대기에 대롱대롱 매달린 채 평생을 보내면서, 나머지 개미들이 자기 배를 식량 저장용 가방으로 이용하게끔 한다.[7]

초사회성 동물들은 초친족성의 상태로 진화할 수 있었고, 여기서 자동적으로 초협동(개미집이나 벌집을 크게 짓고, 그것을 방어하는 것과 같은)이 나타났으며, 그 덕에 엄청난 규모의 노동 분화가 이루어지면서(개미들 사이에는 병사, 식량 채취자, 보모, 식량 저장 가방 같은 신분제가 확립돼 있다), 이를 통해 젖과 꿀이 넘쳐흐르는 집, 혹은 자신들의 잉여 식량을 저장하는 데 쓰이는 그 모든 것을 만들어 낼 수 있었다. 우리 인간도 친인척이 아닌 이들을 마치 친척인 양 부르며, 즉 아이들에게 엄마 아빠 친구를 밥 삼촌이나 사라 이모라고 부르게 하며, 친족 이타주의의 범위를 넓히려 노력하곤 한다. 실제로, 마피아도 "패밀리"라는 말로 통하며, 대부라는 개념 역시 원래는 친족간이 아닌 이들과 친족 비슷한 돈독한 관계를 다지려는 시도나 다름없다. 혈연이 워낙 인간의 마음 깊숙이 가닿는 만큼, 어느 문화에서나 나타나기 마련인 족벌주의에서도 친족 이타주의가 그 기저를 이루는 것은 당연한 일이다. 하지만 마피아 안에서조차 친족 이타주의만으로는 일정한 한계가 있을 수밖에 없다. 어느 지점에 이르면 아무리 따져도 먼 친척뻘일 뿐인 사람과 힘을 합쳐야 할 때가 오고, 그런 이들과 관계를 맺으려면 그에 알맞은 요령들을 또 어딘가에 숨겨 놓고 있지 않으면 안 된다.

내가 받고 싶은 것을 남에게 줘라

여러분이 만일 생판 모르는 사람에게서 크리스마스카드를 받는다면 어떻게 할 것 같은가? 이는 실제로 벌어진 일인데, 한 심리학자가 사람들에게 무작위로 크리스마스카드를 보내는 실험을 진행했던 것이다. 실험 결과, 카드를 받은 사람 태반이 그에게 답장을 보냈다.[8] 애리조나주립대학교의 로버트 치알디니Robert Cialdini는, 통찰력이 돋보이는 그의 저작《설득의 심리학Influence》[9]에서 이 실험과 여타 연구 결과들을 인용하며, 사람들에겐 머리를 쓸 필요 없는 자동적 호혜 반사가 존재한다고 이야기한다. 다른 동물들도 그렇지만, 세상이 우리에게 특정 양상의 입력을 제시하면 우리도 그에 대해 특정 행동을 수행한다. 새끼 재갈매기는 어미 부리 위의 빨간 점을 보면 자동적으로 쪼는데, 그러면 어미의 위胃에서 먹을거리가 게워져 나온다. 새끼 갈매기는 연필 끝에 그려진 빨간 점을 봐도 열심히 쪼려 들 것이다. 고양이는 생쥐를 쫓아다닐 때면 납작 엎드려 엉덩이를 씰룩이다 갑자기 덮치는데, 이는 전 세계 고양이가 똑같이 쓰는 기술이다. 고양이가 이 기술을 털실 뭉치에서 삐져나온 끈에도 똑같이 쓰는 것은, 그 끈이 우연찮게 고양이의 쥐꼬리 감지 모듈을 활성화하기 때문이다. 치알디니는 인간의 호혜성을 이런 것들과 비슷한 일종의 윤리적 반사로 본다. 즉, 사람은 아는 사람에게서 호의를 받으면, 그 호의에 보답하고 싶어한다. 심지어, 보잘것없는 크리스마스카드를 받았을 때처럼, 낯선 이로부터 아무것도 아닌 호의를 받았을 때조차 거기에 보답하려 한다.

그렇다고 동물과 인간의 사례가 짝을 맞추듯 딱 들어맞는 것은 아니다. 갈매기와 고양이는 시각 자극이 주어지면 구체적인 몸동작으로 거기에 반응하며, 그 몸동작은 그 자리에서 즉시 행해진다. 그에 비해 사람은 동기를 가지고 상황의 의미에 반응하며, 며칠이 지난 후의 다양한 신체 활동들로 그 동기가 충족되기도 한다. 따라서 그 사람이 실제 자기 안에 품고 있는 것은 다른 게 아니라 바로 **전략**, 즉 대갚음을 실행에 옮기는 것이다. 대갚음이란 남들이 내게 한 일을 나도 남에게 그대로 하는 것을 말한다. 구체적으로 말하면, 대갚음 전략을 실행할 때 첫판에서는 되도록 멋진 모습으로 상대방을 대하는 게 좋다. 하지만 그 이후로는, 이전 판에서 상대방이 나한테 한 일을 나도 상대방에게 그대로 해야 한다.[10] 대갚음 전략은 우리 인간이 친족 이타주의의 한계를 뛰어넘게 해 준다. 대갚음을 이용하면 낯선 이들과도 얼마든 협동적 관계를 맺을 가능성이 열리는 것이다.

동물들 사이의 상호 작용은 (가까운 친족 이외에는) 대부분 제로섬 게임이다. 뭔가를 얻는 동물이 있으면 그만큼을 잃는 동물이 있게 마련이다. 하지만 누구도 이용당하지 않고 협동할 방법만 있다면, 협동을 통해 같이 나눠 먹을 파이를 크게 키울 상황도 삶 속에 얼마든지 있다. 먹잇감을 사냥하는 동물들은 들쑥날쑥한 사냥 성공 확률에 특히나 취약한 삶을 살아간다. 어떤 날은 자신이 먹는 양보다 훨씬 많은 먹잇감을 찾는가 하면, 그 뒤에는 3주가 지나도록 먹을거리를 전혀 못 찾기도 한다. 이럴 때 먹을거리가 많은 날에는 남는 걸 주고 필요한 날에는 먹을 걸 빌려 올 수 있는 동물이 있다면, 예측 불허의 확률을 딛고 살아남을 가능성이 훨씬 커진다. 예를 들어, 흡혈박쥐는 동물 피를 잔뜩 빤 날에는 밤에 자신이 빤 피를 게워 내, 피를 못 빨았지만 유전적으로 아무 관계도 아닌 동료 박쥐의 입에 넣어 준다. 이 같은 행동은 얼핏 보면 다윈이 말한 경쟁의 원리에 어긋나는 것 같지만, 박쥐들이 전에 자기를 도와준 박쥐를 일일이 기억하고 있다가 그들에게 보답하듯 주로 피를 나눠준다면 이야기가 달라진다.[11] 대부와 마찬가지로, 박쥐들도 대갚음을 행하는 것인데 이런 행동을 하는 것은 사회성을 지닌 다른 동물들도 마찬가지이며, 비교적 소규모의 안정적 집단에서 살아가기에 개체들이 개별적으로 서로를 아는 경우 특히 이런 경향이 두드러진다.[12]

하지만 다음 판으로 넘어갔을 때 단순히 비협조에 비협조만으로 대응한다면, 대갚음을 통해 집단이 하나로 뭉칠 수 있는 크기는 고작해야 개체 수백 마리 정도밖에 안 될 것이다. 가령 규모가 충분히 크기만 하면, 사기꾼 흡혈박쥐가 거기 살면서 피 빨아 먹기에 성공한 다른 박쥐에게 밤마다 식량을 구걸하고는, 정작 자신은 그 박쥐들이 찾아와 보답을 요구하면 양 날개로 머리를 감싼 채 잠든 척할 수 있다. 만일 이런 박쥐가 있다면 다른 박쥐들은 어떻게 나올까? 이게 박쥐가 아니라 사람의 이야기라면, 사람들이 어떻게 나올지 우리는 안다. 그를 찾아내 흠씬 두들겨 패 줄 것이다. 복수심과 고마움은 대갚음을 증대시키고 실행시키는 도덕적 감정이다. 복수심과 고마움의 느낌이 진화한 것은 이것들이 개인 사이에 협동 관계가 맺어지는 데 아주 유용한 도구이기 때문이며, 나아가 이를 통해 논제로섬 게임의 이득까지 거둘 수 있다.[13] 복수심과 고마움 반응을 갖춘 종들은 더 크고 더 협동적인 사회 집단을 지탱해 나갈 수 있는데, 다름 아니라 사기꾼이 챙기게 되는 이득이, 적이 생길 때에 감당해야 할 비용으로 인해 줄어들기 때문이다.[14] 역으로, 관용이 가져다주는 혜택은 친구들을 얻게 되면서 더욱 늘어난다.

이런 대갚음은 도덕적 감정들의 조합이라는 형태로 인간 본성에 내장된 듯하며, 이런 감정들로 말미암아 우리는 호의에는 호의, 모욕에는 모욕, 이에는 이, 눈에는 눈으로 갚아 주고 **싶은** 마음을 갖게 된다. 심지어 최근의 몇몇 이론가는[15] 인간의 두뇌 안에 일명 "교환 기관"이 있다고, 즉 다른 일은 제쳐 두고 오로지 공평성, 자신이 진 빚, 자신이 받을 사회적 채권을 꼼꼼히 기록하는 일에만 매달리는 두뇌 영역이 존재하는 것처럼 이야기하기도 한다. 여기서 "기관"은 하나의 비유로 보면 된다. 두뇌 조직 안에 오로지 호혜성 실행 기능만 갖는 따로 고립된 영역이 존재하리라고는 그 누구도 생각지 않기 때문이다. 하지만 최근 밝혀진 바에 따르면, 두뇌 안에 일종의 이런 교환 기관이 정말 존재한다고 말할 수 있을 것도 같다. 우리가 "기관"이란 말을 느슨하게 정의해, 넓은 영역에 따로 떨어져 있지만 특정 작업을 함께 수행하는 여러 개의 신경 조직 조각들이 종종 두뇌의 기능 체계를 구성한다고 본다면 말이다.

이 대목에서 여러분이 "최후 통첩" 게임, 즉 공평성과 욕심 사이의 긴장을 연구하기 위해 경제학자들이 만들어 낸 게임에[16] 참가해 달라는 요청을 받았다고 해 보자. 게임이 진행되는 방식은 이렇다. 일단 두 사람이 실험실 안으로 들어오는데, 둘은 절대 만나지 못한다. 이어 실험자가 둘 중 하나에게(여기서는 당신이 아니라고 가정하자) 지폐 21달러를 주면서, 얼마가 됐든 그 사람 마음대로 둘 사이에 돈을 나누라고 한다. 그런 다음 당신에겐 최후 통첩권을 준다. 즉, 당신은 상대방이 나눈 그 돈을 받거나, 그냥 나가거나 둘 중 하나를 택해야 한다. 그런데 여기 까다로운 부분이 하나 있다. 여러분이 그냥 나가면, 즉 돈을 안 받겠다고 말하면, 참가자 둘 모두 한 푼도 받지 못한다. 두 참가자가 모두가 더할 나위 없이 합리적인 사람이라면, 상대방은 여러분이 한 푼도 못 받으니 1달러라도 챙기는 게 낫다 생각할 거라 여기고 당신에게 1달러를 제안할 것이고, 여러분도 상대방이 여러분 의중을 제대로 꿰뚫었다며 그의 제안을 수락하리라고 대부분의 경제학자들이 예상했다. 하지만 그들의 예상은 두 참가자 모두에 대해 보기 좋게 빗나갔다. 실제 실험에서 1달러를 제시한 사람은 단 하나도 없었고, 10달러를 제시한 사람이 전체의 절반 정도에 달했다. 그런데 상대방이 당신에게 7달러를 준다고 하면 어떨까? 5달러는? 3달러는? 사람들 대부분이 7달러까진 받아들였지만, 3달러는 거절했다. 그리고 대부분의 사람들이 이기적으로 행동하는 상대방을 응징하는 데에 몇 달러 정도는(7달러까지는 아니더라도) 충분히 들일 마음이 있는 것으로 나타났다.

이제는 이 게임을 기능적 자기 공명 영상fMRI 안에서 했다고 한 번 생각해 보자.[17] 앨런 산피Alan Sanfey가 프린스턴대학교의 동료들과 함께 사람들을 데려다 실시한 실험이 바로 이것이었다. 기기 안에 사람들을 들여보낸 후 연구자들은 사람들이 불공평한 제안을 받았을 때 뇌의 어느 부분에서 더 활성화가 일어나는지 살펴보았다. (불공평한 제안 대 공평한 제안으로 비교했을 때) 가장 큰 차이가 나타난 세 군데 중 하나는 전두섬엽으로, 이 부분은 두뇌 밑면의 피질이다. 전두섬엽은 사람의 감정 상태가 가장 부정적이거나 혹은 불쾌할 때, 특히 사람이 분노나 역겨움을 느낄 때 활성화되는 것으로 알려져 있다. 또 다른 부분은 배측면 전전두피질로, 이마 양측면 바로 뒤에 자리한 이 부분은 추론과 계산이 이루어질 때 활성화되는 것으로 알려져 있다. 산피의 연구를 통해 드러난 가장 인상 깊은 사실은, 선택 버튼을 누르기 직전의 두뇌 상태를 보고도 사람들이 어떤 최후 통첩 반응(제안을 수락할지 거절할지)을 보일지를 예측할 수 있었다는 점이다. 일반적으로 배측면 전전두피질보다 섬엽이 더 활성화된 피험자들은 불공평한 제안을 거절하는 쪽으로 갔고, 반대 양상이 나타나는 이들은 일반적으로 수락하는 모습을 보였다. (이 사실을 놓고 보면, 마케터, 정치 컨설턴트, CIA가 신경 영상neural imaging과 "신경 마케팅neuromarketing"에 그토록 관심을 쏟는 것도 당연하다.)

고마움과 복수심을 통해 인류는 초사회성을 향한 길목에서 크게 한 걸음을 내디딜 수 있었지만, 이 둘이 동전의 양면이라는 사실을 깨닫는 게 또 중요하다. 고마움과 복수심 어느 하나만 있어서는 아마 진화가 영 어려울 것이다. 복수심 없이 고마움만 느끼는 이는 누군가에게 이용당할 표적이 되기 쉬운 한편, 고마움은 모른 채 복수심에만 불타는 이는 잠재적인 협동 파트너를 순식간에 모두 적으로 돌릴 것이다. 고마움과 복수심은, 이것이 그저 우연은 아닐 텐데, 마피아를 하나로 뭉치게 하는 주된 동력이기도 하다. 조직원이 서로에게 의무와 호의를 다해야 하는 그 광대한 그물망의 한가운데에 자리하고 있는 것이 대부이다. 대부가 호의를 베풀 때마다 그에겐 점점 힘이 쌓이는데, 자기 목숨이 소중한 사람이면 대부의 선택을 받는 순간 반드시 그에게 보답할 수밖에 없다는 사실을 그는 누구보다 잘 안다. 우리 대부분에게 있어 복수는 그렇게까지 과격하지는 않지만, 꽤 오랜 시간을 사무실, 식당, 가게에서 일해 본 사람이라면 아마도 나를 수틀리게 하는 사람들에게 복수할 여러 가지 미묘한 방법들, 나아가 나를 도와준 이를 도울 여러 방법들이 있다는 사실을 모르지 않을 것이다.

누구나 뒷담화의 대상이 될 수 있다

내가 앞에서 소중한 호의를 입고도 거기 보답할 줄 모르는 배은 망덕한 놈이 있으면 사람들이 아마 흠씬 두들겨 팰 것이라는 이야기를 했을 때, 달았어야 할 한 가지 단서를 빠뜨렸다. 그런 자에 대한 첫 공격은, 그저 뒷담화를 하는 정도에 그칠 공산이 크다는 것 말이다. 사람들은 일단은 그자의 명성부터 무너뜨리려 할 것이다. 인간이 어떻게 초사회성을 갖게 되었는가 하는 퍼즐을 이루는 또 하나의 핵심 조각 하나가 바로 뒷담화이다. 우리 인간이 지금처럼 이렇게 큰 머리를 갖게 된 것도 어쩌면 뒷담화 때문일지 모른다.

한때 우디 앨런Woody Allen은 자신의 머리를 두고 "내가 두 번째로 제일 좋아하는 신체 기관"이라 했지만, 두뇌는 우리 누구에게나 작동 시키는 데 단연 가장 많은 비용이 드는 기관이다. 두뇌는 우리 몸무게의 2퍼센트를 차지하면서도, 전체 에너지의 20퍼센트나 소비한다. 인간의 두뇌는 너무 크게 자라기 때문에 태어나는 순간 인간은 반드시 덜 성숙할 수밖에 없으며[18] (적어도 태어나는 순간 이미 두뇌가 몸을 얼마쯤 통제할 준비가 돼 있는 다른 포유류와 비교했을 때), 조숙한 채로 태어나면서도 산도産道를 가까스로 통과한다. 거기에다 무력한 아기에 매달린 채 일단 자궁 밖으로 나오면, 이 거대한 두뇌들을 1~2년 정도는 누군가가 잘 들고 다니지 않으면 안 된다. 침팬지와 동류였던 우리의 마지막 조상 이래로 오늘에 이르기까지 인간의 두뇌가 세 배나 커지며 부모들이 막대한 비용을 감당해야 했던 만큼, 두뇌가 이렇듯 커진 데에는 뭔가 매우 합당한 이유가 있었을 게 틀림없다. 어떤 이는 사냥과 도구 제작을 그 이유로 드는가 하면, 일각에서는 추가로 늘어난 회백질이 과일의 정확한 위치 파악에 도움을 주었을 거라 주장하기도 한다. 하지만 동물들이 왜 특정한 두뇌 크기를 가지는가를 일반적으로 설명해 줄 수 있는 것으로는 두뇌 크기를 사회 집단 크기와 연결하는 이론이 유일하다. 로빈 던바Robin Dunbar[19]는 특정한 척추동물 종(영장류, 육식 동물, 유제류, 조류, 양서류, 어류)의 집단 **안에서는** 두뇌 크기 대수代數가 사회 집단 크기의 대수에 거의 완벽히 비례한다는 사실을 입증해 냈다. 달리 말하면, 동물계 전체에 걸쳐, 두뇌가 갈수록 커져 더욱 큰 집단을 관리하는 양상이 나타난다는 것이다. 사회적인 동물들은 곧 머리가 좋은 동물들인 셈이다.

이와 관련해 던바는 침팬지는 약 30마리가 집단을 이루어 살며, 사회성을 가진 모든 영장류가 그렇듯, 서로의 털을 골라 주는 데 엄청나게 많은 시간을 할애한다는 점을 지적한다. 인간의 경우, 두뇌 크기 대수로 가늠하면, 약 150명이 집단을 이루어 살아야 맞다. 아닌 게 아니라, 실제로 곳곳의 수렵 채집 집단, 군부대, 그리고 도시 거주민의 주소록을 살펴봐도, 100~150명 정도가 사람들이 모든 이의 이름과 얼굴을 기억하며 직접 알고 지낼 수 있는, 나아가 사람들이 저마다 다른 모든 이와 어떤 관계를 맺고 지내는지 알고 지낼 수 있는 "자연적인" 집단 크기인 것으로 보인다. 그런데 털 골라 주기가 영장류의 사회성에 무척이나 핵심적인 요소라 해도, 아울러 우리 조상이 갈수록 더욱 큰 집단에서 살아가기 시작하면서(혹은 포식 위험성이 높은 새로운 생태적 지위를 이용하는 등의 뭔가 다른 이유로), 이제는 털 고르기만으로는 서로의 관계를 유지해 나갈 수 없는 시점이 오기에 이르렀다.

던바는 아마도 신체의 털 고르기 대신 진화한 것이 언어일 거라고 이야기한다.[20] 언어가 있으면 소규모 집단 사람들은 서로 재빨리 유대를 맺을 수 있는 한편, 다른 이들이 서로 어떤 유대를 맺고 있는지도 파악할 수 있다. 이와 함께 던바는 사람들이 서로 이야기를 나누는 것도 실은 다른 이에 대한 공론에(누가 누구에게 무슨 짓을 하고, 누가 누구와 짝이 되고, 누가 누구와 싸우는지) 그 주목적이 있다는 데에 주목한다. 아울러 우리 같은 초사회성 종들에게는, 사회성 게임을 얼마나 잘하느냐에 대체로 성공 여부가 갈린다는 점도 지적한다. 현실을 사는 데에는 내가 무엇을 아느냐가 아니라, 내가 누구를 아느냐가 중요하다. 한마디로, 언어가 진화한 것은 사람들이 언어를 통해 사람들의 뒷담화를 했기 때문이라는 게 던바의 논지이다. 어떤 식이든 원시적 의사소통을 통해 사람들 사이의 정보를 공유한 개인은 그러지 못한 이보다 더욱 유리한 입지에 설 수 있었다. 그리고 뒷담화가 한번 시작되자, 교묘한 처세, 관계 공격, 평판 관리 등을 누가 제일 잘 구사하는지 과시하듯 경쟁이 벌어졌으니, 이 모든 기술에는 전보다 훨씬 많은 두뇌의 힘이 요구되었다.

언어가 어떻게 진화했는지 그 진상은 아무도 모르지만, 나는 위와 같은 던바의 추측이 무척 매력적으로 여겨져 사람들에게 이 이야기를 즐겨 하곤 한다. 이는 뒷담화의 좋은 사례는 아니나(어쨌거나, 여러분은 던바가 누군지 모르니까), 만일 여러분도 나와 비슷하다면, 기막히게 놀랍거나 혹은 귀를 쫑긋할 수밖에 없는 이야기를 들었을 때 뭐든 친구들에게 이야기하고픈 충동이 있을 텐데 바로 이 충동에 던바가 말하는 주장의 핵심이 들어 있다. 즉, 우리는 자기 친구에게 뭐든 정보를 전달하도록 **동기화돼 있다**. 심지어 때로 우리는 이렇게 말하지 않는가? "누구에게든 말을 해야지, 도저히 담아 두고는 못 배기겠어." 여러분이 친구에게 실한 뒷담화거리를 하나 건네면, 그 뒤엔 어떻게 되던가? 여러분 친구의 호혜성 반사가 발동해, 그녀도 약하게나마 호의에 보답해야겠다는 압박을 느낀다. 만일 화제에 오른 당사자나 사건에 대해 뭐라도 아는 게 있다면, 그녀 역시 이런 식으로 입을 열 공산이 크다. "아, 정말? 그런데 이건 내가 들은 얘긴데 말야, 그 사람이…." 뒷담화는 또 다른 뒷담화를 부르고, 그렇게 해서 우리는 어떤 사람의 좋고 나쁜 행실을 두 눈으로 직접 목격하지 않고도 모든 이의 평판을 일일이 파악할 수 있다. 뒷담화는 논제로섬 게임을 탄생시키는 셈인데, 뒷담화에서는 서로 정보를 주고받는 데에 아무 비용이 들지 않는 데에다 정보를 받음으로써 양쪽 모두 혜택을 얻기 때문이다.

나는 뒷담화가 우리의 도덕적 삶에서 하는 역할에 유난히 관심이 많았던 터라, 내 학과의 대학원생이던 홀리 홈Holly Hom이 뒷담화를 주제로 연구를 진행하고 싶다고 했을 때 무척이나 기뻤다. 당시 진행한 연구 중 하나에서,[21] 홀리는 피험자 51명을 모집해 앞으로 일주일간은 최소 10분 이상 대화에 낄 때마다 짤막한 설문지를 작성해 달라고 부탁했다. 그런 다음 우리는 제3자를 화제로 삼은 대화만 추려내 기록했는데, 그 결과 하루에 1인당 잠재 뒷담화의 일화가 하나 정도 생긴다는 것을 알 수 있었다. 이 연구를 통해 우리가 알아낸 주요 사실들을 꼽자면, 뒷담화는 비판적 내용이 압도적 다수를 차지한다는 것, 남이 도덕적 및 사회적 상식을 위반한 사례를 주로 화제로 삼는다는 것이었다. (대학생들이 경우, 이는 친구나 룸메이트의 성생활, 청결, 음주 습관에 관해 많이 이야기를 나눈다는 의미였다.) 이따금은 정말 남의 좋은 행실을 갖고 이야기하기도 하나, 그런 미담이 화제가 되는 경우는 악담의 10분의 1에 불과히다. 사람들은 양질의(즉, "알찬") 뒷담화를 서로 나누고 나면, 왠지 더욱 힘을 얻은 듯하고, 무엇이 옳고 그른지 더욱 동일한 생각을 가지게 되었으며, 뒷담화 상대와 더욱 가까워졌다고 느낀다.

두 번째 연구를 통해서는, 뒷담화를 하기는 거의 모두 마찬가지임에도, 뒷담화 및 뒷담화쟁이를 사람들이 부정적으로 바라본다는 사실이 드러났다. 뒷담화에 대한 사람들의 태도와 뒷담화의 사회적 순기능을 비교해 본 후, 홀리와 나는 뒷담화가 그 가치를 제대로 인정받고 있지 못하다고 믿게 되었다. 뒷담화가 없는 세상에서는, 사람을 죽이고도 무사할 리야 없겠지만, 사람들이 (종종 그들 자신이 지금 상식에 어긋나는 짓을 한다는 것도 모르고 얼결에) 무례하고, 이기적이고, 반사회적 기미를 보여도 아무 지탄도 받지 않고 넘어갈 가능성이 있다. 뒷담화는 우리 도덕 감정의 연장통 속 도구들을 늘려 준다. 뒷담화가 존재하는 세상에서는, 단순히 우리에게 상처를 입히거나 우리를 돕는 사람에게만 복수심이나 고마움을 느끼는 게 아니라, 우리가 전혀 알지 못하는 어떤 이에게 엷게나마 훈계조의 경멸감과 분노가 스치고 지나는 것을 느끼게 된다. 누군가가 음흉한 계획, 추악한 욕심, 은밀한 결점을 감추고 있다가 들켰다는 이야기를 들었을 때에는, 그 사람을 대신해 수치심과 황당함을 느끼기도 한다. 뒷담화는 경찰이자 선생님인 셈이다. 뒷담화 없는 세상에는 혼돈과 무지가 판을 칠 것이다.[22]

수많은 종들이 호혜성을 보이지만 뒷담화를 하는 종은 인간뿐이며, 뒷담화의 주된 내용은 결국 타인이 호혜적 관계의 상대방으로서 얼마나 큰 가치를 갖는지에 대한 것이라 하겠다. 우리는 이런 도구들을 활용해 초사회성의 세계를 만들어 내니, 약자를 이용해 먹을 방도를 가급적 자제하고, 받은 호의를 되갚을 줄 모르는 사람에게도 곧잘 도움의 손길을 뻗는 것이 초사회성의 세계이다. 우리가 대갚음을 실행하길 **원한다**는 말은 곧, 호락호락한 사람이 되지는 말되 애초엔 좋은 사람으로 시작해 이후로는 자신이 좋은 게임 참가자라는 명성을 착실히 쌓아 가길 **원한다**는 뜻이다. 뒷담화와 평판은 가는 게 있으면 오는 게 있다는 사실을 우리에게 확실히 일깨운다. 잔인한 사람은 시간이 가면 자신도 남에게 똑같이 잔인한 짓을 당한다는 걸 알게 될 테고, 친절한 이는 자신도 남에게 친절로 보답받는다는 것을 알게 될 것이다. 호혜성과 짝을 이룬 뒷담화는, 카르마karma(미래에 선악의 결과를 가져오는 원인이 된다고 하는, 몸과 입과 마음으로 짓는 선악의 소행 - 옮긴이)의 법칙이 내세가 아닌 이곳 지상에서 실행되게 해 준다. 모든 사람이 고마움, 복수심, 뒷담화로 든든히 무장하고 대갚음을 실행할 때, 원칙대로라면 체계 전체가 아름답게 굴러가야 할 것이다. (하지만 자기 잇속만 차리는 편향성과 대중적 위선 때문에, 그런 일은 거의 일어나지 않는다. 4장 참조.)

상대방의 힘을 활용하는 방법

호혜성을 삶을 이끌 금과옥조로 권했다는 점에서 공자는 분명 지혜로운 이였다. 호혜성은 마법 지팡이와 같아, 이걸 쓰면 사회생활의 정글을 헤쳐 나갈 수 있는 길이 눈앞에 죽 펼쳐진다. 하지만 《해리 포터Harry Potter》를 읽어 봤다면 다들 알겠지만, 때로 우리를 곤경에 빠뜨리기도 하는 게 마법 지팡이다. 로버트 치알디니는 사회적 영향력이 가신 그런 음험한 기술을 연구하며 몇 년을 보낸 적이 있었으니, 방문 판매원이나 텔레마케터 구인 광고가 눈에 띄면 으레 지원해서는 직원 양성 프로그램을 전부 거치고 그들이 어떤 기법을 쓰는지 터득한 것이다. 그런 후에는 일명 "상냥함 전문가"의 상술에 당하지 않고 싶은 이들을 위해 지침서를[23] 한 권 써 냈다.

치알디니는 이 책에서 판매원이 우리를 상대로 사용하는 여섯 개 원칙을 설명하는데, 이 여섯 개 원칙을 통틀어 가장 기본으로 통하는 것이 바로 호혜성이다. 사람들은 우리에게서 뭔가를 얻어 내고 싶으면 먼저 우리에게 뭔가를 주려고 시도하며, 따라서 우리 집에 자선 단체에서 나눠 준 주소 스티커와 공짜 엽서가 한 무더기씩 쌓여 있는 것도 자선 단체가 고용한 마케팅 컨설턴트의 친절에서 비롯된 일인 셈이다. 이 기법을 완성시킨 곳은 하레 크리슈나Hare Krishnas(크리슈나 의식 국제 협회라고도 하는, 16세기에 인도에서 세를 확립한 힌두교 종교 단체이다. 1966년에는 A.C. 박티베단타 스와미 프라부파다가 뉴욕에 지부를 설립했다 – 옮긴이)였다. 이들은 어수룩한 행인들의 손에 무작정 꽃 몇 송이, 혹은 싸구려《바가바드 기타Bhagavad Gita》복사본을 들이밀고는, 사람들이 그것을 받아들면 그제야 돈을 기부해 달라고 부탁했다. 시카고의 오헤어 공항에서 크리슈나 회원들을 연구했을 때에는, 이들이 사람들이 꽃을 버릴 거라는 것을 알고는 공항 주변의 쓰레기통을 수시로 돌며 버려진 꽃을 주워 재활용한다는 사실까지 치알디니는 알 수 있었다. 당시에도 꽃을 정말로 받고 싶어한 이는 거의 없었지만, 이 기법이 쓰인 초기만 해도 크리슈나 회원들이 내미는 꽃을 받기만 하고 자신은 아무 보답도 하지 않은 채 가던 길을 계속 갈 수 있었던 사람은 별로 없었다. 크리슈나는 사람들의 호혜성 반사를 십분 활용해 많은 부를 쌓을 수 있었다. 종국에 크리슈나의 실체와 함께, 애초 그 "선물"을 안 받을 방법을 모두가 알게 되기 전까지는 말이다.

하지만 크리슈나가 아니라도 여전히 우리 뒤를 따라붙는 이는 수없이 많다. 슈퍼마켓과 암웨이 판매 사원은 판매량을 끌어올리기 위해 사람들에게 공짜 샘플을 나눠 주곤 한다. 식당 종업원들은 계산서 접시에 박하사탕을 같이 올려놓는 기법을 쓰곤 하는데, 그러면 손님에게서 더 많은 팁이 나온다는 것이 예전부터 입증된 사실이었다.[24] 또 우편으로 설문 조사를 보낼 때, 5달러짜리 "증답용 수표gift check(은행이 일정한 수수료를 받고 발행하는 것으로, 은행에 상관없이 지참인에게 해당 금액이 지불된다 – 옮긴이)"를 동봉하면, 사람들이 설문 조사를 마치겠다는 의향이 설문 조사 완료 후 50달러를 보내 주겠다고 약속할 때보다 훨씬 더 높아진다.[25] 무언가를 공짜로 받으면, 우리는 한편으로는 기쁠 수도 있지만, 다른 한편으로는(코끼리의 영역인 자동적 사고 과정) 나도 뭐 줄 게 없나 어느새 지갑으로 손이 간다.

호혜성이 잘 작동하기는 흥정에서도 마찬가지이다. 치알디니에게 한번은 어떤 보이스카우트 대원이 다가오더니 썩 보고 싶지 않은 영화의 표를 사 달라고 부탁했다. 치알디니가 안 사겠다고 하자, 그 소년은 그럼 대신 영화표만큼 비싸지는 않은 초콜릿바를 몇 개 사달라고 부탁했다. 소년이 한발 양보를 했으니, 치알디니도 한발 양보하는 식으로 자동적인 주고받기가 이루어졌다. 부아가 날 법도 했지만, 치알디니는 외려 이 일을 자료를 얻는 기회로 활용했다. 거기서 나름의 발상을 얻어 실험을 진행한 것인데, 캠퍼스 안을 거니는 대학생들에게 다가가 하루만 비행 청소년을 인솔해 동물원에 다녀오는 자원봉사 활동을 할 의향이 있는지 물은 것이다. 그러겠다고 답한 학생은 단 17퍼센트에 불과했다. 그런데 이 연구에는 또 다른 조건도 실정돼 있었으니, 여기서는 일단 학생들에게 2년 동안 매주 2시간씩 비행 청소년과 자원 봉사 활동을 할 의향이 있는지 묻게 된다. 이 요청에는 다들 하지 않겠다고 답했지만, 그러고 나서 실험자가 그렇다면 그날 하루 동물원에 가 줄 수 있겠느냐고 묻자, 50퍼센트가 그러겠다고 답했다.[26] 양보는 양보로 이어진다. 금전적 흥정에서도, 처음엔 극단적 제안을 내놨다가 나중에 중간을 찾아가는 사람들이 처음부터 합리적 제안을 내놓고 끝까지 고수하는 사람보다 결국 더 나은 성과를 낸다.[27] 그뿐 아니라, 극단적 제안을 하고 난 후 양보를 하면 단순히 더 나은 가격만 얻는 게 아니라, 나와 거래하는 상대방도 더 행복해진다. 극단에서 시작했다가 그 중간에서 거래가 성사되면 상대방은 자신도 최종 결과에 더 영향력을 행사했다고 느끼기 때문에, 최종 도출된 합의를 더욱 존중할 가능성이 높다. 바로 이 같은 주고받기의 과정이,

비록 당사자가 이용당하는 상황이라도, 양측이 해당 상황에 함께 참여하고 있다는 느낌을 만들어 내는 것이다.

따라서 어떤 판매원이 당신에게 공짜 선물을 안기거나 상담을 해 준다면, 아니면 어떤 식이든 먼저 양보를 해 온다면, 일단은 피하는 게 상책이다. 그 사람이 당신의 호혜성 버튼을 누르게 그냥 내버려 둬서는 안 된다. 그 상황을 빠져나오는 최선책은, 치알디니의 조언에 의하면, 호혜성을 손에 들고 호혜성과 싸우는 것이다. 다시 생각해 보니 그 판매원이 어떤 수를 쓰려 하는지가(즉, 여러분을 이용하려는 애쓰고 있다는 사실이) 훤히 보인다면, 여러분 쪽에서도 당장 그를 이용해도 얼마든 괜찮다는 생각이 들 것이다. 그 사람이 해 주는 선물이나 양보를 받아들이되, 아무 생각 없이 나도 뭘 해 줘야지 할 게 아니라 내가 이겼다고 느끼자. 이렇게 해야 여러분이 그 사람을 이용하는 것이 된다.

호혜성은 보이스카우트 대원이나 볼썽사나운 판매원을 상대로만 쓸 수 있는 게 아니다. 호혜성은 친구나 연인 사이에서도 활용할 수 있다. 관계는 원래 초반 단계에서 균형을 잡기가 여간 까다로운 게 아닌데, 너무 많은 것을 주거나(그 관계에 약간은 목을 매는 것으로 비칠 수 있다) 혹은 너무 조금 주는 것은(차가운 사람이나 거절의 뜻으로 비칠 수 있다) 관계를 망치기에 더없이 좋은 방법이다. 그러기보다 균형 잡힌 주고받기가 이루어졌을 때 서로의 관계가 가장 잘 커 나가는데, 그런 주고받기로는 선물, 호의, 관심, 자기 노출이 특히 좋다. 앞의 세 가지는 사람들이 당연하게 여기지만, 나만 아는 나의 정보가 데이트라는 게임에서 과연 얼마나 효과적인 초판 수로 작용하는지는 잘 모를 때가 많다. 어떤 사람이 당신에게 과거의 연애담을 털어놓으면, 당신도 똑같이 과거 연애담을 이야기해야 할 것 같은 압박감이 생긴다. 그런데 이 공개 카드를 너무 초반에 섣불리 써 버리면, 자신의 마음이 어느 쪽인지 갈피를 잡지 못할 수도 있다. 호혜성 반사 때문에 한편으로는 그에 걸맞게 과거 일을 털어놓을 준비를 하면서도, 다른 한편으로는 거의 생면부지인 사람에게 내밀한 일까지 시시콜콜 다 말하고 싶지 않다는 생각도 들 것이다. 하지만 적당한 때에 이 카드를 쓰면, 옛 관계를 서로에게 터놓는 대화는 둘의 관계가 사랑으로 발전하는 데에 무척 뜻깊은 전환점이 될 수도 있다.

호혜성은 인간관계를 풀어 나가는 만능의 토닉이다. 제대로 쓰이기만 하면, 호혜성은 사람 사이의 관계를 더욱 단단히 다져 주고, 더욱 오래가게 해 주며, 활기까지 불어넣어 준다. 호혜성의 원리가 그토록 잘 작동하는 것은 코끼리가 흉내 내기에 천부적 재능을 가진 데에도 일부 원인이 있다. 예를 들어, 맘에 드는 누군가와 관계가 신전 중일 때, 우리는 그들의 모든 움직임을 하나하나 다 따라 하려는 경향을, 자동적이자 무의식적으로, 약간은 가지게 된다.[28] 만일 그녀가 자신의 발을 손가락으로 두드리고 있다면, 당신도 어느샌가 함께 발을 두드리고 있을 가능성이 커지는 것이다. 하지만 우리만 좋아하는 사람을 흉내 내는 것은 아니다. 우리는 우리를 흉내 내는 사람에게도 호감을 갖게 마련이다. 사람들은 누군가가 자신을 미묘하게 흉내 내면, 그 사람을 더 많이 돕거나 그에게 동조할 가능성이 높아지며, 심지어 다른 이들에게까지도 그런 모습을 보이게 된다.[29] 고객의 행동을 그대로 따라 하는 웨이트리스가 더 많은 팁을 받는다는 연구 결과도 있다.[30]

흉내 내기는 사람 사이를 이어 주는 일종의 접착제이자, "우리는 하나"라고 말하는 하나의 방법이다. 흉내 내기를 통해 다 같이 하나로 뭉쳤을 때의 즐거움은, 라인 댄스line dance (열을 지어 추는 춤 – 옮긴이),

단체 응원, 종교 의례처럼 어떤 통일된 행동, 즉 사람들이 한 장소에 모여 동시에 똑같은 행동을 하는 상황 속에서 특히 뚜렷히 나타난다. 이 책 나머지의 주제도 어떤 면에서는 인간도 꿀벌과 같은 군집 생물이라는 것인데, 현대 세계를 사는 우리는 군집 밖에서 거의 대부분의 시간을 보내고 있다. 호혜성은, 사랑과 마찬가지로, 우리를 다시 다른 이들과 연결해 준다.

4장 내 안의 위선자를 의심하라

어찌하여 너는 네 눈 안에 든 들보는 보지 못하고,

네 이웃의 눈 안에 든 티만 보느냐?

… 너 위선자여, 먼저 네 눈의 들보부터 빼낸 뒤,

눈을 똑바로 뜨고 네 이웃의 눈에 든 티를 빼 주어라.

〈마태복음〉 7:3-5

남의 잘못은 알기 쉬우나 자신의 잘못을 알기 어려우니.

남의 잘못을 내보이기는 부는 바람에 곡식 낟알 까부르듯 하고,

자기 잘못을 감추기는 교활한 도박꾼이

자기 주사위 감추듯 하는구나.

부처[1]

위선자를 비웃어 주는 것은 재밌는 일인데, 최근 몇 년 새 미국엔 그런 비웃음을 살 만한 이들이 꽤 많았다. 일례로 미국이 마약 관련 범죄로 너무 흑인만 엮어 기소한다는 비판이 일자, 보수 성향의 라디오쇼 진행자 러시 림보Rush Limbaugh는 그럼 백인 마약 사용자도 그만큼 체포해 "교도소에 집어넣으면 된다"라고 맞받아친 적이 있었다. 2003년, 그는 자신이 뱉은 말을 도로 삼키지 않으면 안 되었으니, 옥시콘틴Oxycontin(강력한 아편 계열 진통제로, "힐빌리 헤로인"으로도 알려져 있다)을 불법 대량 구매한 사실이 플로리다 공무원에 의해 적발되었기 때문이다. 이런 사례는 지금 내가 살고 있는 버지니아주에서도 일어난 적이 있다. 국회의원 에드 슈락Ed Schrock은 원래 동성애자 인

권, 동성 결혼, 동성애자 군복무에 공공연히 반대 목소리를 내던 인물이었다. 동성애자와의 군복무가 얼마나 끔찍한지를 화제로 삼아, 이런 말을 한 적도 있었다. "그러니까요, 결국엔 동성애자와 함께 샤워를 하고, 동성애자와 같은 장소에서 밥을 먹어야 한다는 이야기입니다."[2] 2004년 8월, 유부남이었던 슈록이 쌍방향 폰 섹스 통신업체 메가메이트Megamate를 이용하며 남긴 메시지가 녹음테이프로 공개되었다. 슈락은 자신이 어떤 신체적 특징을 가진 남자를 원하는지는 물론, 그와 어떤 식의 행위를 하고 싶은지에 대해서까지 수화기에 대고 설명하고 있었다.

이렇듯 도덕가로 굴던 이들이, 자신이 타인을 흠잡았던 그 도덕적 과오를 저질러 망신을 당하는 아이러니를 접하면 우리는 특히 짜릿한 쾌감을 느끼곤 한다. 이런 쾌감은 촌철살인의 농담에서도 느낄 수 있다. 단 한 줄짜리 농담도 더러 재미를 주지만, 재밌는 농담들이 만들어지려면 대체로 세 줄은 필요하다. 예를 들어, 한시에 술집에 들어서게 된 세 남자 이야기나, 어쩌다 한 구명정에 타게 된 사제, 목사, 랍비 이야기가 그렇다. 이런 농담에선 앞의 두 줄에서 일정 패턴이 설정되고, 세 번째 줄에서 그 패턴을 깨는 식으로 이야기가 전개된다. 위선이 주제인 농담에서는 위선자의 설교로 분위기가 조성된 뒤, 그 위선자의 실제 행동이 위선의 정곡을 찌른다. 세간의 추문도 사람들에게 큰 즐거움을 주곤 하는데, 그런 추문은 사람들에게 경멸을 느끼게 하기 때문이다. 경멸감은 따로 비용을 들이지 않고도 내가 남보다 도덕적으로 우월하다고 느끼게 하는 도덕적 감정이다. 경멸감이 느껴질 때에는 (분노에 차올랐을 때와는 달리) 굳이 나서서 잘못된 일을 바로잡을 필요도 없고, (두려움이나 역겨움에 사로잡혔을 때와는 또 달리)

해당 상황에서 도망치려 할 필요도 없다. 하지만 경멸감의 가장 좋은 점은 뭐니 뭐니 해도, 그것을 다른 이와 공유하게 된다는 것이다. 타인의 도덕적 과실은 가장 흔한 뒷담화 주제이자[3] 라디오 토크쇼에서도 애호하는 내용으로, 타인의 도덕적 과실을 통해 사람들은 자기들끼리는 같은 도덕적 가치를 지향한다는 사실을 서로에게 손쉽게 보여 줄 수 있다. 만일 평소 그럭저럭 알고 지내던 이와 누군가에 대해 험담을 하다 그것 보란 듯 함께 히죽대고 머리를 절레절레 저으며 이야길 끝냈다면, 둘 사이엔 어느덧 유대가 맺어진 것이다.

그런데 히죽대는 일은 그만두는 게 좋다. 동서고금을 막론하고 가장 보편적으로 제시되는 충고가 다름 아닌, 우리는 다들 위선자이며, 남의 위선을 흠잡는 것은 스스로를 더욱 꼴사나운 위선자로 만드는 길일 뿐이니 말이다. 정작 자신의 눈 안에 든 들보는 보지 못하는 이 기제를 최근 사회심리학자들이 연구를 통해 따로 분리해 낸 바 있다. 그런데 거기 담긴 함의는 우리를 다소 심란하게 한다. 아닌 게 아니라, 실제 그 내용을 들여다보면 우리가 가지고 있는 가장 강한 도덕적 확신마저 의문의 대상이 된다. 하지만 한편으로 이런 함의들은 우리를 자유롭게도 해 주니, 남을 흠잡기 바쁜 도덕주의, 나와 남을 가르는 독단에서부터 우리를 풀어 주기 때문이다.

나도 알지 못하는 나

지금까지 이타주의와 협동에 관한 연구는 주로 여러 사람이(혹은 컴퓨터로 시뮬레이션한 사람들이) 벌이는 게임에 의지해 진행돼 왔다.

이런 게임에서는, 매 회전마다 한 사람이 다른 한 게임 참가자와 상호 교류하며 그와 협동하던지(서로 힘을 합쳐 나중에 둘이 나눠 가질 파이의 크기를 키운다) 혹은 욕심을 부리던지(제각기 최대한 더 많은 것을 차지하려 한다) 둘 중 하나를 택할 수 있다. 그렇게 해서 게임의 판이 몇 차례 돌고 나면, 게임 참가자 각자가 쌓은 점수를 헤아려 장기적으로 어떤 전략이 가장 큰 이득을 가져다주는지 살펴본다. 이런 게임, 즉 삶이라는 게임을 의도적으로 단순한 모형으로 설계한 이런 게임들에서는, 사실 대갚음을 당해 낼 만한 전략은 없다.[4] 장기적으로도 그렇고 다양한 환경에 두루 걸쳐서도 그렇고, 대갚음 전략을 취하면 협동에는 보상이 뒤따르고 사기를 당할 위험은 경계를 당한다. 하지만 이런 단순한 게임들은 어떤 면에서 보면 단순한 사고방식을 밑바탕에 깔고 있다고 하겠다. 참가자들은 매 갈림길에서 양자택일의 선택만을 마주한다. 힘을 합치든지 상대방을 버리든지, 둘 중 하나만을 택할 수 있다. 그런 다음 각 참가자는 이전 판에서 상대방이 자신에게 어떤 행동을 했는지에 따라 반응을 한다. 하지만 우리의 실제 삶에서는 누군가가 취했던 행동에 따라 우리가 반응을 하지는 않는다. 우리는 그 사람이 우리에게 했다고 **생각하는** 일에 반응할 뿐이며, 실제 행동과 인식 사이의 그 틈은 인상 관리라는 기술로 메워지게 마련이다. 그런데 만일 삶이 정말로 우리가 생각하기 나름이라면, 우리가 훌륭하고 믿음직한 협력자라고 남들이 **믿게끔** 설득하는 데에 내 모든 노력을 쏟아붓지 말아야 할 이유가 무엇이겠는가? 니콜로 마키아벨리Niccolo Machiavelli 하면 교활하고 도덕관념이 없는 권력 사용을 옹호한 사상가로 통해온바, 500년 전 그는 "겉모습만 보고 그것이 실체인 양 만족하고, 참된 자기 실제보다 보이는 것에 휘둘릴 때가 많기는 인류 태반이 매한가지이다"라고 썼다.[5] 정치와 마찬가지로, 자연 선택도 적자생존의 법칙에 따라 작동하는데, 몇몇 연구자는 아예 인류가 마키아벨리식으로 삶이라는 게임에 임하도록 진화해 왔다고 주장하기도 한다.[6] 예를 들면, 마키아벨리의 방식으로 대갚음을 한다고 할 때 우리가 할 일은, 내 실상은 어떻든 간에, 내가 신뢰할 만하지만 꼭 조심은 해야 할 상대라는 **평판**을 사람들 사이에 쌓는 것뿐이다.

내가 공평한 사람이라는 평판을 쌓는 가장 단순한 방법은 아마 진짜로 공평한 사람이 되는 것이겠지만, 살다 보면 혹은 심리 실험을 하다 보면 외관과 실상 중 반드시 하나만을 선택해야만 하는 상황에 놓일 때도 있다. 캔자스대학교의 댄 뱃슨Dan Batson은 기발한 방법을 고안해 사람들이 그런 선택에 놓이게 만들었는데, 그 연구 결과는 그다지 멋지지 못했다. 뱃슨은 자기 실험실로 학생들을 한 명씩 데려와, 사람들이 보상이 불공평하다고 여길 경우에 팀워크가 어떤 영향을 받는지 살피는 실험에 참가시켰다.[7] 실험 과정을 설명하면 이러했다. 우선 두 명이 팀을 짜 제시되는 문제의 정답을 맞히면, 각 팀의 한 명에게는 값진 포상을 받을 경품권이 주어진다. 하지만 나머지 팀원 하나는 빈손으로 돌아가야 한다. 이와 함께 피험자들은 이 실험에 통제력의 효과와 관련해 추가된 부분이 있다는 이야기를 듣는다. 내용인즉, 누가 보상받고 누가 못 받는지 여부를 피험자인 당신이 결정한다는 것이다. 당신의 파트너는 이미 여기 도착해 다른 방 안에 들어가 있으나, 여러분 둘이 서로를 만날 일은 절대 없다. 당신 파트너에게는 그 결정을 운에 맡길 거라고 말할 것이다. 결정은 어떤 식이든 당신이 내키는 대로 하면 되는데, 마침 여기에 동전이 있다. 그렇다면 이 연구에 참가한 사람은 대부분 동전 뒤집기가 누가 보상을 받을지 결정할 가장 공평한 방법이라고 생각할 듯하다.

그런 다음 이제는 피험자들만 따로 남겨 두고 선택의 시간을 갖게 한다. 실험 결과, 피험자 중에서 동전을 사용한 이는 약 절반이었다. 뱃슨이 이 사실을 알 수 있었던 건, 실험실 안의 동전이 비닐백에 싸여 있었고 그 가운데 절반의 비닐이 뜯겨 있었기 때문이다. 동전을 뒤집지 않은 사람 중에서는, 자신이 보상을 받겠다고 선택한 사람들이 90퍼센트였다. 동전을 뒤집은 사람들 중에서도, 확률의 법칙을 유예한 뒤 자신이 보상을 받겠다고 선택한 이가 90퍼센트였다. 뱃슨은 이 실험을 진행하기 몇 주 전, 피험자 전원에게 도덕성에 관련해 다양한 설문지를 나눠 준 터였다(실험에 참가한 피험자들은 심리학 수업을 수강하는 학생들이었다). 따라서 이 설문지를 통해 뱃슨은 도덕성과 관련한 다양한 성격 지표가 사람들의 실제 행동을 어떻게 예측해 주는지 확인해 볼 수 있었다. 그가 밝혀낸 바는 이러했다. 자신이 타인과 사회적 책임을 누구보다 중시한다고 보고한 이들이 동전 비닐백을 개봉할 가능성이 더 높긴 했어도, 이들이 상대방에게 보상 자격positive task까지 줄 확률은 더 높지 않았다. 다시 말해, 스스로를 유달리 도덕적이라 여기는 이들은 실제로도 "올바른 일을 행할" 가능성이 높아 동전을 뒤집기까지는 하지만, 동전이 뒤집힌 결과가 자신에게 불리하게 나올 때에는 그것을 무시하고 자신의 이익을 좇을 방법을 찾아낸다. 뱃슨은 사람들의 이런 모습을 두고 자신이 실제 가진 "도덕적 위선"보다 자신의 도덕성 외양을 더 중시하는 성향이라 일컬었다.

뱃슨의 피험자 중 동전 뒤집기를 행한 이들은, (설문지에서) 자신은 도의를 지켜 포상자를 결정했다고 보고했다. 첫 번째 연구가 끝난 후, 뱃슨은 혹시 사람들이 동전 앞·뒷면을 확실히 안 정하고 동전을 뒤집는 식으로 나름의 수를 쓴 게 아닐까 하는 생각이 들었다("어디 보자, 앞면이 나왔네. 음, 앞면이 나왔다는 건 포상은 내 차지라는 뜻이지" 하는 식으로). 그래서 동전의 양면에 라벨을 붙여 앞뒤를 명확히 정했지만, 그러고 나서도 실험 결과는 전혀 달라지지 않았다. 실험 방식을 조작해서 효과가 있었던 경우는 단 하나, 방 안에 큰 거울을 설치하는 동시에 실험 지시문 안에다 공평성의 중요성을 강조했을 때뿐이었다. 그렇게 강제로 사람들에게 공평성이 무엇인지 생각하게 해서, 자신이 상대를 속이고 있음을 인식하게 한 뒤에야, 비로소 사람들은 상대 속이기를 멈추었다. 이 책 4장 서두를 열었던 예수와 부처의 말마따나, 우리의 눈은 밖을 향하고 있을 땐 쉽게도 사기꾼을 골라내지만, 안으로 눈을 돌리면 사기꾼을 찾아내기가 여간 어려워지는 게 아니다. 이와 관련해시는 민중의 지혜가 딤긴 진 세계 속담들도 이구동성으로 말한다.

"일곱 가지 남의 허물은 보여도, 열 가지 내 허물은 안 보인다."

일본 속담[8]

"자기 몸에서 나는 고약한 냄새를 숫염소 자신은 모른다."

나이지리아 속담[9]

사람이 이기적이라는 사실, 혹은 사람들이 걸리지 않을 거란 확신만 있으면 더러 남을 속이기도 한다는 사실을 입증하는 것은 아마 《믿지 못할 만큼 당연한 결과 저널Journal of Incredibly Obvious Results》에나 실리면 좋을 내용일 듯하다. 그런데 그렇게 당연한 사실이 있으니, 이 같은 연구 거의 모두에서 사람들은 자신이 잘못된 짓을 하고 있다고는 생각지 않았다는 것이다. 그러기는 현실의 삶에서도 마찬가지이다. 고속 도로에서 새치기를 하는 사람부터 강제 수용소를 운영한 나치에 이르기까지 하나같이, 대부분의 사람들은 자신이 좋은 사람이고 자기가 그런 행동을 하게 된 데에는 그만한 이유가 있어서라고 생각한다. 마키아벨리식으로 대갚음을 행하기 위해서는, 심지어 악을 택한 순간조차도, 자신의 선량함을 내세우는 등 외관을 그럴싸하게 유지하는 데에 헌신할 필요가 있다. 아울러 이런 식의 선전은, 선전을 하는 당사자가 사람들로 하여금 그 선전을 정말로 믿도록 만들 수 있을 때 가장 큰 효과를 발휘한다. 로버트 라이트Robert Wright가 자신의 걸작 《도덕적 동물The Moral Animal》에서 표현했듯, "인간은 갖가지 도덕적 장비를 갖췄다는 점에서는 훌륭하지만, 그것을 오용한다는 점에서는 비극이고, 그 오용에 체질적으로 무지하다는 점에서는 불쌍하다."[10] 우리가 자신의 위선에 "체질적으로 무지"하다는 라이트의 말이 정말 옳다면, 히죽거리기를 그만두라는 현인의 충고는 우울증에 걸린 사람에게 우울을 얼른 털어 버리라는 것만큼이나 소용없는 말이다. 우리의 정신 필터는 의지력 하나로 바꿀 수 있는 게 아니다. 그걸 바꾸려면 명상이나 인지 치료 등, 코끼리를 훈련하는 활동들에 적극적으로 뛰어들어야 한다. 하지만 우울증에 걸린 이들은 최소한 자신이 우울증에 걸렸다는 사실은 인정하는 게 보통이다. 위선을 고치기가 훨씬 어려운 일부 이유는, 위선의 경우 자신에게 문제가 있다는 사실조차 모르기 때문이다. 우리는 평판 조작이라는 마키아벨리식의 세상에서 벌어질 싸움을 위해 만반의 무장을 하고 있는데, 정작 자신은 투사가 아니라고 믿는다는 것이 그야말로 우리가 가진 가장 중대한 무기인 셈이다. 이 현실을 우리는 어떻게 헤쳐 나갈 수 있을까?

내 안의 변호사를 찾아서

이 책 1장에 나왔던 남매간이면서 성관계를 했던 줄리와 마크를 기억하는가? 대부분의 사람들은 이렇다 할 피해가 없었음에도 둘의 행동을 비난했고, 그런 뒤에는 그 비난을 정당화하기 위해 더러는 어설픈 이유를 만들어 내곤 했다. 나는 도덕적 판단을 주제로 여러 차례 연구를 진행해 본바, 사람들이 자신의 육감을 뒷받침하려고 갖은 이유를 찾아내는 데 매우 능란하다는 사실을 알 수 있었다. 기수가 코끼리에게 고용된 변호사 노릇을 하며, 좌중 앞에서 코끼리의 의견을 대변해 주는 것이다.

변호사들이 종종 사람들로부터 경멸을 당하는 한 이유는, 그들이 진실을 위해서가 아니라, 의뢰인의 이익을 위해 싸움을 벌이기 때문이다. 훌륭한 변호사가 되고자 할 때에는, 훌륭한 거짓말쟁이인 것이 큰 도움이 될 때가 많다. 뻔뻔한 거짓말까지는 하지 않더라도, 불편한 사실은 되도록 숨기고 판사와 배심원단 앞에 뭔가 그럴싸한 대안적 이야기, 더러는 그들 자신도 사실이라고 믿지 않는 이야기를 짜깁기해서 내놓을 수 있는 변호사들은 숱하다. 우리 내면의 변호사도 똑같은 방식으로 작동하지만, 문제는 그 내면의 변호사가 지어낸 이야기를 우리가 얼마간은 실제로 믿는다는 데 있다. 내 안의 이 변호사가 어떻게 작동하는지 이해하려면, 우리는 변호사가 실제 일하고 있는 순간을 포착해야 한다. 아울러 변호사가 가벼운 압박과 과중한 압박을 받을 때 각각 어떻게 대응하는지도 함께 살펴봐야 한다.

이따금 사람들은 자기 변호사에게 전화를 걸어 특정 방식으로 일을 진행시켜 보려 하는데 그래도 괜찮겠는지 문의하곤 한다. '부담 가지실 건 없구요, 그냥 제가 이런 일을 해도 되는지 그것만 알려 주세요'라고 말이다. 그러면 변호사는 관련 법령과 절차 등을 살펴보고, 다시 전화를 걸어 자신의 평결을 전할 것이다. '괜찮습니다, 거기 해당하는 법적 및 규정상의 선례가 있어요.' 아니면, '안될 것 같은데요. 당신 변호사로서 그런 식의 진행은 별로 권하고 싶지 않습니다.' 좋은 변호사라면 의뢰인이 제기한 질문의 모든 면면을 살펴보고, 가능한 모든 여파까지 생각한 뒤 대안이 될 행보를 권하겠지만, 이 정도까지의 치밀함이 필요할지 여부는 사실 의뢰인에게 달려 있다. 의뢰인은 그런 조언을 정말 원할까, 아니면 자기 계획이 가능한지 여부만 알려 주기만 바랄까?

일상생활의 추론을 다룬 연구들을 보면, 코끼리는 그렇게 꼬치꼬치 따지는 의뢰인은 아니다. 뭔가 곰곰이 생각해야 할 어려운 문제들이 주어졌을 때(예를 들면, 최저 임금은 인상되어야 하는가) 일반적으로 사람들은 질문이 나오는 바로 그 순간에 이미 이쪽이나 저쪽 하나로 기울기 마련이고, 그런 다음에야 추론을 동원에 자기 입장을 뒷받침할 근거로 내세울 만한 게 없는지 살펴본다. 예를 들어, 처음부터 본능적으로 최저 임금이 인상되어야 한다고 생각한 사람은 이를 뒷받침할 증거가 뭐가 있을까 하며 주변을 둘러본다. 그런데 마침 최저 임금을 받고 일하지만 그 돈으로는 가족 부양이 힘겹기만 한 플로Flo 이모가 생각났다면, 그렇지, 그 말은 최저 임금이 올라야 한다는 뜻이다. 이젠 더 생각할 것도 없다. 인지심리학자로서 이런 식의 일상적 추론을 연구해 온 디애나 쿤Deanna Kuhn도,[11] 대부분의 사람들이 플로 이모 일화 같은 이른바 "가짜 증거"를 얼른 증거로 내놓는다는 사실을 알 수 있었다. 사람들 대부분은 자신의 입장을 뒷받침할 진짜 증거를 제시하지 않을 뿐 아니라, 애초 입장에 반하는 증거를 찾으려는 노력도 하지 않는다. 하버드대학교의 교수로서 추론 능력 계발에 헌신한 데이비드 퍼킨스David Perkins도[12] 똑같은 사실을 발견할 수 있었다. 그의 말에 따르면, 보통의 사고에는 "말이 되면" 멈추는 규칙이 적용된다. 우리는 어떤 입장을 취하고, 그걸 뒷받침할 증거를 탐색하고, 그러다 어느 정도의 증거(우리 입장이 "말이 되기" 충분한)가 발견되면 그 순간 생각을 멈춘다. 그런데 이렇듯 압박이 거의 없는 상황에서도 최소한 다른 누군가가 반대 입장을 뒷받침할 이유나 증거를 제시해야만, 사람들은 그제야 마음을 바꿀 의향을 갖는다. 사람들이 그런 식의 사고를 하기 위해 스스로 노력하는 일 따위는 하지 않는다.

그러면 이제는 압박의 강도를 높여 보기로 하자. 그 의뢰인이 탈세를 하다 적발되었다. 그녀는 변호사에게 전화를 걸어, 달세했다고 털어놓지는 않고 이렇게만 묻는다. "그렇게 했어도 괜찮은가요?" 그리고 이렇게 말한다. "뭐라도 좀 해 보세요." 변호사는 당장 행동에 돌입해, 의뢰인에게 불리한 증거를 평가하고, 관련 전례들과 빠져나갈 구멍을 찾아본 뒤, 개인적 비용을 얼마쯤이나 사업 비용으로 돌려도 무방하겠는지 헤아려 본다. 지금 변호사는 이런 명을 받은 것이나 다름없다. '당신이 가진 모든 힘을 동원해 나를 방어하세요.' "동기화된 추론"[13] 연구에 따르면, 특정 결론에 도달해야 하는 동기를 부여받은 이들은 쿤이나 퍼킨스 연구의 추론자보다 훨씬 더 형편없는 추론을 했지만, 이들이 이용한 기제는 기본적으로 똑같았다. 그 입장을 뒷받침할 증거만을 일방적으로 찾는 것이다. 사회 지능social intelligence 테스트에서 형편없는 점수가 나왔다는 이야기를 들은 사람은, 그 테스트를 신뢰 못할 이유들을 더 열심히 생각한다. 자신의 어떤 습관이(커피를 마시는 등의) 건강에 안 좋다는 글을 읽으라고 요청받은 이들은, 그 연구의 결점들을(커피를 마시지 않는 사람들은 굳이 눈여겨보지 않을 그런 결점들을) 찾아내려 더 열심히 생각한다. 자신이 선호하는 믿음 혹은 행동을 뒷받침하기 위해 사람들이 이렇게 사후에 이유를 갖다 붙이는 인지 작업을 수행한다는 것은 수 차례의 연구에서 거듭 밝혀진 사실이다. 아울러 보통 우리는 이 미션에 성공하므로, 끝내는 자신이 객관성을 확보했다는 환상을 갖게 된다. 우리의 입장이 합리적인 동시에 객관적으로 정당화되었다고 진심으로 믿는 것이다.

벤 프랭클린은, 삶의 많은 문제에 대해서도 늘 그랬듯, 우리의 이런 속임수를 다 알아채고 있었다. 다만 그런 속임수를 쓰는 자기 모습을 잡아내면서는 평소보다 훨씬 기막힌 통찰을 보여 주었다. 생전에 프랭클린은 채식주의의 원칙을 고수했었는데, 한번은 배를 타고 오래 바다를 건너다가 사람들이 석쇠에 물고기 굽는 것을 보고는 어느덧 자신의 입에 군침이 돌기 시작한다는 것을 알아차린 것이다.

그래도 얼마쯤은 원칙과 먹고픈 마음 사이에서 균형을 잘 잡았다. 내 기억으로는, 물고기들 배를 가르자 그 안에서 더 작은 물고기들이 나왔을 때까지는 그랬다. 그걸 보자 이런 생각이 들었다. "너희도 서로를 잡아먹는데, 나라고 너희를 먹지 못할 이유가 무어냐." 그래서 그날은 대구를 배터지게 먹었고, 이후로도 다른 이들과 함께 식사하며 먹을 걸 가리지 않았으며, 지금은 그저 이따금씩만 채식으로 돌아간다.[14]

프랭클린의 결론은 이것이었다. "합리적인 생물이라는 건 참 편하다. 그 덕에 뭐든 내가 할 마음이 나는 게 있으면, 그럴싸한 이유를 찾거나 여차하면 이유를 만들어 내면 되니까."

거짓말을 하는 거울

그렇다고 내가 모든 것을 변호사 탓으로 돌리고 싶어 하는 건 아니다. 어쨌거나 변호사는 기수(우리의 의식적이고 추론하는 자기self)이고, 이 기수는 코끼리(우리의 자동적이고 무의식적인 자기)로부터 명령을 받는 것일 뿐이니 말이다. 둘은 서로 짜기라도 한 듯 한패를 이루고 마키아벨리식의 대갚음을 써서 삶의 게임에서 이기고자 하지만, 둘 모두 자신들이 그런다는 사실은 부정한다.

이 게임에서 이기려면 남들 앞에 가능한 나의 가장 훌륭한 모습을 내보여야만 한다. 실상은 어떻든 간에 반드시 나는 훌륭한 덕을 가진 사람처럼 보여야 하고, 그럴 자격이 있든 없든 간에 협동이 가져다주는 혜택도 반드시 챙겨야만 한다. 하지만 나 외의 사람들도 모두 똑같은 식으로 게임을 하고 있기에, 우리는 자신을 가능한 훌륭하게 내보이는 동시에 수비에도 신경 쓰지 않으면 안 된다. 남들이 제시하는 자기 모습self-presentation에는 물론, 그들이 응당 받아야 할 것보다 더 많이 챙기려 하는 것에도 늘 주의해야 하는 것이다. 그래서 사회생활은 늘 사회적 비교라는 게임의 양상을 띤다. 우리는 늘 스스로를 남과, 우리의 행동을 남의 행동과 비교해야만 하며, 그러면서 어떻게든 그 비교의 판이 우리에게 유리하게 돌아가도록 해야 한다. (우울증에 걸렸을 때에는, 그 증세의 일부로 비교의 판이 정반대로 돌아가 에런 벡의 인지삼제에서 말하는 사고가 나타난다. '나는 형편없는 사람이야, 이 세상은 끔찍해, 내 미래는 암울해.') 우리가 비교의 판을 우리에게 유리하게 돌릴 때 쓰는 방법은, 나의 주장을 부풀리거나 남의 주장을 깎아내리거나 둘 중 하나이다. 지금까지 내가 한 이야기를 토대로 하면, 여러분은 위의 두 가지 방법을 다 쓰겠거니 예상할지 모르지만, 심리학 연구에서 일관되게 밝혀진 바에 따르면 우리는 남을 인식할 때에는 꽤나 정확하다. 오히려 왜곡돼 있는 것은 우리의 자기 인식인데, 우리가 다름아닌 장밋빛 거울을 통해 스스로를 바라보기 때문이다.

개리슨 케일러Garrison Keillor가 탄생시킨 가상 마을 워비곤 호수Lake Wobegon에서는, 여자들은 모두 힘이 세고, 남자들은 모두 잘생겼으며, 아이들은 모두 평균 이상으로 똑똑하다. 하지만 이런 워비곤 마을 주민이 정말 실재하는 사람들이라면, 그들은 아마 거기서 한술 더 뜰 것이다. 주민 대부분이 아마도 자신들이 평균적인 워비곤 마을 주민보다 더 힘이 세고, 더 잘생기고, 더 똑똑하다고 믿을 거라는 이야기이다. 미국인과 유럽인을 상대로 여러 미덕, 기술, 혹은 여타의 바람직한 특징들의(지능, 운전 능력, 성생활 기술, 윤리) 측면에서 스스로를 평가해 달라고 하면 대다수 사람들이 자신은 평균 이상이라고 답을 한다.[15] (이런 효과는 동아시아 국가들에서는 약해지는 경향이 있으며, 일본에서는 이런 효과가 아예 나타나지 않을 수도 있다.)[16]

닉 에플리Nick Epley와 데이비드 더닝David Dunning은 기지가 번뜩이는 일련의 실험들을 통해[17] 우리가 스스로를 어떤 식으로 더 낮게 평가하는지 알아낸 바 있다. 둘은 코넬대학교의 학생들을 대상으로 삼아 얼마 뒤 자선 행사가 열릴 텐데 거기서 그들 자신은 얼마나 꽃을 살 것 같으며, 코넬대학교의 평균적인 학생들은 또 얼마나 꽃을 살 것 같은지 물었다. 그러고 난 뒤 둘은 학생들의 실제 행동까지 함께 살펴보았다. 그 결과, 사람들은 자신의 미덕은 대단히 과대평가하면서도, 남들에 대한 예측은 실제 결과에 꽤나 근접하는 것으로 나타났다. 두 번째 연구에서 에플리와 더닝은, 돈을 걸고 게임을 하되 내가 이기적일 수도 협동할 수도 있다고 했을 때, 나와 남이 어떤 식으로 게임을 할 것 같은지 예측해 달라고 했다. 여기서도 결과는 똑같았다. 84퍼센트가 자신은 남과 협력해 게임을 할 것이라고 예측했지만, 그렇게 말한 피험자들이 (평균적으로) 남들은 64퍼센트만 게임에서 협력할 것이라고 예측했다. 세 번째 연구에서 에플리와 더닝은 5달러를 주고 사람들을 실험에 참가시킨 뒤, 만일 연구가 끝난 뒤 특정 자선 단체의 부탁을 받아 돈을 기부해야 한다면 그중 얼마를 나와 남이 기부할 것 같은지 물었다. 사람들은 (평균적으로) 자신은 2.44달러를 기부할 테지만, 남들은 1.83달러밖에 기부하지 않을 거라고 말했다. 하지만 실제로 돈을 기부해 달라는 요구와 함께 이 연구를 다시 진행했을 때, 사람들이 기부한 평균 금액은 1.53달러였다.

둘의 연구에서도 가장 기발했던 실험은 따로 있었다. 에플리와 더닝은 새로운 피험자 집단을 상대로 세 번째 실험을 세세히 설명해 준 뒤, 만일 그들이 "실제로" 그런 조건에 놓였다면 자신은 얼마를 기부할 것이며, 다른 코넬대 학생들은 얼마를 기부할 것 같은지 예측해 달라고 했다. 이번에도 피험자들은 자신이 남에 비해 더 후하게 베풀 거라고 예측했다. 그런데 그런 다음 피험자들에게 세 번째 연구의 피험자들이 실제 기부 금액을 하나씩 차례로 (평균치인 1.53달러도 함께) 공개해 가며 알려 주었다. 이 새로운 정보를 알게 된 후, 피험자들에게 추정치를 수정할 기회가 주어졌고 실제로도 피험자들은 추정치를 수정했다. 피험자들은 남이 기부하리라 예상되는 추정치는 낮추었지만, 자신이 기부할 것으로 예상한 추정치는 바꾸지 않았다. 다시 말해, 피험자들은 **남**에 대한 예측을 고치는 데에는 기본 평가 정보를 알맞게 활용했지만, 그 정보를 자신에 대한 장밋빛 평가에는 적용하려 하지 않았다. 우리는 남에 대해서는 그들의 행동을 가지고 판단하면서도, 자신에 대해서는 나만이 특별한 정보를 갖고 있다고 생각한다. 내면의 우리가 "실제 어떤 모습"인지는 우리가 잘 알기에, 우리의 이기적 행동들을 설명해 낼 방법도 손쉽게 찾아내 우리가 남보다 더 좋은 사람이라는 환상을 끝까지 고수할 수 있다.

이런 환상을 부추기는 데에는 모호성도 한몫한다. 리더십과 같은 수많은 자질은, 그것을 정의할 방법이 수없이 많기 때문에 사람들이 자기에게 가장 그럴싸하게 어울리는 기준을 고르기가 얼마든 가능하다. 만일 내가 자신감이 넘치는 사람이라면, 나는 리더십을 자신감이라고 정의할 수 있다. 내가 대인 관계 기술이 뛰어나다면, 나는 리더십을 사람들을 이해하고 영향을 끼치는 능력이라 정의할 수 있다. 나를 남과 비교하는 과정은 다음과 같이 진행된다. 우선 해당 자질이 내가 인식하는 강점과 연관되게 질문을 잡은 후, 바깥으로 눈을 돌려 내가 그런 강점을 가진 증거를 찾는다. 단편적으로나마 그런 증거가 발견돼 "말이 되는" 이야기가 생기면, 그걸로 된 것이다. 이 지점에 이르면 우리는 생각을 멈추고, 나의 자존감을 맘껏 즐길 수 있다. 따라서 100만 명의 미국 고등학생을 대상으로 한 연구에서, 70퍼센트가 자신이 리더십 능력에서 평균 이상이라고 답하고, 오직 2퍼센트만 평균 이하라고 답했다는 것은 전혀 놀랄 일이 아니다. 모든 이가 **뭐든** 리더십과 연관된다고 여겨질 만한 기술을 찾아낼 수 있고, 그런 다음에는 바로 그 기술을 자신이 가졌다는 증거를 **뭐든** 찾아낸다.[18] (이 면에서는 대학교수들이 고등학생들보다도 뭘 모른다. 우리 중 94퍼센트가 자신이 평균 이상의 업무를 한다고 생각하니까.)[19] 그런데 질문에 모호성의 여지가 거의 없어지면('당신의 키는 얼마입니까?', '당신은 저글링을 얼마나 잘합니까?' 하는 식으로) 사람들도 훨씬 더 겸손해지는 경향이 나타난다.

만일 사람들 사이에 만연한 이 자존감 부풀리기 편향이 오로지 스스로에 대한 인식을 좋게 만드는 효과만 가질 뿐이라면, 그것도 그리 문제될 일만은 아닐 것이다. 실제로도, 어디서나 자신, 자신의 능력, 미래의 전망에 긍정적인 환상, 망상을 품는 이가 그런 환상이 없는 이보다 정신적으로 더 건강하고, 행복하며, 더 많은 호감을 산다는 증거가 나와 있다.[20] 하지만 이런 편향은 사람들이 실제 한 것보다 더 많은 것을 자신이 받아야 한다고 여기게도 만들기 때문에, 그렇게 생각하는 또 다른 사람들과의 사이에서 끝없는 분쟁의 장을 만들기도 한다.

나 역시 대학교 1학년 때 룸메이트들과 끝없이 싸웠던 기억이 있다. 당시 나는 고가 냉장고를 비롯해 내 가구들을 방에 많이 들여놓았던 것은 물론, 공유 공간을 깨끗이 치우는 일도 대부분 도맡아 했다. 그렇게 얼마의 시간이 흐르자 나는 늘 내 몫보다 더 많은 걸 해야 하는 데에 진저리가 났고, 그래서 너무 열심히 애쓰지 않고 물건이 널려 있어도 누군가 다른 사람이 보고 치우게 그냥 놔두었다. 하지만 치우는 사람은 아무도 없었다. 오히려 내 룸메이트들이 눈여겨본 것은 내 분노였고, 내가 화나 있다는 이유로 자기들끼리 뭉쳐서 나를 미워했다. 그다음 해가 되어, 더 이상 같이 살지 않게 됐을 때에야 우리는 비로소 친하게 지낼 수 있었다.

바로 그 1학년에 아버지는 차로 나와 내 냉장고를 대학까지 실어다 주시며 앞으로 살면서 가장 중요한 것들을 너는 강의실이 아닌 딴 데서 배우게 될 거라 하셨는데, 그 말씀이 맞았다. 그 후 몇 년을 룸메이트들과 함께 생활하며, 마침내 나는 그 첫해에 정말 바보같이 굴었었다는 걸 깨달을 수 있었다. 물론 문제는 내가 내 몫보다 더 많은 일을 한다고 생각했다는 데 있었다. 나는 내가 룸메이트들을 위해 했던 일들은 사소한 것까지 일일이 다 인지하면서도, 나머지 룸메이트들이 해 준 일은 일부만 떼어서 인지했다. 그뿐 아니라, 설령 내가 얼마큼을 일했는지 제대로 셈했다 해도, 그 셈법의 항목을 설정하는 데에서 나는 독단적이었다. 내가 유독 신경 쓰는 일들(냉장고를 늘 깨끗하게 정리하는 것 등)을 우선순위로 꼽은 뒤, 그 항목에서 나 자신에게 A+를 준 것이다. 다른 종류의 사회적 비교에서도 그렇듯, 이런 비교에는 모호성이 존재하므로 비교 기준을 자신에게 유리하게 설정할 수 있고, 기준이 설정된 후엔 우리가 훌륭한 협력자임을 보여 주는 증거들을 찾아 나선다. 이 같은 "무의식적 과장unconscious overclaiming"을 다룬 연구에 따르면, 남편과 아내 사이에도 각자가 한 집안일을 퍼센트로 가늠하라고 할 때, 둘이 제시하는 추정치를 합하면 총 120퍼센트가 넘는 것으로 나타난다.[21] 조별 과제를 진행한 MBA 학생들도 각자 해당 조에 대한 기여도를 추정해 달라고 하면, 그 총합이 139퍼센트에 이르는 것으로 나타난다.[22] 사람들이 협동 집단을 이룰 때면 어김없이, 그런 집단이 보통 서로의 이익을 위해 만들어지는 것임에도 불구하고, 자기 위주 편향으로 말미암아 집단 성원들이 서로에게 분노를 가득 품는 상황으로 치닫곤 한다.

믿고 싶은 대로의 선과 악

배우자, 동료, 룸메이트들이 쉽게 분노에 빠져들 경우, 서로 간에 애정이나 공동의 목표가 없이 협상을 해야만 하는 상황에 놓이면 상황은 악화일로를 걷게 마련이다. 우리가 엄청난 양의 사회 자원을 소송, 노동 쟁의, 이혼 분쟁, 평화 회담 결렬 후의 폭력 사태에 쏟아붓게 되는 것도, 사람들 사이에 자기 위주 편향이 작동하여 위선을 조장하기 때문이다. 이런 고강도 압박의 상황에서는, (실제 그리고 비유적 의미의) 변호사들이 밤낮없이 뛰어다니며 해당 사건이 의뢰인에게 유리하게 돌아가도록 판을 돌리고 왜곡하는 작업을 한다. 카네기멜론대학교의 조지 뢰벤슈타인George Loewenstein[23]과 그의 동료들이 이런 과정을 연구할 방법을 찾아냈는데, 피험자들을 둘씩 짝지어 실제 일어난 법률 사건 내용을(텍사스에서 일어난 오토바이 사고) 읽게 하고, 한 피험자에게는 피고 다른 하나에게는 원고 역할을 맡긴 뒤, 둘에게 현금을 주고 협상을 하라고 한 것이다. 실험자들은 둘씩 짝지은 각 팀에게 공정한 합의에 도달해야 한다고 일러 주는 한편, 합의에 실패해 강제로 조정에 들어가면 거기서 발생하는 "법정 비용"이 공동 자금에서 빠져나가 결국 양쪽 모두 손해를 보고 실험을 마치게 된다고 주의를 주었다. 그런데 양 참가자가 각자의 역할을 처음부터 알았을 때는, 사건 내용을 각기 다르게 읽은 것은 물론, 실제 사건에 대해 판사가 어떤 식으로 조정 조치를 취했는지 서로 다른 추측을 내놓았으며, 각자 입장에서 편향된 주장을 했다. 애초 자기 역할을 알고 시작했을 때에는 합의에 실패한 조가 전체의 4분의 1을 넘었다. 하지만 사건의 전모를 읽고 나서야 각자 역할을 알게 된 참가자들은 훨씬 더 합리적인 모습을 보였고, 합의에 이르지 못한 조는 6퍼센트에 불과했다.

하지만 현실에서는 막판까지 협상자의 정체를 숨기기가 불가능함을 아는 만큼, 뢰벤슈타인은 협상자가 "탈편향de-bias"할 다른 방법을 찾는 작업에 돌입했다. 그중 하나가 피험자에게 자신의 상황에 영향을 미치는 자기 위주 편향에 대한 짤막한 글을 읽게 한 뒤, 피험자가 해당 편향을 고칠 수 있는지 살펴보는 것이었다. 결과는 전혀 그렇지 않았다. 피험자들은 이 정보를 상대방 행동을 더 정확하게 예측하는 데에는 활용했지만, 자신이 가진 편향은 전혀 바꾸지 않았다. 에플리와 더닝이 밝힌 것처럼, 사람들은 남의 행동을 예측해 주는 정보는 얼마든 받아들이지만, 웬만해서는 스스로에 대한 평가를 바로잡으려 하지 않는다. 또 다른 연구에서 뢰벤슈타인은 결혼 생활 상담 치료사들이 곧잘 권하는 방법에 따라, 피험자 각자에게 상대방 주장을 최대한 설득력 있게 제시하는 글을 먼저 써 보도록 했다. 하지만 사람들이 편향을 고칠 리는 더더욱 없었다. 이 방법은 오히려 역효과만 냈는데, 상대방의 주장을 근거로 논박을 준비하다 보면, 자동적으로 나 자신의 입장을 더 생각하게 되기 때문이다.

그나마 효과를 낸 조치가 하나 있기는 했다. 피험자들에게 자기 위주 편향에 관한 글을 읽게 한 뒤 **자신의** 논거가 가진 약점에 대해 글을 쓰라고 하자, 얼마 전까지만 해도 자신이 맞다 생각했던 태도가 흔들렸다. 이 연구의 피험자들은, 막판에 가서야 자기 역할을 알 수 있었던 그 피험자들만큼이나 공평한 사고를 보였다. 하지만 이 기법이 우리의 위선을 줄여 주리라고 너무 낙관하기 전에 알아야 할 게 있으니, 뢰벤슈타인은 피험자들에게 그들 **논거**(즉, 그들이 내세우는 입장) 속에서 약점을 찾으라고 했지, 그들의 **인성** 속 약점을 찾으라고 하지

조너선 하이트의 바른 행복

는 않았다는 것이다. 사람들에게 도리언 그레이Dorian Gray(인간의 이중성을 그린 오스카 와일드의 작품《도리언 그레이의 초상》속 작중 인물 – 옮긴이) 같은 그들 자신의 이중적 모습을 좀 보라고 설득에 나서면, 그 순간 사람들은 우리와 대판 싸우려 든다. 프린스턴대학교의 에밀리 프로닌Emily Pronin과 스탠퍼드대학교의 리 로스Lee Ross는 자기 위주 편향을 사람들이 극복할 수 있게 도와주려 해 보았는데, 편향들에 대해 이런저런 것을 가르친 후 이렇게 물은 것이다. "자, 이제 이런 종류의 편향들에 대해 알게 됐으니, 여러분은 이제 방금 전 스스로에 대해 말했던 걸 고치고 싶은 마음이 생겼나요?" 수많은 연구 어디서나 결과는 똑같았다.[24] 사람들은 자기 위주 편향의 다양한 형태를 배우곤 무척 행복해하며, 남의 반응을 예측하는 데에 새로이 얻은 그 지식을 적용했다. 하지만 그 지식이 사람들의 자기 평가에는 별 영향을 미치지 못했다. 심지어 여러분이 사람들의 먹살을 잡고 흔들며 "내 말 좀 들어요! 대개 사람들은 자기를 과장된 눈으로 봐요. 현실을 좀 똑바로 보라고요!"라고 해도, 사람들은 말을 듣기는커녕 이렇게 웅얼거릴 것이다. "글쎄요, 남들은 편향에 빠져 있는지 몰라도, 나는 **정말로** 리더십에서 평균 이상의 능력을 갖고 있단 말입니다."

프로닌과 로스는 이 반항적 태도의 연원이 "소박한 실재론naive realism"에 있다고 본다. 소박한 실재론이란 우리는 제각기 세상을 직시하고 있다고, 즉 있는 모습 그대로 보고 있다고 여기는 것을 말한다. 아울러 거기서 그치지 않고, 세상에 존재하는 사실들은 우리 눈에 보이는 대로 모든 이의 눈에도 보일 것이기 때문에, 남들도 우리와 같은 생각을 가져야 한다고 믿는다. 만일 그들이 우리 생각에 동의하지 않는다면, 그들이 아직 관련 사실을 접하지 못했거나 아니면 자신의 이익과 이념에 눈이 멀었기 때문이라고 결론 내린다. 사람들은 자신이 살아온 배경이 자신의 관점을 형성시켰다는 점은 인정하면서, 그런 경험들이 하나같이 자신의 통찰력을 더 깊게 만들어 준 것으로 보곤 한다. 예를 들어 의사가 업인 사람은 의료계 문제에 특별한 통찰을 얻게 된다는 식이다. 하지만 남의 배경은 그들이 보이는 편향과 은밀한 동기를 설명하는 데에 활용된다. 예를 들어, 의사들은 변호사들이 불법 행위법 개혁안에 견해가 다른 것이 변호사들이 불법 행위(의료 과실)의 희생자와 함께 일을 하기(따라서 일을 하며 자신만의 특별한 통찰을 갖게 되었기) 때문이 아니라 자신들의 이익을 추구하다 사고에 편향이 일어났기 때문이라고 생각한다. 소박한 실재론자들이 보기에 모든 사람이 이념과 이익 추구에 영향을 받는 것은 대낮의 일처럼 명백한 사실이다. 단, 나만은 예외다. 나는 이 세상을 있는 그대로 보는 사람이니까.

만일 내게 "세상의 평화와 사회의 화합을 저해하는 가장 큰 장애물"을 꼽아 보라고 하면 아마 이 소박한 실재론일텐데, 이것이야말로 개인에서 출발해 집단 차원으로 올라갈수록 점차 만연하기가 너무도 쉽기 때문이다. 내 집단이 옳은 것은, 우리는 세상을 있는 그대로 보기 때문이다. 우리와 의견이 다른 사람들은, 그들의 종교, 이념, 혹은 사리사욕 때문에 편향에 빠져 있을 게 뻔하다. 소박한 실재론을 가지면 이 세상은 우리에게 선과 안으로 가득 찬 곳이 되며, 이런 시각을 가지면 위선을 버리라는 현인들 충고 속의 함의가 더없이 심란하게만 다가온다. 그들은 선과 악은, 선과 악에 대한 우리의 믿음 바깥에는 존재하는 게 아니라고 말한다.

사탄의 뜻에 맞서다

1998년의 어느 날, 나는 우리 시市에 함께 살지만 누군지는 모를 한 여성으로부터 손수 쓴 편지 한 통을 받았다. 편지에서 그 여성은 범죄, 마약, 십대 청소년 임신 문제가 죄다 걷잡을 수 없는 지경에 빠져들고 있다고 했다. 사탄이 양 날개를 활짝 펼지면서 사회가 점점 나락으로 떨어지고 있다는 것이었다. 그녀는 내게 자신의 교회에 다니며 영혼의 쉼터를 찾을 것을 권하고 있었다. 편지를 읽으며 나는 사탄이 양 날개를 펼쳤다는 말엔 동의할 수밖에 없었지만, 그 뒤의 생각에는 동의할 수 없었다. 사탄은 양 날개를 펼친 채 훨훨 날아갔다. 우리를 평화 속에 남겨둔 채로. 1990년대 말은 황금 시대였다. 냉전이 막을 내렸고, 민주주의와 인권이 각지로 확산되고 있있으며, 남아프리카에서는 인종 차별 정책이 철폐됐고, 이스라엘인과 팔레스타인인은 오슬로 협약의 성과를 거두고 있었으며, 북한으로부터는 고무적인 신호들이 감지되고 있었다. 우리가 사는 미국에서도 범죄율과 실업율은 뚝뚝 떨어졌고, 주식 시장은 어느 때보다 큰 오름세를 보였으며, 그에 뒤따르는 부富는 국가 부채를 말소해 줄 것처럼 보였다. 심지어는 도처에서 바퀴벌레 박멸약 컴배트Combat가 사용되면서 바퀴벌레마저 우리들의 도시에서 종적을 감춰 가고 있었다. 이런 호시절에 사탄이라니, 그녀는 도대체 무슨 이야기를 하고 있는 걸까?

만일 1990년대 윤리사倫理史를 주제로 책이 한 권 집필된다면, 표지엔 아마 '필사적 사탄 찾기Desperately Seeking Satan'라는 제목이 붙지 않을까 싶다. 평화와 화합이 지배적 분위기로 자리 잡은 그때에, 미국인들은 대리 악당들을 찾아 나서는 것처럼 보였다. 사람들은 마약 밀

매자와(유행병처럼 번지던 크랙 흡입은 이즈음 잦아들고 있었는데도) 아동 유괴범을(보통은 아이의 부모 중 한 사람이 범인이었다) 붙잡아다 심판했다. 문화적 우파는 동성애자를 악당으로 몰았고, 좌파에서는 인종 차별주의자와 동성애 혐오자를 악당으로 몰았다. 과거 악명을 떨친 공산주의 및 사탄 그 자체와 함께, 비슷한 종류의 다양한 악당들을 주제로 생각을 하던 나는 이들 악당이 대체로 세 가지 특성을 공유한다는 사실을 깨달았다. 첫째, 눈에 보이지 않는다(겉모습만 보고 그것을 악이라 규정할 수는 없다). 둘째 그들의 사악함은 전염되기 때문에, 외부 영향에 특히나 민감한 젊은이들이 거기(예를 들면, 공산주의 사상, 동성애자 교사들, 텔레비전 속의 고정관념)에 감염되지 않도록 반드시 보호해야 한다. 셋째, 악당을 물리치기 위해서는 우리가 하나로 똘똘 뭉쳐야만 한다. 내가 보기에 사람들은 분명 자신이 하느님으로부터 어떤 사명을 받았다고, 아니면 (동물, 태아, 여성의 인권 등) 그보다는 세속적인 어떤 선善을 위해 싸움을 벌이고 있다고 믿고 싶어 하는 듯했다. 아울러 사명을 웬만큼 수행하려면 제대로 된 동맹과 함께 제대로 된 적이 꼭 있어야 한다고 생각하는 게 분명했다.

　악의 문제는, 수많은 종교가 이 세상에 탄생한 순간부터 종교를 곤혹스럽게 해 온 문제였다. 신이 지선至善하고 전능全能한 존재인데도, 신은 악이 판치도록 내버려 두고 있거나(이럴 경우 하느님은 지선하지 않다는 뜻이다) 아니면 악을 상대로 싸움을 벌이고 있다(이는 하느님이 전능하지 못하다는 뜻이다). 이 역설을 해결하기 위해 일반적으로 종교가 선택해 온 해법은 세 가지였다.[25] 그 하나는 철저한 이분법으로, 세상에는 선한 힘과 악한 힘이 공존하며, 이 둘이 동등한 힘을 갖고 반대편에서 영원히 대결을 펼친다고 본다. 인간도 그 싸움이 벌어지는 전장의 일부이고 말이다. 우리 인간의 일부는 선하고 일부는 악하게 태어난 만큼, 선과 악 중 어느 편에 설지는 우리가 선택해야 할 문제이다. 이런 관점은 (조로아스터교 등) 페르시아와 바빌로니아를 본산으로 한 종교들에서 극명히 나타나며, 마니교라 불리며 오래도록 명맥을 이어 온 이 관점의 영향력은 그리스도교에도 미친 바 있다. 두 번째 해법은 철저한 일원론으로, 세상에는 하느님만이 존재하고, 하느님께서 이 세상을 지금 모습처럼 만든 것은 그럴 필요가 있기 때문이며, 악은 환상이라고 본다. 이 관점은 인도에서 발달한 종교들에서 지배적 위세를 떨쳤다. 철저한 일원론을 바탕으로 한 종교들에서는 이 세상은 전부 (혹은 적어도 우리가 이 세상에 감정적으로 장악당한 것은) 환상이며, 이 환상을 깨뜨리는 것이 곧 깨달음을 이루는 길이라고 본다. 세 번째 접근법은 그리스도교가 취한 것으로, 일원론과 이원론을 적당히 뒤섞어 종국에는 하느님의 선善 및 힘을 사탄의 존재와 화해시킨다. 이 세 번째 논변은 그 내용이 너무 복잡해 나로서는 잘 이해가 안 가는 게 사실이다. 나쁜 아니라, 버지니아주의 지역 복음 라디오 방송에서 흘러나오는 이야기들로 판단컨대, 수많은 그리스도교도 역시 철저한 마니교의 세계관은, 나아가 하느님과 사탄이 영원히 전쟁을 벌인다는 주장은 끝까지 고수하지 못하는 것처럼 보인다. 그런데 실제 놀라운 것은 이렇듯 다양한 종교에서 다양한 신학적 주장들이 나왔음에도, 사탄이나 악마를 비롯한 여타 사악한 실체들의 구체적인 모습은 어느 대륙이나 시대를 가든 깜짝 놀랄 만큼 비슷하다는 점이다.[26]

심리학의 시각에서 봤을 때 이 중에서 가장 완벽히 이치에 맞는 관점은 마니교 사상이다. 부처가 말했듯, "우리 삶은 우리 마음이 만들어 내는 것"이고, 우리 마음은 마키아벨리의식 대갚음을 하도록 진화했다는 점에서 보면 말이다. 우리는 하나같이 이기적이고 근시안적 행동들을 저지르지만, 우리 안의 변호사가 그런 행동의 책임을 자신이나 동료에게 돌리지 않게 든든히 막아 준다. 그런 식으로 우리는 스스로를 선善하다고 확신하는 반면, 남의 편향, 욕심, 이중성은 재빨리 알아챈다. 우리는 종종 남의 동기를 올바로 파악하지만, 어떤 식이든 점점 갈등의 골이 깊어진다 싶으면 터무니없는 과장을 시작해, 절대 선(우리 편)과 절대 악(저쪽 편) 사이의 싸움 이야기를 술술 엮어 내기도 한다.

절대 악이라는 허상

그 편지를 받고 나서 며칠 새, 내 머릿속에는 악의 필요성에 관한 생각이 숱하게 떠올랐다. 그래서 이 필요성을 주제로 글을 하나 쓰되, 그것을 이해하는 데 현대 심리학의 도구들을 활용해 보자고 결심했다. 하지만 글을 쓰기 위해 조사를 시작하자마자, 내가 너무 늦었음을 알게 됐다. 그것도 1년이나. 3000년이나 해묵은 이 문제에 대해, 오늘날 가장 창의적인 사회심리학자로 손꼽히는 로이 바우마이스터Roy Baumeister가 한 해 전에 벌써 완벽하고 납득할 수밖에 없는 답을 내놓은 것이다. 《악: 인간의 잔혹성과 공격성의 내부Evil: Inside Human Cruelty and Aggression》[27]는 바우마이스터가 피해자와 가해자 양쪽의 관점에서 악을 면밀히 탐구한 책이다. 바우마이스터는 이 책에서 가해자의 관점을 취해 보고서, 배우자 학대부터 인종 학살까지 온갖 일들을 실제 행동에 옮긴 이들은 정작 어떤 잘못된 짓을 하고 있다고는 거의 생각지 않는다는 사실을 발견했다. 거의 하나같이 이들은 자신들이 공격이나 도발에 정당화된 방식으로 대응하고 있다고 생각한다. 가해자가 스스로를 피해자로 여기는 경우도 많다. 물론 여기에 숨어 있는 전략을 우리는 충분히 간파할 수 있다. 남들이 자신의 자존감을 지키기 위해 어떤 편향들을 사용하는지 우리는 능히 아니까. 이 책에서 심란한 대목은, 우리가 피해자로서, 나아가 피해자를 두둔하는 독단적 옹호자로서 어떤 식의 왜곡을 범하는지 보여 줄 때이다. 바우마이스터는 자신이 살핀 연구 논문 거의 모두에서, 피해자도 사건 발생에 일정 부분 잘못이 있다는 사실을 알 수 있었다. 살인의 대부분은 도발과 복수의 악순환이 극으로 치닫다 생겨나는 법이다. 살인 사건의 피해자가 알고 보니 과거에는 다른 살인 사건의 가해자였던 경우도 드물지 않다. 부부 싸움도 절반은 양쪽이 함께 폭력을 행사한 경우였다.[28] 로스앤젤레스 폭동 당시 동영상으로 찍혀 유명해진 로드니 킹Rodney King 구타 사건처럼, 경찰의 잔혹 행위가 명백한 사례에서조차 그 이면에는 보통 뉴스에 나오는 것보다 훨씬 많은 이야기가 존재한다고 바우마이스터는 지적한다(뉴스 프로그램은 악이 지상에 버젓이 활보한다고 믿고 싶은 사람들의 욕구를 채워 자신의 시청자를 확보한다).

바우마이스트가 비범한 사회심리학자인 이유는, 그가 진실을 찾는 탐색에서 정치적 올바름은 별 염두에 두지 않기 때문이기도 하다. 더러는 정말 마른하늘에서 날벼락이 떨어지듯 무고한 피해자에게 악이 덮치기도 하지만 대부분 사건은 그보다 훨씬 복잡한 양상을 띠니, 바우마이스터는 이 세상에서 벌어지는 실상을 이해하기 위해서는 "피해자 탓은 금물"이라는 금기까지도 얼마든 어긴다. 사람들이 폭력을 저지르는 데엔 보통 그만한 이유가 있고, 그 이유란 당사자에게 부정의라 인식되는 것에 대한 보복, 혹은 자기방어인 경우가 보통이다. 그렇다고 이 말이 피해자와 가해자 양쪽이 피차일반으로 잘못했다는 뜻은 아니다. 보통은 가해자가 극단적으로 지나친 행동을 하고, (자기 위주 편향을 이용해) 상황을 오해하는 경우가 많다. 하지만 바우마이스터가 말하려는 핵심은, 우리 인간 깊숙한 곳에는 그가 말하는 이른바 "절대 악의 허상"을 통해 폭력성과 잔혹성을 이해하려는 욕구가 내재해 있다는 것이다. 이 허상은 수많은 부분들로 구성돼 있는데, 그중 제일 중요한 것이 그런 자들의 악행이 오로지 개인의 사악한 동기에서 비롯된다고 보는 것이다(즉, 그들이 악행을 저지르는 데에는 가학성과 탐욕 외의 그 어떤 동기도 없다). 또한 희생자를 순전히 희생자로만 본다(즉, 희생자들은 스스로를 희생자로 만들 짓은 전혀 하지 않는다.) 아울러 악은 바깥에서 비롯된 것이며, 그 악은 우리 집단을 공격하는 집단 혹은 힘과 연관이 있다. 여기서 더 나아가, 이 허상을 현실에 적용해도 좋을지 의문을 품는 사람들, 즉 도덕적 확신의 물을 감히 흐리려는 자들은 곧 악과 손을 잡은 자들이다.

절대 악의 허상은 궁극의 자기 위주 편향인 동시에, 궁극적 형태의 소박한 실재론이라 하겠다. 거기에다 이 허상은 가장 오랜 세월 되풀이된 악순환인 폭력의 궁극적 원인이기도 한데, 양편이 똑같이 이 허상을 품고 스스로를 마니교식 투쟁의 틀에 가둬 버리고서 싸움을 벌이기 때문이다. 조지 W. 부시는 9/11 테러리스트들이 그런 짓을 자행한 건 그들이 "우리의 자유를 증오"하기 때문이라고 말하며, 자신이 심리적 통찰의 측면에서 얼마나 부족한 사람인지를 드러내 보였다. 9/11의 비행기 납치범이나 오사마 빈 라덴이 미국에 특히 치를 떤 것

조너선 하이트의 바른 행복

은, 미국 여성들이 차를 몰고, 투표를 하고, 비키니를 입을 수 있어서 가 아니었다. 많은 이슬람 극단주의자들이 미국인을 죽이고 싶어 했던 것은 그보다는, 그들이 절대 악의 허상을 이용해서 아랍의 역사 및 오늘날의 사태를 해석하기 때문이다. 그들 눈에는 미국이야말로 대大사탄이자, 장기간 서구가 아랍 국가 및 민족들에게 굴욕을 안겨 온 무대에서 악당 역할을 도맡고 있는 나라였다. 그들이 자행한 일들은 미국이 중동에 자행한 일들과 충격에 대한 반응이었고, 그러는 동안 그들도 절대 악 허상의 왜곡을 통해 세상을 바라보았던 것이다. 테러리스트들이 민간인들까지 하나로 싸잡아 자신의 "적"으로 규정하고 그 목숨을 무차별적으로 빼앗은 건 너무도 참혹한 일이지만 그런 행위를 저지른 것이 적어도 심리적으로 이해 못할 일은 아니다. 그에 반해 자유를 증오하기 때문에 죽였다는 말은 전혀 납득이 되지 않는다.

또 하나의 불편한 결론을 통해 바우마이스터는 폭력성과 잔혹성의 원인에는 크게 네 가지가 있음을 알 수 있었다. 그중 첫 두 가지는 당연히 악의 원인이 되겠다 싶은 것들이다. 그 하나는 탐욕/야욕이며(절도 따위에서처럼, 원하는 걸 수중에 직접 넣기 위해 폭력을 행사하는 것), 다른 하나는 가학성이다(사람들을 해치는 데에서 기쁨을 느끼는 것). 하지만 탐욕/야욕은 폭력성의 일부만 소소하게 설명해 줄 뿐이고, 가학성은 거의 아무것도 설명해 주지 못한다. 아동용 만화나 공포 영화에서나 그럴 뿐, 누군가를 해칠 때의 순수한 기쁨을 느끼려고 사람들이 남을 해치는 일은 실제로는 거의 일어나지 않는다. 한편 악의 제일 큰 원인 두 가지는 우리에게는 좋게 생각되는 것들이어서, 아이들에게 이 두 가지를 키워 주려 노력하기도 한다. 그 둘이란 바로 높은 자존감과 도덕적 이상이다. 높은 자존감을 가진 것이 폭력을 일으키는 직접적 원인인 되지는 않지만, 어떤 이가 높은 자존감을 가지되 어딘가 비현실적인거나 자아도취적인 데가 있으면 현실에서 위협받기가 쉬워진다. 실제로 그런 위협이 가해지면 사람들은(특히 젊은이들) 발끈해 폭력적으로 굴 때가 많다.[29] 이런 맥락에서 바우마이스터는 아이들에게 이런저런 기술을 가르치고 그것에 자부심을 가질 수 있게끔 하는 대신, 자존감만 키워 주려 하는 프로그램들이 아이들에게 과연 얼마나 유익할지 의문을 던진다. 그런 식의 직접적인 자존감 향상은 향후 불안정한 자아도취만 더욱 키울 수 있다.

자존감에 가해지는 위협이 개인적 차원의 폭력성은 제법 많이 설명해 주지만, 대중을 겨냥한 잔혹성이 현실에 나타나기 위해서는 이상주의(내가 행사하는 폭력은 도덕적 목적을 이루기 위한 수단이라는 믿음)가 필요하다. 돌아보면 20세기에 주요 잔학 행위를 자행한 이들은 대체로 자신들이 유토피아를 건설 중이라고 믿는 사람들, 혹은 자신은 지금 고국이나 일족을 지키기 위해 싸움을 벌인다고 믿었던 자들이었다.[30] 이상주의가 쉽사리 위험해지는 이유는, 이상주의를 추구하다 보면 목적이 수단을 정당화한다는 믿음을 갖는 게 거의 불가피하기 때문이다. 내가 선善 혹은 하느님을 위해 싸움을 벌인다면, 중요한 것은 결과이지 거기 이르는 길이 아니다. 알고 보면 사람들은 규칙을 별로 존중하지 않는다. 사람들이 존중하는 것은 대부분 규칙 아래에 깔린 도덕적 원칙이다. 그런데 도덕적 사명과 법적 규칙이 상충하면, 우리는 보통 사명 완수에 더 역점을 둔다. 심리학자 린다 스키트카Linda Skitka[31]에 의하면, 사람들이 논쟁적 이슈를 접하고서 강한 느낌이 들면(즉, 어떤 "도덕적 의무감"을 느끼면) 법정 사건들에서의 그런 절차적 공정성에는 훨씬 덜 신경을 쓰게 된다. 사람들은 "좋은 사람"은 무슨 수를 써서라도 반드시 풀려나기를 바라고, "나쁜 놈들"은 무슨 수를 써서라도 반드시 유죄를 선고받길 바란다. 따라서 조지 W. 부시의 행정부가 법정 외 처형, 재판을 거치지 않은 무기한 투옥, 죄수들에 대한 가혹 행위를 일삼고도, 그것이 마니교식의 "테러와의 전쟁"을 벌이는 적법하고 적절한 행보라는 주장을 시종일관 굽히지 않았던 것도 그다지 놀랄 일은 아니다.

위대한 여정을 떠나다

예전에 학교에서 철학 수업을 듣다 보면, 이 세상은 환상에 불과하다는 사실을 집할 때가 많았다. 참 심오한 발로 들리긴 했지만, 당시엔 그게 무슨 말인지 갈피를 잡을 수 없었다. 그런데 도덕심리학을 20년 공부하고 나자, 마침내 그게 무슨 뜻인지 알겠다는 생각이 든다. 인류학자 클리포드 기어츠Clifford Geertz는 "자기 손으로 짠 의미의 그물에 대롱대롱 매달려 살아가는 게 인간이다"라고 썼다.[32] 그 말인즉, 우리가 살고 있는 이 세상은 바위, 나무를 비롯한 물리적 사물들로 이루어진 데가 아니라는 뜻이다. 이 세상은 모욕, 기회, 신분의 상징, 배신, 성인, 죄인들로 이루어져 있다. 이 모든 것들은 인간이 만들어 낸 것으로, 그들 나름의 방식으로 실재하기는 하지만, 바위나 나무와 같은 방식으로 이 세상에 실재하지는 않는다. 인간의 이런 창조물들은 말하자면 J. M. 배리J. M. Barrie의 《피터 팬Peter Pan》속의 요정들과 같다. 즉, 우리가 그것들을 믿어야만 존재하는 것이다. 이 세상은 〈매트릭스〉(동명의 영화 이름을 딴 것이다)이기도 하니, 이 세상은 곧 합의에 의

한 환각이라는 뜻이다.

내면의 변호사, 장밋빛 거울, 소박한 실재론, 절대 악이라는 허상…. 이 네 가지 기제가 다 같이 공모해서 의미의 그물망을 만들고, 그 안에서 천사와 악마 어느 한쪽이 나가떨어질 때까지 싸움이 벌어진다. 어느 때고 판단하기 바쁜 우리 마음은 순간순간 일어나는 승인/비승인의 신호를 우리에게 끊임없이 전달하고, 이와 함께 우리가 천사 편에 서 있다는 확신을 계속 심어 준다. 이 같은 관점에서 서면 모든 게 참 부질없어 보인다. 그 모든 도덕주의, 독단, 위선이 말이다. 아니 부질없는 정도가 아니라 비극적으로까지 느껴진다. 결국 그 말은 인간은 항구적 평화와 화합을 절대 이룰 수 없다는 뜻이니 말이다. 이런 상황에서 우리가 할 수 있는 것은 과연 무엇일까?

우선은 이런 상황을 하나의 게임판으로 생각하고 너무 진지하게 받아들이지 않는 것이 첫걸음이다. 고대 인도에서 생겨난 훌륭한 가르침도 결국엔 우리가 경험하는 삶은 이른바 "삼사라samsara"라고 하는 게임이라는 것이다. 이 게임에서 사람들은 각기 자신의 "다르마"를 행하게 되는데, 거대하게 펼쳐지는 게임 안에서 그가 맡은 역할이나 혹은 부분이 바로 다르마이다. 이 삼사라라는 게임 안에서, 좋은 일이 우리에게 일어나면 우리는 행복해진다. 그러다가 또 나쁜 일이 일어나면 우리는 슬퍼하거나 분노한다. 그런 식의 게임이 우리가 죽는 그날까지 계속된다. 그런 다음에는 다시 태어나 게임 안으로 돌아오고, 그렇게 게임이 되풀이된다. 《바가바드 기타》에는, 우리가 이 게임을 온전히 그만두는 것은 불가능하다는 메시지가 담겨 있다. 이 우주의 운행에 우리는 각자 맡은 역할이 있고, 반드시 그것을 수행해야만 한다. 하지만 그 역할을 모름지기 올바로 수행해야 하니, 그러기

조너선 하이트의 바른 행복

위해서는 우리 행行의 "과果", 즉 결과에 집착해서는 안 된다. 크리슈 나 신은 이렇게 말한다.

> 나는 이런 자를 사랑한다. 잘 미워하지 않지만 너무 좋아하지도 않는 자, 잘 슬퍼하지 않지만 너무 바라지도 않는 자, 친구에게나 적에게나 한결같은 자, 자신이 존경을 받든 멸시를 받든, 더울 때 나 추울 때나, 기쁠 때나 고통스러울 때나 한결같은 자, 집착을 버 린 자, 칭찬에도 책망에도 흔들리지 않는 자, 자신이 나아가는 길 에 어떤 일이 닥쳐도 만족하는 자를 나는 사랑한다.[33]

이 가르침에서 부처는 한발 더 나아갔다. 삶의 오르막과 내리막 에 무심할 것을 권하기는 부처도 마찬가지셨시만, 부처는 삼사라를 온전히 멈출 수 있다고 역설했다. 삼사라, 나아가 끝없는 재생에서 완 전히 벗어날 갖가지 방법들을 한데 모아 놓은 것이 불교이기도 하다. 비록 이 세상과 담을 쌓고 지낼지 아니면 세상에 뛰어들어 부대끼며 살아갈지를 두고 파가 갈리기는 했지만, 마음을 훈련해 끊임없는 판 단을 멈추는 것이 무엇보다 중요하다는 점에는 불교도 모두가 동의 한다. 중국의 초기 선종을 전파한 대승 승찬은 기원후 8세기의 이 시 에서 보듯 우리는 "완벽한 길"을 따르기 전에 반드시 판단 내리기를 먼저 멈춰야 한다고 역설했다.

> 지극한 도는 어렵지 않으니
> 다만 가려서 선택하지 말라
> 싫어하거나 좋아하지 않으면

막힘없이 밝고 분명하리라

털끝만큼이라도 차이가 있으면

하늘과 땅 사이로 벌어진다

도가 앞에 나타나기를 바란다면

따라가지도 말고 등지지도 말라

등짐과 따라감이 서로 다투는 것

이것이 마음의 가장 지독한 병이다[34]

판단 성향judgmentalism이 마음의 병이라는 게 틀린 말은 아니다. 판단을 내리다 보면 분노, 고뇌, 분쟁으로 이어지곤 하니까 말이다. 하지만 판단은 마음의 평상시 상태이기도 하다. 코끼리는 늘 무언가를 평가하면서, "그건 좋아" 혹은 "그건 싫어"라고 말한다. 그렇다면 이 자동적 반응을 우리는 어떻게 변화시킬 수 있을까? 이 책에서 지금까지 이야기한 내용을 봐서는, 단순히 결의만 가지고 남에 대한 판단이나 우리의 위선을 멈출 수 없다는 걸 알았다. 하지만 부처도 가르쳤듯, 코끼리를 길들이는 법을 기수가 서서히 배워 나가는 것은 가능하며, 그걸 할 수 있는 방법 중 하나가 바로 명상이다. 명상은 사람들을 더욱 차분하게 만들어 주고, 삶의 기복과 사소한 도발도 더욱 담담히 받아들이게 하는 것으로 나타났다.[35] 명상은 주변 일들을 철학적으로 받아들이게 해 주는 동양의 자기 훈련법이다.

인지 치료도 효과적인 방법이다. 《필링 굿Feeling Good》[36]이라는 제목의 인지 치료 대중 안내서를 보면, 데이비드 번스David Burns가 인지 치료로 분노를 다스리는 법을 한 장章에 걸쳐 소개한 내용을 볼 수 있다. 여기서 번스는 에런 벡이 우울증 치료에 활용했던 것과 똑같은 기

조너선 하이트의 바른 행복

법들을 상당수 권한다. 즉, 우리 생각을 글로 적고 생각 안에서 어떤 왜곡들이 일어나고 있는지 인지한 후에, 더 적절한 사고를 해야 한다는 것이다. 번스는 우리가 으레 입에 담는 **마땅히 ~해야 맞다**식의 서술에도(다시 말해, 세상이 이런저런 식으로 **돌아가야만 맞고**, 사람들은 우리를 이런저런 식으로 **대해야 맞다**는 우리의 생각들) 초점을 맞춘다. 이 **~해야 맞다**는 것에서 벗어나는 일들이 바로 우리의 화와 분노를 일으키는 주된 원인이다. 번스는 우리에게 공감할 줄 알아야 한다고도 권한다. 갈등이 불거졌을 때, 상대방의 관점에서 이 세상을 바라보면, 그 사람이 어이없이 구는 것만은 아님을 알게 될 것이다.

　나도 번스의 이 일반적인 접근법이 좋다고 생각하지만, 이 4장에서 우리가 지금까지 살펴본 내용으로 미루어 보건대, 사람들은 일단 화가 나면 다른 이의 관점에 공감하거나 이해하는 것을 지극히 어려워한다. 따라서 그럴 때에는, 예수의 충고에 따라, 나 자신 그리고 내 자신의 눈에 든 들보에서부터 시작하는 편이 낫다. (뱃슨과 뢰벤슈타인도 강제적인 방법으로 피험자들이 자신을 들여다보게 했을 때 탈편향이 일어난다는 사실을 발견하지 않았던가.) 아울러 그 들보는 의식적으로 그리고 무던히 그 들보를 찾으려 애를 쓸 때에만 비로소 발견할 수 있다. 그렇다면 이제 이렇게 한번 해 보자. 최근 여러분이 아끼는 어떤 이와의 사이가 틀어졌던 일을 찾고, 그 안에서 당신이 어떤 식으로 바람직하지 못하게 행동했는지를 하나만 찾아본다. 아마도 당신은 상대방을 신경 쓰지 않았거나(설령 당신에게 그럴 권리가 있었다 해도), 상대에게 상처를 입혔거나(그것이 비록 좋은 의도에서였다 해도), 당신의 원칙에 어긋나는 뭔가를 했을 것이다. 자신이 잘못을 저질렀다는 사실을 처음 포착했을 때에는 내면의 변호사가 열변을 토하며 여러분을 두둔하고 남을 탓하는 소리가 들려올 가능성이 크지만, 거기엔 귀를 닫으려고 노력한다. 여러분은 지금 자신이 잘못한 최소한 하나는 찾아내야 하는 임무를 수행 중이기 때문이다. 몸에 박힌 가시를 빼낼 때도 그 순간은 잠깐 아프지만, 빼내고 난 뒤에는 안도감, 심지어는 기쁨까지도 느껴진다. 내 잘못을 찾았을 때에도 잠깐은 아프지만, 여러분이 거기서 멈추지 않고 잘못을 인정하는 단계까지 가면 그 보상으로 일순 기쁨을 느낄 것이고, 신기하게도 그 안에서는 일말의 자부심까지도 느껴진다. 그 기분은 나 자신의 행동을 내가 책임졌을 때의 기쁨이다. 한마디로 나 자신이 대견하게 느껴지는 것이다.

나 자신의 잘못을 찾는 것이야말로 그토록 수많은 소중한 인간관계에 해를 끼치는 위선 및 판단 성향을 극복하게 해 주는 핵심 열쇠이다. 갈등이 불거지는 데에 나 자신도 얼마쯤 일조했다는 것을 아는 순간, 여러분의 화는 누그러진다. 그게 아주 조금에 불과할 수도 있지만, 상대의 장점을 인정하기에는 충분치 않을까 한다. 이때에도 여러분은 여전히 내가 옳고 남이 틀렸다고 믿을 수 있지만, 내가 **대체로** 옳고 상대방은 **대체로** 틀렸다라고 생각하는 단계까지만 가도 효과적이되 굴욕적이지는 않은 사과를 할 밑바탕은 마련된 셈이다. 여러분은 둘 사이의 다툼 어떤 부분을 꺼내 들어 이렇게 말할 수 있다. "내가 X를 하지 말았어야 했어. 네가 왜 Y를 느꼈는지 알겠더라고." 그러면 호혜성의 힘에 따라 상대방도 꼭 이런 말을 해야겠다고 느낄 공산이 크다. "그래, X 때문에 정말 속상하긴 했어. 그런데 생각해 보니 나도 P는 하지 말았어야 했겠더라. 네가 왜 Q를 느꼈는지 알겠어." 자기 위주 편향으로 인해 대갚음이 증폭되어 서로 모욕과 적대적 몸짓을 취하며 등을 돌리게 됐더라도, 여러분은 얼마든 그 과정을 정반대로 돌려 갈

조너선 하이트의 바른 행복

등을 종식시키고 위기에 빠진 관계를 구하는 데에 대갚음을 활용할 수도 있다.

인간의 마음은 진화 과정을 통해 마키아벨리식의 맞대응을 하게끔 틀이 잡힌 것으로 보이며, 결국에는 차차 우리를 위선, 독단, 도덕주의 싸움moralistic conflict로 흐르게 하는 인지 과정까지 구비하게 된 것 같다. 하지만 이 마음의 구조와 전략을 잘 알기만 하면, 우리는 이따금 교묘한 사회적 술수를 써야 하는 고릿적 게임에서 발을 빼고 우리의 선택으로 돌아가는 게임에도 발을 들여 볼 수 있다. 우리 자신의 눈에 든 들보부터 본다면 우리는 편향과 도덕주의를 덜 가질 수 있고, 그렇게 해서 사람들과 논쟁이나 갈등을 벌이는 경향도 줄일 수 있다. 이것이 바로 완벽한 길perfect way(불교에서 말하는 정도正道)을 따르는 첫걸음이 될 수 있으니, 행복으로 통하는 이 길은 이어지는 5장의 주제인 받아들임acceptance을 거치게 돼 있다.

5장 내면의 행복만 좇는 습관을 버려라

선한 자는 언제나 진리 속에서 모든 집착을 버린다.
거룩한 자는 탐욕의 대상에 헛된 말을 하지 않는다.
지혜로운 자는 기쁨과 고통이 자신을 찾아오면
기쁨과 고통 그 이상을 느낀다.

부처[1]

세상사가 네가 원하는 대로 일어나기를 간절히 바라지 않고
세상사 원래 모습 그대로 일어나기를 바란다면
네 삶은 순조로이 흘러갈 것이다.

에픽테토스[2]

만일 돈이나 권력으로 행복을 살 수 있다면,《구약 성경》의 〈전도서〉를 쓴 이는 기쁨에 넘치는 삶을 살아야 했을 것이다. 이 〈전도서〉는 예루살렘의 어떤 왕이 지었다고 전해지는데, 왕은 그 안에서 자신의 삶은 물론이고 삶에서 행복과 보람을 찾기 위해 자신이 했던 일들을 하나하나 돌아본다. 한 대목에서 그는 "과연 무엇이 기쁨인지 시험해보고자" 노력하는데, 우선은 자신의 재물에서 행복을 찾으려 애쓴다.

나는 대사업들을 벌였노라. 내 손으로 직접 집을 짓고 포도밭을 일구었다. 내 손으로 뜰과 공원을 만들었으며, 그 안에 온갖 종류의 과실수를 심었다. … 나는 길짐승과 날짐승 떼도 엄청나게 가

졌으니, 과거 예루살렘의 그 어떤 자도 나보다 많은 것을 가지지 못했다. 나는 금과 은은 물론이요, 왕들과 각 지방의 보물들도 모았다. 가인歌人들을 남녀 할 것 없이 두었으며, 육체의 기쁨을 취하고 후궁들도 많이 거느렸다. 그리하여 나는 창대해져 예루살렘에 살았던 모든 이들을 능가했다. 또한 나는 지혜도 머물게 했다. 내 눈이 원하는 것은 무엇이든 내 곁에 두었다.(《전도서》 2:4-10)

하지만 중년의 위기를 처음으로 말하는 듯한 대목에서, 왕은 모든 게 부질없음을 알게 된다.

그러고 나서 생각하니, 내 손으로 행한 모든 일과 그것들을 해내기 위해 들인 수고가 모두 헛되고 바람을 잡는 일이었고, 해 아래에는 얻을 만한 게 아무 것도 없었다.(《전도서》 2:11)

왕은 살면서 자신이 좇았던 다른 수많은 길들(근면한 노동, 배움, 술)에 대해서도 말하지만, 그 어떤 것도 왕에게 만족을 가져다주지 못했다. 그 어떤 것도, 본질적인 가치나 목적을 갖지 못하기는 자신의 삶이나 짐승의 삶이나 하등 다를 바가 없는 느낌을 왕에게서 지워 주지 못했다. 부처와 스토아 철학자 에픽테토스의 관점에서 보면 왕이 어떤 문제를 가졌는지가 드러난다. 그가 행복을 **추구**하고 있다는 것. 불교와 스토아 철학은 외부적인 재물을 얻으려 갖은 애를 쓰는 것, 혹은 세상을 내 바람에 맞추려고 하는 것은 늘 바람을 좇는 것과 같다고 말한다. 행복은 오로지 내 안에서만, 즉 외부적인 대상에 대한 집착을 깨고 받아들임의 태도를 기를 때에만 찾을 수 있다. (스토아 철학자와 불교도도 인간관계, 직업, 재물을 가질 수는 있지만, 이것들을 잃었을 때 마음이 휘둘리지 않도록 그것들에 대한 감정적 집착은 없어야만 한다.) 물론 이런 생각은 이 책 2장에 담긴 내용의 연장선에 있다. 나의 삶은 내가 생각하기 나름이며, 내 정신 상태에 의해 내가 사물을 어떻게 생각하는지가 결정된다는 내용 말이다. 하지만 최근에 이루어진 심리학 연구에 의하면, 부처와 에픽테토스는 너무 멀리까지 간 것일 수도 있다. 세상에는 얻기 위해 갖은 애를 쓸 만한 것도 분명 있으며, 행복도 얼마쯤은 자신의 바깥에서 온다. 그게 어디서 올지 내가 알기만 한다면.

과정에서 찾는 기쁨

〈전도서〉를 쓴 이가 당시 맞서 싸우고 있던 것은 무의미함이 주는 두려움만은 아니었다. 그는 성공에서 오는 실망감과도 싸우고 있었다. 우리가 뭔가를 얻었을 때 느끼는 기쁨은 순식간에 지나가 버리고 말 때가 많다. 여러분은 직장에서 승진하고, 명문 학교에 들어가고, 큰 프로젝트를 무사히 끝마쳤으면 하는 등의 꿈을 꾼다. 그리고 깨어 있으며 일하는 동안 어김없이 한번씩은, 그 목적만 완수된다면 정말이지 얼마나 행복할까 상상할 것이다. 그러고 나서 목표 성취에 성공하면, 나아가 만일 여러분이 운이 좋은 편에 속한다면, 한 시간 혹은 하루 정도는 가슴 벅찬 희열을 느낄 것이다. 만일에 여러분이 생각지도 못한 성공을 거두었거나, 가슴 졸이는 결과 공개의 순간이 있을 때에는(이 봉투 안에 결과가 있어. 제발…) 특히 더 그렇다. 하지만 실제로는 막상 성공을 거둬도 좀처럼 희열을 느끼지 못하는 경우가 비일비재하다. 성공 확률이 갈수록 높아지는 것 같을 때, 또 막판에 벌어진 어떤 일이 이미 예상되기 시작한 바에 확신을 줄 때, 성공의 순간에 느껴지는 것은 일종의 안도감에 더 가깝다. 즉, 일이 마무리되거나 일에서 해방된 순간의 기쁨인 것이다. 이런 상황 속에서 내게 맨 처음 드는 생각이 "만세! 기분 정말 끝내준다!"일 리는 거의 없다. 그보단 이렇게 생각할 것이다. "좋아, 그럼 이제 나는 또 뭘 해야 하지?"

성공에 별 기쁨을 못 느끼는 나의 이런 반응은 사실 알고 보면 정상적이다. 진화의 관점에서는 심지어 합리적인 일이기까지 하다. 동물들은 자신이 어떤 행동을 했는데 그게 자신의 진화상 이익을 늘려 삶의 게임에서 앞서 나가게 해 줄 때에는 어김없이, 기쁨을 느끼게 하는 신경 전달 물질인 도파민이 뿜어져 나온다. 음식과 섹스가 그런 기쁨을 주는 경우로, 이 기쁨이 일종의 강화인으로 작용하여, 나중에 다시 음식과 섹스를 찾도록 동기를 부여한다. 그런데 이 게임이 인간들 사이에서는 더 복잡한 양상을 띤다. 사람들에게 있어서는 높은 지위와 훌륭한 평판을 갖는 것, 우정을 쌓는 것, 최상의 짝(들)을 찾는 것, 자원을 축적하는 것, 자식을 잘 길러 똑같은 게임에서 성공을 거두게 하는 것이 곧 게임을 이기는 방법이다. 사람들에겐 수많은 목표가 있게 마련이고, 기쁨의 원천도 수없이 많다. 그런 만큼 여러분은 아마도 우리가 중요한 목표에서 성공을 거둘 때마다 그 효과가 오래 지속되는 엄청난 양의 도파민이 우리 몸에 쏟아질 거라고 생각할 것이다. 그런데 바로 이 부분에 강화인의 속임수가 숨어 있다. 강화가 가장 효과적으로 작용하려면, 단 몇 초 안에(몇 분이나 몇 시간이 아니라) 이루어져야 한다. 이같은 사실은 여러분이 물건을 가져오도록 개를 훈련하면서, 개가 물건을 잘 물고 돌아올 때마다 매번 10분 뒤에야 큼직한 고깃덩어리로 보상을 줘 봐도 알 수 있다. 이 훈련은 성공할 턱이 없다.

코끼리도 똑같은 방식으로 작동한다. **코끼리는 자신이 올바른 방향으로 발걸음을 내디딜 때마다 기쁨을 느낀다.** 코끼리는 어떤 행동 뒤에 매번 즉각적으로 기쁨(혹은 고통)이 따를 때에 뭔가를 배우지만, 금요일에 거둔 성공을 월요일에 행한 일들과 연관 짓는 것은 영 어려워한다. 리처드 데이비슨은 앞서 정서 유형을 비롯해 좌측전두피질에대해 이야기할 때 등장했던 심리학자로, 그가 쓴 글에 의하면 긍정적 정서에는 크게 두 가지 유형이 있다. 그 첫 번째는 데이비슨이 "목표 성취 이전의 긍정적 정서"라 부르는 것으로, 우리가 목표를 향해 한걸음씩 나아가는 과정에서 갖게 되는 기쁜 느낌을 말한다. 두 번째는 "목표 성취 이후의 긍정적 정서"로, 데이비슨에 따르면 이 정서는 우리가 원하는 무언가를 이루고 난 후에 발생한다.[3] 후자의 느낌은 만족이라는 형태로 경험하게 되는데, 목표가 일단 성취되면 좌측전전두피질이 활동을 줄이면서 이 안도감도 얼마 못 가 사라진다. 이는 다시 말하면, 목표 추구에 있어 실제로 중요한 것은 여정이지 목적지가 아니라는 것이다. 여러분도 뭐든 자신을 위해 목표를 하나 설정해 보자. 그때의 기쁨은 대부분 목표를 향해 가는 길에서, 즉 여러분이 목표를 향해 다가갈 때마다 누리게 될 것이다. 성공의 마지막 순간은, 길었던 도보 여행을 끝내고 마침내 어깨에 짊어졌던 무거운 배낭을 내려놨을 때의 짜릿함 정도에 그칠 때가 많다. 만일 여러분이 오로지 그 안도감을 느껴 보겠다는 목적으로 도보 여행을 떠났다면 그것처럼 바보 같은 짓도 없을 것이다. 그런데도 사람들에게서 이런 모습을 볼 때가 더러 있다. 어떤 과업을 맡아 열심히 일하면서 마지막에 어떤 특별한 희열을 맛보길 기대하는 경우 말이다. 하지만 막상 성공을 이루었을 때,

짧은 순간 그저 그런 기쁨만 발견하고 말면 사람들은 (가수 페기 리 Peggy Lee가 노래했듯) 이렇게 묻는다. 정말 이게 다인가요?Is that all there is? 그러고는 자신이 이룬 성취는 바람을 잡으려는 헛수고에 불과했다고 깎아내린다.

지금까지 말한 것을 우리는 "과정의 원칙"이라 부를 수 있을 것이다. 기쁨은, 우리가 목표를 성취했을 때보다는 우리가 목표를 향해 한 발짝씩 나아갈 때에 더 많이 찾아온다. 셰익스피어는 이러한 사실을 다음과 같이 완벽히 포착해 냈다. "이미 얻은 건 그걸로 끝. 기쁨의 정수는 하는 것 안에 있지."**4**

쾌락의 쳇바퀴에서 내려오라

내가 여러분에게 10초의 시간을 주고, 여러분 인생에서 일어날 만한 일 중 가장 좋은 것과 가장 나쁜 일을 딱 한 가지씩만 꼽으라고 하면, 당연히 이런 답을 내놓지 않을까 한다. 가장 좋은 일은 2000만 달러짜리 복권 당첨이고, 가장 나쁜 일은 불구가 되어 목 아래로는 몸을 쓸 수 없게 되는 것이라고. 복권에 당첨되면 우리는 수많은 근심거리와 제약으로부터 자유롭게 벗어날 수 있을 것이다. 당첨금만 있으면 평상시 품고 있던 꿈을 좇아 볼 수도 있고, 남을 도와줄 수도 있고, 안락한 생활도 할 수 있을 테니, 확실히 도파민이 한번 분출되는 것보다는 오래 가는 행복을 우리에게 안겨 줄 것이다. 그에 반해 불구가 되는 것은 일생을 교도소에 갇혀 지내야 하는 것보다 심한 제약들을 나에게 줄 것이다. 그간 세웠던 모든 목표와 꿈들을 나는 포기해야만 할 것이고, 섹스는 아예 잊어야 하며, 밥을 먹거나 화장실에서 볼일을 볼 때도 남의 도움에 의지하지 않으면 안 될 것이다. 그런 면에서 불구로 사느니 차라리 죽는 편이 더 낫다고 생각하는 이들도 많을 것이다. 하지만 그렇게 생각한다면 오산이다.

물론 목이 부러지는 것보다야 복권에 당첨되는 게 낫지만, 우리가 생각하는 만큼 훨씬 낫지는 않다. 그 이유는 어떤 일이 일어나든 우리는 결국 거기에 적응하게 되는데, 우리가 그러리라는 사실을 우리가 미리부터 깨닫지는 못하기 때문이다. 우리는 이른바 "정서적 예측"[5]에는, 다시 말해 내가 앞으로 어떤 감정을 느낄지 미리 알아차리는 데에는 영 서투르다. 우리가 느끼는 감정적 반응의 강도와 지속 시간을 우리는 극단적으로 과대평가하는 경향이 있다. 실제로는 복권 당첨자와 불구자 모두 대부분의 면에서 자신들이 생각하는 행복의 기준치로 돌아가는 데에 (평균적으로) 1년이 채 걸리지 않았다.[6] 복권 당첨자의 경우, 새 집과 새 차를 살 수 있고, 지루했던 일을 그만두고, 더 맛나는 음식을 먹는 생활을 한다. 지금 삶이 자신의 예전 삶과 얼마나 다른지 생각하면 기분이 들뜨지만, 몇 개월도 지나지 않아 그 차이는 점차 희미해지고 기쁨도 옅어진다. 인간의 마음은 원래 여러 조건들 속에서의 **변화**에 특히 민감하지, 극단적인 수준 자체에는 그렇게 민감하지 않다. 복권 당첨자는 자신의 부가 늘어난 데서 행복을 느끼는 것이지, 높은 위치에 올라 계속 거기 있기만 해서는 행복을 느끼지 못하며, 새로운 생활의 안락도 몇 달이 지나면 일상의 새 기준이 되고 만다. 더구나 이런 생활들을 당연하게 받아들이게 되면, 복권 당첨자는 어떤 식으로든 더 위로 올라갈 방법도 갖지 못한다. 심지어는 옛날보다 상황이 더 나빠질 때도 있다. 돈 때문에 그 사람의 인간관계가 훼손되는 수도 있기 때문이다. 친구, 친척, 사기꾼은 물론, 울며불며 도와달라는 생판 모르는 남까지 우르르 복권 당첨자 주위로 몰려들어, 그에게 소송을 걸기도 하고, 돈을 축내기도 하고, 가진 것을 좀 나눠 달라고 생떼를 쓴다. (자기 위주 편향은 어디서나 나타난다는 점을 기억하자. 남이 내게 이 정도는 해 줄 수 있다고 생각할 이유는 사람들 누구나 하나쯤은 얼마든 찾아낸다.) 복권 당첨자들은 이런 괴롭힘에 너무 시달리다 못해, 이사를 가 버리거나, 어딘가 숨어 지내거나, 인간관계를 아주 끊기도 하며, 마침내는 서로 의지하자는 뜻에서 복권 당첨자끼리의 지지 집단을 구성해 자신들이 처한 이 새로운 곤경들을 해결하려 노력한다.[7] (단 여기서 우리가 유념해야 할 것은, 그럼에도 불구하고 거의 모든 복권 당첨자가 자신의 복권 당첨을 여전히 기쁜 일로 여긴다는 점이다.)

이와 정반대 극단에 있는 불구자는 앞으로 자신의 삶에는 엄청난 행복의 상실이 있을 것임을 미리 받아들인다. 그는 자신의 삶은 이제 끝났다고 생각하며, 예전에 자신이 바라 오던 그 모든 것을 포기해야 한다는 사실이 그를 가슴 아프게 한다. 하지만 복권 당첨자와 마찬가지로, 그의 마음도 절대적 수준 자체보다는 이런저런 변화들에 더 민감하게 반응하고, 따라서 몇 개월이 지난 뒤에는 그도 자신의 새로운 상황에 적응하기 시작하는 데에다 소소한 목표까지 몇 개 더 세워 나가게 된다. 물리 치료를 통해서는 자신이 할 수 있는 게 점점 많아진다는 사실을 알게 된다. 이제 그에겐 위로 올라갈 일밖에 없고, 한 걸음 한 걸음을 내디딜 때마다 그는 과정의 원칙이 주는 기쁨을 맛본다. 물리학자 스티븐 호킹Stephen Hawking도 20대 초반에 운동뉴런질환motor neuron disease(근육을 조절하는 뇌와 척수의 운동 신경 세포가 손상되는 퇴행성 질환 – 옮긴이) 진단을 받은 이후 줄곧 껍데기처럼 변해 버

　　　　　　　　　　　　　　　　조너선 하이트의 바른 행복

린 몸에 꼼짝없이 간힌 채 지내야 했다. 하지만 그는 굴하지 않고 우주론의 주요 문제들을 해결하는가 하면, 숱한 상을 타고, 사상 유례없는 베스트셀러 저작을 써 내기도 했다. 《뉴욕 타임스》와의 인터뷰에서 스티븐 호킹은 그런 여건에서도 어떻게 낙담하지 않고 버텨 냈는지 질문을 받았다. 호킹은 이렇게 답했다. "제가 21살 때 삶에 대한 제 기대치는 0까지 떨어졌었습니다. 그 이후로는 모든 게 보너스나 다름없었죠."[8]

이것이 바로 적응의 원칙이 현실에서 작동하는 방식이다. 사람들은 자신들의 현 상태를 판단할 때, 최근까지 익숙해져 있던 상태에 비해 나아졌는지 아니면 나빠졌는지를 기준으로 삼는다.[9] 이와 함께 적응 역시 부분적으로는 신경들이 보이는 특징에 불과하기도 하다. 신경 세포들은 새로운 자극에는 맹렬하게 반응하지만, 결국엔 거기에 "길들여져" 이미 익숙해진 자극에는 발화를 덜 한다. 꼭 필요한 정보는 **변화** 속에 담겨 있지, 정상 상태steady state 속에 있지는 않은 까닭이다. 하지만 인간은 적응을 인지의 극단까지 밀고 가는 존재이기도 하다. 우리는 단순히 길들여지는 데 그치지 않고, 기준치 재설정을 할 줄 안다. 이런저런 목표들이 세워진 하나의 세계를 만든 뒤, 목표물하나를 해치울 때마다 그 자리에 다른 목표물을 또 하나 세우는 것이다. 줄줄이 성공이 이어지면 우리는 목표를 더 높게 잡고, 목이 부러지는 일 같은 엄청난 장애물을 만나고 난 뒤에는 목표를 낮춘다. 우리는 부처나 스토아 철학자들의 충고에 따라 집착을 내려놓고 만사가 그저 흘러가게 내버려 두지 않는다. 대신 이런저런 목표, 희망, 기대를 우리 곁에 두고, 우리가 얼마큼 나아가느냐에 따라 거기서 기쁨과 고통을 느낀다.[10]

이 적응의 원칙을, 사람들의 평균 행복 수준이 유전적으로 결정될 공산이 매우 높다는 사실과 결합하면[11] 우리는 다음과 같은 무척 놀라운 가능성에 이르게 된다. 장기적 관점에서는, 나에게 어떤 일이 일어나는가는 별반 중요하지 않다는 것이다. 운이 좋든 나쁘든, 우리는 늘 이미 설정된 행복의 기준값(애초 우리의 두뇌에 자동 할당된 행복의 기준치)으로 돌아가게 될 텐데, 대체로 이 기준치는 우리 유전자에 의해 이미 결정돼 있다. 1759년, 아무도 유전자란 걸 모르던 그 시절, 애덤 스미스Adam Smith도 이와 똑같은 결론에 도달한 적이 있다.

모든 항구적 상황, 그러니까 변화에 대한 그 어떤 기대도 존재하지 않는 그런 상황에서 모든 인간의 마음은, 시간은 더 오래 혹은 더 적게 걸리기도 하나, 그것이 타고난 일상적 평정 상태로 돌아가게 마련이다. 행운 속에서도 일정 시간 후에는 다시 이 상태로 떨어지고, 역경 속에서도 일정 시간이 후에는 다시 그 상태로 올라간다.[12]

이런 생각이 정말 옳다면, 우리는 다들 이른바 "쾌락의 러닝 머신hedonic treadmill" 위에서 꼼짝없이 달리고 있는 셈이다.[13] 체력 단련용 러닝 머신 위에서 우리는 얼마든 내가 원하는 만큼 속도를 올릴 수 있지만, 속도를 올려도 내가 있는 자리는 계속 똑같다. 삶에서도 우리는 내가 원하는 만큼 열심히 일할 수 있고, 내가 원하는 그 모든 재물, 과실수, 첩을 끌어모을 수 있지만, 거기서 뭘 더 얻지는 못한다. 우리의 "타고난 일상적 평정 상태"를 바꿀 수는 없기 때문에, 우리가 끌어모은 부는 우리의 기대만 높일 뿐 우리 자신의 상태는 그것을 갖기 전과

하등 나아질 게 없다. 하지만 우리의 노력이 부질없음을 깨닫지 못한 채, 계속 이를 악물고 삶의 게임에서 이길 만한 것들을 해 나간다. 늘 지금 내가 가진 것보다 더 많은 것을 원하면서, 쳇바퀴에 올라탄 햄스터처럼, 우리는 계속 달리고, 달리고, 또 달린다.

초기의 행복 가설

부처, 에픽테토스를 비롯해 수많은 다른 현인들은 이런 식의 쳇바퀴 돌리기가 부질없다고 보고 사람들에게 거기서 얼른 내려올 것을 권했다. 그러면서 특정 형태의 행복 가설을 제시했으니, **행복은 내 안에서 오며, 이 세상을 나의 바람에 맞추는 식으로는 행복을 찾을 수 없다**는 것이었다. 불교에서는 집착이 필연적으로 고통으로 이어진다고 가르치며, 그 집착들을 깰 도구를 제시한다. 에픽테토스 같은 고대 그리스의 스토아 철학자들은 추종자들에게 자기 힘으로 온전히 통제할 수 있는 것들, 즉 스스로의 생각과 반응에 우선적으로 집중하라고 가르쳤다. 그 외의 다른 모든 일은(운이 가져다주는 선물과 저주) 외부적인 일이며, 참된 스토아학파라면 외부적인 일에는 영향을 받지 말아야 했다.

그렇다고 불교나 스토아학파가 사람들에게 동굴로 들어가 세상과 담쌓고 지내라고 역설한 것은 아니었다. 오히려 이 두 교리가 세월이 가도 변함없는 호소력을 지녀 온 것은, 배신이 횡행하고 늘 뒤바뀌는 사회적 세상 속에 뛰어들어 살면서도 사람들이 어떻게 하면 평화와 행복을 찾을 수 있을지 지침을 제시하기 때문이다. 두 신조는 모두 경험적인 주장을 밑바탕에 깔고 있는데, 외부 세상에서 재물과 목표를 가지려고 애쓰는 것은 순간적인 행복 이상을 가져다주지 않는다는 행복 가설이 바로 그것이다. 그보다 우리는 내면의 세상을 갈고 닦기 위해 노력해야 한다. 만일 이 가설이 옳다면, 이 안에는 우리가 삶을 어떻게 살아야 하고, 자식은 어떻게 키워야 하며, 돈은 어떻게 써야 하는가와 관련해 매우 심오한 함의를 담고 있다고 하겠다. 그런데 정말 그럴까? 그 답은, 우리가 이야기하는 외부 대상이 어떤 종류인가에 전적으로 달려 있다.

유전자가 개인의 평균적 행복 수준에 강한 영향을 끼친다는 사실 다음으로, 행복 연구를 통해 밝혀진 두 번째의 중대 발견은 대부분의 환경적 및 인구학적 요소는 행복에 거의 아무 영향도 끼치지 못한다는 사실이다. 가령 밥Bob과 메리Mary를 통해, 여러분이 이런 삶을 살고 있다고 상상해 보자. 밥은 현재 35세의 미혼 백인으로, 매력적 외모와 탄탄한 몸을 갖고 있다. 그는 1년에 10만 달러를 벌며, 화창한 날씨를 자랑하는 남부 캘리포니아에 살고 있다. 밥은 뛰어난 지적 능력을 갖고 있으며, 여가 때에는 책을 읽거나 박물관에 간다. 메리와 그의 남편은 눈이 많이 내리는 뉴욕주 버펄로에 살며, 이곳에서 둘이 합해 1년에 4만 달러를 번다. 메리는 65세의 흑인으로, 과체중에 외모는 수수하다. 메리는 무척 사교적이고, 그녀가 다니는 교회와 관련된 활동들을 하며 대부분의 여가를 보낸다. 메리는 신장 질환 때문에 투석 치료를 받는 중이다. 이상으로 보면 모든 것을 가진 이는 밥인 것 같고, 따라서 이 책의 독자 중에서도 밥보다 메리의 삶이 낫다고 할 이는 거의 없을 것이다. 하지만 만일 이를 두고 내기를 해야 한다면, 여러분은 밥보다 메리가 더 행복하다는 쪽에 돈을 걸어야 한다.

조너선 하이트의 바른 행복

메리에겐 있지만 밥에게 없는 것은 강력한 연결이다. 우선 좋은 결혼 생활은 행복과 제일 강력하고 일관되게 연관돼 있는 삶의 요소 중 하나이다.[14] 이 분명한 혜택은 부분적으로는 "역의 상관관계"에서 생겨나기도 하는데, 이 말은 곧 행복이 결혼의 원인이 되기도 한다는 의미이다. 행복한 이들은 행복 설정치가 더 낮은 이들에 비해 결혼을 더 일찍하고 결혼 생활도 더 오래 이어 가는데, 행복한 이들이 데이트 상대로도 더 매력적일 뿐 아니라, 배우자로서 함께 생활하기에도 더 수월하기 때문이다.[15] 하지만 좋은 결혼 생활이 주는 분명한 혜택은 서로 의지할 수 있는 동반자 관계라는 현실적이고 지속적인 혜택으로, 이는 우리의 기본적 욕구 중 하나이다. 우리는 이 동반자 관계에도, 그리고 그것의 부재에도, 결코 완벽히 적응하지 못한다.[16] 이와 함께 메리는 종교도 갖고 있는데, 종교가 있는 이들이 평균적으로 종교가 없는 이들보다 더 행복하다.[17] 이런 효과가 나타나는 것은 종교 공동체에 참여하면서 맺어지는 사회적 유대 때문이기도 하지만, 자기를 넘어선 무언가와 연결된 느낌에서 비롯되기도 한다.

이에 반해 밥은 권력, 지위, 자유, 건강, 충분한 햇빛 같은 객관적 이점들에서 줄줄이 유리한 입지에 있다. 단, 이것들은 하나같이 적응의 원칙에 지배받는다. 백인 미국인은 흑인 미국인이 당하는 수많은 들볶임과 수모를 겪지 않고 살아가지만, 그럼에도 백인들은, 평균적으로, 흑인보다 아주 약간 더 행복할 뿐이다.[18] 남성이 여성에 비해 더 많은 자유와 권력을 누림에도, 그들 역시 평균적으로는 여성에 비해 하나도 더 행복하지 않다(여성이 우울증을 더 많이 겪기는 하지만, 여성이 격한 기쁨도 더 많이 느낀다).[19] 또한 젊은이가 노인에 비해 앞날에 기대할 게 훨씬 많지만, 실제로 삶에 대한 만족도는 65세까지 계속해서 약간씩 올라가며, 일부 연구에서는 65세를 훨씬 넘어서까지 만족감이 상승하는 것으로 나타나기도 한다.[20] 노인이 되면 너무 많은 건강상 문제들을 안게 되는 만큼, 사람들은 노인이 젊은이보다 더 행복하다는 이야기를 들으면 놀랄 때가 많다. 하지만 메리의 경우에서처럼 사람들은 대부분의 만성적인 건강 질환에는 적응하게 마련이다[21](물론 상태가 갈수록 악화하기만 하는 질환은 삶의 질을 확실히 떨어뜨리며, 최근 연구에 의하면 사람들은 장애에 대해서는 평균적으로 완벽히 적응하지 못하는 것으로 밝혀졌다).[22] 추운 날씨 속에서 살아가는 이들은 캘리포니아에 사는 이가 더 행복할 거라 여기지만, 그 생각은 옳지 않다.[23] 또한 사람들은 매력적 용모를 가진 이가 그렇지 못한 이에 비해 더 행복할 거라고 믿지만,[24] 그것 역시 잘못된 생각이다.[25]

밥을 유리한 입지에 세워 주는 주요 요소로는 무엇보다 부富를 꼽을 수 있는데, 여기서는 이야기가 좀 복잡해진다. 심리학자 에드 디너Ed Diener가 행한 설문 조사를 통해 가장 광범위하게 보고된 결론에 의하면,[26] 특정 국가 안에서 소득 분위 맨 아래에서는 실제로 돈으로 행복을 사기도 한다. 당장 먹을 것과 잠잘 데에 들어가는 돈을 매일같이 걱정하는 사람들은, 그렇지 않은 사람보다 삶의 질이 확연히 떨어진다고 보고했다. 하지만 기본적 욕구들을 해결하는 문제에서 일단 해방되어 중산층으로 진입하고 나면, 부와 행복 사이의 관련성은 작아진다. 평균적으로 부자들이 중산층보다 더 행복하기는 하지만, 그 차이는 소소할 뿐이며, 부와 행복의 관련성 일부는 역의 상관관계를 보이기도 한다. 행복한 이들이 더 빨리 부자가 된다는 것인데, 결혼 시장에서와 마찬가지로, 행복한 이들이 다른 사람(이를테면, 사장의 직위에 있는 사람) 눈에 더 매력적으로 비치는 것은 물론, 그들에게서

조너선 하이트의 바른 행복

흔히 나타나는 긍정적 감정들이 프로젝트에 헌신하고, 열심히 일하고, 자신의 미래에 투자하도록 도와주기 때문이다.[27] 부 자체가 행복에 미치는 직접적 영향은 얼마 안 되는데, 부가 행복의 러닝 머신 속도를 너무 눈에 띄게 올려 버리는 것이 그 원인이다. 예를 들어, 지난 50년 새 수많은 산업화 국가는 부의 수준이 두세 배 늘었지만 사람들이 보고하는 삶에서의 행복감 및 만족감 수준은 변하지 않았고, 오히려 우울증만 더 흔해졌다.[28] 국내 총생산의 엄청난 증가는 삶이 더 안락해지는 결과로 이어졌지만(더 커다란 집, 더 많은 차와 텔레비전을 갖고, 더 많은 외식을 하고, 더 건강해지고 수명도 길어졌지만) 이제 이런 생활 향상은 삶의 일상적 조건으로 자리 잡았다. 사람들이 예전에 이미 이 모든 것에 적응해 그것들을 당연시하게 되면서, 이런 식의 생활 향상은 더 이상 사람들을 조금이라도 더 행복하게 해주지 못하거나 너큰 만족감을 주지 못했다.

이런 연구 결과를 부처나 에픽테토스도 봤다면 아마 기뻐했을지 모르겠다. 만일 그렇다면, 그들 자신도 외부적 일들에서(자신들 주장이 옳다고 입증받는 일 따위) 기쁨을 찾는 게 될 테지만. 부처와 에픽테토스 시대에도 그랬지만, 오늘날에도 사람들은 자신을 더 행복하게 만들어 주지는 못할 목표들을 여럿 세우고 거기에 스스로를 내던진다. 그 목표들에만 매몰돼 내면의 성장과 영적 발전 등, 우리에게 지속적 만족감을 줄 수 있는 것들은 등한시한 채로 말이다. 이와 관련해 고대 현인들이 우리에게 가장 한결같이 전한 가르침이 바로, 집착을 내려놓고, 공연히 애쓰는 것을 멈추고, 새로운 길을 택하라는 것이었다. 우리의 눈을 자신의 내면, 혹은 신神을 향해 돌리되, 제발 이 세상을 더는 우리 뜻에 맞추려고 노력하지 말라는 것이다. 이런 비집착을 다룬 힌두교의 저작이 《바가바드 기타》이다. 이 책에서도 "인간의 탈을 쓴 악마"라는 절에서, 크리쉬나 신은 인간의 저열한 본성과 그 본성에 굴복하는 사람들 모습을 이렇게 묘사한다. "그런 자들은 희망이 벼려 낸 족쇄에 팔다리가 꽁꽁 묶이고 분노와 갈망에 단단히 사로잡힌 채, 자신의 욕망을 채운다는 명목하에 부당한 방법들로 재물을 쌓으려 갖은 애를 쓴다."[29] 그런 다음 크리쉬나는 그런 악마가 하는 생각을 이런 말로 흉내 낸다.

> 이것을 나는 오늘 차지했다. 앞으로는 내가 내키는 것에 따라 이걸 할 것이다. 이 재물은 내 것이고, 세월이 흐를수록 이보다 훨씬 더 많은 게 내 재물이 될 것이다. 그 자는 내 적이었고 그래서 죽였으며, 그 외에 수많은 자를 나는 또 죽일 것이다. 이곳의 지배자는 나다. 나는 내키는 대로 내 기쁨을 취할 것이다. 나는 강하고 행복하며 성공한 자다.

위의 구절들에서 "죽이다"라는 말 대신 "꺾다"라는 말을 넣어 보면, 오늘날 서양, 적어도 재계 일각에서 추구하는 이상을 아주 그럴싸하게 묘사한 것이 된다. 따라서 설령 밥이 메리 못지않게 행복하다 해도, 만일에 그가 거만하고 특권을 가진 양 행동하며 사람들을 함부로 대한다면, 그의 삶은 영적인 면이나 미적인 면에서 메리의 삶보다 여전히 더 좋을 게 없는 것이다.

행복 공식

1990년대에 행복 연구에서 도출된 중대한 결과 두 가지(행복은 유전자와 강력한 연관이 있으며, 환경과는 별 연관을 갖지 않는다는 결과)가 당대 심리학계를 강타했던 까닭은, 단순히 행복만이 아니라 사람 성격의 대부분의 측면에도 그 같은 연구 결과가 적용됐기 때문이다. 프로이트 이래로 심리학자들은 줄곧 사람의 성격은 아동기의 환경에 의해 주로 형성된다는 생각을 거의 종교처럼 헌신적으로 믿어 왔었다. 다음과 같은 금언을 심리학자들은 신조로 여겼다. 성격이 아동기의 환경에 따라 결정된다는 증거는 거의 전적으로, 부모가 아이에게 한 행동과 나중에 아이가 어떤 모습으로 자라나는가 사이의 상관관계(보동 이 상관관세는 얼마 되시 않는다)에서 찾아지며, 이 상관관계가 유전자에 의해 일어날 수 있다는 주장을 내비치는 이들은 하나같이 환원주의자로 무시당했다. 하지만 쌍둥이 연구를 통해 유전자가 놀랍도록 광범위한 영역에 영향을 미치는 한편, 그에 반해 형제자매가 공유하는 가정 환경은 상대적으로 덜 중요하다는 사실이 밝혀지면서,[30] 먼 옛날 나온 행복 가설이 그 어느 때보다 설득력을 지니게 되었다. 그렇다면 사람들 각자의 두뇌에는 정말로 온도를 14.5도(우울증 환자들) 혹은 24도(행복한 사람들) 식으로 영구 설정해 주는 온도 조절 장치처럼 일종의 설정값[31]이 존재하는 것은 아닐까? 따라서 환경을 바꾸기보다는 그 사람 고유의 내부 설정값을 바꾸는 것만이(예를 들어, 명상, 프로작, 인지 치료를 통해) 행복을 찾을 유일한 방법은 아닐까?

하지만 심리학자들이 이 문제와 씨름하고, 생물학자들이 인간 게놈의 첫 윤곽을 그려 낸 결과, 천성과 양육에 관해 더 정교한 이해가 모습을 드러내기 시작했다. 유전자가 우리에 대해 과거 그 누구도 비하지 못할 만큼 훨씬 많은 것을 설명해 주기는 하지만, 실제로 유전자는 그 자체가 여러 환경적 조건에 매우 민감한 것으로 드러나고 있다.[32] 이와 함께, 사람에게는 제각기 자신만의 고유한 행복 수준이 있다는 말도 맞지만, 이제 와서 보면 그것은 가능한 **범위** 혹은 확률 분포로서의 하나의 설정**값**에 지나지 않아 보인다. 여러분이 그 가능 범위의 높은 수준에서 활동할지 낮은 수준에서 활동할지는, 부처와 에픽테토스라면 외부적인 일들이라고 여겼을 그런 수많은 요인에 의해 결정이 된다.

1990년대 말 마틴 셀리그먼Martin Seligman이 긍정심리학을 창시했을 때, 그가 맨 먼저 행한 작업 중 하나가 소규모로 전문가 집단을 꾸려 특정 문제들을 해결토록 한 것이었다. 그렇게 해서 탄생한 그룹 중 하나에게는 행복에 중대한 비중을 갖는 외부적 요인을 연구하라는 임무가 주어졌다. 그렇게 해서 소냐 류보머스키Sonja Lyubomirsky, 켄 셸던Ken Sheldon, 데이비드 슈카데David Schkade의 세 심리학자는 자신들이 구할 수 있는 각종 증거들을 검토한 끝에 그런 외부적 요인에는 근본적으로 두 종류가 있음을 깨달을 수 있었다. 그 두 가지란, 우리 삶을 구성하는 여러 **조건들**과 우리가 해 내는 **자발적 활동**이었다.[33] 우선 조건들에는 삶에서 우리가 바꿀 수 있는 것(부, 결혼 여부, 사는 곳)과 함께 우리가 바꿀 수 없는 것들(인종, 성性, 나이, 장애)도 포함된다. 삶의 조건들은 시간이 흘러도, 적어도 내가 살고 있는 동안에는, 일정하게 유지되는 경향이 있으며, 따라서 이런 종류의 것들에 우리는 그냥 적응하게 될 가능성이 높다. 반면 자발적 활동은 명상, 운동, 새로운 기술 습득, 휴가처럼 나 자신이 하기로 **선택한** 것들이다. 이런 활동은 내가 반드시 선택을 해야 하는 것은 물론 대부분 노력과 집중력이 요구되기 때문에, 삶의 조건과는 달리 우리의 인지 안에서 그냥 사라지지는 않는다. 따라서 자발적 활동을 하게 되면 적응 효과는 피하고 행복은 늘릴 수 있다는 훨씬 커다란 약속을 제시받는 셈이다.

긍정심리학에서 가장 중요하게 꼽히는 생각 중 하나가 류보머스키, 셸던, 슈카데, 셀리그먼이 말하는 "행복 공식"이라는 것이다.

$$H = S + C + V$$

여러분이 실제 경험하는 행복의 수준(H)은 여러분이 가진 생물학적 설정값(S)에 여러분 삶의 조건(C)과 여러분이 하는 자발적 활동(V)을 전부 합해서 결정된다.[34] 긍정심리학의 숙제도, 징확히 어떤 종류의 C와 V가 H를 가능 범위의 최고치까지 끌어올릴지 과학적 방법을 통해 밝혀내는 것이다. 이 행복 가설의 극단적인 생물학적 버전에서는 H=S이며, C와 V는 별반 중요하지 않다고 말한다. 한편 V와 관련해서는 부처와 에픽테토스에게 고마워할 수밖에 없으니, 부처는 (명상과 마음챙김을 비롯한) "팔정도"를 우리에게 처방해 준 한편, 에픽테토스는 우리에게 외부의 일들에 무심함(아파테이아)을 기를 것을 역설했기 때문이다. 따라서 이 현인들의 지혜가 정말 옳은지 시험해 보려면, H=S+V라는 행복 가설을 면밀히 살펴볼 필요가 있으니, 여기서 V는 받아들임의 태도는 길러 주고 감정적 집착은 줄여 주는 자발적이거나 혹은 의도적인 활동들을 말한다. 하지만 만일 나름대로 중요한 조건들(C)이 꽤 존재하고, 비집착 너머를 목표로 삼는 다양한 자발적 활동들이 존재한다면, 그때엔 부처와 에픽테토스의 행복 가설도 틀린 것이 되며 그럴 경우엔 사람들에게 단순히 내면만 바라보라고 충고했다간 섣부른 일이 될 수도 있다.

그런데 이 세상에는 나름 중요한 외부 조건들(C)이 실제로 몇 가지쯤은 존재하는 것으로 밝혀졌다. 그뿐 아니라, 적응 원칙에 완전히 지배받지 않아 여러분 삶에서 분명 이룰 수 있는 변화도 존재하며, 그런 변화들은 우리를 지속적으로 행복하게 만들어 줄지도 모른다. 따라서 어쩌면 이런 것들은 우리가 이루기 위해 무던 애를 쓰는 게 가치 있는 일일 수도 있다.

소음. 예전에 필라델피아에 살 적에, 나는 부동산과 관련해 한 가지 값진 가르침을 배울 수 있었다. 그 가르침이란 부득이하게 혼잡한 거리에 있는 집을 사야만 한다면, 신호등에서 30미터 이내에 자리한 집은 사지 말아야 한다는 것이다. 이걸 모르고 30미터 이내에 있는 집을 샀다가 나는 92초마다 한 번씩 사람들이 각자의 취향에 맞춰 선곡한 음악을 42초간, 엔진 돌아가는 소리를 12초간 들어야 하는 것은 물론, 신호등이 열다섯 번 꺼지고 켜질 때마다 한 번씩은 성미 급한 운전자가 빵빵 대며 울리는 경적 소리를 들어야 했다. 시간이 가도 나는 이 소음에는 절대 익숙해지지 않았고, 샬러츠빌에 집을 구할 때에는 부동산 중개업자에게 혼잡한 거리에 자리한 곳이면 빅토리아풍 대저택을 거저 준다 해도 마다하겠다고 했다. 연구에 의하면, 새로 생긴 고질적인 소음의 원천들(새로 고속 도로가 건설되는 등의)이 생겼을 때 사람들은 부득이하게 거기 적응해야 하는 상황에서도 소음에 절대 완전히 적응하지 못하며, 심지어 일부 적응이 이루어졌다는 연구에서도 여전히 인지 작업을 수행하는 데에는 장애가 나타난다는 사

조너선 하이트의 바른 행복

실이 드러났다. 소음, 그중에서 변동 폭이 심하거나 시시때때로 빈발하는 소음은, 집중을 방해하고 스트레스를 증가시키는 것으로 나타났다.[35] 따라서 여러분 삶에서 소음을 없애려 애쓰는 것은 가치 있는 일이다.

통근. 요즘에는 더 큰 집을 찾기 위해 직장에서 점점 더 멀리 떨어진 곳으로 이사 가는 것을 선택하는 사람들이 많다. 하지만 사람들은 공간이 더 넓어진 것에는 빨리 적응해도,[36] 더 길어진 통근, 특히 격심한 교통 체증을 뚫고 차로 오가야 하는 상황에는 완전히 적응하지 못한다.[37] 심지어는 통근 생활을 이미 수년간 해 온 뒤라 해도, 차로 꽉 막힌 길을 출근하는 사람은 여전히 스트레스 호르몬이 더욱 높아진 채 직장에 도착하곤 한다. (하지만 이상적인 조건에서의 운전은 즐거울 뿐 아니라 긴장을 풀어 주는 경우가 많다.)[38] 따라서 통근길의 여건을 더 낫게 만들기 위해 애쓰는 것도 가치 있는 일이다.

통제력 부족. 소음과 교통 체증이 가진 효과 중 하나로, 우리의 화를 더욱 북돋우는 측면을 꼽을 수 있는데, 바로 소음과 교통 체증은 우리가 어떤 식으로든 통제할 수가 없다는 점이다. 이와 관련해 한 고전적 연구에서 데이비드 글래스David Glass 와 제롬 싱어Jerome Singer 는 사람들을 시끄럽게 터지는 무작위적 소음들에 노출시켜 보았다. 그러면서 피험자 한 집단에게는 여러분이 어떤 버튼을 누르면 그 소음을 멈출 수 있다고 알려 주되, 절대적으로 꼭 필요한 상황이 아니고는 되도록 그 버튼을 누르지 말라고 부탁했다. 피험자 중 버튼을 누른 이는 아무도 없었지만, 일정 형태로 상황을 통제할 수 있다는 믿음이 생기자 이들 피험자에게 소음은 덜 괴롭게 느껴졌다. 이 실험의 두 번째 부분에서도, 자신이 상황을 통제할 수 있다고 여긴 피험자들은 어려운 퍼즐을 풀려고 애쓸 때 더 끈기를 보인 반면, 통제력을 갖지 못하고 소음을 겪은 이들은 게임을 포기하기가 더 쉬웠다.[39]

이와 관련한 또 하나의 유명한 연구에서는, 엘렌 랭거Ellen Langer와 주디스 로댕Judith Rodin이 양로원의 두 개 층層의 노인들에게 이런저런 편의를 주는(예를 들면, 노인들 방에 화분 두기, 일주일에 하룻밤을 골라 영화 상영하기) 실험을 해 보았다. 단, 실험자들은 이런 편의를 제공하며 1개 층에만 통제력도 함께 주었다. 즉, 통제력을 준 층의 노인들에게만 어떤 식물들을 원하는지 고르게 하는 한편, 화분에 책임지고 물을 주게 했다. 또 무슨 요일 밤에 영화를 보면 좋을지도 그 층의 노인들이 함께 선택할 수 있도록 했다. 한편 다른 층에서는 이런 혜택들을 그냥 나눠주기만 했다. 즉, 간호사들이 식물들을 선택하고 화분에 물을 주었으며, 어느 요일을 영화 보는 밤으로 할지도 간호사들이 결정했다. 두 층 사이에 이뤄진 조작은 미미했지만, 그것이 가져온 효과는 컸다. 통제력이 늘어난 층에서 생활하는 노인들은 더 행복해하고, 더 활동적이며, 정신도 더 또렷했으며(이에 대한 평가에는 그 층의 노인들뿐 아니라 간호사들도 참여했다), 이런 긍정적 혜택들을 18개월 뒤에도 여전히 찾아볼 수 있었다. 가장 놀라웠던 점은, 실험 이후 18개월이 경과했을 때, 통제력을 부여받은 층의 노인들이 더 건강했을 뿐 아니라 사망자 비율은 절반에 그쳤다는 사실이다(15퍼센트 대 30퍼센트).[40] 로댕과 나는 함께 쓴 논문 리뷰에서 이렇게 결론내렸다. 어떤 시설의 환경을 그곳의 노동자, 학생, 환자, 또는 여타 사용자가 더 많은 통제력을 가지게 바꾸는 것이야말로 참여 의식, 에너지, 행복감을 증진시

조너선 하이트의 바른 행복

키는 방법 가운데에 가장 효과적인 것이 될 수 있다고 말이다.[41]

창피함. 전반적으로 보아, 매력적 용모를 가졌다고 매력적 용모를 가지지 않은 이보다 더 행복한 것은 아니다. 그런데 놀라운 사실은, 개인의 외모를 얼마쯤 개선하면 실제로 행복이 지속적으로 증진되기도 한다는 점이다.[42] 성형 수술을 받은 사람들의 보고에 의하면, (평균적으로) 수술을 받은 데에 높은 만족감을 보였고, 심지어 삶의 질은 높아지고 정신병 징후(우울증과 불안증 따위)는 줄었다고 보고했다. 보고에 의하면 가슴 성형을(확대와 축소 모두 해당한다) 했을 때의 이득이 가장 큰 것으로 나타났다. 내 생각이지만, 일견 보아서는 무척 피상적인 이런 변화가 어떻게 해서 장기적 지속 효과를 내는지 이해하기 위해서는 우리가 일상에서 느끼는 창피함의 힘이 얼마나 큰지 생각해 봐야 할 것 같다. 젊은 여성은 자신의 가슴이 이상적인 크기보다 훨씬 크거나 작을 경우, 자신의 신체와 관련해 남의 시선을 의식한다고 보고할 때가 많다. 그래서 많은 이들이 자신의 결점이라 여겨지는 것을 감추기 위해 자세를 교정하거나 옷장을 계속 다른 옷들로 채워 넣고는 한다. 매일 같이 자신을 짓누르는 그런 부담에서 해방되는 것은 자신감 및 삶의 질이 지속적으로 올라가는 결과로 이어질 수도 있다.

인간관계. 삶의 조건 중 중요성 면에서 보통 다른 모든 것을 압도한다고 여겨지는 것은[43] 바로 한 사람이 얼마나 끈끈하고 많은 인간관계를 맺고 있느냐이다. 좋은 인간관계는 사람들을 행복하게 만들며, 행복한 이들은 행복하지 않은 이에 비해 더 많고 더 좋은 인간관계를 즐긴다.[44] 이 효과는 너무도 중요하고 흥미로운 부분이라, 이 책에서도 인간관계에 대해서는 따로 한 장章(다음 장인 6장)을 할애해 다루려고 한다. 그러니 지금 여기서는 인간관계에서 불거지는 갈등들은(예를 들면, 나를 골치 아프게 하는 직장 동료나 룸메이트가 있다거나, 배우자와의 사이에서 고질적 갈등을 겪는다거나) 우리의 행복을 줄이는 가장 확실한 방법이라는 점만 언급하고 넘어가도록 하겠다. 여러분은 대인 간 갈등에는 절대 적응하지 못하며,[45] 이런 갈등은 매일 같이 우리에게 해를 끼치며, 심지어는 당사자를 직접 보는 일 없이 그저 갈등을 곱씹기만 하는 날들에도 그러하다.

이 외에도 우리가 삶의 조건들, 특히 인간관계, 업무, 스트레스 인자에 가하는 통제력 정도를 바로 잡아 행복을 늘려 가는 방법에도 여러 가지가 있다. 따라서 행복 공식 안에서 C(삶의 조건)는 분명히 실재하며, 일부 외부적 요소들도 나름의 중요성을 가진다고 하겠다. 삶 안의 몇 가지는 그것을 얻기 위해 무던히 애를 쓸 가치가 있으며, 긍정 심리학은 그것이 정확히 어떤 것인지 파악하도록 도울 수 있다. 물론 부처라면 소음, 교통량, 통제력 부족, 신체의 결점에 완벽하게 적응을 할 테지만, 현실 속의 사람들이 부처처럼 된다는 것은 언제나(심지어는 고대 인도에서조차도) 여간 어려운 일이 아니다. 더구나 현대 서양 세계에서 행하지 않음nondoing과 애쓰지 않음nonstriving이라는 부처의 길을 따르기가 훨씬 어렵다. 오히려 우리 서양 세계의 시인과 작가들은 그런 길은 버리고 온 마음을 다해 행동에 나설 것을 역설한다. "인간 존재란 무릇 평정에 만족할 줄 알아야 하는 법이라는 말은 다 소용없다. 인간은 마땅히 행할 것이 있어야 하며, 그것을 못 찾을 땐 제 손으로 만들고야 마는 게 인간이다."(샬럿 브론테, 1847)[46]

조너선 하이트의 바른 행복

몰입의 즐거움

하지만 모든 행위가 우리가 바라는 효과를 내는 것은 아니다. 예를 들어, 무작정 부와 특권을 뒤쫓다간 낭패만 보기 십상이다. 다른 것은 제쳐 두고 돈, 명성, 아름다움을 차지하는 일을 제일 우선시하는 이들은 늘, 물질적인 목표들에 그다지 매달리지 않는 이들보다 자신이 더 행복하지 못할뿐더러 심지어는 더 건강하지 못하다는 깨달음에 이르곤 한다.[47] 그렇다면 우리가 하면 좋은 활동들의 종류는 과연 무엇일까? 행복 공식에서 V(자발적 활동)는 무엇을 말하는 것일까?

심리학자들이 이 질문에 나름의 답을 내놓을 수 있게 해 준 것은 이른바 "경험 추출법experience sampling method"으로, 헝가리 태생의 긍정심리학 공동 창시자인 미하이 칙센트미하이Mihalyi Csikszentmihalyi ('cheeks sent me high'를 읽듯이 발음하면 된다)가 창안한 방법이다. 칙센트미하이의 연구들에서,[48] 사람들은 하루에 십수 번은 울리는 삐삐를 하나씩 몸에 차고 다녀야 했다. 삐삐가 한 번 울릴 때마다 피험자는 작은 노트를 꺼내, 바로 그 순간 자신이 어떤 일을 하고 있었고 또 그것을 하는 게 얼마나 즐거운지 기록해야 했다. 이렇게 수천 명의 몸에 붙어 수만 번을 울려 댄 이 "삐삐" 소리를 통해, 칙센트미하이는 사람들 스스로가 즐거웠다고 **기억**하는 일이 아닌, 실제 사람들이 즐거워한 일이 무엇인지 알아낼 수 있었다. 사람들이 느끼는 즐거움에는 크게 두 종류가 있는 것으로 밝혀졌다. 우선 그 하나는 물질적 혹은 신체적 쾌락이었다. 그들의 보고에 따르면, 평균적으로 식사를 하고 있을 때 사람들의 행복 수준이 가장 높았다. 무언가를 먹는 것, 특히 다른 이들과 함께 어울려 먹는 것을 사람들은 정말로 좋아했으며, 따라서 중간에 전화라도 걸려 와(칙센트미하이의 삐삐 소리도 그랬을 것이다) 식사가 끊기는 것을 싫어했으며, (그중에서도 최악으로) 섹스 도중 방해받는 것도 싫어했다. 하지만 아무리 좋아도 이런 물질적 쾌락은 온종일 즐길 수는 없는 법이다. 그 본성상 음식과 섹스는 질리게 돼 있다. 일정한 만족감 수준을 넘어서까지 계속 음식을 먹거나 섹스를 하면 외려 역겨움이 느껴지기도 한다.[49]

칙센트미하이가 이 연구를 통해 얻은 중대한 발견은, 섹스를 하고 입 안에 넣는 초콜릿보다도 훨씬 값진 어떤 상태가 있다고 많은 이들이 생각했다는 것이다. 이 상태란 다소 벅차기는 할지언정 자신의 능력치에 근접하게 맞는 어떤 작업에 완전히 몰입했을 때를 말한다. 이따금 영어권 사람들이 "무아의 경계에 들어갔다being in the zone"라고 표현하는 것도 바로 이 상태이다. 이를 칙센트미하이는 "몰입沒入(flow)"이라 칭했는데, 별다른 노력 없이 저절로 움직임이 일어나는 것처럼 느껴질 때가 많기 때문이다. 몰입이 일어나면, 우리는 그 움직임을 따르기만 하면 된다. 스키를 타거나, 구불구불한 시골길을 차를 몰고 내달리거나, 팀을 짜서 스포츠 경기를 뛸 때처럼 말이다. 때로 음악이나 타인의 행동이 이런 몰입을 잘 일어나도록 돕기도 하는데, 둘 모두 내 행동이 이루어지게끔 일정 시간 틀을 형성해 주기 때문이다(예를 들어, 합창단에 끼어 노래를 부르거나, 춤을 추거나, 혹은 그저 친구를 만나 신나게 떠들 때를 생각해 보라). 몰입은 홀로 있으면서 창의적 활동들을 할 때에도 일어나니, 그림을 그리거나, 글을 쓰거나, 사진을 찍을 때가 그렇다. 이런 몰입에 이르려면 열쇠가 몇 개 필요하다. 일단 우리의 주의를 온전히 사로잡는 명확한 도전 과제가 있어야 하고, 그 과제를 해 낼 기술들을 우리가 갖고 있어야 하며, 매 단계를 우리가 잘 밟고 있는지 알려줄 즉각적 피드백도 있어야 한다(과정의 원칙). 협상이 매번 급물살을 탈 때마다, 노래하는 중간중간 틀리지 않고 완벽한 고음을 낼 때마다, 제자리에 딱딱 붓이 지나갈 때마다, 우리에게는 순간순간 긍정적 느낌들이 스치고 지나간다. 이 몰입의 경험 안에서는, 코끼리와 기수도 완벽하게 조화를 이룬다. 코끼리가(자동적 사고 과정) 대체로 일을 도맡아 주도적으로 수풀을 유유히 헤치고 나아가면, 기수는 오로지 문제와 기회를 찾는 일에만 집중하며 자신이 필요한 어디서건 힘껏 돕는다.

셀리그먼은 칙센트미하이의 연구를 밑바탕으로, 쾌락과 희열 사이에는 근본적 차이가 있다는 견해를 내놓는다. 쾌락은 "명확한 감각적 요소와 강력한 감정적 요소들로 이루어진 기쁨"으로써,[50] 이런 유의 기쁨은 음식, 섹스, 등 마사지, 십상한 산들바람 같은 것들에서 얻어지게 마련이다. 반면 희열은 우리를 완전히 빠져들게 하고, 우리가 가진 강점들을 총동원하게 하며, 우리의 자의식은 잊게 해 주는 활동들을 말한다. 그리고 이런 희열들이 몰입으로 이어질 수 있다. 셀리그먼의 견해에 따르면, 우리의 일과와 주변 환경에서 쾌락과 희열 모두가 늘어나게 잘 조정하는 것이 대체로 V(자발적 활동)를 하는 핵심이 된다. 우선 쾌락의 경우, 그 위력이 한결같이 유지되기 위해서는 일정 간격을 두는 일이 반드시 필요하다. 오후 반나절 만에 아이스크림 한 통을 다 먹어 치운다거나, 새로 산 CD를 열 번을 내리 들었다가는 금세 물릴 뿐 아니라, 나중에는 이들 쾌락에 아예 둔감해지기 십상이다. 기수의 역할이 막중해지는 게 바로 이 대목이다. 코끼리는 원래 탐닉하는 경향을 가진 만큼, 그런 코끼리를 기수가 잘 구슬려 이제 그만 자리를 털고 일어나 뭔가 다른 활동들을 해 보도록 권할 필요가 있는 것이다.

또한 모름지기 쾌락은 음미할 수도 있어야 하고 다양하기도 해야한다. 프랑스인이야말로 쾌락을 음미하며 다양하게 즐길 줄 아는 이들이다. 프랑스인들도 기름진 음식들을 많이 먹기는 하지만, 그럼에도 미국인보다 더 날씬하고 더 건강할 뿐 아니라, 음식을 천천히 먹고 또 먹을 때에는 그 음식에 더 집중하는 방식을 통해 자신들 음식에서 훨씬 더 많은 쾌락을 끌어낸다.[51] 그에 반해 미국인들은 먹는 중에 다른 일을 하면서 엄청난 양의 고지방 및 고탄수화물의 음식들을 허겁지겁 입에 쑤셔 넣곤 한다. 그뿐 아니라 프랑스인은 양은 적되 가짓수가 많은 코스를 먹으며 쾌락을 다양화하기도 한다. 이런 다양성은 삶의 향신료 노릇을 해 주는바, 다양성이야말로 적응의 천적이기 때문이다. 반면 초대형의 용량들은 적응을 최대치로 늘려 주는 역할을 한다. 에피쿠로스는 고대 철학자로는 드물게 감각적 쾌락을 적극 포용했던 인물로, 그가 이런 말을 했던 것은 프랑스인의 방식을 옹호한다는 뜻이었으리라. 지혜로운 자라면 "가장 맛 좋은 음식을 택하지, 가장 많은 양의 음식을 택하지는 않는다."[52]

철학에서 감각적 쾌락을 두루 경계하는 한 가지 이유는, 감각적 쾌락에서는 지속적 혜택을 얻을 수 없기 때문이다. 쾌락은 지금 당장에는 기분 좋게 느껴지지만, 감각적 기억이란 것이 워낙 재빨리 사라지게 마련인 데에다, 감각적 쾌락을 느끼고 나서 그 당사자가 더 지혜로워지거나 더 강해지는 것도 아니다. 오히려 쾌락은 그걸 더 누리고 싶게끔 사람들을 자꾸 뒤로 잡아끌어, 장기적으로는 다른 좋은 활동들에서 멀어지게 한다. 하지만 희열은 쾌락과는 엄연히 다르다. 희열도 우리에게 더 많이 갖도록 요구하지만, 그것은 우리를 더 어려운 일에 도전하게 하고 우리의 영역을 더 확장해 주는 요구이다. 희열은 우리가 무언가를 성취하거나, 무언가를 배우거나, 무언가를 더 나아지게 했을 때 얻어지는 경우가 많다. 몰입의 상태에 들어가면, 고되기만 한 일들도 그다지 힘들지 않게 된다. 그 안에서는 내 모든 역량을 계속 최대한 쥐어 짜내고, 내 기술을 계속 연마하며, 내 강점들을 계속 활용하기를 내가 **원하기** 때문이다. 셀리그먼의 견해에 의하면, 자신의 강점이 무엇인가를 아는 것이야말로 자신이 어디서 희열을 느끼는지 아는 핵심 열쇠이다.[53] 그런 면에서 사람들이 가진 다양한 강점 목록을 만들어 낸 것은 긍정심리학이 이룩한 커다란 성취의 하나인 셈이다. www.authentichappiness.org에서 온라인 테스트를 받아 보면, 여러분도 자신이 어떤 강점을 가졌는지 파악할 수 있을 것이다.

최근 나는 이 강점 테스트를 내 심리학 개론 수업을 수강하는 학생 350명에게 받아 보게 한 뒤, 일주일 후에는 그 학생들에게 앞으로 며칠 사이에 네 가지 활동을 꼭 해 보라고 부탁했다. 그중 하나는 오후 중간에 잠시 짬을 내서 맛난 아이스크림을 먹는 등 감각적 즐거움에 탐닉하며 휴식 시간을 가지라는 것이었다. 이런 활동이 당장 그 순간에 제일 즐겁기는 했다. 하지만 모든 쾌락이 그렇듯, 감각적 즐거움은 순식간에 자취도 없이 사라졌다. 한편 나머지 세 가지 활동은 잠재적 희열이 될 만한 것들이었다. 즉, 평상시에는 듣지 않았던 강연이나 수업에 참석해 보는 것, 곤경에 빠진 친구가 얼마쯤이라도 힘을 얻을 수 있는 친절을 한 가지 베푸는 것, 내가 감사를 느끼는 사람을 생각해 내고 왜 그 사람에게 고마운지 이유를 적은 뒤 나중에 전화를 걸거나 직접 찾아가 감사의 마음을 전하는 것이었다. 이 네 가지 활동 중 학생들이 제일 재미없어 한 것은 강연 참석이었다. 단, 호기심과 배움에 대한 사랑을 강점으로 가진 학생들은 예외였다. 이런 학생들은 강연에서 훨씬 많은 것을 얻었다. 여기서 중대한 사실은, 자신만을 위하는 감각적 즐거움에 탐닉했던 학생들보다는 친절을 베풀고 감사를 전한 학생들이 더욱 오랜 기간 지속되는 긍정적인 기분 변화를 경험했다는 것이다. 비록 친절을 베풀거나 감사를 표시하는 일은 일상적 사회관계의 틀을 벗어나는 것은 물론 서로 민망한 분위기까지 감수해야 하는 만큼 사람들이 가장 소심하게 임한 활동이었지만, 학생들은 일단 이 같은 일을 하고 난 뒤에는 남은 하루를 더 기분 좋게 보낼 수 있었다. 심지어 많은 학생들이 그 같은 좋은 기분이 다음날까지 죽 이어졌다고 말했다. 아이스크림을 먹은 학생들 사이에서는 이런 이야기가 전혀 나오지 않았다. 여기서 그치지 않고, 그런 혜택들은 친절과 감사를 강점으로 갖고 있는 학생들 사이에서 가장 두드러지게 나타나는 것으로 밝혀졌다.

따라서 V(자발적 활동)는 분명 실재하며, V가 단순히 매사에 초연한 태도를 기르는 것만 말하는 것도 아니다. 우리의 강점을 활용할 수만 있다면, 우리의 행복도 분명 늘어나게 할 수 있다. 그런 활동이 사람 사이의 관계를 돈독히 다져 주는 일일 때에는 특히 그렇다. 곤경에 빠진 친구를 돕거나, 은인에게 감사를 표하는 일 등. 그렇다고 매일같이 마구잡이로 친절을 하나씩 베풀었다간 금세 싫증이 날 테지만, 만일 여러분이 자신의 강점을 알고 그 강점들을 적극 활용할 다섯 가지 활동 목록만 만들 수 있다면, 여러분의 일상에 적어도 매일 한 가지 희열은 더 생겨나리라 확신해도 좋다. 연구를 통해서도, 사람들에게 어떤 것이든 친절을 매주 한 가지씩 베풀거나, 혹은 몇 주간 일상에서 겪은 감사한 일들을 하나도 빠짐없이 헤아리게 하자, 작게나마 사

조너선 하이트의 바른 행복

람들의 행복도 꾸준히 늘어나는 것으로 나타났다.[54] 그러니 여러분도 솔선해서 나서 보자! 희열을 느낄 수 있는 여러분만의 활동들을 고른 뒤, 주기적으로 그 활동들을 실행에 옮겨(하지만 싫증이 날 정도로 해서는 안 된다), 여러분의 행복 수준을 전반적으로 끌어올리는 것이다.

엇나간 목표 설정

사람들은 대체로 합리적 방식에 따라 자신들 나름의 이익을 추구하며, 바로 그것이(즉, 애덤 스미스가 이른바 "보이지 않는 손"이라고 한 사리 추구) 시장을 움직이는 힘이라는 것은 경제학의 금언 중 하나로 통한다. 그런데 1980년대에 들어서자, 몇몇 경제학자들이 심리학을 파고들어 당대를 주름잡고 있던 모델들을 하나둘 뒤엎기 시작했다. 그 선봉에 섰던 것이 코넬대학교의 경제학자 로버트 프랭크Robert Frank로, 1987년 그는 《이성 안의 열정Passions Within Reason》이라는 저작을 통해 사람들이 순수한 사리 추구라는 경제 모델에 부합하지 않는 일들을 왜 하는지 그 사례를 몇 가지 찾아 분석해 냈다. 예를 들면, 집에서 멀리 떨어진 외지 식당에 팁을 놓고 온다든지, 커다란 비용이 들어가는데도 극구 복수를 하려 한다든지, 자신을 찾아온 절호의 기회들을 포기하고 친구와 배우자 곁에 끝까지 남는다든지. 프랭크의 주장에 의하면, 이러한 행동들은 도덕적 감정(사랑, 수치심, 복수심, 죄책감 등)에서 비롯되며, 이런 도덕적 감정들은 다시 진화를 통해 생겨나는 것으로 봐야만 비로소 이해가 가능해진다. 진화는 이따금 우리를 "전략적으로 비합리적이게" 행동하게끔 만들어 온 것처럼 보이는데 바로 그것이 우리 자신의 이익을 지키기 위한 일이기 때문이다. 예를 들어, 누군가에게 사기를 당해 부아가 치민 사람이 비용이 얼마가 들든 반드시 복수하겠다고 나선다면, 나중에 그 사람은 반드시 복수하는 사람이라는 평판으로 인해 사기꾼들이 함부로 달려들지 못하게 된다. 이에 반해 비용보다 혜택이 더 클 때에만 복수에 나서는 사람들은, 그런 평판을 가지지 못하는 만큼 숱한 상황 속에서 그들을 태연자약하게 등쳐 먹는 사기꾼들을 만나게 될 가능성이 있다.

프랭크는《사치 열병Luxury Fever》에서도,[55] 위와 똑같은 접근법을 취해 또 다른 비합리성을 다루었다. 그 비합리성이란 바로 사람들이 자신의 행복에 반하는 수많은 목표들을 세우고 그것을 뒤쫓기에 여념이 없는 것을 말한다. 논의 전개를 위해 프랭크는 먼저 곳곳의 나라들엔 점점 부가 쌓여가는데 왜 그 안에서 살아가는 시민들은 좀처럼 더 행복해지지 않는가 하는 의문으로 서두를 연 뒤, 기본적 욕구들이 일단 충족되고 나면 그 뒤부터는 더 이상 돈으로는 행복을 살 수 없는 게 아닐까 생각한다. 하지만 증거를 면밀히 검토한 끝에 프랭크가 내린 결론에 따르면, 행복을 돈으로 살 수 없다고 생각하는 이들은 단지 그것을 어디서 사는지 모를 뿐이라는 것이다. 사람들이 돈을 주고 사는 것 가운데에는 적응의 원칙에 훨씬 덜 지배받는 것들이 몇 가지 있다. 사람들이 자신들을 오래도록 더 행복하게 만들어 줄 것들에 돈을 쓰지 않고, 사치품을 비롯해 자신들이 이미 완벽하게 적응한 물건들에 왜 그토록 열심히 돈을 갖다 바치는지 프랭크는 그 이유가 궁금해졌다. 예를 들어, 일하지 않는 시간을 더 많이 내어 가족이나 친구들에게 "쓴다면" 아마도 사람들은 더 행복해지고 건강해지지 않을까? 비록 사는 집의 평수는 작아지더라도 통근 시간이 줄어들면 그 편이 더 행복할 텐데도, 갈수록 더 큰 집만을 찾아다니며 통근길이 아무리 길어져도 마다하지 않게 된 것이 오늘날 미국의 추세이다. 또 벌이는 좀 시원찮아도 휴가를 더 길게 쓰는 것이 삶이 더 행복하고 건강해지는 길일 텐데도, 미국은 물론이거니와 유럽 역시 휴가 시간은 갈수록 줄어들고 있다. 또 가전제품, 차, 시계는 기본적 성능과 실용성을 갖춘 것을 사되 그 나머지 돈은 미래 소비를 위해 저축한다면 더 행복해지는 것은 물론, 장기적으로는 아마 더 부자가 될 수 있을 것이다. 그럼에도, 특히 미국인은 자신이 수중에 쥔 거의 모든 돈을 (때로는 그보다 더 많은 것을) 지금 사들이고 싶은 물건들에 써 버린다. 그것도 디자이너의 이름이 붙고 군더더기 기능을 넣었다는 명목으로 막대한 프리미엄이 붙은 가격으로 물건을 살 때가 많다.

프랭크는 이를 간단히 설명하는데, 과시적 소비와 비과시적 소비는 서로 다른 심리적 규칙에 따라 이루어진다는 것이다. 과시적 소비의 대상은 타인의 눈에 훤히 보이는 물건들, 그것을 가지고 있으면 그 사람이 다른 사람에 비해 성공했다는 징표로 간주되는 것들을 말한다. 이런 물건들은 필시 군비 경쟁으로 치달을 수밖에 없으니, 그렇게 되면 그 물건이 가진 객관적 특징들보다는 그 물건이 소유자의 어떤 점을 설명해 주느냐에 따라 그 물건이 얼마나 귀한 것인지가 결정된다. 예를 들어, 모든 사람이 타이멕스 시계를 차고 있다고 했을 때, 롤렉스 시계를 맨 처음으로 손목에 차는 이가 단연 두드러질 게 분명하다. 그러다 모든 이가 롤렉스로 갈아탄 상황이 되면, 이제 높은 지위에 오르기 위해선 2만 달러짜리 파텍필립이 필요해지고, 이제 롤렉스를 차서는 전만큼 뿌듯한 마음이 들지 않는다. 과시적 소비는 제로섬 게임과 같다. 게임에 참가한 이들이 저마다 한 칸씩 위로 올라갈 때마다, 다른 사람들이 가진 물건의 가치는 떨어지게 마련이다. 그뿐 아니라, 예전처럼 모든 이가 소박한 시계를 차면, 평균적으로, 형편이 다들 더 나아질 게 분명한데도, 집단 성원 전체 혹은 하위문화 집단을 설득해 우리 다 같이 한 칸 아래로 내려가자고 설득하기는 도무지 어렵다는 것이다. 이에 반해, 비과시적 소비는 당사자에게만 나름의 가치를 갖는 상품 및 활동으로, 이런 것들은 보통 더 사적인 차원에서 소비되며 사람들이 지위를 차지하려는 목적으로 사지도 않는다. 적어도 미국인의 경우에는 휴가를 가장 길게 쓰거나 제일 짧은 통근 거리로 출퇴근한다고 해서 어떤 위신을 얻는 것은 아니기에, 이 같은 비과시적 소비는 굳이 군비 경쟁으로 치닫지 않는다.

　이 대목에서 이런 사고 실험만 한번 해 보도록 하자. 다음의 두 직장 중 여러분이라면 어느 쪽을 다니겠는가? 한 직장에서는 여러분은 1년에 9만 달러를 버는 반면에 동료들은 평균적으로 7만 달러를 벌고, 다른 직장에서는 여러분이 1년에 10만 달러를 버는 반면에 동료들은 15만 달러를 번다. 이 질문에서는 많은 이들이 자신 같으면 첫 번째 직장을 다닌다고 답했는데, 그렇다는 것은 이들에게는 상대적 지위가 최소한 1만 달러의 가치는 지닌다는 이야기이리라. 이제는 이 질문을 가지고 또 다른 선택을 해 보자. 한 직장에서는 여러분에게 1년에 2주의 휴가를 주고 다른 직원들에겐 평균적으로 단 1주의 휴가만 주는 한편, 다른 직장에서는 여러분에게 1년에 4주의 휴가를 주고 다른 직원들에게는 평균적으로 1년에 6주의 휴가를 준다면 여러분은 둘 중 어느 쪽이 더 낫겠는가? 이 질문에서는 사람들 태반이 휴가가 절대적으로 더 긴 쪽을 택한다.[56] 이는 휴가가 비과시적 소비이기 때문인데, 물론 사람들이 휴가를 자신의 에너지 재충전에 쓰는 대신 돈을 물 쓰듯 써서 남의 이목을 끄는 식으로 보낸다면 그것도 얼마든지 과시적 소비가 될 수 있다.

프랭크의 이 같은 결론들은 "활동과 소유"가 가져다주는 혜택을 다룬 최근 연구를 통해 더욱 단단히 뒷받침되었다. 심리학자 리프 반 보벤Leaf Van Boven과 톰 길로비치Tom Gilovich는 사람들에게 과거에 행복과 즐거움을 얻기 위해 100달러 이상을 들였던 때를 회상해 달라고 부탁했다. 그러면서 피험자 한 집단에는 물질적 소유에 돈을 쓴 경험을 골라 달라고 한 반면, 다른 집단에는 활동을 하는 데 돈을 쓴 경험을 골라 달라고 부탁했다. 피험자들은 그때 자신이 돈을 내고 무엇을 갖거나 혹은 했는지 설명한 후, 각자 설문지를 작성해 달라는 요청을 받았다. 그 결과 돈을 내고 물질적인 것(옷, 보석, 가전제품 등)을 샀던 이들보다 경험을(스키 여행, 콘서트 관람, 근사한 식사) 샀던 이들이, 사신의 구매 경험을 떠올리며 더 행복해한 것은 물론 그렇게 돈을 쓰기를 더 잘했다고 생각했다.[57] 이 실험을 갖가지로 변형해 시행해도 어김없이 비슷한 결론들이 나오자, 경험이 더 많은 행복을 가져다주는 부분적 이유는 그 안에 더 커다란 사회적 가치가 담겨 있기 때문이라고 반 보벤과 길로비치는 결론 내렸다. 100달러 이상이 들어가는 대부분의 활동은 우리가 다른 사람과 **함께** 즐기는 것인 반면, 값나가는 물질적 소유물들은 우리가 **남의 이목을 끌고 싶다**는 목적도 일부 염두에 두고 구매할 때가 많다. 활동은 우리를 남들과 연결시키지만, 물건은 우리 사이를 갈라놓을 때가 많은 것이다.

이제 여러분은 어디서 행복을 사야 할지 알게 되었다. 아무개네를 따라잡으려고 아등바등 하던 것은 그만두자. 과시적 소비에 가진 돈을 낭비하는 일도 관두자. 그 첫 발걸음으로 일단은 일을 덜 하고,

돈을 덜 벌고, 덜 모으는 동시에, 가족과의 시간이나 휴가 같은 여타의 더 즐거운 활동들에 "돈을 쓰는" 것이다. 중국의 현인 노자는 사람들에게 단단히 이르길, 선택은 자신들이 각자 알아서 하는 것이지 남들이 다 한다고 무작정 물질적 목표들을 뒤쫓아서는 안 된다고 했다.

> 경주와 사냥은 마음을 광란으로 몰고,
> 보석은 사람들을 길 잃고 헤매게 하네.
> 현인은 눈에 보이는 것이 아닌, 자신이 느끼는 것을 길잡이로 삼으니,
> 그는 저것을 놓고 이것을 택하노라.[58]

안타까운 사실은, 만일 코끼리가 코로 보석을 휘감고 도무지 놓지 않으려 한다면 위에서처럼 어느 하나를 놓고 다른 하나를 택하기가 여간 어렵지 않다는 것이다. 자연 선택에 따라 코끼리는 삶이라는 게임에서 승리하도록 그 틀이 짜여 있으며, 그 게임에서 이기기 위해 남의 이목을 끌고, 사람들의 동경을 얻고, 상대적 서열에서 자꾸 위로 오르는 것을 전략의 일부로 활용한다. 즉, **코끼리가 염두에 두는 것은 위신이지 행복이 아니며**[59] 무엇이 위신을 가져다줄지 알아내기 위해 시종 남들의 눈치를 살핀다. 심지어 코끼리는 다른 데에서 더 커다란 행복을 찾을 수 있을 때조차, 진화상으로 설정된 자신의 목적들을 추구하려 할 것이다. 그런데 제한된 양의 위신을 모두가 똑같이 뒤쫓다 보면, 결국에는 다 함께 제로섬 게임, 영원한 군비 경쟁에 휘말려 헤어나지 못하게 되니, 이런 세상에서는 부가 늘어난다고 해서 행복이 함께 늘어나지는 않는다. 명품을 뒤쫓는 것은 행복이 쳐 놓은 덫이다.

사람들은 그것만 있으면 자신도 행복해질 거라 믿고 열심히 그것을 뒤쫓지만, 그렇게 내달려 결국 이르는 데는 막다른 골목일 뿐이다.

현대의 삶에 놓인 덫은 이 외에도 허다하다. 거기에 어떤 미끼가 쓰이는지를 보면 이런 식이다. 다음 말들 중에서 제일 끌리는 것을 하나 골라 보자. **구속, 한계, 장벽, 선택**. 아마 대체로 여러분이 택한 말은 **선택**일 텐데, 앞의 세 단어는 보는 순간 부정적 정서가 일어났을 것이기 때문이다(좋음 측정기에 관한 내용을 떠올려 보자). 이 선택과 함께, 그것과 곧잘 연결되는 개념인 자유는, 현대의 삶에서 사람들이 예외 없이 높이 치는 것들이다. 대부분 사람들은 웬만하면 상품이 고작 두 가지뿐인 구멍가게보다는, 식품 항목별로 다양한 상품을 열 가지는 쌓아 둔 대형 마트에서 장을 보고자 할 것이다. 또한 자신의 퇴직 연금 역시 고작 네 개 펀드를 내놓는 회사보다는 40가지의 펀드를 제시하는 회사에 투자하고 싶어 할 것이다. 그런데 막상 사람들에게 폭이 더 넓어진 선택을 제시하면, 예를 들어 고급 초콜릿을 (여섯 가지에 그치지 않고) 서른 가지나 구해다 한군데 모아 놓고 사람들에게 하나만 고르게 하면, 오히려 사람들은 선뜻 고르지 못할 가능성이 더 커진다. 설령 고른다 해도 자신의 선택에 덜 만족해 한다.[60] 고를 수 있는 게 많으면 많아질수록 내 구미에 완벽히 맞는 걸 찾겠다는 기대도 높아지지만, 선택의 폭이 넓으면 넓어질수록 최고의 상품을 집어낼 확률도 덩달아 낮아진다. 우리는 자신의 선택에 별 확신을 갖지 못한 채 가게를 나서게 되고, 그러면 후회가 몰려들면서 내가 택하지 않은 것들이 계속 머리를 맴돌 가능성이 커진다. 심리학자 배리 슈워츠Barry Schwartz는 이를 두고 "선택의 역설"이라는 말을 쓴다.[61] 우리는 선택을 중시하는 경향이 있고, 따라서 자발적으로 선택을 했다가 도리어 행복이 줄어들더라도, 가급적 무언가를 스스로 선택하는 상황에 놓이고자 한다. 그런데 슈워츠와 그의 동료들이[62] 밝혀낸 바에 따르면, 이런 선택의 역설이 적용되는 대상은 대체로 이른바 "최대주의자maximizer"들이다. 이들은 모든 선택지를 일일이 재 보고, 더 많은 정보를 끝까지 찾아내고, 최상의 선택을 하고자(혹은 경제학자의 말을 빌리면 "자신들의 유용성을 극대화하고자") 습관적으로 노력한다. 한편 다른 부류의 사람("만족주의자satisficer")들은 선택에 그렇게 연연하지 않는다. 이들은 선택지를 몇 가지 재 보다가 웬만큼 좋다 싶은 것이 있다 싶으면, 거기서 탐색을 멈춘다. 만족주의자들은 선택지가 아무리 쏟아져도 무덤덤하다. 종국에는 최대주의자가 만족주의자에 비해 평균적으로 약간 더 나은 선택을 하기는 하지만(그토록 전전긍긍하며 정보를 끌어 모으는 게 도움은 되는 셈이다), 그러고도 최대주의자는 자신의 결정에 대해 만족주의자보다 덜 행복해하며, 우울증이나 불안증에 빠지는 경향도 더 심하다.

이들과 관련한 한 기발한 연구에서는,[63] 최대주의자와 만족주의자를 데려와 실험을 하되 다른 피험자를(실제로는 공동 실험자였다) 함께 앉히고 도해 문제를 풀게 했는데, 이 자리에서 다른 피험자는 일부러 문제를 훨씬 빨리 풀거나 혹은 훨씬 늦게 풀었다. 이런 일들에 만족주의자들은 비교적 그다지 동요하는 기색이 없었다. 자신이 얼마큼의 능력이 있고, 이 연구를 자신이 얼마나 즐기는가에 관한 그들의 평가는, 다른 피험자가 뭘 하는지에 거의 아무 영향도 받지 않았다. 하지만 최대주의자는 다른 피험자가 자신보다 빨리 문제를 풀면 당황하는 기색이 역력했다. 나중에 그들은 자신의 능력치는 실제보다 낮게 평가하고, 부정적 감정의 수준은 더 높아진 것으로 보고했다. (문제

조너선 하이트의 바른 행복

를 늦게 푸는 사람과 짝지었을 때는 그 영향이 그리 크지 않았다. 긍정적 사건보다 부정적 사건의 힘이 더 막강함을 보여 주는 또 하나의 실례이다). 이 대목의 요지는 결국 최대주의자가 사회적 비교에 더 휘말리고, 따라서 과시적 소비에도 더 쉽게 이끌린다는 것이다. 역설적인 얘기지만, 그러면서도 최대주의자는 똑같이 1달러를 쓰고도 만족주의자보다 즐거움을 덜 얻는다.

현대의 삶 속엔 이런 덫들이 도처에 깔려 있다. 그중 몇 개는 마케터와 광고업자들이 설치하기도 하는데, 이들은 코끼리가 원하는 게 무언지를 정확히 간파하고 있다. 그리고 그것이 행복은 아니라는 사실도.

행복 가설을 다시 생각하다

애초 이 책을 쓰기 시작했을 때만 해도, "3000년 역사 최고의 심리학자상"이 있다고 하면 나는 당연히 부처야말로 유력한 후보일 거라고 생각했었다. 뭔가를 위해 아등바등 사는 것이 부질없다는 그의 진단은 나에게 더없이 옳은 말로 여겨졌고, 자신의 길을 따르면 평정을 얻을 수 있으리라는 약속 역시 너무도 솔깃하게 들렸다. 하지만 이 책을 위해 조사를 하는 동안, 어쩌면 불교가 과민 반응, 심지어는 오류를 그 밑바탕에 깔고 있을지도 모른다는 생각이 차차 들기 시작했다. 전설에 의하면,[64] 부처는 북인도를 다스리던 왕의 아들이었다. 부처가 (고타마 시타르타라는 이름으로) 세상에 태어났을 때, 왕이 들은 예언에 의하면 아들은 끝내 궁궐을 떠날 테고 숲에 들어가서는 왕국과는 담을 쌓고 지낼 운명이라고 했다. 그래서 왕은 감각적 쾌락으로 아들을 왕국에 붙들어 매는 한편, 그의 마음을 어지럽힐 만한 것들은 아들이 보지 못하게 죄다 숨기려고 애썼다. 젊은 왕자는 아름다운 공주와 결혼해 왕궁의 상층부에만 기거했고, 그의 곁에는 늘 아름다운 여인들로 골라 뽑은 후궁들이 머물렀다. 하지만 이런 생활이 왕자는 이내 지겨워졌고(적응의 원칙), 바깥세상은 어떤지가 자못 궁금해졌다. 종국에 왕자는 아버지를 설득해 마차를 타고 왕궁 밖을 나가 봐도 좋다는 응낙을 얻어 냈다. 왕자의 행차가 예정된 날 아침, 왕은 백성들에게 명해 모든 늙고, 병들고, 불구인 이들은 온종일 집 안에만 머물라고 했다. 그런데 길거리에 노인 하나가 집에 돌아가지 않고 남아 있었고, 그 모습이 하필 왕자의 눈에 띄었다. 왕자가 마부에게 저 괴이하게 생긴 게 대체 뭐냐고 묻자, 마부가 사람은 원래 다 저렇게 늙는 것이라고 일러주었다. 젊은 왕자는 넋이 빠진 채 왕궁으로 돌아왔다. 다음 날 마차를 타고 궐 밖으로 나섰을 때에는 병에 걸려 몸을 제대로 가누지 못하는 병자가 눈에 띄었다. 이번에도 그 이유에 대한 설명을 듣고, 왕자는 또 한번 왕궁으로 발길을 돌렸다. 셋째 날, 이번에는 상여에 실린 송장이 길거리를 지나는 광경이 왕자의 눈에 띄었다. 이제는 왕자도 더는 버틸 도리가 없었다. 노화, 병, 죽음이 모든 이가 맞는 운명임을 깨달은 순간 왕자는 외쳤다. "마차를 돌려라! 여기저기 한가로이 유람이나 다닐 시간이 지금 어디 있느냐? 이제 곧 자신이 허망하게 무너질 걸 아는 사람이, 그런 재난이 시시각각 닥쳐오는 때에 어찌 그저 맘 놓고 있을 수 있다는 말이냐?"[65] 그 후로 왕자는 처첩들을 남겨두고 왕궁을 떠난 것은 물론, 예언에서 말한 그대로 왕으로서의 미래도 단념했다. 그는 숲속으로 들어가 깨달음을 향한 여정

조너선 하이트의 바른 행복

에 올랐다. 그렇게 해서 깨달음을 얻은 후,[66] 부처(부처가 곧 "깨달음을 얻은 자"라는 뜻이다)가 설파한 가르침이 바로 삶은 고_苦이며, 쾌락, 성취, 명성을 비롯해 우리를 삶에 붙들어 매는 온갖 집착을 깨뜨리는 것이 고에서 벗어나는 유일한 길이라는 것이었다.

그런데 만일 부처가 젊은 왕자였던 그 시절, 자신의 호화로운 마차에서 내려 그가 그토록 불행할 거라 여겼던 이들과 직접 이야기를 나눠 봤다면 어땠을까? 그 가난하고, 늙고, 불구에다, 몹쓸 병을 가진 사람들을 인터뷰해 봤다면 혹시 어땠을까? 오늘날 제일 호기로운 젊은 심리학자로 꼽히는 로버트 비스와스 디너Robert Biswas-Diener(행복학 연구의 개척자 에드 디너의 아들이다)가 행한 작업이 바로 이것이었다. 그는 전 세계를 돌며 사람들을 인터뷰해, 그들이 어떤 삶을 살고 있고 자신들 삶에 과연 얼마나 만족하는지에 관해 이야기를 들었다. 그런데 그린란드에서 케냐, 나아가 캘리포니아에 이르기까지, 그가 세계 곳곳 어디를 가든 대부분의 사람들은(노숙자는 예외였다) 자신들 삶에 불만족하기보다 더 만족스러워한다는 사실을 알 수 있었다.[67] 심지어 그는 캘커타 빈민가에서 성매매를 하며 살아가는 여성들, 즉 장차 병에 걸릴 줄 알면서도 빈곤에 찌들어 몸을 팔지 않으면 안 되는 이들을 인터뷰하기도 했다. 물론 이들 여성은 비교 집단인 캘커타의 여대생들보다는 삶에 대한 만족도가 현저히 낮았지만, 그래도 여전히 열두 가지의 삶의 구체적 측면에서 이들 역시 자신의 삶이 불만족스럽기보다는 그래도 만족스럽다고 평가하거나, 아니면 중간이라고(즉, 만족스럽지도 않고 불만족스럽지도 않다고) 평가했다. 서양의 우리들에겐 도무지 버틸 수 없을 것처럼 보이는 궁핍 속에서 이들이 고통을 겪은 것은 맞지만, 그래도 하루의 많은 시간을 함께 보내는 절친한 친구들이 이들 곁에 있었고, 대부분 여성들이 가족들과도 계속 연락을 주고받으며 지내고 있었다. 비스와스 디너의 결론에 의하면, "캘커타의 빈민은 남들이 부러워할 삶을 이끌어 나가는 것은 분명 아니었지만, 나름대로 의미 있는 삶을 이끌어가고 있었다. 이들은 자신에게 주어진 비물질적인 자원들을 십분 활용해, 자기 삶의 많은 영역들에서 만족을 찾아낸다."[68] 불구자, 노인을 비롯해 젊은 시절의 부처가 가련하게 여겼을 여타 계층 사람들처럼, 이들 매춘부의 삶도 막상 안에 들어가 보면 바깥에서 바라보는 것보다는 훨씬 나았다.

부처가 생전에 초탈을 강조한 또 한 가지 이유는, 그가 살던 시대가 워낙 격동이 심했기 때문이기도 했을 것이다. 왕과 도시 국가들이 툭하면 전쟁을 벌였기에, 일반 백성들의 목숨과 재산은 하룻밤 새 불에 타 없어지기 일쑤였다. 삶이 이토록 예측 불허에다 위험천만하다면(그러기는 변덕스러운 로마 황제들 통치 속에 살아야 했던 스토아학파 철학자들도 마찬가지였다), 바깥 세상을 내 힘으로 통제해 행복을 구하려고 하는 것은 자칫 바보 같은 짓이 될 수도 있다. 하지만 지금 세상은 그렇지가 않다. 부유한 민주주의 사회에서 살아가는 사람들은 얼마든 장기적인 목표를 설정하고, 그것이 이뤄지길 기대할 수 있다. 우리는 질병에 면역력을 갖추고 있고, 폭풍우를 피할 대피소를 마련해 두고 있으며, 화재, 절도, 충돌 사고에 대비해 보험도 들어 놓고 있다. 인류 역사상 처음으로, (부유한 국가에서 살아가는) 대부분의 사람들은 70세 넘어서까지 살아갈 테고, 자식 어느 하나가 나보다 먼저 죽는 것도 보지 않을 것이다. 물론 그 과정에서 우리도 다들 원치 않는 충격적 일들을 겪을 테지만, 그런 일 거의 대부분에 우리는 적응하고 또 그것들을 극복해 낼 것이며, 고생을 겪은 후에는 그게 오히려 약이 되었다고 믿는 이들도 많을 것이다. 따라서 모든 집착을 완전히 끊고, 감각적 쾌락을 되도록 멀리하며, 상실과 패배의 고통에서 기어코 벗어나는 것은 지금 시점에 와서 생각해 보면, 모든 생에는 고통이 얼마쯤 뒤따르기 마련이라는 데 대한 적절한 반응이라 여겨지지 않는다.

수많은 서양 사상가들도 부처가 목격한 삶의 고통들(병듦, 나이듦, 죽음)에 똑같이 눈을 돌렸으나, 이들이 이른 결론은 부처와는 사뭇 달랐다. 그들은 이런저런 사람, 목표, 즐거움에 열정적으로 매달리는 방법을 통해 삶이 가장 충만하게 살아지는 게 틀림없다고 보았다. 나도 언젠가 한번 철학자 로버트 솔로몬Robert Solomon의 강연을 들은 적이 있는데, 그는 비집착의 철학은 곧 인간 본성에 대한 모욕이라며 노골적으로 이의를 달았다.[69] 수많은 그리스 및 로마 철학자들이 옹호한 지적 성찰 및 감정적 초연함(아파테이아)의 삶이니, 부처가 옹호한 부언가를 위해 분투하지 않는 고요한 삶은 결국 열정을 피하려는 목적을 가진 삶이라 하겠지만, 열정이 없는 삶은 인간의 삶이라 할 수 없었다. 집착이 고통을 불러온다는 말도 백번 맞으나, 집착은 가장 큰 기쁨을 우리에게 가져다주기도 하니, 철학자들이 극구 피하고자 하는 그런 삶에도 분명 가치는 있다. 나는 철학자라는 사람이 고대 철학을 그렇게나 많이 거부하는 것을 보고 어안이 벙벙했지만, 나 역시 대학에 다니며 철학도로서는 단 한 번도 느껴본 적 없던 생소한 방식으로 나름의 영감을 얻을 수 있었다. 강연실을 걸어 나오면서, 나도 지금 이 순간 지금 이곳에서 삶을 온전히 끌어안을 뭔가를 하고 싶다고 느꼈으니까 말이다.

솔로몬의 메시지는 철학 안에서는 이단으로 통했지만, 낭만파 시인, 소설가, 자연주의 작가들의 작품 속에서는 흔히 찾아볼 수 있는 내용이다. "우리는 삶의 고작 4분의 1도 살지 못하네 / 왜 거센 물결에 몸을 맡기지 못하는가 / 왜 닫힌 성문을 들어올리지 않는가 / 왜 우리에게 달린 바퀴를 굴리지 않는가 / 그는 들을 수 있는 귀를 가졌으니 듣게 하라. 네가 가진 감각들을 부려라."(헨리 데이비드 소로, 1851)[70]

심지어 장차 (이성에 헌신하는 조직인) 미국 대법원의 대법관이 되는 인물도 이런 의견을 낸 적이 있지 않았던가. "삶이란 곧 행동과 열정인 바, 사람이라면 모름지기 지금까지는 산 게 아니었다고 여겨질 만큼 당대의 열정과 행동에 함께 나서는 일이 필요하다."(올리버 웬델 홈스 주니어, 1884)[71]

부처, 노자를 비롯해 동양의 현인들이 발견한 것은 평화와 평정에 이르는 길, 즉 무언가를 버리고 내려놓는 길이었다. 그 길을 따른 이들은 서양 안에도 이루 헤아릴 수 없이 많았고, 비록 극소수기이기는 하나 몇몇은 실제로 열반에 이르기도 했으며, 어느 정도의 평화, 행복, 영적 성장을 찾아낸 이들도 꽤 있었다. 그런 만큼 나는 불교가 오늘날 세계에 가지는 가치나 의의를 문제 삼으려는 것도 아니고, 행복을 찾기 위해 스스로 노력하는 것이 얼마나 중요한가에 대해서 토를 달려는 것도 아니라는 사실을 잘 안다. 그보다 내가 하고자 하는 제안은, 행복 가설을 더 확장해 (지금으로서는) 음과 양의 틀에서 바라봐야 한다는 것이다. 즉, **행복은 우리 안에서도 오고, 우리의 밖에서도 온다.** (10장에 가서 이 가설을 더 정교하게 다듬어 보도록 하겠다.) 음과 양 모두를 보듬고 살아가기 위해서, 우리에게는 나름의 지침이 필요하다. 음의 방면에서는 부처가 역사상 가장 예민한 길잡이로서, 항시 그리고 온화하게 음의 내면적 작용을 우리에게 상기시킨다. 하지만 행동, 분투, 열정적 집착이라는 서양의 이상도 불교에서 말하는 것만큼 그렇게 엇나간 길은 아니라고도 나는 믿는다. 지금 우리에겐 그저 (동양을 통해) 약간의 균형감을 찾고, 무엇을 위해 우리가 분투해야 하는지 (현대 심리학을 통해) 약간의 구체적 지침을 얻는 일이 필요할 뿐이다.

6장 관계와 애착에서 진정한 사랑을 찾아라

스스로를 혼자라고 생각해 매사를 자신의 쓸모 문제로 돌리는 사람은,

그 누구도 행복할 수 없다.

설령 혼자서 충분히 살아갈 만하더라도,

우리는 반드시 우리의 이웃을 위해서도 살 줄 알아야 한다.

세네카[1]

그 누구도 바다 한가운데 홀로 떠 있는 섬 같은 이는 없다.

사람은 누구나 대륙의 일부,

그 드넓은 땅덩이의 어느 한 부분이다.

존 던[2]

1931년, 고작 네 살에, 우리 아버지는 소아마비 진단을 받았었다. 이 진단을 받기 무섭게 아버지는 뉴욕시 브루클린 지방 병원의 격리실로 들어가야 했다. 당시는 소아마비 치료제나 백신이 아직 없을 때였고, 따라서 도시 주민들은 병이 퍼지지 않을까 하는 두려움을 품은 채 살아가고 있었다. 병원에 머문 몇 주 동안 아버지는, 마스크를 쓴 간호사가 이따금 찾아오는 것 외에는, 사람이라곤 일절 접할 수가 없었다. 할머니가 매일같이 아버지를 보러 병원을 찾았지만, 할머니가 할 수 있는 일은 없었다. 그저 아이에게 손을 흔들어 주고, 병실 문의 유리창을 통해 아이에게 말을 걸어 주는 것이 전부였을 뿐. 아버지는 그런 엄마를 부르며, 병실 안으로 어서 들어오라고 떼를 썼던 기억이

난다고 하셨다. 할머니는 아이의 그런 모습에 필시 가슴이 미어졌을 테고, 그래서 어느 날엔가는 규칙을 어기고 병실 안으로 들어가셨다. 그 사실이 병원에 적발돼 할머니는 엄중하게 질책을 받아야 했다. 아버지는 마비 증세 없이 병에서 회복했지만, 왠지 그때의 아버지 모습은 항상 내 뇌리에 남아 떠나지 않았다. 병실에 작은 꼬마가 혼자 덩그러니 앉아, 유리창 너머로 엄마를 물끄러미 바라보고만 있는 그 광경이.

당시 아버지는 운이 나빴던 것이었는데, 하필 중대한 생각 세 가지가 하나로 합쳐져 큰 흐름을 형성한 시기였기 때문이다. 이 중대한 생각 중 하나는 1840년대에 이그나스 젬멜바이스Ignaz Semmelweis가 제창한 세균 이론germ theory으로, 20세기를 지나는 동안 차츰 무서운 기세로 각지의 병원과 가정을 파고들었다. 소아과 의사들이 이 세균 이론을 다른 무엇보다 두려워하게 된 건, 1920년대에 고아원 및 기아棄兒 보호 시설로부터 통계를 입수하기 시작하면서였다. 남아 있는 기록을 최대한 멀리까지 더듬어 올라가 봐도, 보호 시설에 유기된 아동은 대부분 1년 안에 사망하는 것으로 나타났다. 또 1915년 뉴욕의 의사 헨리 채핀Henry Chapin이 미국소아과학회American Pediatric Society에 낸 보고서에 의하면, 그가 점검한 기아 보호 시설 열 곳 중 아홉 곳에서, 시설에 들어오고 두 번째 생일을 맞기도 전에 **모든** 아동이 세상을 떠났다.[3] 이런 시설들이 생때같은 아이들을 죽음으로 몰아넣는다는 현실에 맞닥뜨리자, 소아과 의사들은 논리적 대응을 강구하는 차원에서 세균 퇴치라는 성전聖戰에 돌입했다. 이제 고아원과 병원에서는 아이들을 최대한 청결한 밀실에 격리해 자기들끼리 감염되는 일을 사전에 차단했다. 병상들도 각기 분리되었고, 병상 사이에는 칸막이가 설치되었으며, 간호사들은 마스크와 장갑을 낀 채 아이들에게서 멀찍이 물러나 있었고, 엄마들은 방역 지침을 어기면 호된 질책을 당했다.

　세균 이론 외의 나머지 두 가지 중대한 생각은 정신 분석과 행동주의였다. 이 두 이론은 사실 합치하는 데가 거의 없지만, 영유아가 엄마에게 품는 애착이 모유에 기인한다는 데에서는 의견이 같았다. 프로이트는 영유아의 리비도(쾌락에 대한 욕망)를 처음 만족시켜 주는 것이 엄마의 유방이라고, 따라서 영유아가 처음으로 애착(심리적 욕구)을 품는 대상도 유방이라고 생각했다. 아이는 유방을 가진 여성에 대한 그 욕망을 자라면서 서서히 일반화시켜 가는 것일 뿐이었다. 행동주의학파는 리비도 자체에는 별 관심이 없었으나, 그들도 유방을 최초의 강화인으로 보기는 마찬가지였으니, 그것이 아기가 행한 첫 행동(빨기)에 대한 첫 보상(모유)이라는 것이었다. 행동주의의 핵심을 추려 보라고 하면, 과연 그런 게 있는지는 모르겠으나, 아마도 조건화일 것이다. 행동주의에서는 학습은 오직 행동에 **조건적** 보상을 줄 때에만 이루어진다고 본다. 따라서 무조건적인 사랑(별 이유 없이 아이들을 안고 다니고, 아이 얼굴에 코를 부비고, 아이를 껴안는 등)을 주었다간 아이는 게으르고, 버릇없고, 나약한 사람이 될 게 뻔했다. 프로이트학파와 행동주의학파는 한패를 이루어, 과한 애정으로 아이를 키우는 것은 아이를 망치는 길일 뿐이며, 부모의 그러한 자녀 양육법을 과학적인 원칙들을 통해 개선할 수 있다고 믿었다. 아버지가 병원에 입원하기 3년 전에는, (B. F. 스키너B.F.Skinner 이전 세대) 미국의 저명한 행동주의 심리학자로 꼽히던 존 왓슨John Watson이《심리학적 육아 Psychological Care of Infant and Child》[4]라는 책을 출간해 베스트셀러의 반열에 올랐다. 이 책에서 왓슨은 언젠가는 곳곳에 탁아소가 생겨나, 부모가 끼치는 해악을 벗어난 곳에서 아이들이 길러지기를 꿈꾼다고 썼다. 하지만 그런 시절이 채 오기도 전에, 부모들은 벌써 행동주의자의 기법을 통해 강한 아이들을 길러 내야 한다는 충고를 따르는 분위기였다. 즉, 아이가 울어도 안아 주지 말아야 하고, 아이들을 함부로 껴안거나 애지중지해서도 안 되며, 그저 착한 행동과 못된 행동을 가려 각기 그에 상응하는 상벌을 주면 그만이라는 것이었다.

도대체 과학이 어떻게 이렇게나 방향을 헛짚을 수 있었던 것일까? 의사와 심리학자들은 아이들이 모유와 함께 사랑도 그만큼 많이 필요로 한다는 사실을 어떻게 모를 수 있었을까? 이번 6장에서는 바로 이같은 욕구(타인, 접촉, 그리고 친밀한 관계에 대한 욕구)를 주제로 논의를 해 나가게 된다. 사람이라면 남자든, 여자든, 그리고 아이까지, 그 누구도 섬이 아니다. 이제 과학자들은 존 왓슨 이래 먼 길을 걸어왔고, 따라서 지금은 사랑을 훨씬 인간적으로 다룬 과학도 찾아볼 수 있다. 이 과학 이야기는 고아들과 붉은털원숭이로 서두를 열어, 동서양의 숱한 고대인들이 사랑에 대해 품었던 음울한 시각에 도전하는 것으로 마무리될 것이다. 그 속에서 두 영웅을 만나게 되는데, 심리학도 시절의 금과옥조를 거부한 두 심리학자 해리 할로우Harry Harlow와 존 보울비John Bowlby가 그 주인공이다. 이 둘은 행동주의와 정신 분석 모두에 각기 뭔가 빠진 게 있음을 잘 알았던 인물이다. 이 둘은 엄청난 곤경 속에서도 자신들 분야를 뒤바꾼 것은 물론, 사람들이 아이들을 인간적으로 대하게 만들었으며, 과학이 고대인의 지혜를 대거 개선할 수 있음을 실제로 보여 주었다.

조너선 하이트의 바른 행복

접촉이 주는 위안

해리 할로우는[5] 1930년 스탠포드대학교에서 박사 학위를 받았고, 거기서 공부할 때만 해도 새끼 쥐의 섭식 행동을 주제로 논문을 썼었다. 그 후 할로우는 윈스콘신대학교에서 일자리를 구했으나, 막상 교수가 되고 보니 가르칠 건 산더미처럼 많은데 연구 소재는 변변찮았다. 실험 공간은 물론, 생쥐도 한 마리도 없었을뿐더러, 책으로 펴내려 구상하고 있던 각종 실험들을 수행할 방도조차 없었다. 낙담 끝에 할로우는 궁여지책으로 학생들을 데리고 윈스콘신주 매디슨에 자리한 한 작은 동물원에 갔는데, 그곳엔 몇 마리나마 영장류가 있었다. 하지만 할로우와 그의 첫 대학원생 에이브 매슬로Abe Maslow는 고작 그 몇 마리의 영장류만 데리고는 도저히 대조 실험을 진행할 수 없었다. 그들은 실험을 하는 대신 별 수 없이 영장류 관찰에 들어가, 이참에 마음을 열고 인류와 가까운 관계에 있는 종들로부터 뭔가를 좀 배워 보자고 마음먹었다. 그렇게 해서 지켜본 결과 맨 처음 눈에 띈 것 중 하나가 호기심이었다. 유인원과 원숭이들은 퍼즐 풀기를 좋아했고(인간들이 신체의 민첩성 및 지능 측정하고자 시험으로 내준 퍼즐이었다), 때로는 퍼즐을 푸는 것이 마냥 즐겁기라도 한 듯 거기에 몰두하기도 했다. 이런 모습은 행동주의의 주장과는 상반되었으니, 행동주의에서는 동물은 오로지 행동에 대한 보상이 주어졌을 때만 다시 그 행동을 하게 된다고 보았다.

할로우는 자신이 행동주의에서 결함을 하나 찾아냈음을 알아차렸지만, 지방 동물원에서 벌어진 일화만 가지고 그것을 증명할 수는 없는 노릇이었다. 이제 그에겐 생쥐가 아닌, 영장류를 연구할 실험실이 절실히 필요했고, 목마른 사람이 우물을 판다고, 그가 실험실을 직접 지었다. 자기가 가르치는 학생들의 도움을 받아, 골조만 남은 폐건물 안에 말 그대로 실험실을 하나 뚝딱 만든 것이다. 이 임시변통으로 꾸민 실험실에서 할로우와 그의 학생들은 이후 30년 간 연구를 이어가며 행동주의자의 부아를 끝까지 치밀게 하니, 원숭이가 호기심 많고 지능이 높은 생물로서 뭔가를 머리로 푸는 것을 좋아한다는 사실을 그 어느 때보다 정확히 증명해 낸 것이다. 물론 원숭이도, 인간이 그러듯, 어느 정도는 강화의 법칙을 따르지만, 실제 원숭이의 두뇌 안에서는 행동주의자의 두뇌가 파악할 수 있었던 것보다 훨씬 많은 일들이 벌어지고 있었다. 예를 들어 퍼즐 풀기에서(이를 테면, 각 부분이 자유자재로 움직이는 기계식 자물쇠를 따는 것 따위) 올바르게 한 단계씩 나아갈 때마다 원숭이에게 보상으로 건포도를 주는 건 문제 해결을 방해할 뿐이었는데, 건포도로 인해 원숭이의 집중력이 흐트러져 버리기 때문이었다.[6] 원숭이는 퍼즐 풀기 그 자체를 즐기는 경향이 있었다.

실험실의 규모가 점차 커지자, 할로우는 늘 원숭이가 부족한 문제 때문에 골머리를 앓아야 했다. 원숭이는 수입이 여간 어려울 뿐 아니라, 설령 수입된다 해도 실험실에 도착할 즈음에는 아플 때가 많아, 그때마다 실험실의 원숭이들이 줄줄이 새로운 감염병에 걸리곤 했다. 1955년 할로우는 자신이 직접 붉은털원숭이 번식장을 조성하겠다는 담대한 구상을 머리에 품게 된다. 미국에, 그것도 추운 날씨가 기승을 부리는 위스콘신주에, 내부 개체만으로 유지되는 원숭이 번식장을 만든다는 건 여태 누구도 생각해 본 적 없는 발상이었지만, 할로우는 아랑곳하지 않았다. 그는 자신이 데리고 있던 원숭이들이 짝짓기할 수 있게 한 뒤, 새끼가 태어나면 몇 시간 안에 곧장 밖으로 데리고 나왔다. 원숭이들이 붐비는 실험실 안의 갖가지 감염병으로부터 새끼의 목숨을 지키기 위해서였다. 숱한 실험을 거치고 난 뒤, 할로우와 그의 학생들은 각종 영양분에 항생제까지 함유된 인공 원숭이 이유식을 만들 수 있었다. 또 먹이 공급, 주야간 주기週期, 온도 조절과 관련한 최적의 패턴도 찾아냈다. 어떻게 보면 할로우는 왓슨이 꿈꿨던 방식의 새끼 양육장을 현실에 만든 셈이었고, 그렇게 태어난 새끼들은 점점 덩치도 커지고 건강 상태도 양호해 보였다. 그런데 이 양육장에서 길러진 어린 원숭이들을 다른 원숭이들 틈으로 데려가자, 어린 원숭이들이 질겁하며 불안해했다. 이 원숭이들은 정상적 수준의 사회성 및 문제 해결 능력을 절대 발달시키지 못했고, 따라서 실험에는 아무 짝에도 쓸모가 없었다. 할로우와 학생들은 어안이 벙벙했다. 도대체 어떤 부분을 그들은 미처 헤아리지 못했던 것일까?

그 실마리는 훤히 보이는 곳, 즉 원숭이들의 양손에 꼭 쥐어져 있었다. 마침내 대학원생 빌 메이슨Bill Mason이 발견한 해답은 바로 기저귀용 천이었다. 당시 연구원들은 새끼들이 태어나는 분만실 안의 우리에 이따금 낡은 기저귀 천을 깔아 주곤 했는데, 그렇게 하면 천이 포근한 잠자리가 돼 주고 새끼의 몸이 찬 맨바닥에 닿지 않게 보호해 주었다. 원숭이들은, 특히 무섭다고 느낄 때, 이 기저귀 천에 곧잘 매달리곤 했으며, 새로운 우리로 옮겨질 때에도 그 천을 함께 가져갔다. 이 사실을 안 메이슨이 할로우에게 제안을 하나 했다. 어린 원숭이 몇 마리 곁에 큼지막한 천 뭉치와 큼지막한 나무 뭉치를 함께 놓아 보자는 것이었다. 그러고는 원숭이들이 매달릴 것을 원하는 것인지, 아니면 천의 부드러운 감촉 같은 특별한 무언가를 원하는지 한번 보자고 했다. 할로우도 메이슨의 이 제안에 귀가 무척 솔깃했고, 나름대로 이 제안을 곱씹은 끝에 훨씬 거대한 질문을 마주하게 된다. 그 기저귀 천은 사실 엄마 대신이 아니었을까? 원숭이들은 자신이 안고 싶고, 또 누군가 안아 주기를 바라는 욕구, 육아장에서는 완전히 굶주려야만 했던 그 욕구를 원래부터 갖고 있는 것은 아닐까? 만일에 그렇다면 그는 이 사실을 어떤 식으로 증명해 낼 수 있을 것인가? 이 물음을 통해 나온 할로우의 증명은 심리학 전체를 통틀어 가장 유명한 실험으로 통하게 된다.

할로우는 모유 가설을 직접 시험대에 올렸다. 그는 대리 엄마 원숭이를 두 종류 제작했는데, 성체 암컷 붉은털원숭이와 비슷한 크기의 원통형 구조물에 양 눈과 입이 있는 목재 머리를 갖다 붙인 것까지는 양쪽 모두 똑같았다. 하지만 한쪽은 철사를 얼키설키 엮어 만든 반면, 다른 하나는 푹신한 고무를 대고 그 위에 다시 부드러운 테리직terrycloth(고리 모양의 파일이 있는 면직물. 흡수력이 우수하며, 수건, 잠옷, 나이트가운, 해변복, 이불 등에 사용된다 - 옮긴이)을 덮었다. 그러고는 어린 붉은털원숭이를 여덟 마리를 데라다 두 대리 엄마 원숭이가 있는 우리 안에 각기 한 마리씩 두고 키웠다. 그 중 네 마리의 우리에서는 철사 엄마의 가슴께에 연결된 튜브를 통해서만 우유가 나왔다. 나머지 네 마리의 우리에서는 천엄마의 가슴께에 튜브가 달려 있었다. 만일 프로이트와 왓슨의 생각대로 정말 애착이 우유에서 비롯된다면 원숭이들은 어느 쪽이든 자기에게 우유를 주는 쪽에 애착을 가져야 할 것이었다. 하지만 실험실 안에서 실제 벌어진 일은 그렇지 않았다. 어린 원숭이들은 전부 보드라운 천엄마의 곁에 머물며 거기 매달리든지 기어오르든지 밀치든지 하며 거의 온종일 시간을 보냈다. 할로우의 실험[7]은 지극히 명쾌하고 누가 봐도 설득적이기 때문에, 여러분도 굳이 통계까지 살피지 않아도 결과가 어땠을지 알 것이다. 결과가 궁금하다면 오늘날 모든 심리학 개론서에 빠짐없이 실려 있는 그 유명한 사진을 보는 것만으로도 족하다. 새끼 원숭이 한 마리가 양 뒷다리로 천엄마에게 매달린 채, 팔은 쭉 뻗어 철사 엄마의 튜브를 끌어당겨 우유를 빨아 먹는 사진을 말이다.

이 실험을 통해 할로우는 "접촉 위안contact comfort", 즉 어린 포유류가 엄마와의 직접 몸을 맞대고 싶어하는 기본적 욕구가 있다고 주장했다. 진짜 엄마를 찾을 수 없을 때 어린 포유류는 뭐든지 자기가 가장 엄마 같다고 느끼는 대상을 찾는다. 할로우는 여기서 엄마라는 용어를 쓰며 매우 신중을 기했다. 이때의 엄마는, 심지어 천엄마라도, 자신이 제일 필요로 할 때 위안을 주는 대상을 말하며, 그 위안은 대개 직접 살을 맞대는 것에서 오기 때문이다.

어디서건 가족애가 그려지는 대목이 나오면 사람들은 순간 가슴 뭉클해하며 눈시울을 붉히곤 하는데, 할로우의 일대기를 다룬 데보라 블럼Deborah Blum 의 멋진 책《사랑의 발견Love at Goon Park 》[8]에도 가족애와 관련한 그런 감동적인 표현들이 곳곳에 들어차 있다. 종국에 이 책은 우리를 희망으로 채워 주지만, 그 끝에 다다르기까지 책 안에서 우리는 수많은 슬픔과 일방적 사랑을 도처에서 만나게 된다. 예를 들면, 이 책 표지만 해도 그렇다. 어린 붉은털원숭이가 덩그러니 우리에 앉아 작은 유리창 너머로 자신의 천 "엄마"를 물끄러미 바라보는 사진이 실려 있으니까.

사랑은 두려움을 정복한다

존 보울비의 삶은 할로우가 걸은 인생 역정과는 완전히 달랐다. 물론 그 길 끝에서는 그도 똑같은 발견을 만나게 되지만 말이다.[9] 보울비는 잉글랜드 귀족 집안 태생으로, 어린 시절 보모 손에 길러지다 나중에는 기숙 학교로 보내졌다. 그는 의학을 공부해 정신과 의사가 되었으나, 수련의修鍊醫 초기 시절에 얼마쯤 자원봉사를 행한 것이 향후 그의 이력을 결정짓는 계기가 되었다. 당시 그는 가정집 두 곳에 머물며 부적응아를 진료해 주었는데, 그런 아이들은 부모와 직접적 접촉이 전혀 없는 경우가 많았다. 부적응아 중 일부는 매사에 무관심하고 도통 말이 없었는가 하면, 어떤 아이들은 보울비가 약간이라도 관심을 보이면 그에게 착 달라붙어 짜증스러울 만큼 그를 졸졸 따라다니곤 했다. 제2차 세계 대전이 종식된 후, 보울비는 잉글랜드로 돌아와 병원에서 아동 진료소를 운영하게 되었다. 부모와의 분리가 아동에게 어떤 영향을 끼치는지에 연구를 시작한 것이 이때였다. 당시 유럽은 인류 역사 전체를 통틀어 그 어디도 없었던 부모-자식 분리를 경험한 참이었다. 전쟁으로 어마어마한 수의 고아와 난민이 발생한 것과 함께, 그 신변만이라도 지키고자 아이들만 따로 시골에 보내기도 했기 때문이다. 새로이 창설된 세계보건기구에서는 이런 아이들을 다룰 최선책을 보고해 달라며 보울비에게 연구를 맡겼다. 곳곳의 병원과 고아원을 두루 돌아본 후 보울비가 1951년에 내놓은 보고서는, 분리와 격리는 아이들에게 무해하며 영양 같은 생물학적 욕구가 가장 중요하다는 그간의 통념에 열렬히 반기를 드는 내용이었다.

1950년대 내내 보울비는 자기 나름의 사상을 발달시켜 나가면서 아나 프로이트Anna Freud나 멜라니 클라인Melanie Klein 같은 정신 분석 학자의 날 선 비방에 시달려야 했는데, (리비도와 유방에 주안점을 둔) 두 사람의 이론에 보울비가 정면으로 반박을 내놓았기 때문이었다. 그래도 당대의 선구적 생태학자로 손꼽힌 로버트 하인디Robert Hinde를 만나 그로부터 동물 행동에 관한 새로운 연구를 배울 수 있었던 것은 그나마 다행이었다. 그런 연구로는 콘라트 로렌츠Konrad Lorenz가 유명 한데, 그에 의하면 새끼 오리는 알을 깨고 나와 10~12시간 후에는 무 엇이든 크기가 오리와 비슷한 걸 발견하면 이후 몇 달 동안은 계속 그 것의 뒤만 졸졸 따라다니는 것으로 밝혀졌다.[10] 자연 안에서는 그렇 게 움직이는 것이 항시 엄마겠지만, 로렌츠의 증명에서는 새끼 오리 주변에서 움직여 주기만 하면 어떤 것이든 다 효과가 있었다. 심지어 오리들은 장화도(엄밀히 말하면, 로렌츠가 신은 장화들) 졸졸 따라다녔 다. 물론 이런 시각적 "각인" 기제는 사람들의 각인과는 현저히 다르 지만, 어떻게 진화가 엄마와 아이를 반드시 함께 머물게 하는 기제를 만들어 내는가에 일단 생각이 미치자, 부모-아이의 관계를 전혀 새 로운 각도에서 접근해 볼 수 있는 길이 보울비 앞에 펼쳐졌다. 아이와 엄마 사이에 유대가 생기는 원인을 모유, 강화인, 리비도 따위에서 찾 을 필요는 전혀 없었다. 그보다는 엄마와 아이의 애착이 아이의 생존 에 엄청나게 중요한 요소로 작용하고, 따라서 엄마의 보살핌에 의존 하는 모든 종 안에는 그런 애착 관계가 엄마와 아이 안에 일종의 전용 시스템으로 들어 있는 것으로 봐야 했다. 보울비가 동물의 행동을 더 욱 관심 깊게 보기 시작하자, 새끼 원숭이와 아기의 행동 사이에 유사 점이 많다는 사실이 눈에 띄었다. 둘 다 엄마에게 매달리고 입으로 빠 는 것은 물론, 혼자 남겨지면 울었으며, 어디든 엄마가 가는 데를 따라다녔다. 이 모든 행동은 다른 영장류에서도 새끼가 엄마 옆에 바싹 붙어 있도록 기능했고, 인간의 아이들에게서도 전부 어김없이 나타났으며, 심지어는 "안아 달라"는 표시로 양팔을 쭉 뻗는 행동까지 똑같았다.

1957년 하인디가 미간행 상태였던 할로우의 천엄마원숭이 연구를 접하고는 보울비에게 그 내용을 들려주자, 보울비는 할로우에게 서신을 보내는 한편 나중에는 위스콘신으로 직접 찾아가 그를 만났다. 이후 두 사람은 서로에게 누구보다 든든한 동맹군이자 지지자가 돼 주었다. 위대한 이론가였던 보울비가 부모-자식 관계를 다룬 대부분의 후속 연구를 망라하는 틀을 짰다면, 위대한 실험가였던 할로우는 그 이론을 뒷받침하는 최초의 논박 불가한 실험실 증거들을 제시해 주었다.

보울비가 이룩한 이 장대한 종합을 일컫는 말이 바로 애착 이론이다.[11] 이 이론은 자동 제어학에서 그 내용을 빌려온 것이 특징이다. 자동 제어학이란, 주변 및 내부 환경이 변하는 와중에서 기계적 생체 시스템이 어떻게 미리 설정된 목표를 성취하는가를 연구하는 학문이다. 애착 이론과 관련해 보울비가 맨 처음 내놓은 비유는 자동 제어 체계 가운데에서도 가장 간단한 형태였다. 즉, 주변 온도가 설정값 아래로 떨어지면 자동적으로 히터를 켜 주는 식의 자동 온도 조절 장치를 통해 애착 관계를 설명한 것이다.

애착 이론은 두 가지의 기본 목표가 아이의 행동을 이끈다는 생각에서 출발하는데, 그 두 가지 목표란 안전과 탐험이다. 아이는 그 특성상 안전한 곳에 머물러야만 생존하지만, 한편으로는 탐험과 놀이를 해야만 성인의 삶에 필요한 여러 가지 기술과 지능도 발달시킬 수

조너선 하이트의 바른 행복

있다. (포유류 새끼들은 왜 전부 놀이를 하는지, 또 전두피질이 클수록 왜 놀이를 더 많이 필요로 하는지도 이 맥락에서 설명된다.)[12] 하지만 이 두 욕구는 상충할 때가 많기 때문에, 주변의 안전 수준을 상시 점검하는 일종의 온도 조절 장치를 통해 서로 조절을 해 주어야 한다. 안전 수준이 충분히 높으면, 아이는 놀이를 하고 탐험을 한다. 하지만 안전 수준이 너무 낮아졌다 싶은 그 순간 곧바로, 스위치가 켜지듯 갑자기 안전 욕구가 최우선 순위로 떠오른다. 아이는 놀이를 멈추고 엄마를 향해 다가간다. 엄마에게 가닿을 수 없으면, 아이는 울음을 터뜨리고 절망감은 커진다. 그러다 엄마가 돌아오면 아이는 엄마의 손길을 찾거나, 아니면 그 외의 다른 식으로 마음 놓을 방법을 찾는다. 그렇게 해서 시스템이 제자리로 돌아와야 그제야 놀이도 다시 시작된다. 이는 이 책 2장에서 이야기한 "설계" 원칙의 또 다른 사례이기도 하니, 여기서도 상반되는 체계가 서로를 밀어내다 적절한 균형점에 이른다. (아빠 역시 아이에게 완벽한 애착의 대상으로 손색이 없지만, 보울비는 보통 엄마-아이의 애착 관계가 더 빨리 형성되는 만큼 둘의 관계에 초점을 맞추었다.)

　이 체계가 현실에서 어떻게 작동하는지 알고 싶다면, 더도 말고 두 살배기 아기와 열심히 놀아 줄 기회만 만들면 된다. 만일 여러분이 친구 집으로 놀러 가서 난생처음 그녀 아이를 만나게 된다면, 그때엔 그야말로 1분 만에 아이와 놀기 시작할 수 있을 것이다. 아이는 자기 집의 익숙한 환경에서 안정감을 느끼고 있고, 또 아이 엄마가 보울비의 이른바 "안전 기지secure base" 노릇을 해 주고 있기 때문이다. 애착의 대상은 그 존재만으로 아이에게 안전을 보장해 주고 두려움을 없애 주는데, 이를 발판으로 아이는 건전한 발달로 이어지는 탐험에 나선다. 하지만 만일 친구가 자기 아들을 데리고 **여러분의** 집으로 놀러 와서 아이를 난생처음 만나게 된다면, 그때엔 시간이 더 지나야 비로소 아이와 놀 수 있게 될 것이다. 아마도 여러분은 엄마의 허벅지 뒤에 그 자그만 머리를 숨긴 채 좀처럼 나오지 않는 아이를 보려고 애엄마 주위를 뱅글뱅글 돌지 않으면 안 될 것이다. 그러다 얼마쯤 지나 (아마도 우스꽝스러운 표정이라도 지어 아기를 웃기는 식으로 점수를 따서) 드디어 놀이에 들어갔는데, 이번엔 아이 엄마가 물을 가지러 부엌으로 간다면 어떤 일이 벌어지는지 한번 지켜보자. 온도 조절 장치가 다시 딸깍 켜지면서, 순식간에 놀이는 끝나고 여러분의 놀이 상대는 부엌으로 쪼르르 달려갈 것이다. 할로우도 실험실에서 이와 똑같은 행동들을 원숭이에게서 나타나게 한 적이 있었다.[13] 천엄마원숭이가 한가운데에 놓인 널따란 방을 수많은 장난감으로 가득 채우고 어린 원숭이들을 데려다 놓자, 원숭이들은 결국 엄마에게서 기어 내려와 탐험에 나섰지만 그러면서도 수시로 엄마에게로 돌아와 엄마를 만지며 다시 유대를 맺곤 했다. 이 천엄마를 방에서 치우게 되면, 놀이는 전부 멈추고 이후부터는 원숭이들의 자지러지는 비명이 방 안을 메우게 된다.

아이들은 병원 입원 등의 피치 못할 일로 자신의 애착 대상과 장시간 떨어져 있게 되면, 순식간에 적극적 의지를 잃고 절망에 빠져든다. 보울비에 의하면, 안정적이고 지속적인 애착 관계를 아예 거부당하는 아이들은(예를 들어, 양부모와 식모 손만 줄줄이 거치며 자라나면), 아이들은 평생 상처를 안고 살아갈 가능성이 높다고 한다. 이런 아이들은, 보울비가 자원봉사 때 만났던 아이들처럼, 세상과 담을 쌓는 외톨이나 혹은 구제불능으로 매달리는 아이들이 될 가능성이 있다. 보울비가 내놓은 이 이론은 두 프로이트(지그문트, 아나)는 물론 왓슨의 이론에도 정면으로 배치되는 것이었다. 만일 아이가 건강하고 독립적으로 자라나길 원한다면, 여러분은 아이를 자꾸 안아 주고, 껴안아 주고, 보듬어 주고, 사랑해 주어야 한다. 아이들에게 안전한 기반을 마련해 주면, 아이들은 기꺼이 탐험에 나서 자기 힘으로 세상을 정복할 것이다. 사랑에 두려움을 이기는 힘이 있다는 이같은 사실은 《신약 성경》에도 잘 표현돼 있다. "사랑 안에는 두려움이 없고, 완벽한 사랑은 두려움을 몰아내노니."(〈요한복음〉 4:18)

떨어져 있으면 알게 되는 것들

한 시대를 주름잡고 있는 상식에 정면으로 맞서려면 누구나 승복할 기막힌 증거를 손에 쥐고 있어야만 한다. 할로우의 연구도 기막힌 내용이긴 했지만, 회의론자들은 그걸 사람에게까지는 적용할 수 없다는 입장이었다. 보울비에겐 더 많은 증거가 필요한 셈이었는데, 그에게 증거를 쥐어 준 것은 다름아닌 1950년 그가 연구 보조 구인 광고를 냈을 때 거기 응한 한 캐나다 여성이었다. 이즈음 남편과 함께 런던으로 건너와 있던 메리 에인스워스Mary Ainsworth는, 이후 3년간 보울비와 일하며 입원 아동에 관한 보울비의 초기 연구들을 진행했다. 그런 뒤 남편이 우간다의 학교에서 교편을 잡게 되자, 이번에도 에인스워스는 남편을 따라나서 우간다 촌락의 아이들을 곁에서 면밀히 관찰할 기회를 십분 활용했다. 우간다에서는 확대 가족 안의 아이들은 가리지 않고 여자들이 모두 공동 양육하는 의무를 졌지만, 그럼에도 에인스워스는 아이와 친엄마 사이에 특별한 유대가 나타나는 걸 볼 수 있었다. 안전 기지로서의 역할을 다른 여성들보다는 엄마가 훨씬 톡톡히 했던 것이다. 이후 에인스워스는 볼티모어의 존홉킨스대학교로 자리를 옮겼고, 이어 버지니아대학교까지 간 뒤에야 어떻게 하면 엄마-아이 관계에 대한 보울비의 생각, 나아가 그녀 자신의 생각을 시험해 볼 수 있을지 그 방안 구상에 들어갔다.

보울비의 자동 제어 체계 이론에서는, 변화 속에서야 행위가 이뤄지게 돼 있다. 즉, 아이가 노는 모습을 그냥 지켜보기만 해서는 안 되고, 변화하는 조건들에 대한 반응으로서 탐험 및 안전의 목표가 수시로 어떻게 뒤바뀌는지 살펴봐야 한다. 에인스워스가 아이를 주인공 삼아 후일 "낯선 상황"이라 불리게 된 단막극을 한 편 만들어 낸 것도 그래서였다.[14] 본질적 내용에서 봤을 때, 이 단막극은 신기한 장난감이 가득한 널따란 방에 원숭이를 데려다 두었던 할로우의 실험을 에인스워스식으로 개작한 것이라 할 수 있었다. 장면 1에서는, 엄마와 아이가 각종 장난감으로 가득한 안락한 방 안에 들어온다. 실험에 참가한 아이 대부분은 일단 방에 들어오면 얼마 안 있어 바닥을 기거나 아장아장 걸어 탐험에 나선다. 장면 2에서는, 어떤 상냥한 여성이 들어와 엄마와 잠깐 이야기를 나눈 뒤, 아이의 놀이에 끼어들어 함께 논다. 장면 3에서는, 엄마가 자리에서 일어나 방을 나가고, 잠시 아이 혼자서 낯선 이와 함께 방에 머문다. 장면 4에서는, 엄마가 다시 방으로 들어오고, 낯선 이는 방을 나간다. 장면 5에서는, 엄마도 다시 방을 나가, 이제 방 안에는 아이 혼자만 덩그러니 남아 있다. 장면 6에서는, 낯선 여자가 돌아오고, 장면 7에서는 엄마가 아주 방으로 돌아온다. 이 연극은 아이의 스트레스 수준을 한 단계씩 차츰 높여가면서 그

때마다 아이의 애착 체계가 장면 변화에 어떻게 대응하는지 살펴보려는 목적으로 만들어진 것이었다. 에인스워스는 변화 대응 패턴에는 흔히 세 가지가 있음을 알 수 있었다.

미국 아동 3분의 2가량에서는 애착 체계가 보울비가 으레 그러리라 말한 그대로 작동해, 상황 변화에 따라 아이가 놀이와 안정감 찾기 사이를 순조롭게 오간다. 이른바 "안정적" 애착 패턴을 따르는 이 아이들은, 엄마가 떠나면 놀이를 줄이거나 아예 멈춘 채 불안을 드러내며, 낯선 여자가 달래 줘도 그 불안은 완전히 가라앉지 않는다. 장면 2에서 이런 아이들은 엄마가 돌아오면 기쁨을 표하고, 엄마를 향해 다가가거나 엄마를 만지는 식으로 자신의 안전 기지와 다시 접촉하려 할 때가 많다. 그러고는 재빨리 마음을 가라앉히고 놀이로 돌아간다. 나머지의 아동 3분의 1은 이런 장면 변화를 더 거북해하는 모습을 보이는데, 이런 아이들은 두 가지의 불안정한 애착 관계 중 하나를 가진 경우이다. 이런 아이들 대다수는 겉으로는 엄마가 방을 오가는 데에 별 신경을 안 쓰는 듯하지만, 추후 이루어진 심리 연구에 의하면 실제로는 이런 아이들이 분리로 인해 심한 스트레스를 겪는다. 이런 심드렁한 아이들은 엄마에 의지해 위안을 찾지 않고, 어떻게든 스스로 상황을 헤쳐 가며 자신의 스트레스를 견디는 것처럼 보인다. 에인스워스는 이 패턴을 "회피적" 애착 관계라 일컬었다. 여기에도 속하지 않는 나머지 아이들, 즉 미국 아동의 약 12퍼센트는, 연구 내내 불안증과 심한 집착을 보였다. 이런 아이들은 엄마와 분리되면 극단적으로 동요해, 엄마가 돌아와 달래려 애써도 이따금 반항하며, 익숙치 않은 방에서는 좀처럼 마음 놓고 놀지 못했다. 에인스워스는 이 패턴을 "반항적 애착 관계"라 일컬었다.[15]

처음에 에인스워스는 이런 차이가 양육 방식이 전적으로 양육 방식에서 비롯되는 일이라고만 여겼다. 그녀가 전업주부인 엄마들을 관찰했을 때도, 엄마가 자기 아이를 따뜻이 대하며 호응도 열심히 해주면 그런 엄마 밑에서 자라는 아이는 낯선 상황에서 안정적 애착을 보일 가능성이 더 높은 것으로 밝혀졌다. 이런 아이는 자신이 엄마에게 의지할 수 있음을 익히 알고 있었고, 따라서 제일 대담하고 자신감 있는 모습을 보였다. 한편 엄마가 아이에게 무심하고 뚱한 반응을 보이면, 그 밑에서 자라는 아이는 회피적일 가능성이 더 높았는데, 이런 아이는 자신이 엄마로부터 별 도움과 위안을 얻지 못할 것임을 익히 알고 있었다. 마지막으로 엄마의 반응이 예측 불허로 들쑥날쑥하면, 그 밑에서 자란 아이는 반항적일 가능성이 더 높았는데, 이런 아이는 위안을 얻으려는 자기의 노력이 때에 따라 보상받기도 하고 그러지 못하기도 함을 익히 알고 있었다.

하지만 엄마와 아이 사이의 이런 상관 관계들에 관한 이야기를 들을 때면 나는 어김없이 회의부터 든다. 쌍둥이 연구들만 해도 거의 하나같이, 성격적 특질은 양육보다 유전에서 비롯되는 바가 더 크다는 사실을 보여 주지 않는가.[16] 그렇다고 하면 피질 복권에 당첨된 그런 행복한 여성들만이 아이를 따뜻하게 사랑으로 대하는 것은 물론, 자신의 행복 유전자를 아이에게 물려주었기 때문에 나중에 이 아이들이 안정적인 애착 관계를 형성한 것으로 보이는 것일지 모른다. 아니면 이 상관 관계가 역으로 작동할 수도 있다. 아이들은 날 때부터 몇 가지 확고한 기질들을 갖고 태어나는데,[17] (명랑함, 괴팍함, 불안함 등) 명랑한 아이들은 성격 자체가 워낙 재미있어서 엄마도 아이에게 더 호응해 주고 **싶을** 수 있다. 이런 나의 회의가 결코 틀리지 않았는데, 에인스워스의 가정 연구home study 이후 연구에서는 일반적으로 엄마의 반응성과 아이의 애착 유형 간에 미미한 상관 관계밖에 존재하지 않는다는 사실이 밝혀졌기 때문이다.[18] 한편 쌍둥이 연구에서도 아이의 애착 유형 결정에는 유전자 역시 미미한 역할밖에 하지 못하는 것으로 밝혀졌다.[19] 따라서 지금 우리 앞에는 정말 아리송한 퍼즐이 놓인 셈이다. 결국 아이의 특성은 양육과도 유전자와도 약하게만 연관이 있다는 이야기이니까 말이다. 그렇다면 도대체 애착 관계는 어디서 생겨나는 것일까?

보울비의 자동 제어 이론을 따르자면, 우리는 통상적인 천성 대 양육이라는 이분법의 틀 밖에서 생각하는 수밖에 없다. 결국 양육 유형은 수천 번에 걸친 상호 작용 속에서 차츰차츰 생겨나는 특징으로 봐야만 한다는 이야기이다. 이 상호 작용 속에서는 먼저 (유전의 영향을 받아) 특정한 기질을 갖고 태어난 아이가, 보호를 받으려 나름의 노력을 한다. 그러면 (유전의 영향을 받아) 특정한 기질을 갖고 태어난 엄마가, 그녀의 기분, 그날의 과로 정도, 혹은 그녀가 읽은 자녀 양육 대가의 지침서에 따라 아이에게 반응을 하기도 하고 혹은 반응을 하지 않기도 한다. 애착 관계 형성에 있어 중요한 어떤 한 가지 사건 같은 것은 존재하지 않으며, 아이는 시간이 흐름에 따라 차츰차츰 자기 자신, 엄마, 둘 사이 관계에 대해 보울비가 말한 "내부 작동 모델"을 세워 나가게 된다. 만일 이 모델이 엄마는 항상 그 자리에 머물며 널 지켜볼 거라고 말해 준다면, 아이는 더욱 대담하게 놀이와 탐험에 나설 것이다. 이런 일들이 회를 거듭해 일어나면, 예측 가능하고 호혜적인 상호 작용을 통해 둘 사이에는 신뢰가 쌓이고 관계는 돈독해진다. 아이가 명랑한 기질에 행복한 엄마까지 가졌다면 놀이를 잘하고 안정된 애착 유형을 발달시킬 것이 거의 확실하지만, 헌신적인 엄마라면 자신이나 아이가 별로 낙천적이지 못한 성격이라 해도 그것을 충분히 극복하고 둘의 관계에서 안정적 내부 작동 모델을 키워 나갈 수 있다. (이상에서 논의된 모든 내용은 아빠에게도 마찬가지로 적용되겠지만, 모든 문화에서 대부분의 아이들은 엄마와 더 많은 시간을 보낸다.)

낭만적 사랑과 부모 자식 간의 사랑

나는 원래 이 6장을 쓰기 시작할 때부터, 애착 이론에 대해서는 1~2페이지에 걸쳐 간략히 다룬 뒤 곧장 우리 어른들이 진정으로 관심을 갖는 내용으로 넘어갈 작정이었다. "사랑"이라는 말을 들을 때, 우리는 으레 낭만적 사랑을 떠올린다. 컨트리 뮤직 라디오 채널에서야 이따금 부모와 자식 간 사랑을 다룬 노래가 흘러나오기도 하지만, 그 외에 다른 채널에서 노래하는 사랑은 일단 빠져든 뒤에는 어떻게든 놓치고 싶지 않은 그런 사랑을 말한다. 그런데 이 부분에 관한 연구를 더 깊이 파고들면 들수록, 우리가 성인의 사랑을 이해하려 할 때에도 할로우, 보울비, 에인스워스가 도움이 될 수 있겠다는 생각이 더욱 강하게 드는 것이었다. 먼저 여러분 자신은 어떤지 보자. 다음 문장들 가운데 낭만적 사랑을 할 때 여러분 자신 모습에 가장 잘 부합하는 것은 어떤 것인가?

1. 나는 남들에게 다가가는 게 비교적 쉽고, 내가 남에게 기대도 남이 내게 기대도 편하다고 여긴다. 남이 나를 버리거나, 누군

가 내게 너무 가까이 다가올까 걱정하는 일은 별로 없다.

2. 나는 남들과 가까이 있는 게 다소 불편하다. 남을 완전히 믿는 다는 것은 내겐 어려운 일이며, 그래서 마음 놓고 남에게 기대 기도 어렵다. 나는 어떤 사람이든 내게 너무 가까이 다가오면 불안을 느끼고, 내 애인은 종종 내가 불편할 정도로 자신을 더 친밀하게 대해 주길 원한다.

3. 내가 내키는 대로 가까이 다가가려 하면 남들은 부담스러워한 다. 내 파트너가 나를 정말 사랑하기는 하나, 그 사람이 내 곁에 머무는 걸 원하지 않는 건 아닐까 걱정될 때가 많다. 나는 나 아 닌 다른 이와 완전히 하나로 합쳐지길 원하고, 이런 나의 열망 에 질려 사람들은 내게서 멀어지곤 한다.[20]

애착 연구가인 신디 헤이잔Cindy Hazan과 필 쉐이버Phil Shaver가 이 간단한 테스트를 만들어 낸 것은, 성인이 타인과 관계를 맺으려 노력 할 때에도 에인스워스의 세 애착 유형이 여전히 작동하는지 보기 위 해서였다. 결과는 그런 것으로 나왔다. 성인이 되는 과정에서 유형이 바뀌는 사람들도 몇몇 있지만, 대다수 성인은 아동기의 애착 유형에 상응하는 문구를 고른다.[21] (위 세 선택지는 각각 에인스워스의 안정적, 회피적, 반항적 패턴에 해당한다.) 내부 작동 모델은 (불변하는 것은 아니 나) 꽤 확고하게 자리 잡고, 사람들의 중요한 인간관계 대부분을 평생 이끌어간다. 나아가 안정적인 아기가 더 행복하고 더 적응을 잘하듯, 안정적인 성인들이 이혼 확률이 낮은 것은 물론 더 행복한 관계를 더 오래 지속시킨다.[22]

그런데 성인의 낭만적 사랑이 아이가 엄마에게 애착을 가질 때의 그 심리 체계에서 생겨난다는 말이 정말 사실일까? 이를 밝혀내기 위해, 헤이잔은 나이가 들어 감에 따라 아이의 애착이 어떻게 바뀌는지 그 과정을 추적해 보았다. 보울비도 애착 관계를 규정해 주는 특징 네 가지를 구체적으로 밝힌 바 있었다.[23]

1. 가까움 유지 (아이는 부모 곁에 붙어 있길 원하고 어떻게든 붙어 있으려 한다.)
2. 분리 곤란 (따로 설명이 필요 없는 내용이다.)
3. 안전한 피난처 (아이는 겁을 먹거나 곤경에 처하면 부모에게 와서 위안을 얻는다.)
4. 안전 기지 (아이는 부모를 기지로 삼아 탐험과 개인의 성장을 시작한다.)

헤이잔과 그녀의 동료들은[24] 설문 조사를 행해 6~82세의 다양한 연령대 수백 명을 대상으로 그들의 삶 안에서 위의 네 가지 애착 관계의 특징을 각각 어떤 사람들이 채워 주고 있는지 물었다(예를 들어, "당신은 누구와 시간을 보내는 걸 가장 좋아합니까?" "속상한 일이 있을 때 당신은 누구에게 기댑니까?"). 만일 아기가 이 조사에 응할 수 있다면 아기들은 모든 질문에 대한 답으로 엄마나 아빠를 찍을 테지만, 나이가 여덟 살 정도 되면 이제 아이들은 또래와 함께 시간을 보내고 싶은 마음이 가장 강해진다. (아이들이 저녁 먹는 것까지 마다하면서 친구들과 함께 있으려 하는 것이 바로 가까움 유지가 아니고 무엇이겠는가.) 8~14세에는 사춘기가 되어 서로에게 기대 감정을 다독이기 시작하면서 안전한 피난처의 영역이 부모에서 또래로 확대된다. 애착의 구성 요소 전부를 또래 한 사람, 구체적으로는 연애 상대 한 사람이 오롯이 채워 주는 것은 사춘기의 막바지인 15~17세 정도에나 이르러서이다.《신약 성경》에서도 애착 관계가 통상 이런 식으로 이행되는 데 대해 이렇게 적었다. "이런 이유로 남자는 모름지기 부모를 떠나 아내와 함께 여야 할지니, 이 둘은 한 몸이 되어야 하리로다. 그런즉 그들은 더는 둘이 아니요, 한 몸이노라."(〈마가복음〉 10:7-9)

연애 상대도, 부모와 마찬가지로, 진정한 애착 대상으로 알맞다는 증거는 사람들이 배우자와의 사별이나 장기간 이별을 어떻게 극복하는가를 다룬 연구[25]에서 찾아볼 수 있다. 이들 연구를 보면 보울비가 병원에 입원한 아이들에게서 관찰했던 행동 양상의 변화를 어른들도 똑같이 겪는 것으로 밝혀졌다. 즉, 초반엔 불안과 공포를 느끼고, 뒤이어 무기력과 우울증을 겪다, 나중에 감정을 추스르면서 회복된다. 그뿐 아니라, 친한 친구를 대하는 것으로는 그 고통은 거의 무뎌지지 않았고 오히려 자신의 **부모**를 만나는 것이 훨씬 효과가 있었다.

연인 관계와 부모-아기의 관계에 비슷한 구석이 많다는 것은 곰곰이 생각해 보기만 하면 대번에 알 수 있는 사실이다. 사랑이 주체할 수 없이 쏟아지는 연애 초반에 연인들은 시도 때도 없이 붙어 있으며, 서로를 그윽한 눈으로 바라보고, 끌어안고, 얼굴을 비비고 쓰다듬고, 입을 맞추고, 아기 목소리를 내느라 정신이 없는데, 이때 연인은 엄마와 아기를 일종의 중독으로 엮어 줄 때 나오는 호르몬 옥시토신의 효과를 만끽하는 것이다. 옥시토신은 포유류 암컷이 출산에 대비하게도 해 주지만(자궁 수축 및 젖 분비를 유발한다), 이와 함께 두뇌도 자극해 암컷이 자기 아이를 대할 때 애정 어린 행동들을 더 하게끔 유도하는 한편 스트레스의 느낌은 경감시켜 준다.[26]

엄마가 젖먹이에게 품는 이 강력한 애착(종종 "보살핌 체계"로도 일컬어진다)은 젖먹이의 애착 체계와는 엄연히 다른 심리 체계지만, 이 두 체계가 나란히 진화해 왔음은 두말할 나위도 없다. 젖먹이가 내는 괴로움의 신호가 효과를 발휘하는 것은, 그것이 엄마 안에 보살핌의 욕망을 유발하기 때문이다. 이 둘을 하나로 이어 붙여 주는 접착제가 바로 옥시토신이다. 지금까지 대중 언론에서는 옥시토신을 사람을(심지어는 성질 고약한 사람까지도) 갑자기 부드럽고 나긋나긋하게 만드는 호르몬으로 지나치게 단순화해 왔지만, 더욱 최근의 연구에 의하면 옥시토신은 여성의 스트레스 호르몬으로 생각할 수도 있다고 한다.[27] 여성들이 스트레스를 받고 또 애착 욕구가 충족되지 못했을 때 옥시토신이 분비되며, 그로 인해 여성은 사랑하는 사람을 만나고픈 욕구를 갖게 된다는 것이다. 그런데 막상 두 사람이 만나 **실제** 살을 맞대고 있는 동안 이 옥시토신이 (남자의 혹은 여자의) 뇌 안에 물밀듯 쏟아지면, 그때에는 마음이 안정되고 차분하게 만드는 동시에 두 사람의 관계를 더욱 돈독하게 해 준다. 성인의 경우 옥시토신이 가장 많이 뿜어져 나올 때는(출산과 젖을 먹일 때를 제하면) 바로 섹스를 할 때이다.[28] 섹스는, 특히 서로 껴안고, 오랜 시간 애무하고, 오르가슴에 도달하는 일이 포함될 경우, 젖먹이와 부모를 묶어 줄 때 사용됐던 것과 똑같은 회로를 다시 가동시킨다. 아동기에 형성된 애착 유형이 성인기까지 이어지는 것은 어쩌면 당연한 일이다. 아니 그저 하나의 애착 체계가 평생에 걸쳐 죽 이어지는 것이리라.

조너선 하이트의 바른 행복

뇌가 커지면서 생긴 변화

어른의 사랑을 구성하는 것은 태곳적부터 단단히 맞물려 있던 두 체계, 즉 아이가 엄마에게 유대를 갖는 애착 체계와 엄마가 아이에게 유대를 갖는 보살핌 체계라고 할 수 있다. 이 두 체계가 세상에 존재한 지는 포유류만큼이나 오래되었다. 조류도 이들 체계를 갖고 있는 것을 보면, 어쩌면 그보다 더 오래 존재했을 수도 있다. 하지만 이 둘만 가지고는 아직 섹스가 어째서 사랑과 관련을 갖게 됐는지 좀처럼 설명되지 않는다. 하지만 실마리를 찾는 건 전혀 어렵지 않다. 자연은, 포유류나 조류가 세상에 존재하기 훨씬 전부터, 동물들이 섹스를 위해 서로를 찾도록 동기화시켜 오고 있었으니까 말이다. 이른바 "짝짓기 체계"는 애착 체계와 보살핌 체계와는 완전히 별개로, 이 체계가 가동되는 데에는 전혀 다른 두뇌 영역과 호르몬이 필요하다.[29] 생쥐와 같은 몇몇 동물은 이 짝짓기 체계가 가동되면 딱 교미할 시간 동안만 암컷과 수컷이 서로 붙어 있다. 그런가 하면, 코끼리는 수컷과 암컷이 만나 가임 기간 동안 며칠을 붙어 다니며, 서로 부드럽게 애무하고, 함께 재밌게 노는 등 그들을 지켜보는 인간으로 하여금 서로에게 완전히 빠졌다는 생각이 들게 만드는 여러 가지 신호들을 보인다.[30] 그 기간이 얼마나 되든, 대부분의 포유류 안에서(인간을 제외하고) 이 세 체계는 누가 봐도 예측이 가능하게끔 연결돼 있다. 첫 단계에서는, 가임기에 가까워지면서 호르몬에 변화가 일어난 암컷이 자신의 가임 상태를 주변에 널리 알린다. 예를 들어, 암컷 개와 고양이는 페로몬을 분비하고, 암컷 침팬지와 보노보는 빨갛게 부푼 자신의 생식기를 과시한다. 다음 단계에서는, (일부 종에 한해) 수컷의 발정이 일어나 누가 짝짓기 기회를 얻는지 보란 듯 경쟁이 벌어진다. 그런 다음에는 (대부분의 종에서) 암컷이 어떤 식으로든 선택을 하고, 이어 암컷 자신의 짝짓기 체계가 활성화된다. 그러고 나서 몇 달 후 새끼가 태어나면, 이제 엄마의 보살핌 체계와 아이의 애착 체계가 활성화된다. 이제 아빠는 따돌림당하듯 홀로 남아, 바람을 타고 풍겨오는 페로몬이 더 없는지 혹은 부푼 생식기가 어디 더 없는지 코를 킁킁대고 주변을 두리번거린다. 이런 모습을 보면 섹스의 목적은 번식이고, 한결같이 지속되는 사랑은 엄마와 아이들에게나 해당하는 이야기로 보인다. 그렇다면 사람은 왜 이들 동물과는 그렇게 다른 것일까? 어떻게 해서 인간 암컷은 그 모든 배란 신호를 철저히 숨기고, 남자로 하여금 여자와 그녀가 낳은 자식을 사랑하게 만들었던 것일까?

그 정확한 내막은 누구도 알 길이 없지만, 내가 보기에 가장 그럴싸한 이론은[31] 이 책 1장과 3장에도 나온 인간 두뇌의 엄청난 크기 확장에서부터 그 서두를 연다. 오늘날 침팬지에서 최초의 호미니드가 갈라져 나왔을 때, 그들의 두뇌는 절대 침팬지보다 크지 않았다. 이 인류의 조상들은 당시만 해도 이족 보행을 할 줄 알았다 뿐이지 유인원과 다름없었다. 하지만 세월이 흘러 지금으로부터 300만 년 전 즈음, 무엇인가 변화가 일어났다. 살던 환경 안에서 어떤 일이 벌어짐으로 인해, 아마도 손재주가 점점 좋아져 연장 사용이 늘어난 결과로, 인간의 두뇌가 전보다 훨씬 더 커지고 지능도 훨씬 더 높아진 것이다. 하지만 두뇌 크기 증가는 말 그대로 병목 현상에 맞닥뜨리고 만다. 두뇌가 커지면서 산도産道를 통과하기가 힘들어진 것이다. 직립 자세로 걸어 다니는 것이 가능한 골반 형태를 계속 유지하는 한에는 호미니드 암컷이 출산할 수 있는 머리 크기에는 물리적 한계가 있었다. 이

난관을 만났을 때 적어도 사람과 한 종種(즉, 우리의 조상)이 기발한 기법을 발달시켰으니, 아기의 두뇌가 제 몸을 가눌 만큼 발달하기 전에 아기를 자궁 밖으로 미리 내보내는 꾀를 쓴 것이다. 인간 이외의 다른 모든 영장류 종은 출생 직후부터 두뇌 성장이 현격히 둔화하는데, 날 때부터 두뇌가 대체로 완벽하게 발달해 언제든 기능할 준비가 돼 있기 때문이다. 몇 년 정도 아동기 놀이와 학습을 하며 몇 가지 미세 조정만 이루어지면 끝이다. 하지만 인간은 태아기 두뇌 성장이 출생 후에도 2년 동안 지속되는 것과 함께, 추후에도 20년은 더 두뇌 무게가 느린 속도로나마 꾸준히 늘어난다.[32] 새끼가 태어나 몇 년을 지극히 무력한 상태로 지내며 10년도 넘게 어른의 보살핌에 크게 의존해야 하는 생물체는 이 지구에서 오직 인간뿐이다.

인간의 아이가 이렇듯 엄청난 짐이라는 사실을 감안하면, 여자가 그 짐을 혼자 다 짊어질 수는 없는 노릇이다. 수렵 채집 사회를 다룬 연구들에서도, 어린아이가 있는 엄마는 자신과 아이가 먹고 살아가기에 충분한 칼로리를 다 모으지 못하는 것으로 나타났다.[33] 결국 신변 보호나 많은 식량을 구하는 문제에서 여자는 생산성이 절정기에 오른 남자에게 의존한다. 따라서 뒷담화와 교묘한 사회적 처세에 아주 유용하게 쓰이는(물론 사냥과 채집에도 유용하다) 인간의 커다란 두뇌는, 이렇듯 여자와 아이 곁에 남자까지 긴 뒤에야 비로소 진화할 수 있었다. 하지만 진화는 경쟁적 게임인 만큼, 남자가 친자식이 아닌 아이에게 자원을 대 주었다간 낭패였다. 따라서 활동적인 아버지, 남자-여자가 쌍으로 맺은 유대, 남자의 성性적 질투, 머리가 큰 아기는 전부 공진화共進化했다고 하겠다. 달리 말하면, 이 모든 것이 더디게나마 다 함께 발생했다는 뜻이다. 같은 남자라도 여자 곁에 머물려 하고, 그녀의 정절을 지키려 하며, 자식 양육에 힘을 보태겠다는 열망이 얼마쯤 있는 아버지가 그만한 부성이 없는 경쟁자들보다 더 영리한 아이들을 낳을 수 있었을 것이다. 지능이 곧 고도의 적응 능력이 되는 환경에서는(우리가 한번 연장을 만들기 시작한 이후로는, 인간의 모든 환경에서 그랬을 것이다), 남자의 자식에 대한 투자는 남자 자신에게 보상을 가져다주는 일이었고(엄밀히 말하면, 남자의 유전자를 위한 일이었고), 따라서 매 세대가 거듭될 때마다 자식에 대한 투자는 점점 흔한 일이 돼 갔다.

그런데 전만 해도 없던 남자와 여자 사이의 유대가 진화할 때 그것이 원재료로 삼은 것은 과연 무엇이었을까? 진화란 게 원래 무언가를 무에서부터 설계할 수는 없는 법이기 때문이다. 진화란 유전자에 의해 이미 암호화된 골격, 호르몬, 행동 패턴들에 미미한 변화가 가해지는 것, 그리고 그것이 개인에게 모종의 이점을 안겨 줄 때 개체에 의해 선택을 받는 과정을 말한다. 이 세상의 모든 남자와 여자에겐 어린 시절 엄마에게 애착을 갖는 데 활용했던 애착 체계와 사춘기에 이르면 모든 젊은이 안에서 가동되는 짝짓기 체계가 있었으니, 그 애착 체계에 약간의 수정이 가해져 이후 짝짓기 체계와 연결되기까지는 그다지 많은 것이 필요하지는 않았으리라.

당연히, 이 이론은 추측에 근거한 것이지만(헌신적 아버지의 화석화된 뼈라고 해도 외견상으로는 무심한 아빠의 뼈와 조금도 달라 보이지는 않으니까), 이 이론을 택하면 고통스러운 아이 출산, 오랜 영유아기, 커다란 두뇌, 높은 지능 등 인간만의 독특한 특징 상당수가 하나로 깔끔하게 엮인다. 또한 이 이론은 인간에게 중요한 생물학적인 여러 기이한 특징을 우리 종에게서 나타나는 몇몇 가장 중요한 감정적인 특이점, 즉 남자와 여자 사이, 남자와 아이 사이에 강하고 (종종) 오래 가는 감정적 유대가 존재한다는 사실과 연결시켜 주기도 한다. 남자와 여자가 관계를 맺어도 그들 사이에는 상당수의 상충하는 이해관계가 존재하기 마련인 만큼, 진화 이론에서는 남녀의 연애 관계를 자녀 양육을 목표로 가진 조화로운 협력 관계로 보지 않는다.[34] 하지만 여자와 남자가 얼마의 세월쯤은 지속되길 바라는 관계를 맺고(결혼), 모종의 방식으로 서로의 성적 행동들을 구속하면서, 자신들이 아이에게 가지는 관계와 함께 서로에 대한 관계까지 제도화하는 것은 인간의 문화에서 보편적으로 찾아볼 수 있는 특징이다.

두 가지의 사랑

태곳적부터 존재해 온 애착 체계를 하나 가져와, 거기에 보살핌 체계를 똑같은 양만큼 잘 뒤섞은 뒤에, 그 혼합물을 수정된 짝짓기 체계에 던져 넣으면, 짠 하고 낭만적 사랑이 탄생한다. 그런데 이렇게만 말하면 뭔가 빠뜨린 듯하다는 생각을 지울 수 없다. 낭만적 사랑은 부분의 총합 그 이상의 너무도 많은 것을 담고 있다. 트로이 전쟁을 일으킨 것도, 세계 최고의(그리고 세계 최악의) 음악과 문학에 영감을 불어넣은 것도, 우리의 인생에 최고의 나날을 선사해 준 것도 바로 낭만적 사랑이라는 별난 심리 상태가 아니던가. 하지만 내가 보기에 이 낭만적 사랑에 대해선 오해가 널리 퍼져 있는 만큼, 낭만적 사랑이 어떤 심리적 하위물로 구성돼 있는가를 살펴본다면, 몇몇 골치 아픈 난제가 속 시원히 해결될 뿐 아니라 길을 헤매다 사랑이 파 놓은 함정들이 빠지는 일도 없을 것 같다.

대학가 일각에서는 교수들이 학생들에게 낭만적 사랑은 사회의 구성물social construction이라는 이야기를 하곤 한다. 12세기의 프랑스 음유 시인들이 기사도를 주제로 이야기들을 짓고, 여성을 이상화하고, 현실에서 채우지 못할 열망의 절절한 아픔을 표현하며 인위적으로 만든 게 낭만적 사랑이라고 말이다. 각지의 문화가 모종의 심리적 현상을 나름의 방식으로 이해한다는 것은 분명 맞지만 그런 현상 가운데에는 사람들의 머릿속 생각과는 상관없이 실제로 일어나는 일들도 많다. (예를 들어, 죽음의 의미도 모든 문화에서 사회적으로 구성되지만, 그런 사회적 의미가 없어도 어쨌거나 몸은 죽는다.) 인간이 이룩한 166개 문화의 민족지학을 조사해 본 결과,[35] 낭만적 사랑의 확실한 증거가 발견된 곳이 88퍼센트에 달했다. 그 나머지는 민족지학의 사료가 너무 빈약해, 낭만적 사랑의 존재 여부를 확인할 수 없는 경우였다.

알고 보면 음유 시인들이 우리에게 들려준 것은 "진정한" 사랑과 관련된 특정 종류의 신화라 하겠다. 즉, 진짜 사랑이라면 환한 빛을 내며 열정적으로 타오르고, 죽을 때까지도 불타오르며, 천상에서 연인을 다시 만나게 되면 죽어서도 마냥 불타오르리라는 생각 말이다. 오늘날에도 이 신화는 줄기차게 자라고 퍼져, 사랑 및 결혼에 관한 일련의 생각들을 사람들에게 심어 주고 있는 듯하다. 내가 생각하기에 오늘날의 진정한 사랑 신화에는 다음과 같은 믿음들이 따라다니는 것으로 보인다. 진정한 사랑은 열정적인 사랑으로써, 절대 시들지 않는다. 만일 누군가와 진정한 사랑에 빠진다면, 우리는 그 사람과 결혼해야 한다. 사랑이 끝나면, 그것은 진정한 사랑이 아니었으므로, 그 사람을 떠나야 한다. 만일 사람을 제대로 찾을 수만 있다면, 우리는 영원히 진정한 사랑을 갖게 될 것이다. 어쩌면 여러분은, 나이가 서른이 넘었다면 특히, 자신은 이런 신화 따위 안 믿는다고 생각할지 모르겠다. 하지만 서양 국가들에는 이런 믿음 속에서 자라나는 젊은이들이 많기 때문에, 비록 콧방귀는 뀔지언정 이런 신화를 무의식적으로 가지고 다니며 일종의 이상으로 삼을 때가 많다. (이런 신화를 퍼뜨리는 게 비단 할리우드만은 아니어서, 인도 영화 산업계인 발리우드에서는 사랑을 훨씬 더 낭만적으로 그려 낸다.)

그런데 진정한 사랑을 영원한 열정으로 정의하면, 진정한 사랑은 생물학적으로 불가능해진다. 과연 정말 그런지 보려면, 아울러 사랑의 고귀함을 지키고자 한다면, 세상에는 두 종류의 사랑이 있고 둘 사이엔 확실한 차이가 있음을 이해해야만 한다. 여기서 두 종류의 사랑이란 열정적 사랑passionate love과 동반적 사랑compassionate love을 말한다. 사랑 연구가인 엘렌 버샤이드Ellen Berscheid와 일레인 월스터Elaine Walster에 따르면, 열정적 사랑은 "격정적인 감정 상태로, 미숙함과 성욕, 황홀과 고통, 불안과 안도, 이타심과 질투가 갖가지 느낌과 마구잡이로 뒤섞여 공존한다."[36] 열정적 사랑은 단번에 빠져드는 사랑이다. 이 사랑은 큐피드의 화살이 우리의 심장에 날아와 꽂힐 때 일어나며, 순식간에 내 주변 세상을 다른 곳으로 만든다는 특징이 있다. 열정적 사랑에 빠지면 우리는 사랑하는 이와 하나가 되기를 무엇보다 갈망한다. 그리고 어떻게 해서든 서로의 틈을 비집고 들어가길 원한다.《향연The Symposium》에서 플라톤이 포착해 낸 것이 바로 이 욕구로, 아리스파네스가 사랑의 축배를 들며 한 이야기는 사랑의 기원에 대한 신화이기도 했다. 아리스토파네스는 말하길, 사람은 원래 팔다리가 넷, 얼굴이 둘 달린 존재였지만, 어느 날 신이 인간의 위력과 오만

함이 커질 것에 두려움을 느끼고 인간을 반으로 가르기로 했다. 그렇게 두 동강 난 이후로 사람들은 자신의 나머지 반쪽을 찾아 세상을 떠돌게 되었다는 것이다. (애초 일부는 남자 머리만 둘, 여자 머리만 둘 달려 있었고 그 나머지만 남자와 여자 머리가 하나씩 달려 있다고 하면 성적 기호의 다양성도 설명되었다.) 아리스토파네스는 그 증거를 대겠다며 이런 상상을 한번 해 보라고 한다. 헤파이스토스(불의 신이자, 나아가 대장장이의 신)가 마침 한자리에 누워서 서로를 꽉 부둥켜안고 있는 연인을 만나, 그들에게 이렇게 말한다.

> 너희 인간들이 서로에게서 진정 원하는 것은 무엇이냐? … 이것이(너희 둘이 여기저기가 한 몸처럼 되는 것, 그래서 낮이고 밤이고, 최대한 가까이 붙어, 절대 떨어지지 않는 것) 너희 마음이 바라는 바더냐? 만일 그것이 너희 바람이라면, 내 너희 둘을 땜질로 붙여 자연스레 한 덩이인 듯한 뭔가로 합쳐 줄 테니, 그러면 너희 둘은 하나가 되리라. 그렇게 되면 너희는 하나의 존재가 된 만큼, 살아 있는 한에는 한목숨을 나눠 가진 것이 될 테고, 마찬가지 맥락에서 죽을 때에도 한목숨으로 죽었으므로 하데스에서도 둘이 아닌 하나이리라. 네 사랑을 쳐다보아라, 그리고 이것이 너희가 원하는 바인지 보라.[37]

아리스토파네스는 연인이라면 이 제안을 절대 뿌리칠 리 없다고 말한다.

반면, 버샤이드와 월스터가 정의하는 동반적 사랑은 "우리들의 삶이 깊이 얽혀 있는 사람에게서 느껴지는 애정"이다.[38] 연인들이 각

조너선 하이트의 바른 행복

자의 애착 체계와 보살핌 체계를 서로에게 적용하고, 서로에게 의지하고, 서로를 아끼고 신뢰해 나가며 세월이 흐르는 사이에 천천히 동반적 사랑은 자라난다. 열정적 사랑을 불에 비유한다면, 동반적 사랑은 줄기차게 자라나며 서로가 얽히고설켜 차츰차츰 둘을 하나로 엮는 덩굴에 비유할 수 있다. 격정적 사랑과 차분한 사랑 사이의 대조적인 모습은 수많은 문화 속의 사람들도 이미 경험한 바 있다. 나미비아의 수렵 채집 부족에 사는 한 여인이 이렇게 표현했듯 말이다. "두 사람이 합쳐질 때 둘의 마음은 불타는 듯하고 열정도 무척이나 크다. 하지만 얼마 지나면 그 열기가 식고, 이후론 내내 그대로다."[39]

열정적 사랑은 약물이나 다름없다. 열정적 사랑에 빠졌을 때의 증상은 헤로인(이 약을 먹으면 더러 성性경험의 느낌으로도 표현되는, 희열이 벅차 오르는 기분 좋은 상태에 이른다)과 코카인(정신이 핑 돌면서 힘찬 에너지가 분출되는 행복감이 느껴진다)을 복용했을 때의 증상과 겹치곤 한다.[40] 알고 보면 이는 당연한 일이다. 열정적 사랑에 빠지면, 도파민 분비에 관여하는 영역들을 비롯해, 두뇌 여러 군데가 종전과는 다른 방식으로 작동한다.[41] 우리 몸은 무엇이든 격렬하게 좋다고 느껴지는 일을 경험할 때 도파민을 분비하는데, 이 대목에서 도파민이라는 연결 고리가 무엇보다 중대한 까닭은, 헤로인과 코카인 등 도파민 수치를 인위적으로 증가시키는 약물은 우리를 중독의 위험에 빠뜨릴 수 있기 때문이다. 한 달에 한 번 코카인을 복용하는 것으로는 중독되지 않겠지만, 코카인을 매일 먹는다고 하면 중독될 수밖에 없다. 언제까지고 사람 기분을 들뜨게 해 줄 수 있는 약물은 그 어디에도 없다. 그런데 기분을 계속 좋게 만들겠다고 만성적으로 도파민을 초과 분비시키면, 두뇌가 그에 대한 대응으로 상반되는 신경화학적 반응을 발달시켜 다시 자기 고유의 평형을 되찾는다. 이 단계에 이르면 우리 몸엔 이미 내성이 생겨 약물을 끊더라도 두뇌는 계속 반대 방향으로 나아가며 불균형 상태를 만든다. 즉, 코카인이나 열정적 사랑에서 빠져나오면 그에 따르는 금단 현상으로 고통, 무력감, 절망감에 빠지게 되는 것이다.

이런 의미에서 열정적 사랑을 약물(축자적 의미 그대로의)이라고 한다면, 종국에는 그 약발도 다할 수밖에 없다. 사랑에 빠졌다고 언제까지고 들떠서 지낼 수 있는 사람은 아무도 없다(설령 열정적 사랑을 장거리 연애로 한다 해도, 그것 역시 한 달에 한 번 코카인을 복용하는 것이나 마찬가지이다. 이 경우에는 복용 중간중간 기다림이라는 고통의 시간들이 있어 사랑의 약물이 지속적으로 막강한 위력을 발휘한다.) 열정적 사랑이 저 가고픈 대로 신나게 내달리게 두면, 언젠가 그 힘이 반드시 약해지는 날이 온다. 이럴 때에는 연인 중 하나가 먼저 변화를 느끼는 게 보통이다. 예를 들면, 함께 꾸던 꿈에서 어느 날 깨어나 상대가 침을 질질 흘리며 자는 꼴사나운 모습을 보게 되는 식이다. 이렇듯 번뜩 제정신이 돌아오는 순간에는, 예전에는 콩깍지가 씐 듯 미처 보이지 않던 결점이나 단점들이 하나둘 눈에 띌 수 있다. 그녀는 연인을 더는 신줏단지 모시듯 하지 않게 되고, 인간의 마음이 변화에 워낙 민감한 만큼, 그녀가 느끼는 감정의 변화도 새삼 커다란 의미가 있는 것으로 다가온다. "세상에, 이럴 수가"라고 그녀는 생각한다. "마법이 다 풀렸나 봐. 이제 더는 그이를 사랑하지 못하겠어." 진정한 사랑 신화를 착실히 믿는 경우라면, 심지어 그녀는 이 시점에 그와의 결별까지 생각할 수도 있다. 어찌 되었건 마법이 안 통한다는 것은 그것이 참된 자기 사랑은 될 수 없다는 뜻일 테니까. 그런데 여기서 정말 관계를 끝내 버리면 자칫 실수하는 것일 수도 있다.

열정적 사랑이 동반적 사랑으로 탈바꿈하는 일은 없다. 열정적 사랑과 동반적 사랑은 엄연히 다른 두 개의 과정으로, 시간 경과에 따라 서로 다른 양상을 보인다. 위험한 순간은 두 사랑의 길이 엇갈리는 지점에서 두 번 찾아오는데, 사람들이 일생일대의 커다란 실수를 저지르는 것도 이 지점이다. 도표 6.1은 6개월 동안 한 사람의 관계 속에서 열정적 사랑과 동반적 사랑의 강도가 어떻게 변하는지를 표로 그려 본 것이다. 열정적 사랑은 확 불붙어 타오르다 가장 뜨겁게 달아오르기까지 며칠도 채 걸리지 않는다. 사랑에 빠져 제정신이 아닌 몇 주 혹은 몇 달간, 연인들 머리엔 자신도 모르게 결혼 생각이 떠오르고, 그래서 종종 결혼 이야기도 오간다. 그러다 헤파이스토스의 제안을 받아들여 심지어 결혼을 감행하는 이들까지도 더러 있다. 하지만 그랬다간 실수를 저지른 꼴이 될 때가 많다. 열정적 사랑으로 기분이 들떠 있을 때에는 누구도 현실을 직시할 수 없다. 이때 사랑에 흠뻑 취해 있기는 코끼리나 기수나 매한가지이다. 항간에서는 술에 취한 상태에서는 계약서에 서명을 못하게 하는데, 나는 결혼 프러포즈도 열정적 사랑에 들떠 있을 때는 하지 못하게 했으면 좋겠다는 생각이 이따금 든다. 상대가 결혼을 승낙하고, 가족끼리 상견례를 하고, 날짜까지 잡히면, 열차를 멈추기가 여간 어려운 게 아니기 때문이다. 열정적 사랑이라는 약물은 결혼식을 준비하며 스트레스가 쌓여 가는 어느 시점에 그 약발이 다할 가능성이 높고, 실제로도 이런 커플 상당수는 이미 가슴 한구석에 의구심을 품은 채 결혼식장을 나서 나중에 가서는 결국 이혼한다.

또 다른 위험 지점은 약발이 약해지는 순간이다. 약발이 약해진

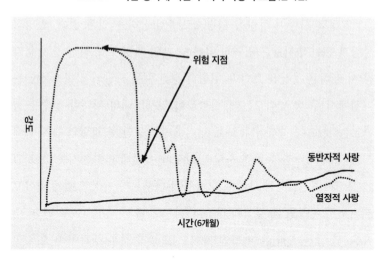

다고 열정적 사랑이 그날 당장 끝나지는 않지만, 한 사람에게 미치도록 빠져 들떠 있던 기간은 그날로 끝이 난다. 그제야 기수가 분별을 되찾고는, 열정적 사랑에 빠진 후 처음으로, 코끼리가 대체 자신을 어디로 데려왔는지 헤아려 보는 것이다. 이 지점에서 연인들은 곧잘 헤어지며, 상당수 커플에게는 이때가 헤어질 적기이기도 하다. 큐피드가 으레 심술궂은 녀석으로 그려지는 것도, 도저히 어울릴 성싶지 않은 커플을 짝으로 맺어 주는 것을 끔찍이 좋아하기 때문이다. 그렇다고 여기서 헤어졌다간 섣부른 일일 수 있는데, 약효가 좀 떨어진 이때 오히려 서로를 꽉 붙들었다면 어쩌면 동반적 사랑이 자라날 기회가 생겼을지 모르고 그러다 진정한 사랑을 찾았을지도 모르기 때문이다.

나는 진정한 사랑은 존재하지만, 영원히 불타오르는 열정은 없다고(정확히 말하면, 존재할 수 없다고) 믿는 사람이다. 진정한 사랑, 그러

도표 6.2 — **시간 경과에 따른 두 가지 사랑의 모습(장기간)**

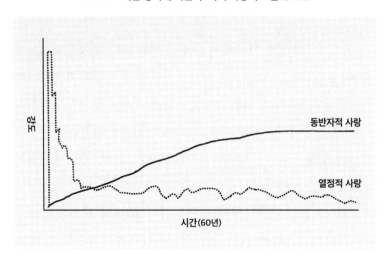

니까 탄탄한 결혼을 지탱해 주는 사랑은, 엄청난 어떤 것이 아닌 그저 탄탄한 동반적 사랑이며, 이따금 서로에게 한결같이 헌신적인 둘 사이에 열정이 더해지는 것뿐이다.[42] 위의 그래프에서, 동반적 사랑은 열정적 사랑의 강도에는 단 한 번도 못 미치는 만큼 얼핏 약하게 보일 수 있다. 하지만 다음 표에서 보듯 시간 범위를 6개월에서 60년으로 늘려 잡으면 동반적 사랑은 평생토록 지속 가능한 것이 되는 반면, 열정적 사랑은 (순간 반짝하고 말기에) 어쩐지 시시해 보인다. 결혼 50주년에도 여전히 서로를 사랑하는 커플이 정말 대단하다고 여겨질 때, 우리가 경탄해 마지않는 것은 바로 이 같은 배합의(즉, 동반적 사랑이 대부분인) 사랑일 것이다.

철학자들이 사랑을 싫어하는 이유

여러분이 열정적 사랑에 빠져 있고 여러분의 그 열정을 드높여 찬양하고 싶다면, 그때엔 시를 읽으면 된다. 한편 사랑의 격정은 가라앉은 뒤이고 둘 사이에 발전 중인 관계를 이해하고 싶다면, 그때엔 심리학책을 읽으면 된다. 하지만 바로 얼마 전 관계를 정리했고 사랑 없이 사는 게 차라리 더 낫겠다는 생각이 든다면, 그때엔 철학책을 읽도록 하라. 물론 사랑의 미덕들을 찬미하는 철학책들도 숱하지만, 면밀하게 뜯어보면 그 안에서 우리는 뿌리 깊은 양면성을 발견하게 된다. 신에 대한 사랑, 이웃에 대한 사랑, 진리에 대한 사랑, 미에 대한 사랑, 이 모두를 철학책에서는 강력히 권한다. 하지만 현실의 진짜 인간을 열정적으로 몸 바쳐 사랑하는 것은? 철학의 답은 "그것만은 절대 안 돼!"이다.

고대 동양에서 보기에 사랑은 당연히 골치 아픈 문제일 수밖에 없는데, 사랑은 집착과 **다르지 않기** 때문이다. 사람이 영적 발전의 토대를 이루기 위해서는 갖가지 집착, 특히 감각적 및 성적 집착을 반드시 끊어야만 한다. 부처는 이렇게 말했다. "그 탐심이 얼마나 작든, 남자가 여자를 바라는 욕정이 제어되지 않아 그 마음이 자유롭지 못하면, 그 꼴은 어미 소에 묶인 송아지와 같다."[43] 고대 힌두교의 경전《마누 법전The Laws of Manu》은 젊은 브라만에게 삶의 원칙을 전하는데, 여자에 대해 부처보다 훨씬 더 부정적인 시각을 보인다. "이 현세의 남자들은 여자가 가진 그 특유의 천성 탓에 타락하는 것이다."[44] 공자는 집착을 끊는 데에 그 사상의 초점에 있지 않았는데도, 낭만적 사랑과 성욕 때문에 윗사람에 대한 효와 충절이라는 더 고상한 덕이 위태해진다고 보았다. "성性을 사랑하는 만큼 덕德을 사랑하는 자를 나는 아직 한 번도 보지 못했다."[45] (물론 불교와 힌두교에 다양한 교설이 존재하고, 두 종교 모두 시간과 장소에 따라 다양한 변화를 보여 온 것은 사실이다. 달라이 라마Dalai Lama 같은 현대 사회의 일부 지도자들은 사랑과 그에 뒤따르는 성욕을 삶의 중요한 부분으로 받아들이기도 한다. 하지만 고대의 종교 및 철학 문헌들에 담긴 기조는 그보다는 훨씬 부정적이다.)[46]

서양에서는 사정이 꼭 이렇지만은 않다. 사랑은 호메로스 이후 시인들이 시종 널리 칭송해 온 주제이다. 《일리아드》라는 극이 펼쳐지는 계기도 사랑이고, 《오디세이》도 주인공 오디세우스가 페넬로페를 차지하기 위해 고향으로 돌아오는 것으로 끝을 맺는다. 하지만 이런 낭만적 사랑이라는 주제도 그리스와 로마의 철학자들의 손에 들어가면, 멸시를 당하거나 다른 무언가로 뒤바뀌는 게 보통이다. 예를 들어, 플라톤의 《향연》에 등장하는 대화들은 사랑에 대한 찬미 일색이다. 하지만 플라톤 자신이 어떤 입장을 가졌는지는 소크라테스가 입을 열기 전까지는 도통 알 수 없는데, 소크라테스가 입을 열자 방금 전까지 사랑에 찬사를 바쳤던 아리스토파네스와 다른 이들의 말은 바로 무색해진다. 소크라테스는 사랑이 동물들에게 어떤 식으로 "병"을 일으키는지를 설명한다. "사랑을 하면 먼저 교미를 하느라 병이 들고, 나중에는 새끼를 낳아 기르느라 병이 든다."[47] (앞서 살펴본, 짝짓기 체계는 보살핌 체계로 이어진다는 것과 일맥상통하는 내용이다.) 인간의 사랑은 동물의 사랑을 닮으면 그 격이 떨어진다는 게 플라톤의 견해였다. 따라서 여자를 사랑하는 일은, 그 목적이 번식에 있는 만큼, 저급한 사랑이었다. 플라톤의 소크라테스는 여기서 한발 더 나아가, 무언가 더욱 고상한 것에 목표를 두면 사랑도 애초의 동물적 뿌리를 초월할 수 있음을 증명한다. 늙은 남자가 젊은 남자를 사랑하는 것은 숭고해질 수 있는바, 둘의 교제가 거듭되는 사이사이 연륜 깊은 노인이 젊은이에게 덕과 철학을 가르칠 수 있기 때문이다. 하지만 이 사랑도 더 높은 데로 가기 위한 디딤돌일 뿐이다. 그는 보편적인 아름다움을 사랑할 줄 알아야 하지, 특정한 육체의 아름다움을 사랑해서는 안 된다. 즉, 그는 영혼 속에서 아름다움을 찾아야만 하고, 나아가 이데아 idea 와 철학 안에서 아름다움을 찾아야만 한다. 그래야지만 종국에 가서 아름다움 그 자체의 형상을 인식하게 될 터였다.

> 그렇게 되면 그는 앎의 아름다움을 보게 될 것이요, 따라서 단 하나 본보기의 아름다움에만 눈이 쏠리지 않을 것이다. 이들은 어디 얽매인 종들 같지 않아, 어떤 어린애, 어떤 사내, 혹은 일개 풍습의 아름다움만 좋아하지 않으리라. 그 사랑하는 자는 아름다움의 망망대해에 눈을 돌리고, 바다를 지긋이 바라보며 아낌없는 사랑을 지혜에 쏟아 눈부시게 아름다운 수많은 이데아와 이론들을 탄생시킬지니….[48]

여기서는 사랑의 본질을 이루는, 둘 사이의 애착이 무시되고 있음을 알 수 있다. 플라톤에 의하면 사랑은, 보편적 아름다움에 대한 찬탄으로 승화할 때만 비로소 숭고해질 수 있다.

후대의 스토아학파도 개별적 사랑에 반대했는데, 다른 사람은 내가 온전히 통제할 수 없는 존재인바 그런 남의 손에 나의 행복이 좌지우지된다는 것은 온당치 않다고 보았다. 쾌락 추구를 사상의 밑바탕으로 삼았던 에피쿠로스학파는 한발 나아가 우정은 귀하게 여기면서도 낭만적 사랑에는 반대했다. 철학을 논했던 시인 루크레티우스 Lucretius가 쓴 《사물의 본성에 대하여De Rerum Natura》는 그때껏 전해지던 에피쿠로스의 철학을 가장 온전히 담아내고 있다.

이 책 4권의 마지막 부분은 "사랑에 반대하는 열변"으로 널리 알려져 있으며, 여기서 루크레티우스는 사랑을 상처, 암, 병에 견준다. 에피쿠로스학파는 욕망과 그 충족의 대가들이었던바, 그들이 열정적 사랑에 반대한 것은 충족될 수 없기 때문이었다.

> 두 사람이 한 자리에 누워, 서로 팔다리를 휘감고
> 삶의 한창때를 맛볼 때, 살이 기쁨을 미리 맛보여
> 비너스가 여자의 밭에 씨뿌릴 채비가 되었을 때
> 걸신들린 듯 그들은 서로를 부여잡고, 입을 맞추니
> 침은 흐르고, 숨은 헐떡대고, 이가 입술을 짓누르네
> 하지만 다 허튼짓, 아무리 그 살을 맞대고 비벼
> 한 몸이 다른 몸을 파고들었다 다시 나와도 거기 실체란 없으니
> 그럼에도 종종 이것이 그들의 바람, 그들의 목표인 양
> 둘은 그렇게도 탐욕스럽게 열정의 속박에 매달리누나.[49]

사랑에 대한 고전 시대의 이러한 두려움은 그리스도교를 통해 상당 부분 정면에 드러나게 된다. 성경에서 예수는 모세의 말을 빌려(〈마태복음〉 22장 37절에서, 〈신명기〉 6장 5절을 언급하며 "너희의 온 마음, 너희의 온 영혼, 너희의 온 힘을 다해") 첫 번째로 하느님을 사랑할 것을 추종자들에게 명한다. 그에 이은 예수의 두 번째 계율은 서로 사랑하라는 것이었다. "네 이웃을 너 자신과 같이 사랑하라."(〈마태복음〉 22장

39절) 그런데 나 자신을 사랑하듯 남을 사랑한다는 게 과연 어떤 의미일까? 우리가 말하는 사랑은 부모 및 연인과 맺고 있는 애착 관계에 심리적 뿌리를 두고 있다. 우리는 그런 애착 관계를 우리 스스로와는 맺지 않는다. 달리 말해, 우리는 타인과의 애착 관계에서 안정감이나 성취감을 구하지, 그것을 자기 안에서 찾지는 않는다는 이야기이다. 따라서 나를 사랑하듯이 남을 사랑하라는 예수의 말은 결국 우리가 스스로를 **가치 있게** 여기는 만큼 남도 **가치 있게** 여겨야 한다는 뜻이리라. 그런데 이 뜻 깊은 메시지는 앞서 3, 4장에서 논한 호혜성 및 위선과는 관련이 있을지언정, 6장에서 우리가 지금껏 함께 살펴본 여러 심리 체계와는 거의 아무런 상관도 없다. 그리스도교의 사랑은 그런 심리 체계보다는 주로 **카리타스**caritas 및 **아가페**agape 라는 두 개념에 초점을 맞춰왔다. **카리타스**(자선charity의 어원)를 박애와 선의의 적극적 실천이라 한다면, **아가페**는 성욕이 동반되지 않는 이타적이고 영적인 사랑, 특정한 타인에게 얽매이지 않는 사랑이라 할 수 있겠다. (물론 그리스도교 역시 결혼으로 맺어진 남녀 간의 사랑을 지지하지만, 이것 역시 하느님 교회를 위한 하느님의 사랑으로 승화시킨다 - 〈에베소서〉 5:25). 플라톤 사상에서와 마찬가지로, 그리스도교의 사랑에는 사랑의 본질적 부분인 개별성, 즉 나 아닌 **특정한** 누군가에게 초점을 맞추는 사랑은 아예 빠져 있다. 그리스도교에서 사랑은 그보다 규모가 훨씬 큰 대상들을 향한 사랑, 아니 어쩌면 무한한 대상을 향한 사랑으로 탈바꿈한 셈이다.

카리타스와 아가페가 아름답기는 하지만, 이 둘은 사람들이 **필요로 하는** 사랑의 종류와 관련도 없을뿐더러 거기에서 생겨나지도 않는다. 생각 같아서는 나도 모든 이가 다른 모든 이에게 박애를 퍼뜨리는 세상에서 산다면 좋기야 하겠지만, 그래도 그런 세상보다는 적어도 누구 한 사람만은 나만을 사랑해 주고 나도 그 사랑에 보답할 수 있는 세상에 사는 게 더 좋을 것 같다. 만일 할로우가 붉은털원숭이를 키울 때 다음의 두 조건을 설정했으면 어땠을지 한번 상상해 보자. 첫 번째 집단에서는, 새끼 원숭이를 제각기 제 우리에서 키우되, 할로우가 매일 새끼를 매우 잘 돌보는 성체 암컷 한 마리를 새로 우리 안에 넣어 준다. 두 번째 집단에서는, 새끼를 제각기 친엄마 원숭이와 우리에서 함께 키우되, 할로우가 매일 다른 원숭이에게 데면데면한 원숭이 한 마리를 새로 우리 안에 넣어 준다. 첫 번째 집단 원숭이들이 받는 것은 카리타스와 비슷한 무언가이고(개별성이 없는 박애), 따라서 이 원숭이들은 나중에 감정적 면이 손상된 모습을 보일 가능성이 크다. 애착 관계가 형성된 적이 없었던 만큼, 이 원숭이들은 새로운 경험에 지레 겁을 먹을 공산이 크며, 다른 원숭이들을 사랑하거나 좋아하지 못할 것이다. 반면 두 번째 집단의 원숭이들은 정상적인 붉은털원숭이의 아동기와 가까운 경험을 가진 만큼, 이 원숭이들은 나중에 건강한 모습으로 자라날 가능성이 높으며 사랑도 할 수 있을 것이다. 원숭이나 사람이나 친밀하고 오래 가는 애착을 특정한 누군가와 맺을 필요가 있는 것이다. 9장에 가서 우리는 아가페도 분명 존재하지만, 그 수명은 짧다는 이야기를 하게 될 것이다. 아가페가 삶을 바꾸거나 풍요롭게 만들 수는 있어도, 그것이 애착 관계를 밑바탕에 깐 사랑을 대신할 수는 없다.

인간들이 나누는 진짜 사랑이 철학자들을 영 불편하게 만들 법한 이유가 몇 가지 있기는 하다. 첫째, 열정적 사랑은 사람들을 비논리적이고 비합리적으로 몰아가기로 악명이 높으며, 서양 철학자들은 도덕성은 원래 합리성에 기반을 둔다고 생각해 온 지 오래다. (이 관점에 반하는 논변을 8장에 가서 펼쳐 보이겠다.) 어떻게 보면 사랑에 빠진 이는 온전한 정신 상태가 아니고, 따라서 열정에 사로잡혀 날뛰다 자신은 물론 남들의 인생까지 망쳐 놓은 사람들을 우리는 숱하게 볼 수 있다. 따라서 사랑을 하지 말라는 철학의 충고는 대체로 현인들이 젊은이들이 잘되길 바라는 마음에서 건네는 말이라고도 할 수 있다. "양쪽 귀를 단단히 틀어막게. 세이렌의 노래가 자네를 홀리지 못하도록 말이야."

하지만 생각건대 이 충고의 저변에는 그리 자애롭지 못한 동기가 최소 두 가지는 깔려 있는 것으로 보인다. 첫째, "옛날의 우리처럼 실수하지 말고, 우리가 하는 말을 들어라"라는 구세대의 남 위하는 척하는 위선을 엿볼 수 있다. 예를 들어, 부처와 성 아우구스티누스는 정작 자신들이 한창 젊었을 때엔 열정적 사랑에 한껏 취했다가, 세월이 한참 흐른 뒤에야 성욕에 집착하지 말라는 견해를 내세우지 않았던가. 윤리 규범은 원래 사회 안에서 질서를 유지해 나가기 위해 만들어지는 만큼, 거기서도 우리에게 욕망의 고삐는 조이고 맡은 바 역할을 충실히 다하라고 누누이 강조한다. 하지만 낭만적 사랑은 젊은이들에게 그들 사회의 규칙과 관습, 신분 차이, 몬터규가와 캐풀렛가(셰익스피어의 《로미오와 줄리엣》에 등장하는 원수지간의 두 가문 이름이다 – 옮긴이)의 싸움 따위는 괘념치 말라 이르기로 악명이 높다. 따라서 나는 현인들이 사랑을 영적이고 친사회적인 무언가로 재정의하려 시종 노력하는 모습을 보면, 꼭 자신들 젊었을 때에는 다종다양한 연애를 다 해 보고 정작 딸에게는 왜 결혼을 할 때까지는 자기 몸을 지켜야 하는지 훈계하는 부모들 같다는 생각이 든다.

현인들 충고에 깔린 두 번째 동기는 죽음에 대한 두려움이다. 콜로라도대학교의 제이미 골든버그Jamie Goldenberg가[50] 연구를 수행한 결과, 언젠가는 자신도 죽는다는 사실을 곱씹어 봐야 하는 상황에 처하자 사람들은 성욕의 육체적 면을 더 역겹게 느끼고, 사람이나 동물이나 본질적으로 비슷하다는 논지의 글에 덜 동조하는 것으로 나타났다. 골든버그와 그의 동료들이 보기에, 죽음에 대한 두려움은 모든 문화에 팽배해 있다. 인간 존재는 다들 언젠가는 자신도 죽는다는 사실을 알고 있으며, 따라서 인간이 이룩한 문화들은 삶을 숭고하게 만드는 의미 체계, 나아가 인간의 삶이 그래도 인간과 마찬가지로 죽는 그 모든 동물의 삶보다는 낫다고 확신하게끔 하는 의미 체계를 구축하기 위해 무던히 애를 쓴다. 수많은 문화에서 섹스를 광범위하게 규제하는 것도, 인간을 하느님에 대한 사랑과 연결 짓고 섹스와는 단절하려 하는 것도, 인간이면 언젠간 다 죽는다는 성가신 두려움을 떨치려는 정교한 방어 기제의 일부이다.[51]

이게 정말 사실이라면, 즉 현인들이 우리에게 낭만적 사랑을 비롯해 수많은 종류의 집착을 떨치라고 경고하는 데에는 말로 표명하기 힘든 여러 이유가 있는 게 사실이라면, 우리도 그들의 조언을 무작정 들을 게 아니라 잘 골라서 새겨들어야 할 것이다. 지금 우리는 그들과는 매우 다른 세상에서 살아가고 있는 만큼, 우리가 잘 살펴봐야 할 부분은 우리 자신의 삶일 것이다. 또한 집착(혹은 애착)이 우리에게 정말 좋은지 나쁜지 여부를 알려 주는 증거들에도 귀를 기울여야 한다.

자유는 건강에 해로울 수 있다

19세기 말, 사회학 창시자로 손꼽히는 에밀 뒤르켐Emile Durkheim

이 경이로운 학문적 성과를 이룩했다. 유럽 곳곳에서 자료를 수집해, 자살률에 영향을 미치는 요인이 어떤 것인지를 연구한 것이다. 연구 결과를 한마디로 요약하자면, 그 요인은 바로 구속이었다. 모은 자료들을 아무리 이런저런 방법으로 분석해 봐도, 결국에는 사회적 구속, 속박, 의무가 더 적은 이들이 스스로 목숨을 끊을 확률은 더 높은 것으로 나타났다. 이와 관련해 뒤르켐은 "교단敎團의 통합성 정도"도 살펴봤는데, 당대에 신앙생활 규율이 가장 느슨했던 프로테스탄트 교도가 가톨릭 교도에 비해 자살률이 더 높은 것으로 밝혀졌다. 사회적 및 종교적 의무의 망網이 가장 촘촘히 얽혀 있던 유대교도가 자살률이 가장 낮았다. 뒤르켐이 "가정의 통합성 정도"를 면밀하게 살폈을 때의 결과도 똑같았다. 홀로 생활하는 사람이 스스로 목숨을 끊을 확률이 제일 높았던 한편, 결혼한 이들은 자살 확률이 낮아졌으며, 결혼한 상태에서 아이까지 있는 이들은 그 확률이 훨씬 더 낮아졌다. 이를 통해 뒤르켐이 내린 결론은, 사람들은 자신들 삶에 일정한 틀과 의미를 부여하기 위해 갖가지 의무와 구속을 필요로 한다는 것이다. "[어떤 사람이] 각종 집단에 속해 있는 강도가 약할수록, 또 그 집단에 의지하는 정도가 덜할수록, 자신 외에는 의지할 데가 갈수록 없어지고 일신의 이익 말고는 행동의 밑바탕이 될 원칙을 잘 인지하지 못한다."[52]

그 후 백 년에 걸쳐 후속 연구들이 나온 결과, 뒤르켐의 진단은 과연 옳았다. 만일 여러분도 어떤 이가 지금 얼마나 행복하고, 또 그 사람이 앞으로 얼마나 오래 살지 예상해 보고 싶다면(더욱이 그 사람의 유전자와 성격에 대해 이러쿵저러쿵 물을 수 없는 상황이라면), 아마도 여러분은 그 사람이 맺고 있는 사회적 관계를 파악해 봐야 할 것이다. 강력한 사회적 관계를 갖고 있는 경우엔 면역 체계가 강화되고, 수명

조너선 하이트의 바른 행복

이 늘어나며(금연보다 수명을 더 연장시켜 준다), 외과 수술 후 회복 속도가 빨라지고, 우울증 및 불안 장애 위험은 줄어든다.[53] 그렇다고 외향적 성격의 사람들만 당연히 더 행복하고 더 건강하게 지낸다는 것은 아니다. 내향적 성격의 사람 역시 억지로 떠밀려 외향적 활동을 하더라도, 보통은 그런 활동을 즐기게 되며 그것이 자신의 우울한 기분을 순식간에 신나게 만들어 준다는 사실을 알게 된다.[54] 심지어는 속으로는 이런 사회적 교류를 별로 원하지 않는다고 생각하는 사람들조차 외향적 활동들에서 혜택을 얻기는 마찬가지이다. 여기서 함께 눈여겨봐야 할 점은 이것이 단순히 "사람들은 누구나 자신이 기댈 누군가를 필요로 한다"라는 뜻만은 아니라는 것이다. **베풀기**의 도움을 주제로 한 최근 연구를 보면, 사람들은 도움을 받을 때보다 외려 남을 보살필 때 더 많은 혜택을 얻는 경우가 많다고 한다.[55] 우리는 남들과의 교류와 관계 맺음이 필요하고, 주는 것과 받는 것 **모두**를 필요로 하며, 속해 있을 어딘가를 필요로 하는 존재이다.[56] 이런 면에서 개인의 절대적 자유라는 이념은 자칫 위험할 수 있는데, 개인의 절대적 자유를 추구해 개인 및 전문적 일의 성취만 염두에 두고 집, 직장, 도시, 결혼 관계는 홀가분히 떠나 버리면, 그런 성취를 이루고서 가장 간절히 찾게 될 사람들과의 관계는 파탄 나 버릴 수 있다.

　세네카의 말은 옳았다. "스스로를 혼자라고 여기고 매사를 자신의 쓸모 문제로 돌리는 사람은, 그 누구도 행복할 수 없다." 존 던의 말도 옳았다. "그 어떤 남자, 여자, 아이도 절대 섬은 아니다." 아리스토파네스도 옳았다. 우리에게는 우리의 빈틈을 완전하게 채워 줄 다른 이의 존재가 필요하니까 말이다. 초사회성을 가진 종種인 만큼, 우리 인간에게는 서로 사랑하고, 벗이 되고, 도와주고, 함께 나누는 등 우리 삶을 타인의 삶과 엮게끔 민감하게 발달한 갖가지 감정들이 가득 들어차 있다. 물론 집착과 인간관계로 인해 고통을 떠안게 될 수도 있다. 장 폴 사르트르Jean-Paul Sartre의 희곡 〈닫힌 방No Exit〉의 작중인물이 말했듯, "타인은 지옥이다."**57** 그러나 타인은 또한 천국이기도 하다.

7장 우리는 스스로 생각하는 것보다 훨씬 강하다

하늘이 누구에게든 대업을 맡기려 할 때엔,

반드시 마음을 괴롭게 하고, 고된 일로 근골을 단련시키며,

배를 곯게 하고, 빈곤에 찌들게 하며,

그 행하는 바를 어그러뜨린다.

그렇게 해서 그의 마음을 분발시키고, 성정을 강하게 다지고,

모자란 능력들을 향상시키니.

맹자[1]

죽지 않을 만큼의 고된 일들은 나를 더 강하게 만든다.

니체[2]

운명, 숙명론, 신의 예지는 수많은 문화 안에서 으레 보이는 요소이다. 일례로 인도인의 민간 신앙에서는 아이가 세상에 나오는 날, 아이의 이마에 신이 그 운명을 써 놓는다고 믿는다. 이런 상상을 한 번해 보자. 여러분의 아이가 세상에 나올 때에 여러분이 두 가지 선물을 받게 된다고 말이다. 그 하나인 안경을 쓰면 아이가 어떤 운명을 점지받았는지가 훤히 읽히고, 다른 하나인 연필을 손에 쥐고는 아이가 점지받은 운명을 고쳐 쓸 수 있다. (이와 함께 이 선물들은 신이 준 것인 데에다, 여러분이 마음 내키는 대로 활용할 수 있다고 해 보자.) 여러분이라면이런 상황에서 어떻게 할 것 같은가? 아마도 여러분은 안경을 쓰고 아이의 일생을 죽 훑을 것이다. 9세: 가장 친했던 친구가 암에 걸려 세상

을 떠난다. 18세: 고등학교를 반 1등의 성적으로 졸업한다. 20세: 술에 취해 차를 몰다 사고를 당해 왼쪽 다리를 절단한다. 24세: 미혼모가 된다. 29세: 결혼한다. 32세: 소설을 써서 성공을 거둔다. 33세: 이혼한다 등등. 장차 아이가 당할 고통들이 눈앞에 줄줄이 펼쳐지는 것을 보고 있으면 오죽 마음이 아플까! 이런 상황에서 그 어떤 부모가 어떻게든 그 트라우마들을 지워 줘야겠다는, 아이가 자초한 인생의 상처들을 바로잡아 줘야겠다는 생각을 뿌리칠 수 있겠는가?

하지만 아무리 아이 인생을 고쳐 적을 연필이 있다 해도 그것을 함부로 써서는 안 된다. 여러분이 선의가 오히려 아이의 인생을 더 그르칠 수도 있기 때문이다. 니체의 말마따나 죽지 않을 만큼의 고된 일이 우리를 더 강하게 만들어 주는 게 맞다면, 아이의 미래에서 만만찮은 역경을 모조리 지우는 것은 아이를 힘 없는 미발달 상태로 그냥 두는 것이나 다름없을 수 있다. 이번 7장의 내용은 "역경 가설"이라 불릴 법한 내용으로, 이 가설에서는 사람들이 가장 높은 수준의 강인함, 성취감, 개인적 발달을 이루려면 역경과 좌절은 물론, 심지어는 트라우마까지도 필요할지 모른다고 말한다.

물론 축자적으로만 봐서는 니체의 말이, 적어도 늘 사실일 수는 없다. 내 목숨이 지금 당장 실제로 끊어질지 모르는 위협에 처하거나, 다른 이가 참혹하게 죽는 광경을 목격한 이들의 아픔은 때로 외상 후 스트레스장애PTSD: Posttraumtic Stress Disorder로 발전하는데, 사람의 심신을 쇠약하게 하는 이 증상에 걸린 사람들은 늘 불안정과 과민 반응에 시달린다. PTSD는 사람을 바꾸어 놓으며, 그 변화는 더러 평생을 간다. 이런 사람들은 후일 역경에 맞닥뜨리게 되면, 전보다 더 쉽게 공포에 빠지거나 심신이 무너지곤 한다. 설령 니체의 금언을 하나의 비유로 받아들인다 해도(니체 역시 비유적인 의미로 받아들이길 더 바랐을 것이다), 50년간의 스트레스 관련 연구들을 보면 일반적으로 스트레스 인자들은 사람들에게 악영향을 끼치며,[3] 우울증, 불안 장애, 심장병의 원인이 되기도 하는 것으로 밝혀졌다. 그러므로 역경 가설을 받아들일 때에는 되도록 신중을 기하는 게 좋다. 과학적인 연구들을 들여다보고, 과연 언제 역경이 도움이 되고 언제 해가 되는지 헤아려야 하는 것이다. 이 질문의 답은 단순히 "적정 한도 내의 역경"만은 아니다. 역경 이론은 그보다는 훨씬 흥미진진해서, 어떻게 하면 인간 존재가 성장해 힘차게 살아나갈 수 있는지와 함께, 어떻게 해야 여러분이 (그리고 여러분의 아이가) 앞으로 필시 만날 역경에서 가장 값진 것을 얻을 수 있는지 보여 준다.

외상 후 성장

그렉Greg의 인생이 와르르 무너진 것은 1999년 4월 8일이었다. 바로 이날, 그의 아내와 함께 당시 4살, 7살이던 두 아이가 완전히 종적을 감춘 것이다. 사흘이 걸려서야 그렉은 이들이 확실히 차 사고를 당한 건 아님을 알 수 있었다. 차 사고는커녕 아내 에이미는 몇 주 전 쇼핑몰에서 어떤 남자와 눈이 맞아서는 그 참에 두 아이를 데리고 집을 나갔다. 네 사람은 차를 타고 미국 곳곳을 누비는지, 서부 주主에서만 이들이 목격됐다는 곳이 한두 군데가 아니었다. 그렉의 일을 맡은 사설탐정은 뒷조사에 들어가기 무섭게 그렉의 인생을 파탄 낸 그 남자가 사기꾼과 잡범 노릇으로 연명하는 작자임을 알아냈다. 대체 어떻게 이런 일이 일어날 수 있단 말인가? 자신이 제일 사랑한 그 모든 것을 하루아침에 빼앗기자, 그렉은 꼭 성경 속 욥Job이라도 된 듯한 심정이었다. 그리고 욥이 그랬듯, 그렉도 자신에게 닥친 일을 무슨 말로 설명해야 할지 도무지 알 수 없었다.

그렉[4]은 오랜 친구였던 내게 전화를 걸어, 자기 아내가 어떻게 그런 사기꾼에게 휘둘릴 수 있었는지 심리학자의 통찰로 설명을 좀 해 달라고 부탁했다. 이때 내가 제시한 통찰 하나가 그 작자는 아마도 사이코패스이리라는 것이었다. 사이코패스라고 해도 대부분은 폭력적이지 않다(물론 연쇄 살인범과 연쇄 강간범은 대부분 사이코패스이다). 이런 사이코패스들은 대부분 남자들로, 도덕적 감정, 애착 체계, 타인에 대한 배려심을 전혀 갖고 있지 않다.[5] 이들은 수치심, 쑥스러움, 죄의식을 전혀 느끼지 않기 때문에, 사람들을 교묘하게 조종해 그들에게서 쉽사리 돈, 섹스, 신뢰 등을 챙기곤 한다. 만일 그자가 정말 사이코패스라면, 사랑할 수 있는 능력이 그에겐 없으므로 조만간 에이미와 아이들에게도 싫증을 낼 것이라고 나는 그렉에게 말해 주었다. 그리고 얼마 안 있어 그렉이 다시 아이들 얼굴을 볼 수 있을 때가 올 것이라고.

에이미가 돌아온 건 두 달 뒤였다. 경찰은 그렉의 양육권을 인정해 아이들을 아빠 품으로 돌려보냈다. 이렇게 해서 그렉은 공황 상태에서 빠져나왔으나 그것으로 결혼 생활도 끝이었고, 이제부터는 인생을 재건해야 하는 길고 고통스러운 과정의 시작이었다. 이제 그는 조교수 월급만으로 애 둘을 키워야 하는 싱글 대디였고, 앞으로 몇 년은 아이들의 양육권 문제로 소송비를 들이며 에이미와 싸움을 벌여야 할 판이었다. 그런 상황에서는 학자로서의 이력이 걸려 있던 책 집필

조너선 하이트의 바른 행복

을 도저히 마무리할 수 없을 것 같았고, 아이들은 물론 그 자신의 정신 건강도 염려가 되었다. 앞으로 그렉은 어떻게 해야 하는 것일까?

　그로부터 몇 달 뒤, 나는 그렉을 찾아갔다. 8월의 아름다운 여름날 저녁, 그렉의 집 현관에 둘이 걸터앉아 나는 그때의 위기가 그렉에게 어떤 영향을 미쳤는지를 전해 들을 수 있었다. 여전히 고통스럽기는 마찬가지였지만, 그렉은 그 일을 계기로 수많은 이들이 자신을 아껴 주고 곁에서 도와주려 한다는 사실을 깨닫게 되었다고 했다. 그가 다니는 교회에서는 가족들이 그에게 식사거리를 갖다주었을 뿐만 아니라 아이 돌보는 일도 거들어 주었다. 그렉의 부모님도 유타의 자신들 집을 팔고 아예 샬러츠빌로 이사 와 그렉이 아이 키우는 걸 도와주셨다. 그뿐 아니었다. 그 일을 계기로 그렉은 삶에서 진정 중요한 것은 무엇인가에 대한 자신의 시각이 180도로 바뀌었다고 했다. 아이들이 자신의 품으로 돌아온 이상, 학자로서의 성공은 그에게 더 이상 그렇게 중요한 문제가 아니었다. 그렉은 사람들을 대하는 방식도 전과 달라졌다고 했는데, 이 변화는 그의 가치관이 바뀐 것과 관련이 있었다. 언젠가부터 그렉은 사람들의 이야기를 들으며 자신이 전보다 연민, 사랑, 용서의 마음을 훨씬 크게 가지게 되었음을 알게 되었다. 별것도 아닌 문제로 사람들에게 버럭 화를 내는 일도 더는 없어졌다. 그러고 나서 그렉이 너무 강하게 와닿는 말을 하는 바람에 나는 말문이 막혔다. 많은 오페라 작품에서 핵심은 늘 슬프지만 감동적 솔로 파트가 차지하지 않냐면서 그렉은 말을 이었다. "지금이 내겐 그 아리아의 순간인가 봐. 내가 바란 건 아냐. 아리아 같은 거 안 불러도 돼. 하지만 이미 닥친 상황, 이제 내가 뭘 더 어쩌겠어? 내가 과연 이걸 잘 감당해 낼지 그건 잘 모르겠지만."

하지만 그런 틀에서 상황을 바라보고 있다는 것 자체가 이미 그렉이 난국을 잘 헤쳐 나가고 있다는 뜻이었다. 가족, 친구, 독실한 신앙심에서 힘을 얻은 그렉은 인생 재건에 성공했고, 책도 무사히 집필했으며, 2년 뒤에는 더 좋은 일자리까지 찾았다. 얼마 전 통화를 할때, 그렉은 당시 일의 상처가 아직도 아물지 않은 것 같다고 말했다. 하지만 수많았던 변화들을 한번 견뎌 내고 나니, 아이들과 보내는 하루하루가 그 위기가 닥치기 전보다 더 즐겁게 다가온다고도 그는 말했다.

수십 년간 정신 건강 연구가 초점을 둔 부분은 스트레스 및 그 악영향이었다. 이같은 정신 건강 연구 문헌들에서 주된 관심사로 삼아 온 것은 늘 회복력이었고 말이다. 즉, 사람들이 어떤 식으로 역경을 극복하고, 타격을 막아 내, 정상적인 제 역할로 "복귀하는지" 연구해 온 것이다. 하지만 이 분야의 연구자들이 회복력의 화두에서 벗어나 중증 스트레스의 **혜택**에 초점을 맞추기 시작한 것은 불과 지난 15년 새의 일이다. 일각에서는 이들 혜택을 한데 묶어 "외상 후 성장 posttraumatic growth"[6]이라고도 하는데, 외상 후 스트레스 장애와 단적으로 대비되는 개념이다. 현재 연구자들은 암, 심장병, HIV(사람면역결핍바이러스, 에이즈), 강간, 공격, 마비, 불임, 가정 화재, 비행기 사고, 지진 등 그야말로 각양각색의 역경에 맞닥뜨렸던 이들을 상대로 연구를 진행하고 있다. 또한 가장 강력한 애착 관계를 가졌던 이들, 즉 아이, 배우자 혹은 연인, 부모를, 잃었을 때 그 상실감을 어떻게 극복하는지도 연구해 왔다. 이렇게 해서 진행된 대규모 연구에 의하면, 사람들에게는 트라우마, 위기, 비극은 이루 헤아릴 수 없는 다양한 형태로 찾아오지만, 거기서 혜택을 얻는 방법은 크게 세 가지라고 한다.

이는 그렉이 말한 그 내용들과 다르지 않다.

첫 번째 혜택은 난국을 헤쳐 가다 어딘가 숨어 있던 우리의 능력들이 모습을 드러내고, 이 같은 능력 변화를 통해 우리의 자기 개념도 함께 바뀐다는 것이다. 여러분이 과연 얼마큼의 인내심을 갖고 있을지는 아무도 모른다. "X가 없으면 아마 나는 죽을 거야"라거나, "Y가 겪은 일을 그대로 당하면 난 아마 못 살 걸" 하며 혼잣말을 할 수는 있겠지만, 이는 기수가 난데없이 내뱉는 말일 뿐이다. 설령 정말 X를 잃는다 해도, 혹은 Y와 정말 똑같은 처지가 된다 해도, 여러분의 심장은 멈추지 않고 계속 뛸 것이다. 여러분은 자신이 마주한 현실에 그저 반응을 할 수밖에 없을 것이고, 그 같은 반응은 대체로 자동적으로 일어날 것이다. 끔찍한 상실이나 트라우마를 겪고 난 사람들도 더러는 무덤덤하거나 자동 조종 모드가 작동하듯 자신도 모르게 일상을 살아가는 경우가 있다. 의식에는 커다란 변화가 가해졌지만, 어쨌건 몸이 움직임을 계속해 나가는 것이다. 그러곤 이후 몇 주에 걸쳐 자신이 무언가를 상실했고, 아울러 상황도 그만큼 변했음을 힘겹게 깨달으면서 얼마간 정상 상태를 회복한다. 죽지 않을 만큼의 고된 일들은, 결국에는 우리를 생존자로 만든다는 뜻으로, 고된 일들을 겪고 나면 이제는 사람들이 우리에게 "내가 Y 같은 일을 당한다면, 나는 절대 못 살걸" 하는 말을 하게 된다. 사별이나 트라우마를 겪고서 사람들이 흔히 얻는 교훈이 바로 나 자신이 생각보다 훨씬 강하다는 사실이며, 자신의 강인함을 이렇듯 새로이 올바로 알게 되면 미래에 닥칠 어려운 일들에 얼마든 맞설 자신감이 생긴다. 이런 이들은 말만 그럴싸하게 꾸며 내 새까만 먹구름 낀 하늘에 한줄기 섬광이 비치는 것처럼 포장하는 그런 부류가 아니다. 전쟁, 강간, 집단 수용소, 혹은 트라우마가 생길 개인적 상실의 경험 속에서 고통을 당한 이들은 장차 받게 될 스트레스에 면역을 갖게 된 것처럼 보일 때가 많다.[7] 이런 이들은 상처에도 더욱 빠른 회복력을 보이게 되는데, 자신에게 어려움을 극복할 힘이 있음을 아는 것이 그 이유이다. 고통의 이런 혜택은 종교 지도자들도 종종 정확히 짚어 내곤 했다. 사도 바울은 〈로마서〉(5: 3-4)에서 이렇게 말했다. "환난은 인내를, 인내는 연단鍊鍛 을, 연단은 희망을 낳는 법이니라." 더 근래 들어서는 달라이 라마가 이렇게 말하기도 했다. "고난의 경험이 많은 사람일수록 고통을 안 겪은 사람보다 각종 곤경에 맞닥뜨렸을 때 더 굳세게 버텨 낸다. 따라서 이런 관점에서 보면, 얼마쯤의 고통은 삶에 훌륭한 가르침이 될 수도 있다."[8]

역경이 가져다주는 두 번째 종류의 혜택은 주로 인간관계와 관련이 있다. 역경을 통해 관계가 걸러지기 때문이다. 어떤 사람이 암 진단을 받거나, 혹은 부부가 자식을 잃고 나면, 친구나 식구 누군가는 어떻게든 돕겠다는 마음을 전하거나 어떻게 실질적 도움을 줄지 자신의 능력이 닿는 한에서 최대한 방법을 모색한다. 하지만 반대로 그냥 외면하고 마는 이들도 있는데, 아마도 무슨 말을 어떻게 해야 할지 모르거나 그 상황의 곤란함을 자신들도 어쩌지 못하겠기에 그러는 것이리라. 역경은 이렇듯 좋을 때만 친구인 이들과 진정한 친구만 구별해주는 게 아니다. 역경은 우리가 맺고 있는 인간관계를 단단히 다져 주는 한편, 서로 마음을 여는 계기가 돼 주기도 한다. 진정 나를 아껴 주는 이에게는 사랑을 키워 나가게 되는 경우가 많으며, 내가 필요할 때 마음을 써 준 이들에게도 사랑과 감사를 느끼는 게 보통이다. 수전 놀런 혹스마Susan Nolen-Hoeksema 는 스탠퍼드대학교의 동료들과 함께 사별을 주제로 대규모 연구를 진행했는데, 사랑하는 이를 잃고 난 후 사람들에게 가장 흔히 나타나는 일은 그들의 인생에서 타인의 존재를 더욱 크게 깨닫는 것과 함께, 그들에게 더 너그러운 마음을 갖게 되었다는 것이었다. 이 연구의 한 여성은 암에 걸린 애인을 떠나보낸 일이 있었는데, 이와 관련해 이렇게 설명했다. "그 상실을 계기로 다른 사람들과의 관계는 오히려 좋아졌어요. 시간은 정말 소중하니까, 별 의미 없는 하찮은 일과 감정에 괜히 많은 노력을 허비할 필요가 없다는 걸 알게 된 거죠."[9] 그렉이 그랬듯, 이 여성도 애인을 떠나보낸 후 언제부터인가 자신이 남들과의 관계에서 더 애정을 베풀고 덜 옹졸하게 군다는 것을 알게 되었다. 원래 대인 관계에서는 자기 홍보와 경쟁에 열을 올리며 마키아벨리식 대갚음을 해야 하지만, 트라우마를 입으면 이 동기가 작동하지 못하게 되는 듯하다.

타인과 관계 맺는 방식에서 일어나는 이런 변화를 통해 우리는 역경이 공통으로 주는 세 번째 혜택을 짐작할 수 있다. 그것은 바로 트라우마를 겪으면 내 현재의 삶과(예를 들면, "하루하루 최선을 다하자" 와 같은 식으로) 타인과의 관계에서 우선순위와 철학이 달라진다는 것이다. 많은 재물과 막강한 권력을 가졌던 이들이 죽음을 눈앞에 두고 개과천선한 이야기는 누구나 다 들어 봤을 것이다. 나의 경우에는 문화와 도덕성을 연구하려 부바네스와르Bhubaneswar라는 인도 도시에서 3년을 지냈던 1993년에 가장 압도적인 개과천선 사례를 접할 수 있었다.

아소카 왕King Ashoka은 기원전 272년경 자신이 (인도 중부의) 마우리아 제국 황위에 오르자, 이후 정복을 통해 제국의 강역을 넓히는 작업에 착수했다. 정복은 성공적이었으니, 가차 없는 살육에 주변의 수많은 민족과 왕국들이 제국에 복속해 왔기 때문이다. 그러나 부바네스와르 근방에서 칼링가족을 격파할 때 전장에 유달리 피가 낭자한 뒤로, 아소카 왕은 공포와 회한에 사로잡혀 헤어나지 못했다. 이후 왕은 불교도가 되어, 폭력으로 땅을 정복하는 일은 일체 그만두고, 정의와 다르마(힌두교와 불교에서 말하는 삼라만상의 법칙) 숭상을 기본으로 삼는 나라를 만들어 가는 데 전력을 다했다. 아소카 왕은 정의로운 사회를 건설하겠다는 뜻과 덕행德行의 통치를 법으로 명문화하고, 이들 법령의 내용을 제국 곳곳의 바위벽에 새겨 넣게 했다. 또한 저 멀리 그리스에까지 사절들을 보내 평화, 덕, 종교적 관용을 골자로 한 자신의 뜻을 두루 퍼뜨렸다. 아소카가 개심한 계기는 전쟁에서의 승리였기 때문에 역경이 아니라고도 하겠지만, 사람들은 자기 목숨이 위협을 당할 때에는 물론 제 손으로 남을 죽일 때에도 곧잘 트라우마를 입곤 한다. 이 점은 군인을 대상으로 한 오늘날 연구를 통해 알 수 있다.[10] 외상 후 성장을 경험한 수많은 이들과 마찬가지로, 아소카 역시 근본적 차원의 변모를 겪은 것이었다. 비문 속에서 아소카 왕은 그 이후로 자신이 용서, 자비와 함께, 이질적 부류에 대한 관용을 더 많이 갖게 되었다고 말한다.

대량 학살자였던 이가 인간애 주창자로 거듭나는 것은 극히 드문 일이지만, 죽음을 코앞에 맞았을 때 자신의 가치관과 관점이 변화하더라는 이야기는 그야말로 무수한 이들에게서 들을 수 있다. 암 진단을 받았던 일을, 돌이켜 생각하면 정신을 번쩍 차린 계기, 현실을 제대로 파악한 사건, 혹은 인생의 전환점이 되었다고 표현하는 것도 종종 볼 수 있다. 그런 일이 생기면 많은 이들이 지금껏 하던 일을 관두고 다른 일을 해 보거나, 일을 줄이는 것을 고려하곤 한다. 정신을 번쩍 차리고 나서 사람들이 깨닫는 현실은, 지금껏 당연하게만 생각해 왔던 삶이 선물이라는 것, 아울러 돈보다는 사람이 더 중요하다는 것이다. 찰스 디킨스Charles Dickens의 《크리스마스 캐롤Christmas Carol》은 자신도 언젠가는 죽고 말 거라는 사실을 마주할 때 어떤 일이 벌어지는지 그 심원한 진실을 담아 낸 작품이다. "아직 오지 않은 크리스마스"의 유령과 고작 몇 분을 보내고 난 뒤, 스크루지 영감은 지독한 구두쇠에서 벗어나 가족, 직원은 물론 거리의 낯모를 행인에서까지 기쁨을 느끼는 인심 후한 영감이라는 전혀 다른 인간으로 변모한다.

그렇다고 내가 고통을 찬미하거나, 모든 이에게 고통을 처방하거나, 고통은 가능하면 모든 곳에서 줄여야 한다는 도덕적 의무의 중요성을 깎아내리려는 것은 아니다. 또 사람들이 매번 암 진단을 받을 때마다 그 여파로 고통이 뒤따른다는 사실도, 그 고통이 그와 연을 맺고 있는 피붙이와 친구들에게 줄줄이 두려움을 퍼뜨린다는 사실도 무시하고 싶지 않다. 다만 내가 여기서 짚고 넘어가고 싶은 것은, 고통이 항상 모든 이에게 전적으로 나쁘지만은 않다는 것이다. 나쁜 것에는 좋은 것도 얼마쯤 섞여 있게 마련이며, 그 사실을 발견한 사람은 뭔가 소중한 것을 발견한 셈이다. 그것은 도덕적 및 영적 발전에 이르는 열쇠가 되니 말이다. 셰익스피어도 작품 속에서 이렇게 말했다.

역경의 쓸모는 달콤하오.
역경은 두꺼비처럼 추하고 독을 품었지만,
이마에 소중한 보석이 달렸어.[11]

고통은 반드시 필요한 것일까

역경 가설에는 저강도와 고강도의 두 가지 형태가 있다. 저강도 역경 가설에서는, 위에서 설명한 세 가지 외상 후 성장 기제를 통해 사람이 역경을 발판으로 성장하고, 강해지고, 기쁨을 느끼고, 자기 계발을 이룰 수 있다라고 이야기한다. 이 저강도 가설은 연구가 그 내용을 충분히 뒷받침해 주지만, 우리가 삶을 어떻게 살아가야 하는지에 대해서는 딱히 시사해 주는 바가 없다. 반면 고강도 역경 가설은 저강도 가설보다 마음 편치 못한 구석이 있다. 고강도 가설에서는 사람이 성장하기 위해선 **반드시** 역경을 견뎌야 하고, **오로지** 대단한 역경에 맞닥뜨려 그것을 이겨 낸 사람만이 가장 고차원의 성장과 발전에 이를 수 있다고 말하기 때문이다. 이 고강도 가설이 정말 타당하다면, 그 내용은 우리가 삶을 어떻게 살아나가고 우리 사회의 틀은 어떻게 잡아야 하는지와 관련한 무척 심오한 함의를 시사해 준다고 하겠다. 결국 고강도 가설의 내용은 우리가 더 많은 기회를 붙잡고, 더 많은 좌절 속에서 고통을 당해 봐야 한다는 뜻을 담고 있다. 또한 고강도 역경 가설에 따르면 우리는 우리 아이들을 위험할 만큼 과잉 보호하고 있는 것일 수도 있는데, 평탄하고 안전한 삶을 아이들에게 권하는 것은 물론 평소 지나치게 이래라저래라하는 것이 어쩌면 아이들로부터 이른바 삶의 "결정적 사건critical events"들을 빼앗는 결과가 될 수도 있다.[12] 그런 사건들이 있어야 아이들은 강하게 성장하고 그 어느 때보다 강한 우정을 맺어 볼 수 있을 텐데 말이다. 아울러 고강도 역경 가설은, 평화롭고 부유한 세상보다는 불명예를 안고 사느니 차라리 죽음을 택할 만큼 영웅적 투지가 넘치는 사회에서, 혹은 전란 속에서 다

같이 힘겨운 사투를 벌이는 사회에서 더 훌륭한 사람이 배출될 수 있는 법이라고 말하는 것이기도 하다. 평화롭고 부유한 사회에서는 오히려 사람들의 기대치가 지나치게 높아져, 자신들이 누구 때문에 "감정적 피해"를 입었다며 서로 소송을 거는 일이 다반사가 된다.

그런데 이 고강도 역경 가설은 정말로 타당성을 가질까? 사람들이 말로는 곧잘 자신이 역경을 겪은 후 근본적인 변화를 이루었다고 이야기하곤 하지만, 연구자들이 수집한 바에 의하면 본인의 보고를 제하면 역경이 개인의 성격을 변화시켰다는 증거는 거의 없다. 성격 테스트에서 사람들이 매긴 점수는 몇 년이 지나도록 상당 부분 제자리를 유지했으며, 심지어 자신이 역경을 겪고 꽤나 많이 변했다고 보고한 사람에게서도 이런 현상이 나타났다.[13] 극소수나마 피험자들의 친구에게 피험자에 대한 질문을 해서 성장에 대한 보고를 검증해 보는 연구도 진행되었는데, 그중 하나에서는 친구들이 알아챈 변화 역시 피험자 자신이 보고한 변화에 비하면 턱없이 적은 것으로 나타났다.[14]

하지만 어쩌면 이들 연구는 변화의 증거를 엉뚱한 데에서 찾은 것인지도 모른다. 심리학자는 종종 성격에 접근할 때 "5대 특성" 같은 기본적인 특성의 수치를 측정하곤 하는데, 여기서 5대 특성이란 신경증적 경향, 외향성, 새로운 경험에 대한 개방성, 우호성(따뜻함/친절함), 다양한 상황에 대처하는 자동 반응을 말한다.[15] 그런데 일란성 쌍둥이 간에는 이들 특성이 꽤 비슷하게 나타나며, 그 말은 이들 특성이 부분적으로 유전자의 영향을 받는다는 뜻이기도 하다. 물론 삶의 갖가지 조건들과, 부모가 되는 것과 같은 삶에서의 역할 변화도 이들 특성에 영향을 미치는 요소이다.[16] 그러나 심리학자 댄 맥애덤스 Dan McAdams가 제시한 관점에 의하면, 실제적으로 성격에는 세 가지 층위[17]가 있고 지금까지는 우리가 그중에서 가장 낮은 층위인 기본적 특성에만 치중해 왔다는 것이다. 성격의 두 번째 층위는 이른바 "성격적 적응characteristic adaptations"으로, 개인적 목표, 방어 및 극복 기제, 가치관, 믿음, 삶의 단계별 관심사(부모 되기 혹은 은퇴 같은 것들) 등 사람들이 자신의 특정 역할 및 위치 안에서 성공하기 위해 발달시키는 특성들이 여기 해당한다. 이런 적응들은 분명 기본 특성들에 영향을 받으니, 즉 신경증적 경향이 농후한 이들은 더욱 많은 방어 기제들을 갖게 되고, 외향적인 이들은 대인 관계에 더욱 심하게 의존하게 되는 식이다. 하지만 사람의 기본적 특징들이 주변 환경 및 삶의 단계와 관련한 사실들과 올올이 얽히게 되는 것이 바로 이 중간 층위이다. 그런 사실들이 변화하면(예를 들어, 배우자를 잃고 난 뒤라든지) 그 사람의 성격적 적응도 변화하는 것이다. 코끼리는 변화에는 워낙 굼뜰 수 있으나, 그런 코끼리와 기수가 하나로 힘을 합치면 변화한 상황 속에서 그날 하루를 어떻게든 또 버텨 낼 새로운 방법을 찾아낸다.

성격의 세 번째 층위는 바로 "인생 이야기"이다. 인간이 이야기에 매혹되는 것은 어느 문화에서나 볼 수 있는 것으로, 어디서건 구색만 갖춰지면 우리 인간들은 이야기를 지어내곤 한다. (저기 저 하늘 위에 별 일곱 개 보이지? 저 별들이 원래는 일곱 자매였는데 말야….) 우리 자신의 삶의 이야기를 지어낼 때에도 전혀 다르지 않다. 맥애덤스가 말하는 이른바 "진화하는 이야기, 즉 기억으로 재구축한 과거와, 지금 인식하는 현재와, 그리고 향후 예상되는 미래를 일관되고 생동감 넘치는 삶의 신화로 통합시키는 이야기"를 사람들은 자신도 모르게 술술 지어내곤 한다.[18] 성격의 가장 낮은 층위에서는 대체로 코끼리가 주된 역할을 맡지만, 인생 이야기를 써 내는 데에서는 기수가 주된 역할을 한다. 나 자신이 행한 일들에 대한 해석과 함께, 나에 대한 다른 이들의 생각들에도 귀를 귀울이며 우리는 의식 속에서 자신의 이야기를 만들어 나간다. 그런데 이런 인생 이야기가 역사가의 역사책 같지는 않다. 기수는 우리의 행동이 일어난 **진짜** 원인이 무엇인지 모른다는 사실을 유념하자. 그보다 인생 이야기는 역사 소설과 더 비슷하다고 할 수 있는데, 현실의 사건들을 무수히 참조하되 실제의 진상에 부합할 수도 있고 혹은 그렇지 않을 수도 있는 극적 연출 및 해석을 통해 그 무수한 사건들을 하나로 연결시키기 때문이다.

이 성격의 세 가지 층위 관점을 취하면, 인간이 가장 바람직한 발달을 이루는 데에 역경이 필요한 이유가 명확해진다. 사람들이 "성격적 적응"의 층위에서 추구하는 삶의 목표는 대체로(심리학자 로버트 에몬스Robert Emmons가[19] 찾아낸 방식에 따라) 크게 네 가지 범주로 구분된다. 그 네 가지란 일과 성취, 대인 관계와 친밀성, 종교와 영성, 창조적 생산성generativity(자신의 유산을 후세에 남기고 사회에 뭔가 이바지하는 것)을 말한다. 일반적으로는 우리는 여러 목표를 추구하는 게 좋지만, 목표들이라고 해서 다 같지는 않다. 에몬스가 밝혀낸 바에 의하면, 주로 성취와 부를 이루기 위해 애쓰는 사람은, 평균적으로, 나머지 세 범주에 초점을 맞춰 애쓰는 사람보다 덜 행복한 것으로 나타났다.[20] 그 까닭을 헤아리다 보면, 앞에서 말한 행복의 덫들과 과시적 소비라는 주제로 돌아가게 된다(5장 내용 참조). 인간이 갖가지 진화 과정 끝에 뒤쫓도록 돼 있는 것은 행복이 아닌 성공이기 때문에, 사람들은 제로섬 경쟁에서 위신을 따게 해 줄 목표들을 온 힘을 다해 뒤쫓게 돼 있다. 이런 경쟁에서 성공을 거두게 되면 기분이야 좋겠지만, 그 즐거움이 언제까지고 지속되지는 않으며, 향후 성공 기준점도 한층 높아지게 된다.

하지만 비극이 닥치는 바람에 쾌락의 러닝 머신에서 맥없이 나동 그라져서 다음의 둘 중 하나를 반드시 선택할 수밖에 없는 상황에 놓였다고 해 보자. 즉, 오뚝이처럼 벌떡 일어나 평상시대로 일로 돌아갈 것인가, 아니면 이참에 뭔가 다른 것을 해 보겠는가? 이런 상황에서는 이른바 기회의 시간window of time이 찾아오는데(비극이 닥치고 단 몇 주, 혹은 몇 달에만 한정된다), 이 기간에는 마음을 열고 뭔가 다른 걸 해 보려는 용의를 더 갖게 된다. 이 기간에 들어서면, 성취 목표들이 가진 마력은 종종 빛을 잃고, 더러는 그것들이 무의미하게 느껴지기까지 한다. 이때 우리가 주안점을 다른 목표들(가족, 종교, 남을 돕는 일)로 옮기게 되면 우리 활동도 자연스레 비과시적 소비로 옮겨지며, 그 과정에서 적응 (러닝 머신) 효과에 완전히 지배당하지 않는 즐거움들을 얻을 수 있다. 따라서 이들 목표를 추구한다고 (평균적으로) 더 많은 부가 생기진 않지만 결과적으로 더 많은 행복을 얻게 된다. 역경이 휩쓸고 지나간 뒤에는 많은 이들이 자신이 세웠던 목표를 바꾸곤 한다. 앞으론 일을 줄이고, 더 많이 사랑하고, 더 많은 여가를 즐기겠다고 굳게 다짐하는 것이다. 초반의 몇 달로 끝나는 그 기회의 시간에 실질적 행동을 취하면, 즉 우리 일상을 변화시키는 무언가를 하면 역경 이후의 변화들이 계속 끈질기게 자리 잡기도 한다. 하지만 역경 이후의 결심이("이렇게 인생에 새로이 눈뜬 계기를 절대 잊지 않을 거야") 그저 공염불에 그치고 말면, 우리는 언제 그랬냐는 듯 옛날 습관으로 돌아가 과거의 목표들을 답습하게 될 것이다. 우리가 인생 행로에서 갈림길에 서는 순간은 기수가 얼마쯤 영향력을 행사할 수 있는 때이다. 하지만 우리의 평상시 일상은, 주변 환경에 자동적으로 반응하는 코끼리가 주로 좌지우지한다. 성장을 위해서는 역경이 필요할지 모른다고 말하는 것은, 역경이 있어야만 인생길에서 무작정 속도만 내던 것을 억지로라도 멈추고, 인생 길 주변이 사방으로 어떻게 뻗어 있는지 눈여겨보고, 내가 진정 원하는 길이 어느 방향인지 생각할 여지가 생기기 때문이다.

성격의 세 번째 층위에서 보면, 역경의 필요성이 훨씬 더 분명하게 다가온다. 훌륭한 이야기를 써 내려면 흥미로운 소재가 필요하기 때문이다. 맥애덤스에 의하면, 우리의 인생 이야기는 "근본적으로 인간이 뜻한 바가 어떤 우여곡절들을 겪는지를 시간 순으로 정리한 것"이라고 할 수 있다.[21] 그런 우여곡절 없이는 훌륭한 인생 이야기도 도저히 나올 수가 없는바, 만일 열여섯 살 생일에 부모님이 스포츠카를 못 사주겠다고 한 게 내 인생 이야기의 가장 그럴싸한 소재라고 하면, 그 회고록을 읽고 싶어 할 사람이 과연 누가 있을까. 맥애덤스가 수집한 수천 개의 인생 이야기 가운데서는, 참된 삶은 무엇인가 하는 주제와 연결되는 장르가 많았다. 예를 들어, "헌신 이야기"는 주인공 자신은 안정적 기반의 가정 환경에서 태어나 자라지만, 어린 시절부터 타인의 고통을 측은하게 여겨 명확하고 포기할 수 없는 개인의 신념에 따라 살다가, 어느 대목에 이르러서는 갖가지 좌절, 실수, 위기들을 겪고 그것을 발판 혹은 반전의 기회로 삼아 긍정적인 결실을 맺으니, 이 과정에서 다시 남을 위해 자신을 헌신할 수 있는 새로운 목표들을 찾게 된다는 식이다. 부처의 삶이야말로 이런 헌신 이야기의 고전적 본보기라 하겠다.

이와는 반대로 어떤 이들의 인생 이야기에서는 "타락"의 시퀀스가 보이기도 하는데, 이런 줄거리에서는 긍정적 감정들로 시작된 사건들이 점점 흉하게 변해 나중에는 모든 것이 망가진다. 이런 식의 이야기를 들려주는 이들이 다른 이들에 비해 우울증에 걸려 있을 확률이 더 높은 것은 어쩌면 당연한 일이기도 하다.[22] 실제로도 끊임없이 생각을 곱씹으며 벡이 말한 인지삼제(나는 형편없어, 이 세상은 형편없어, 내 미래는 암울해)를 이용해 자신의 인생 서사를 거듭 짜 내는 것이 우울증 병리의 일부이기도 하기 때문이다. 역경은 그것을 극복하지 못할 때에는 우울하고 암담한 이야기를 만들어 내기도 하지만, 그래도 뜻깊은 이야기가 만들어지려면 상당량의 역경은 필요한 것으로 여겨진다.

외상 후 성장이 어떤 것인지 잘 이해하려면 맥애덤스의 생각들을 아는 것이 무척이나 중요하다. 맥애덤스가 말하는 세 층위의 성격을 알게 되면, 이들 층위가 서로 **일관성**을 갖는 문제에 대해 생각해 볼 수 있기 때문이다. 만일 성격의 이 세 층위가 잘 들어맞지 않는다면 어떤 일이 벌어질까? 가령 따스하고 사교적인 성격의 여성이 사람들과 친하게 지낼 기회를 거의 갖지 못하는 일에서 출세하려 애를 쓴다면, 나아가 그녀의 인생 이야기는 예술가를 지향하는데 부모 등쌀에 떠밀려 실리를 따지는 일을 추구해 간다고 상상해 보자. 그녀의 삶은 아귀가 안 맞는 동기들과 이야기들로 난장판이 될 것이며, 역경이 닥쳐야만 비로소 세 층위를 고루 아우르는 일관성을 갖게 될 것이다. 심리학자 켄 셸던과 팀 카서Tim Kasser가 발견한 바에 의하면, 갖가지 목표들의 "종적 일관성"이 높을수록, 즉 고차원의 (장기적) 목표들과 저차원의 (급박한) 목표들이 전부 잘 맞물려, 단기적 목표들이 장기적 목표 추구를 발전시켜 줄 때[23] 사람들은 정신적으로 건강하고 행복하다고 한다.

트라우마는 사람들의 신념 체계를 산산이 부수고 무엇이 의미가 있나 하는 생각마저 들게 할 때가 많다. 그렇게 트라우마는 강제로라도 사람들이 흩어진 조각을 다시 모아 짜 맞추게 하며, 그러면 사람들은 신神이나 통합의 원칙 같은 뭔가 더 고상한 목적을 활용해 자신의 신념 체계와 삶의 의미를 다시 한번 짜 맞추곤 한다.[24] 런던과 시카고도 대화재가 안긴 기회들을 재탄생의 계기로 삼아 더 웅장하고 더 일관된 모습의 도시로 거듭날 수 있지 않았던가. 때로는 사람들도 그런 기회들을 붙잡아, 제 손으로라면 절대 무너뜨리지 않았을 자신의 인생과 인생 이야기의 일부를 아름답게 다시 지어내곤 한다. 사람들은 역경을 극복하고 자신이 한층 성장했다는 보고를 할 때면, 아마 내면에 일관성이 새로이 자리 잡았다는 식의 묘사를 하려 할 것이다. 이 일관성은 아마 친구들 눈에는 잘 안 보일 텐데, 그것은 내면에서부터의 성장, 강인함, 성숙, 지혜로 느껴지기 때문이다.[25]

삶을 이해하는 이들에게 복이 있나니

착한 사람들이 나쁜 일을 당하면, 우리는 당혹감에 빠진다. 의식적으로 삶은 원래 불공평한 것임을 알아도, 우리는 무의식적으로는 호혜성의 렌즈를 끼고 이 세상을 바라본다. 악한 자(이것도 우리의 편향과 도덕주의에서 나온 평가겠지만)는 몰락해도 아무 문제시될 게 없다. 그건 그자가 자초한 일이니까 말이다. 하지만 선량한 사람이 희생자가 되면, 우리는 그가 왜 그런 비극을 맞았는지 나름으로 이해하고자 무던 애를 쓴다. 우리는 직관의 차원에서는, 사람들은 모두 뿌린

대로 거두기 마련이라는 힌두교의 카르마karma(업業) 개념을 믿고 있다. 심리학자 멜 러너Mel Lerner가 입증한 바에 의하면, 사람들은 좋은 일이든 나쁜 일이든 다 자신이 행한 대로 돌려받기 마련이라는 이 인과응보를 믿도록 너무도 강하게 동기화돼 있어, 심지어는 비극을 당한 이들에게까지 그 희생자 탓을 하는 경우가 많다. 이는 가해자를 응당하게 처벌하거나 희생자에게 적절하게 보상을 해 주지 못할 때 특히 그렇다.[26]

러너가 진행한 실험들을 보면, 사람들은 사건을 어떻게든 이해하려 하다가 잘못된 결론에 이르기도 한다(예를 들어, 여자가 먼저 강간범을 "꾀었다"라는 식으로 말이다). 하지만 비극을 나름으로 이해하고 비극이 주는 혜택을 찾아내는 능력이 외상 후 성장의 문을 열어 주는 열쇠인 것은 사실이다.[27] 똑같이 트라우마를 입어도 어떤 이들은 문제 해결의 열쇠를 목에 차고 있는 것은 물론 이럴 땐 이런저런 식으로 하면 된다는 지침까지 가지고 있는 것처럼 보인다. 반면에 어떤 이들은 자신부터 방어하려는 태세가 되는데, 그렇다고 방어를 그렇게 잘하는 것도 아니다. 트라우마를 입었을 때 어떤 사람이 득을 보고 어떤 사람은 무너지는지 알아보기 위해 심리학자들은 연구에 그동안 엄청난 노력을 쏟아 부어 왔다. 그 답은 원래부터 참으로 불공평한 삶을 더 불공평하게 만든다. 이때에도 비관주의자보다는 낙관주의자가 득을 챙길 가능성이 더 크기 때문이다.[28] 낙관주의자는 그 대다수가, 선천적으로 피질 복권에 당첨된 이들이다. 이들은 애초부터 행복 설정값이 높게 설정돼 있어, 습관처럼 밝은 면들을 보고, 어두컴컴한 먹구름 사이에서 한줄기 빛을 잘 찾아낸다. 삶은 확실히 부자를 더욱 부자로 만들고, 행복한 이를 더 행복하게 만드는 면이 있다.

위기가 닥칠 때 사람들이 대처하는 방식은 크게 셋으로 나뉘는데,[29] 적극적 대처(직접적 조치를 취해 문제를 고치는 것), 재평가(내면에서 노력을 하는 것, 즉 스스로의 생각을 똑바로 다잡고 희망의 빛을 찾는 것), 회피성 대처(사건을 무시하고 피하거나, 술이나 약물을 비롯한 여타 수단에 의지해 상황에 무감각해지는 것)가 그것이다. 낙관주의를 기본적 특성(맥애덤스가 말한 제1층위)으로 가진 이들은, 적극적 대처와 재평가가 번갈아 나타나는 대처 양식(맥애덤스가 말한 제2층위)을 발달시키는 경향이 있다. 낙관주의자는 자신이 노력하면 그에 상응하는 보상이 따르리라 기대하기 때문에, 문제를 바로잡는 일에 서슴없이 달려든다. 그랬다가 설령 실패하더라도, 이들은 지금은 아니라도 결국엔 만사가 순조로이 풀리리라는 기대를 버리지 않기 때문에, 당연히 자신에게 향후 생길 이득에서도 눈을 떼지 않는다. 그러다 실제 그런 이득이 생기면, 그의 인생 이야기(맥애덤스가 말한 제3층위) 안에 지속적 극복과 성장을 이룬 내용의 장章을 새로이 하나 써 넣는다. 이와 반대로, 상대적으로 부정적 정서 유형을 가진 이들(좌측 전두피질보다 우측 전두피질이 더 잘 활성화되는 사람들)은 자신의 세상에는 더 많은 위협들이 도처에 도사리고 있다고 느끼지만, 그것들에 대처하는 데에는 더 자신감이 없다. 이런 이들은 회피를 비롯해 갖가지 방어 기제가 더 많은 힘을 발휘하는 대처 양식을 발달시키게 된다. 이런 이들은 문제 해결보다 자신의 고통 관리에 더 애를 쓰고, 그러면서 문제는 더욱 심하게 곪을 때가 많다. 이들은 세상은 불공평하고 내 뜻대로 돌아가지 않는 곳이기에 결국엔 만사도 순조로이 풀릴 리 없다는 것을 위기를 통해 깨닫고, 그렇게 얻은 가르침을 자기 인생 이야기에 얽어 넣어 그 서사를 한층 암울하게 만든다.

여러분 자신이 만일 비관주의자라면, 이 대목에서 우울한 기분이 들지 않을 수 없을 것이다. 그렇다고 절망할 건 없다! 낙관주의 자체가 성장에 이르게 하는 열쇠는 아니니 말이다. 그 열쇠는 바로 사태에 대한 이해로, 이것을 낙관주의자들은 별 어려움 없이 해내는 것이다. 여러분도 역경을 나름대로 이해하고, 거기서 어떤 건설적인 가르침을 끌어낼 방도만 찾을 수 있다면, 얼마든 역경에서 득을 볼 수 있다. 그뿐인가, 제이미 페니베이커Jamie Pennebaker의《털어놓기와 건강Opening Up》을 읽으면, 여러분도 사태 이해에 능한 사람이 될 수 있다.[30] 페니베이커가 연구를 시작한 계기는 아동기의 성적 학대와 같은 트라우마와 차후의 건강 질환 사이에 어떤 관계가 있는지 알아보기 위해서였다. 트라우마와 스트레스는 보통 사람들에게 악영향을 끼치는데, 페니베니커의 생각에 이럴 때 자기 표출self-disclosure(친구나 치료사와 이야기를 나누는 것)을 하면 사람들의 마음은 물론 몸에도 도움이 될 듯했다. 그래서 애초 페니베이커가 세운 가설 중 하나가, 강간을 당하거나(성性적 요소가 없는 폭행과는 반대로) 배우자가 자살로(차 사고가 아닌) 세상을 떠난 경우처럼 사람들에게 수치심을 더 들게 하는 트라우마를 입으면, 그 일을 갖고 다른 이들과 이야기를 나눌 가능성이 더 적은 만큼, 그에 뒤따르는 병증도 더 많으리라는 것이었다. 하지만 연구 결과 트라우마의 성격은 병증과는 거의 아무 관련이 없는 것으로 밝혀졌다. 중요한 것은 트라우마를 입은 후에 사람들이 무엇을 하느냐였다. 즉, 트라우마를 입은 이후에 친구들이나 지지 집단support group과 이야기를 나누었던 이들은 대체로 트라우마 때문에 건강이 상하는 일이 없었다.

이렇듯 표출과 건강 사이에 상관관계가 있음을 밝혀내고 난 뒤,

조너선 하이트의 바른 행복

페니베이커는 연구 과정의 다음 단계로 돌입해 사람들에게 비밀을 털어놓게 하고 거기서 건강상 이득이 **생겨날** 수 있게 해 보았다. 페니베이커는 사람들을 데려다가 "지금까지 살아오며 자신을 가장 상심하게 했거나 가장 심한 트라우마로 남은 경험"을 글로 적어 달라고 했고, 그중에서도 남들에게 시시콜콜 다 털어놓지 못한 경험이 있으면 더 좋았다. 페니베이커는 사람들에게 백지를 한 뭉치씩 나눠 준 뒤 나흘간 매일 15분을 주고 자신이 겪은 일을 글로 적게 했다. 한편 대조군의 피험자들에게는 다른 주제(예를 들면, 자신의 집, 보통의 업무날)에 대해 똑같은 시간 동안 글을 써 달라고 부탁했다. 이와 함께 페니베이커는 매 연구마다, 연구팀이 향후 필요할 때 의료 기록을 열람할 수 있게 해 달라고 피험자들에게 미리 양해를 구했다. 그렇게 해서 1년을 기다린 뒤 페니베이커는 두 집단의 피험자들이 병을 앓는 빈도를 살펴보았다. 과연 다음 1년간 트라우마를 글로 적은 이들이 병원에서 진료받거나 입원을 한 횟수가 적었다. 페니베이커의 이 이야기를 처음 접했을 때만 해도 사실 나는 그 내용이 석연찮았다. 고작 한 시간 글을 쓴 것으로 어떻게 6개월 후의 독감을 미리 예방할 수 있다는 말인가? 페니베이커의 연구 결과는 그저 이젠 퇴물이 된 프로이트의 카타르시스 개념을 뒷받침하는 것으로만 보일 뿐이었다. 감정을 밖으로 드러내는 이들, 즉 "흉금을 털어놓거나" 혹은 "울분을 토하는" 이들이 더 건강하다고 보는 이론 말이다. 하지만 카타르시스 관련 연구 문헌을 이미 한번 검토해 본 적이 있던 나는, 그 가설을 입증할 명확한 증거는 없다는 사실을 잘 알고 있었다.[31] 울분을 토하게 하면 사람들은 더욱 차분해지기는커녕 더욱 화를 낼 뿐이다.

페니베이커가 발견한 사실은 중요한 건 울분이 아니라 사건에 대한 이해라는 것이었다. 그의 연구 참가자 중 글 쓰는 시간을 자신의 울분을 토해 내는 데 활용한 이들은 아무 이득도 얻지 못했다. 실험 첫날부터 사건의 인과관계에 깊은 통찰을 보인 이들 역시 아무 이득도 얻지 못하기는 마찬가지였다. 이들은 해당 사건에 대한 이해가 이미 끝난 상태였던 것이다. 실험에서 실제 이득을 얻은 것은 나흘 간 나름의 **진전**을 이룬 이들, 즉 날이 지날수록 더 많은 통찰력을 보여준 이들이었다. 이 부류가 바로 이듬해 1년 동안 더 건강하게 지낸 이들이었다. 차후 연구들에서 페니베이커는 피험자들에게 춤을 추거나 노래를 불러 감정을 밖으로 표현하게도 해 보았지만, 이런 식의 감정 표현 활동 역시 건강상으로는 아무 이득도 가져다주지 않았다.[32] 한 마디로 그런 이득을 얻으려면 반드시 말을 이용해야 하고, 나아가 그 말들로 의미 있는 이야기를 만들어 낼 수 있어야 한다. 그런 이야기를 써 낼 수만 있다면, 사건이 일어나고 몇 년 뒤에도 재평가(두 가지의 건강한 대처 방식 중 하나)가 주는 이득을 거두어들일 수 있다. 또한 우리는 삶의 어떤 장章을 열린 결말로 마무리할 수도 있는데, 그러면 이후에도 그 장이 우리 생각에 계속 영향을 미쳐 더 거대한 서사에 우리가 무작정 따라가지 않도록 막아 주는 역할을 한다.

따라서 역경을 통해 이득을 얻는 것은 누구든 가능하지만, 비관주의자의 경우에는 코끼리를 부드럽게 달래서 이끌어 가려면 특단의 조치를 몇 단계 밟아야만 할 것이다. 그 첫 단계는 역경이 닥치기 전에 미리, 내 인지 유형을 변화시키기 위해 내가 할 수 있는 일들을 하는 것이다. 비관주의자라면 명상, 인지 치료, 심지어는 프로작 복용도 고려해 보도록 하자. 이 세 가지 모두 여러분을 부정적인 상념에 덜 얽매이게 하고, 여러분의 생각을 긍정적인 방향으로 끌고 가게 도와

줄 것이며, 더 나아가 여러분이 향후의 역경을 견뎌 내고, 거기서 의미를 찾고, 역경을 통해 성장할 힘을 더 키워 줄 것이다. 두 번째 단계는 우리의 사회적 지지 네트워크를 소중히 여기고 잘 쌓아 나가는 것이다. 아이들도 그렇지만 어른들 역시 든든한 애착 관계를 한두 개쯤 맺고 있으면 위협에 맞서는 데에 도움이 된다. 내 이야기를 잘 들어 주는 믿음직한 친구들은, 사태 이해는 물론 의미 찾기에도 무척 큰 도움을 줄 수 있다. 세 번째는 신앙심 및 종교 활동이 성장을 도울 수 있다는 것으로, 종교는 사태를 이해할 여건을 직접적으로 조성하는 한편(종교는 사람들이 상실과 위기를 견뎌 내게끔 갖가지 이야기와 해석의 틀을 제공해 준다) 사람들이 받을 수 있는 사회적 지지도 증대시켜 준다(종교를 가진 이들은 종교 공동체를 통해 대인 관계를 형성하고 있으며, 많은 이들이 신과도 관계를 맺고 있다). 독실한 신앙을 가졌을 때에는 내면의 혼란을 고백하고 털어놓는 혜택을 누릴 수도 있으니,[33] 신이나 종교 권위자를 상대로 한 이런 활동은 수많은 종교에서 권장하는 것이기도 하다.

마지막으로, 문제가 닥쳤을 때에는 준비가 얼마나 철저했든 혹은 미흡했든 사건이 일어나고 몇 달 뒤의 어느 시점이 되면 종이를 한 장 꺼내어 글을 쓰기 시작하도록 하자. 페니베이커의 제안에 의하면,[34] 글을 쓰기 시작했다면 며칠 동안 하루도 거르지 말고 15분씩 쓰는 것이 좋다. 이때 자신의 글을 다듬거나 검열하려 할 필요는 없다. 문법이나 문장 구조도 너무 신경 쓰지 않아도 된다. 그냥 계속 써 나가는 게 중요하다. 어떤 일이 일어났고, 그것에 대한 내 심정이 어떻고, 왜 그런 심정을 느끼는지 적는다. 만일에 글을 쓰는 게 싫다면, 녹음기에 대고 이야기를 해도 된다. 여기서 무엇보다 중요한 것은, 나의 생각이나 느낌을 밖으로 꺼내되 거기에 어떤 질서도 부여하지 않는 것이다. 하지만 그러지 않으려 해도 며칠이 지나면 어떤 질서가 제 스스로 모습을 드러낼 것이다. 마지막 세션을 마치기 전에는 다음의 두 질문에 답하기 위해 최선의 노력을 다했는지 확인해 보도록 하자. 왜 이런 일이 일어났는가? 이 일에서 내가 끌어낼 이점이 있다면 그것은 무엇일까?

모든 일에는 적기가 있다

그런데 역경 가설이 정말 옳고, 이득의 기제가 역경의 사태를 이해하는 능력 및 인간의 세 가지 성격 층위 통합과 관련이 있다면 역경이 우리 삶에 더 많은 혹은 더 적은 이득을 가져다주는 때가 따로 있지 않을까 하는 생각이 들 수밖에 없다. 즉, 고강도의 역경 가설은 인생의 어느 한 시기에만 유효하게 적용될 수 있는 것이 아닐까?

아이들이 역경에 특히 취약한 존재라고 생각할 만한 데에는 여러 이유가 있다. 두뇌는 아동기를 거치며 유전자가 이끄는 방향으로 발달하지만, 이 같은 두뇌 발달에는 주변 환경도 영향을 끼치니, 그중에서도 가장 중요한 요소가 안전 대 위협의 전반적 수준이 얼마나 되느냐이다. 훌륭한 양육은 아이의 애착 체계를 잘 발달시켜 아이를 매사에 더 모험적인 성격으로 만들어 준다. 하지만 이런 애착 관계 형성을 뛰어넘어, 아이가 자신의 주변 환경이 안전할 뿐 아니라 자기 힘으로 통제된다고 느껴지면, 아이는 (평균적으로) 더 긍정적인 정서 유형을 발달시켜 성인이 되어서도 불안을 덜 느낀다.[35] 이와 반대로 주변 환경에서 매일 같이 (약탈자, 깡패, 마구잡이 폭력을 통해) 통제 불능의 위협을 받게 되면, 아이의 두뇌도 바뀌어 사람을 잘 믿지 못하고 경계심이 심해지게 된다.[36] 현대 서양 국가의 시민은 대체로 낙관주의와 접근 동기approach motivation가 보상받을 정도로 안전한 세상에서 살고 있고, 오늘날 심리 치료를 받는 이들도 대부분 긴장의 끈을 조이기보다 풀어야 한다는 권유를 받는 만큼, 오늘날 아이들도 유전자가 허용하는 한에서는 최대한 긍정적인 정서 유형, 혹은 가장 높은 수준의 설정 범위(행복 설정값)를 발달시키는 게 최선의 방책일 것이다. 아이들의 경우에는 큰 역경을 만난다고 그렇게 큰 이득을 얻는 것 같지는 않다. 혹은 이익을 전혀 얻지 못할 수도 있다. (하지만 한편으로 아이들은 깜짝 놀랄 만큼 강한 회복력을 갖고 있으며, 1회성 사건에 대해서는, 심지어 성적 학대의 경우에도, 사람들 대부분이 생각하는 것만큼 그렇게 쉽게 상처를 입지 않는다.[37] 그보다는 아이들이 처한 만성적인 조건들이 훨씬 더 중요하다.) 물론 아이들도 자제력을 배우려면 갖가지 한계들을 알아야만 하고, 또 고된 노력과 인내 끝에 성공이 찾아온다는 사실을 알려면 수많은 실패도 겪어 봐야 한다. 그래도 아동기에는, 망치지는 않을 만큼, 아이들을 보호해 주어야 옳다.

이런 사정이 10대에 들어서는 다를 수 있다. 열 살이 채 안 된 아이들이 자신에 관한 이야기를 얼마쯤 인식하는 경우도 있지만, 자신의 과거, 현재, 미래를 하나의 일관된 서사로 통합하려고 아이들이 열심히 그리고 습관적으로 애쓰는 모습은 10대 중후반이나 돼야 나타나기 시작한다.[38] 이 주장이 충분히 일리가 있음은, 일명 "기억의 혹memory bump"이라고 하는 자전적自傳的 기억과 관련한 흥미로운 사실을 통해 뒷받침된다. 30세를 넘긴 사람들을 상대로 지금껏 인생에서 제일 중요했거나 제일 생생히 떠오르는 사건들을 기억해 보라고 하면, 15세에서 25세 사이의 일들을 회상하는 확률이 유달리 높다.[39] 15~25세는 그야말로 한창 꽃다운 시절로, 첫사랑을 경험하고, 대학에 다니고, 지적 성장을 이루고, 독립적으로 생활하거나 여행을 다니게 되는, (적어도 서양 국가들에서는) 젊은이들이 향후 자신의 인생을 규정하게 될 수많은 선택을 하게 되는 시기이다. 만일 정체성 형성을 위한 특별한 시기가 인생에 따로 존재한다면, 즉 당시 인생사가 나머지 인생 이야기에 가장 막대한 영향을 끼치는 특정 시기가 존재한다면, 15~25세가 바로 그 시기이다. 따라서 역경을 극복했을 때(특히 그것을 온전히 극복해 낼 때) 가장 많은 이득을 얻을 수 있는 시기는 10대 후반과 20대 초반인 것으로 보인다.

사람들에게 다양한 연령대별로 트라우마를 입혀 보는 실험은 윤리적 차원에서 행할 수 없겠지만, 일면에서 보면 이런 실험들은 이미 우리의 삶이 벌써 우리를 상대로 실험을 행해 준 적이 있다고도 할 수 있다. 20세기의 주요 사건들(대공황, 제2차 세계 대전)은 다양한 연령대별로 사람들에게 트라우마를 입힌바, 사회학자 글렌 엘더Glen Elder[40]가 종단 자료longitudinal data(수십 년 동안 동일한 사람들에게서 수집한 자료)를 명쾌하게 분석해, 왜 어떤 사람들은 역경들에 타격을 입고도 씩씩하게 잘 살아가고 어떤 이들은 맥없이 무너지는지 그 까닭을 밝혀 내고자 했다. 그렇게 해서 나온 연구 결과를 엘더는 한번은 이렇게 요약했다. "내가 지금껏 행한 연구에서 그 모두를 빠짐없이 관통하는 맥이 하나 존재함을 알 수 있었다. 사건들은 그것들 자체로는 의미가 없다. 사건이 가진 의미들은 사람들, 집단, 경험 자체와의 상호 작용으로부터 생겨난다. 무척 어려운 상황들을 잘 헤치며 살아온 아이들이 보통 훌륭하게 자라났다."[41] 또한 엘더는 가정 환경과 함께 그 사람이 사회에 통합되어 있는 정도에 따라서도 많은 것이 결정된다는 사실을 알 수 있었다. 어른들은 물론 아이들도, 강력한 사회 집단 및 사회적 망의 어느 한 곳에 잘 자리잡고 위기를 견뎌낼 때 삶을 훨씬 더 잘 살아나갔다. 그런 사회적 지지 없이 역경을 맞은 사람들보다는, 이런 이들이 나중에 더 강해지고 정신적으로도 더 건강할 확률이 높았다. 사회적 망은 그저 고통을 줄여 준 게 아니라, 어디로 가면 의미와 목적을 찾을 수 있는지 길을 일러 주었다(뒤르켐이 자살을 연구해 얻은 결론과 같은 내용이다).[42] 예를 들어, 그 시절 도처를 똑같이 역경으로 몰아넣었던 대공황은, 주週당 몇 달러를 버는 일자리를 구해 일을 하면 가족의 생계에 실질적 도움이 되는 기회를 수많은 청년에게 마련해 주었다. 제2차 세계 대전을 치르기 위해 사람들이 자국 안에서 하나로 똘똘 뭉쳐야 했던 것도, 적어도 미국의 경우에는, 그 시절을 겪어 낸 사람들을 더욱 책임감 있고 공공심이 투철한 시민으로 만들어 주었다. 설령 그들이 전쟁을 치르는 데에서 직접적 역할은 전혀 하지 않았다 해도 말이다.[43]

하지만 첫 번째 역경에 있어서만큼은 분명 시간제한이 존재한다. 엘더에 의하면, 사람의 인생은 20대 후반부터 "결정화結晶化"가 시작된다. 제2차 세계 대전에 참전하기 전만 해도 인생살이가 별로였던 젊은이들은 전쟁을 치른 후 종종 인생을 반전시켰지만, 30세 이후에야 처음으로 삶의 참된 자기 시험대에 오른 이들은(예를 들면, 제2차 세계 대전에 나가 전투를 치렀거나, 대공황을 맞아 파산한 경우) 회복력도 그만큼 강하지 않았고, 자신들의 경험을 바탕으로 성장을 이룰 가능성도 더 적었다. 따라서 역경이 가장 커다란 이득을 가져다주는 때는 10대 후반에서 20대로 접어드는 시기라 할 수 있겠다.

엘더의 연구를 들여다보면 의미 있는 행위는 상호 작용 속에서 일어난다는 사실을 깨우쳐 주는 대목들이 가득하다. 다시 말해, 어떤 이의 독특한 개성이 사건의 세부 측면 및 사건의 사회적 맥락과 상호 작용해 거기서 전혀 예상치 못한 특별한 결실이 맺어지는 모습들을 볼 수 있는 것이다. 일명 "전全 생애 발달life-span development"이라는 심리학의 연구 분야에서도,[44] 인간의 발달 과정에서 "X가 Y를 일으킨다" 같은 식의 단순한 규칙은 거의 존재하지 않는다고 말한다. 따라서 모든 이가 이득을 언게끔 주도면밀한 역경 계획표가 짜여 있는 그런 이상적인 인생 노정을 제시한다는 것은 불가능한 일일 것이다. 하지만 많은 이들이(특히 20대에 역경을 극복해 낸 이들이) 역경을 겪고서 그런 경험이 없는 이들보다 더 강해지고, 더 나아지고, 더 행복해졌다고는 충분히 말할 수 있을 것이다.

실수와 지혜

만일에 내게도 자식들이 생긴다면, 나도 다른 부모와 조금도 다르지 않게 아이 이마에 쓰인 운명을 편집해 역경이란 역경은 다 지우고 싶은 마음일 것이다. 설령 20세에 겪은 트라우마가 내 딸에게 중요한 가르침들이 되고, 그래서 아이를 더 훌륭한 사람으로 만들어 준다는 사실을 납득한다 해도, 머리 한구석은 아마 이렇게 생각할 것이다. 그렇다면, 내가 그 가르침을 직접 아이에게 전해주면 안 되나? 그런 혹독한 대가를 치르지 않고도 아이가 이득을 얻을 수 있는 뭔가 다른 방법이 있지 않을까? 하지만 세상의 지혜 중 동서고금에 두루 통하는 것 하나가 삶의 가장 중요한 가르침은 그 누가 직접 가르쳐줄 수 없다는 것이다. 마르셀 프루스트는 이렇게 말했다.

> 지혜는 거저 받는 것이 아니라, 우리 스스로 발견해야만 하는 것이니, 그 누구도 대신 준비해 줄 수 없고 그 누구도 대신 나서 줄 수 없는, 황야를 헤매는 여행 끝에야 우리는 지혜를 알게 된다. 까닭인즉, 세상은 이런 것이구나 마침내 여기게 되는 그 관점觀點이 곧 우리의 지혜이기 때문이다.[45]

프루스트가 옳았음은 지혜를 주제로 한 최근의 연구가 증명해 준다. 지식은 크게 두 가지 형태로 얻어지는데, 그 둘이란 명시적 지식과 암묵적 지식이다. 명시적 지식은, 우리가 처한 맥락과는 상관없이, 우리가 알고 있고 또 의식적으로 전할 수 있는 모든 사실들을 가리킨다. 내가 지금 어디에 있건, 불가리아의 수도는 소피아라고 알고 있는 것처럼 말이다. 명시적 지식은 학교에서 학생들에게 직접 가르쳐 준다. 기수는 이런 명시적 지식을 그러모아 한 켠에 잘 간수했다가, 나중에 추론을 할 일이 있을 때 얼른 가져다 쓴다. 하지만 지혜의 기반이 되는 것은(지혜 연구가의 일류로 손꼽히는 로버트 스턴버그Robert Sternberg[46]에 따르면) "암묵적 지식"이다. 암묵적 지식은 과정에(즉, "그것을 아는 것"보다는 "방법을 아는 것"에) 역점을 두고, 다른 이로부터 직접적 도움을 받지 않고 얻어지며, 그 사람이 가치 있게 여기는 목표들과 관련이 있다. 암묵적 지식이 자리 잡은 곳은 코끼리이다. 코끼리가 인생의 경험을 통해 차차로 습득해 가는 기술들이 바로 암묵적 지식인 것이다. 그런 만큼 암묵적 지식은 맥락에 크게 좌우된다. 연인 관계를 끝내거나, 친구를 위로하거나, 도덕적 시비를 가리는 문제에 있어서는 보편적으로 통하는 최선의 관행 같은 것은 존재하지 않는다.

스턴버그에 의하면, 다음의 두 가지 일에서 균형을 잡아 주는 암묵적 지식을 곧 지혜라 할 수 있다. 첫째, 지혜로운 사람은 나의 필요, 남의 필요, 지금 당장 일어나는 일들에 직접 얽혀 있지는 않은 사람이나 사물들(예를 들면, 갖가지 제도, 환경, 혹은 나중에 불리한 영향을 받을 만한 사람들)의 필요까지도 고려하며 그 사이에서 균형을 잡을 줄 안다. 지혜가 없는 사람은 모든 것을 흑백으로 바라보고, 즉 절대 악의 신화에 지나치게 의존하고, 자기 잇속을 차리는 데에 급급하다. 지혜로운 사람은 타인의 관점에서 세상을 보고, 회색의 음영을 볼 줄 알며, 장기적 차원에서 모두에게 최선이 될 만한 행동 노선을 택하거나 권할 줄 안다. 둘째로, 지혜로운 사람은 상황에 대한 세 가지 반응 사이에서 균형을 잡을 줄 아는데, 세 가지 반응이란 적응(자기를 환경에 맞도록 변화시키는 것), 개조(환경을 변화시키는 것), 선택(새로운 환경으로 옮기길 택하는 것)을 말한다. 이 두 번째 균형은 다음과 같은 유명한 "평온을 비는 기도"의 내용과도 대체로 상응한다. "주여, 제게 세상일을 담담히 받아들이는 평온, 제 능력 안에서 세상일을 바꿀 용기, 그리고 이 둘을 구별할 지혜를 주소서."[47] 이 기도 내용을 이미 알고 있다면, 당신의 기수가 (명시적으로) 이를 알고 있다는 뜻이다. 뿐만 아니라 당신이 이 기도를 실천하며 살고 있다면, 당신의 코끼리까지 (암묵적으로) 그것을 알고, 당신도 지혜로운 사람이라는 뜻이다.

스턴버그의 사상은 부모가 왜 자식에게 직접 지혜를 가르칠 수 없는지 보여 준다. 결국 부모가 할 수 있는 최선은 아이들이 다종다양한 삶의 영역에서 암묵적 지식을 얻을 수 있도록 두루두루 인생 경험을 할 수 있게 해 주는 것이다. 또한 부모가 자기 삶에서 몸소 지혜의 본보기를 보이며, 아이가 갖가지 상황을 잘 헤아리도록 부드럽게 독려하고, 남의 관점에서 바라보게 하고, 도전을 받아 힘들 때 균형을 잡도록 만들 수도 있다. 아이가 아직 어릴 땐 부모가 쉼터가 돼야 하지만, 아이가 10대를 지나 20대가 될 때까지도 계속 쉼터 노릇을 해 주면, 아이의 삶에서 고통은 지워질지 몰라도 지혜와 성장이 찾아오지 못한다. 고통이 종종 사람들에게 더 많은 연민을 심어 주고, 나와 타인 사이에서 균형을 잘 잡게 도움을 줌에도 말이다. 고통이 적극적 극복(스턴버그의 용어로는 개조)이나 재평가를 통한 극복(스턴버그의 적응), 혹은 계획 및 방향 변화(스턴버그의 선택)로 이어질 때도 많다. 따라서 외상 후 성장이 이루어질 때에는 보통 지혜도 함께 성장하게 마련이다.

고강도 역경 가설은 옳을 법도 하지만, 그러려면 다음과 같은 몇 가지 규칙이 덧붙여져야 할 것 같다. 역경이 최대의 이득을 가져다주려면, 그 시기가 적절해야 하고(청년 시절), 사람들의 여건도 알맞아야 하며(갖가지 도전에 맞서고 거기서 이득을 찾을 만큼 든든한 사회적 및 심리적 재원을 갖추고 있어야 한다), 그 정도도 적절해야 한다(PTSD를 일으킬 만큼 지나치게 혹독해서는 안 된다). 사람들 저마다의 삶의 노정은 도무지 예측 불허이므로, 특정한 장애물이 특정한 누군가에게 장기적으로 과연 이득이 될지는 우리로서는 전혀 알 길이 없다. 하지만 이제는 여러분도 아이 이마에 쓰인 이야기를 얼마쯤 편집해도 무방하다는 것 정도는 충분히 알리라 여겨진다. 어려서 입는 트라우마 몇 개는 얼른 지워 줘야겠지만, 나머지 트라우마는 지우기에 앞서 한 번 더 생각하던지, 아니면 향후 연구들이 나올 때까지 좀 기다려야 할 것이다.

8장 선한 행동에 전념하라

분별 있고, 고상하고, 정의롭게 살지 않으면서
어찌 즐겁게 살겠으며,
즐겁게 살지 않으면서 어찌
분별 있고, 고상하고, 정의롭게 살겠는가.

에피쿠로스[1]

선을 행하는 데에 마음을 두어라.
선을 행하고 또 행하면, 언젠가는 기쁨으로 가득 찰지니.
바보는 내내 행복하다 자신의 악행으로 곤경에 처할지니.
선한 자는 삶이 힘겨워도 결국
그의 선행은 아름답게 꽃피우리라.

부처[2]

현인이나 손위 어른이 젊은이들에게 사람은 덕德을 갖춰야 하는 법이라고 훈계하는 걸 들으면, 이따금 꼭 약장수들처럼 말한다는 생각이 든다. 수많은 문화에 존재하는 삶의 지혜를 논한 책들도 그 본질적 내용은 대체로 이런 이야기나 다름없다. "여러분, 모여 보세요! 여기에 여러분을 행복하고, 건강하고, 부유하고, 지혜롭게 만들어 줄 강장제가 있습니다! 이 약을 먹으면 여러분은 나중에 천국에 갈 뿐 아니라, 이 지상에서도 늘 기쁨을 얻으며 살아갈 수 있습니다! 다른 것 없습니다, 그저 덕을 갖추세요!" 하지만 젊은이들은 이런 이야기가 나오면 딴청을 부리며 귀를 딱 닫는 데에 기막힌 재주가 있다. 젊은이들의 관심사와 욕망은 어른들의 그것과 어긋날 때가 많고, 그래서 재빨리 자기들의 목표를 뒤쫓을 방법을 찾아냈다가 스스로 곤경에 처하곤 하는데, 이런 일들이 또 제대로 인성을 닦는 데 도움이 되는 모험이 될 때가 많다. 허클베리 핀이 양자로 지내던 집을 뛰쳐나와 도망친 노예와 뗏목을 타고 미시시피강을 타고 내려간 이야기나, 젊은 시절 부처가 부친의 왕궁을 떠나 숲속에 은거하며 영적 구도를 시작한 것, 루크 스카이워커가 자신의 고향 행성을 떠나 은하계 반란에 동참한 이야기가 그런 사례이다. 이 셋은 대장정에 나서 그 속에서 각자 성인으로 성장하며 여러 새로운 덕들을 갖추게 된다. 주인공들이 이렇듯 어렵사리 체득한 덕들이 이 이야기를 읽는 독자들에게 특히 대단하게 느껴지는 것은, 그것들에는 어린 시절 배운 걸 그저 고분고분 받아들이기만 한 아이들에게선 볼 수 없는 깊고도 참된 인성이 드러나기 때문이다.

이런 관점에서 비춰봤을 때, 단연 으뜸으로 칭송받을 이는 벤저민 프랭클린Benjamin Franklin이다. 1706년 보스턴에서 태어난 그는, 열두 살이 되면서 인쇄소 사장이었던 형 제임스James 밑에서 견습공으로 일하게 되었다. 형과 숱하게 티격태격하며(숱하게 얻어맞기도 했다) 그는 자유롭게 일하길 간절히 바라지만, 형 제임스가 견습공의 법적 계약을 들먹이며 그를 놓아주지 않았다. 그래서 17세에 벤은 법을 어기고 마을을 몰래 빠져나왔다. 그는 배에 올라타 뉴욕까지 갔으나 여기서는 일자리를 구하지 못했고, 그래서 다시 배에 올라타 이번엔 필라델피아까지 갔다. 이곳에서 프랭클린은 인쇄소 견습공 일자리를 구할 수 있었고, 숙련된 기량으로 부지런히 일해 종국에는 자신의 인쇄소를 열고 자신의 신문까지 발행하게 되었다. 프랭클린은 여기서 그치지 않고 사업에서는 물론(달력에 각종 속담과 금언을 넣은 〈가난한 리처드의 달력Poor Richard's Almanack〉이 세상에 나와 대성공을 거두었다), 과학(번갯불이 전기임을 증명하고, 나중에는 피뢰침을 발명해 번개의 위력을 약화시키기도 했다), 정치(일일이 열거하기도 힘들 만큼 많은 직책을 맡았다), 외교(프랑스가 아메리카의 식민지들과 함께 영국을 상대로 전쟁을 벌이도록 설득했다. 당시 프랑스는 영국과 전쟁을 벌여 봤자 득 될 게 거의 없었는데도 말이다) 방면에서 굉장한 성공을 거두었다. 프랭클린은 84세까지 장수했고, 그때까지의 삶의 여정을 즐겼다. 그는 자신이 해낸 과학적 발견들 및 시민들을 위해 만든 창작품에 자부심을 가졌으며, 미국뿐 아니라 프랑스에서까지 아낌없는 사랑과 존경을 받았다. 심지어 노년에도 뭇 여성들의 관심을 받았다.

프랭클린의 비결은 무엇이었을까? 그 비결은 바로 덕이었다. 일부 사람들이 덕과 연관 짓는, 꼬장꼬장하고 쾌락이라면 질색하는 청교도주의의 그런 덕이 아니라, 고대 그리스로 그 연원이 거슬러 올라가는 그 덕 말이다. 그리스어로 **아레테**areté는 훌륭함, 덕, 또는 특히 기능적인 면에서의 우수함을 뜻하는 말이었다. 칼刀의 아레테가 잘 자르는 것이라면, 눈目의 아레테는 잘 보는 것이고, 사람의 아레테는⋯ 글쎄, 이것은 아마도 철학에서 가장 해묵은 질문의 하나가 아닐까 한다. 즉, 사람의 참된 본성, 기능 혹은 목표는 과연 무엇이고, 그것이 비교적 얼마나 되어야 우리는 어떤 사람이 훌륭하게 산다거나 혹은 엉터리로 산다고 말할 수 있는 것일까? 따라서 아리스토텔레스가 훌륭한 삶well being 혹은 행복(에우다이모니아eudaimonia)에 대해 "영혼이 훌륭함 혹은 덕에 잘 따르는 활동"**³**이라고 했다는 것은, 행복이 빈자들에게 베풀거나 성욕을 억누르는 데서 오는 것은 아니라는 이야기였다. 그보다는 우리가 우리의 강점을 잘 발달시키고, 우리의 잠재력을 깨달아, 우리 본성 속 이상적인 모습이 되는 것이 곧 훌륭한 삶이라고 그는 이야기하고 있었다. (아리스토텔레스는 우주 만물에 각자의 **텔로스** telos, 즉 그것이 지향하는 목적이 있다고 믿었다. 그렇다고 아리스토텔레스가 만물을 신이 만들어 냈다고 믿은 것은 아니었다.)

프랭클린은 많은 재능을 타고났는데, 그중 하나가 뭔가의 잠재력을 알아보고 그것을 현실에 실행하는 능력이 지극히 탁월했다는 것이다. 그는 포장 도로와 가로등, 의용 소방대, 공공 도서관의 잠재력을 간파해, 이 모든 것들이 실제로 필라델피아에 모습을 드러낼 수 있도록 했다. 또한 신생 아메리카 공화국의 잠재력을 알아보고, 그 나라를 세우기 위해 숱한 역할을 해냈다. 또한 그는 자신 안에서도 자기 삶의 방식을 개선할 잠재력을 알아보고, 실제로 그 일에 착수했다. 인쇄업자 겸 사업가로 활동한 20대 후반 그는 이른바 "도덕적 완벽함을 향한 대담하고도 고된 계획"에 돌입했다.[4] 그는 자신이 계발하고픈 몇 가지 덕성을 고른 뒤, 그 덕성들에 따라 삶을 살아가려 노력해 보았다. 하지만 프랭클린은 이 계획의 실행에 들어가기 무섭게 기수로 인한 한계들을 발견하게 된다.

내가 이런 결점 하나를 바로잡으려고 내 신경을 거기 기울이면, 다른 결점이 나타나는 바람에 놀랄 때가 한두 번이 아니었다. 습관은 딱히 주의를 기울이지 않아도 된다는 점에서 입지가 유리했다. 또한 성향이란 것은 때로 그 힘이 너무 강해 이성이 당해 내지 못했다. 시간이 꽤 흐른 뒤 내가 얻은 결론은, 완벽한 덕의 실천을 중시한다고 단순히 머릿속으로 확신하는 것만으로는 그릇된 행동이 슬쩍 비집고 나오는 것을 막을 수 없는 만큼, 반드시 결심에 반대되는 습관을 깨뜨리고 좋은 습관들을 들여 확실히 뿌리 내리게 한 뒤에야, 비로소 조금이나마 내가 꾸준하고 일관되게 똑바른 행실을 해 나가고 있다고 믿을 근거가 생긴다는 것이다.[5]

프랭클린은 통찰이 번뜩이는 직관주의 심리학자였던 셈이다. (비록 이런 용어들을 쓰지는 않았지만) 그는 코끼리를 훈련하지 못하는 한에는 기수도 성공을 거두지 못함을 깨닫고는, 나름의 훈련 요법을 고안해 냈다. 그는 먼저 열세 가지의 덕을 일일이 적은 다음, 그 덕들 하나하나를 자신이 해야 하고 하지 말아야 할 구체적 행동들과 연관시켰다. (예를 들면, "절제: 행동이 둔해질 만큼 많이 먹지 않는다.", "검약: 타인이나 나에게 득이 되지 않는 것에는 돈을 쓰지 않는다.", "금욕: 건강이나 자손을 염두에 둔 게 아니라면, 웬만하면 잠자리를 갖지 않는다.") 그런 다음 프랭클린은 세로줄 일곱 칸에(각 요일이 한 칸씩을 차지했다) 가로줄 열세 칸짜리의(각 덕목이 한 칸씩을 차지했다) 표를 하나 인쇄해, 하루를 지내면서 어떤 덕을 온종일 실천하지 못하면 해당 칸에 검은 점을 찍었다. 이때 프랭클린은 일주일에 한 가지 덕에만 집중하는 방법을 썼는데, 그렇게 해서 그 주엔 다른 덕엔 크게 신경 쓰지 않고 해당 덕의 줄에만 점이 되도록 안 찍히게 하려 했다. 물론 신경만 덜 썼을 뿐이지 행동 원칙을 어길 때마다 어김없이 점은 찍었다. 그렇게 해서 13주가 지나면 표 전체를 한 차례 점검한 셈이 됐다. 그러고서 이 과정을 재차 반복했는데, 회를 거듭할수록 표에 찍힌 점의 숫자가 줄어드는 것을 알 수 있었다. 이에 관해 프랭클린은 자신의 자서전에 이렇게 썼다. 비록 완벽과는 거리가 한참 멀지언정, "그래도 노력한 결과, 이런 시도를 안 했더라면 아마 못 되었을 더 훌륭하고 더 행복한 사람이 될 수 있었다." 이어 이렇게 적었다. "내 후손들은 반드시 이 점을 알아야 할 것이다. 자신들의 조상이 그가 이 글을 쓰고 있는 79세까지 살며 삶에서 한결같이 커다란 기쁨을 맛볼 수 있었던 것은, 하느님의 은총과 함께, 바로 이 자그만 묘책을 이용한 덕분이라는 것을."[6]

이 덕목 체크 표가 없었다고 과연 프랭클린이 덜 행복했을지, 아니면 그래도 성공했을지 지금의 우리로서는 알 수 없으나, 프랭클린이 중시한 심리적 면의 주장이 정말 옳은지 다른 증거들을 더 찾아 검증해 보는 것은 할 수 있다. 내가 앞으로 "덕성德性 가설"이라 부르게 될 프랭클린의 이 주장은, 8장의 서두를 열고 있는 제사題辭에서 에피쿠로스와 부처가 한 주장과 다르지 않다. 즉, 덕을 기르는 것이 우리가 행복해지는 길이라 다들 입을 모아 말한다는 것이다. 하지만 이 덕성 가설이 과연 옳은지 의심을 품을 근거는 숱하게 많다. 우선 프랭클린도 자신이 겸손의 덕을 계발하는 데에는 완전히 실패했음을 인정한 바, 그러고도 겸손한 사람인 양 위장하는 법을 터득해 사회관계 면에서 막대한 이점을 챙길 수 있었다. 어쩌면 덕성 가설은 회의주의와 마키아벨리주의에서만 맞다고 증명될지도 모른다. 즉, 덕성을 가진 듯한 **겉모습**을 근사하게 차리면, 우리는 성공할 수 있고 나아가 행복해질 수 있다고 말이다. 우리의 참된 인성이 어떤 것이든 상관없이 말이다.

실천적 지식으로서의 도덕

사상에는 나름의 계보가 있는 한편, 명쾌하게 풀리지 않은 부분들도 있다. 우리 서양인은 도덕성에 대해 생각할 때면, 대개 수천 년

조너선 하이트의 바른 행복

전 생겨났지만 최근 200년 새 발전 방향에 다소 변화를 겪은 개념들을 활용한다. 이때 우리가 미처 깨닫지 못하는 게 있으니, 도덕성에 접근하는 우리의 방식은 다른 문화의 관점에서 보면 특이할 수 있다는 것, 또한 그 방식이 특정한 심리적 가정들을(지금 시점에서 보면 틀렸다고 여겨지기도 하는) 밑바탕에 깔고 있다는 것이다.

모든 문화는 그 속에서 커 나가는 아이들의 도덕성 발달을 중시하는바, 단 몇 쪽이라도 글이 남아 있는 문화라면 어디서든 그곳이 도덕성에 어떻게 접근하는지가 드러난 텍스트를 찾아볼 수 있다. 구체적인 원칙과 금기 등은 문화에 따라 각양각색이지만, 도덕성과 관련한 이들 접근법은 대체로 많은 공통점을 갖는다. 우선 첫째로 대부분 문화가 어떤 덕을 길러야 하는지를 논하고 있으며, 논의되는 덕 상당수가(예를 들면, 정직, 정의, 용기, 자애, 절제, 권위 존중) 동서고금에 상관없이 대부분 문화에서 두루 중요하게 여겨진다는 점이다?[7] 이와 함께 도덕성에 관한 대부분의 접근에서는 이런 덕들과 관련해 무엇이 좋고 나쁜 행동인지를 구체적으로 명시해, 사람이 기르면 이득을 얻을 만한 덕들을 그들에게 심어 주려 무던히 애쓴다.

직접 도덕을 가르치는 그런 작품 중 가장 오래된 것 하나가 《아멘엠오페의 교훈Teaching of Amenemope》으로, 기원전 1300년경 저술됐을 것으로 여겨지는 고대 이집트 왕국의 문헌이다. 이 책은 자신이 "인생에 대한 풀이"이자 "참된 삶의 길잡이"라는 표현으로 시작해, 누구든 살면서 그 가르침을 성심성의껏 따르는 자는 "삶의 보물 창고를… 발견하게 될 것이며, 나아가 [그의] 몸도 이 땅 위에서 번영을 누릴 것"이라고 약속한다. 그런 다음 아멘엠오페는 타인을 대하는 방식, 자제심을 키우는 법, 그 과정에서 성공과 만족을 찾는 법에 대해 총 30장

年에 걸쳐 조언한다. 예를 들면, 정직하게 살 것을 거듭 당부하며, 특히 다른 농부들의 논밭 경계를 존중해 주어야 함을 강조하며 문헌은 이렇게 말한다.

네 밭을 일구어라, 그러면 네가 필요한 것을 찾을지니,
네 마당에서 떨어 낸 곡식으로 너는 빵을 받을지니.
하느님께서 주신 곡식 한 가마니
부정하게 얻은 오백 가마니보다 나으니….
행복한 마음으로 얻은 빵이
노심초사하며 모은 재물보다 낫노라.[8]

마지막 구절이 왠지 어디서 들어본 것 같다면, 성경의 〈잠언〉이 아멘엠오페로부터 그 내용을 상당 부분 빌려 왔기 때문이다. 예를 들어, 다음과 같은 구절도 그렇다. "천주를 경외하며 적게 갖는 것이, 엄청난 보물을 갖고 그 때문에 불안한 것보다 낫다."(잠언 15장 16절).

도덕성에 접근할 때 대부분 문화에 나타나는 또 하나의 공통적 특징은, 이런 고대 문헌들은 증명이나 논리보다 금언과 귀감이 되는 사례에 의지하는 경향이 크다는 것이다. 금언金言은 사람들이 단박에 통찰을 얻고 수긍을 하게끔 공들여 그 형태가 짜인 문장을 말한다. 또 귀감을 통해서는 사람들로부터 동경과 경외감을 이끌어 낼 수 있다. 도덕적 가르침이 감정을 움직인다는 것은 곧, 기수뿐 아니라 코끼리에게도 함께 말을 건다는 의미이다. 예를 들어, 공자와 부처의 지혜는 길이길이 변치 않으며 가슴 깊이 와닿는 경구들로 전해지는데, 오늘날에도 사람들은 이것들에서 기쁨과 삶의 길잡이를 찾을 뿐 아니라

조너선 하이트의 바른 행복

이것들을 "온 세상에 통하는 삶의 법칙"이라 일컫는가 하면,[9] 그 지혜들에 담긴 과학적 타당성을 논하는 책을 써 내기도 한다.

수많은 고대 문헌의 세 번째 특징은 사실적 지식보다 실천과 습관을 더 강조한다는 점이다. 공자는 도덕성 발달을 악기 연주에 비유하기도 했는데,[10] 둘 모두 경전과 악보를 공부해야 하고, 귀감을 본받아야 하며, 수많은 시간의 연습 끝에 "거장의 기교"를 발달시키는 일이 필요하기 때문이다. 이와 비슷한 비유를 하기는 아리스토텔레스도 마찬가지였다.

> 인간이 건축가가 되는 것은 집을 짓는 일을 통해서이고, 인간이 하프 연주자가 되는 것은 하프 연주를 통해서이다. 이와 마찬가지로, 우리도 정의로워지려면 정의로운 행동을 해야하고, 절제력 있는 이가 되려면 절제를 행해야 하며, 용기 있는 이가 되려면 용기 있는 행동을 실행에 옮겨야 한다.[11]

부처도 자신을 따르는 이들에게 "팔정도八正道"라는 일련의 행行을 제시했는데, 이 길을 잘 실천하면 (바른 말, 바른 행위, 바른 생활을 통해) 윤리적 인간과 (바른 노력, 바른 수행, 바른 집중을 통해) 정신 도야를 이룬 인간이 나오게 될 것이었다.

이 모든 면에서 봤을 때, 고대인도 프랭클린과 비슷하게 도덕심리학에 빼어난 식견을 가지고 있었음이 드러난다. 고대인은 다들 덕德은 제대로 훈련된 코끼리 속에 깃든다는 점을 잘 알았다. 그뿐 아니라, 그런 훈련에는 매일의 연습과 수없는 반복이 필요하다는 사실도 알았다. 기수도 이 훈련에 반드시 참여해야 하지만, 도덕적 가르침이

단순히 **명시적** 지식(기수가 언명할 수 있는 사실들)을 전해주는 데에만
그치면, 그것은 코끼리에게 아무 영향도 끼치지 못할 테고 따라서 행
동에도 이렇다할 영향을 미치지 못할 것이다. 도덕 교육이 반드시 **암
묵적** 지식을 함께 전해 주어야만 하는 게 바로 이 때문이다. 즉, 미세
하게 잘 맞춰진 사회적 인식 및 사회적 감정의 기술들을 갖추게 되면,
우리는 매 상황을 만날 때마다 자동적으로 무엇이 올바른지 **느끼고**,
무엇을 해야 하는지 **알고**, 그것을 행하고 **싶다**는 마음을 갖는다. 고대
인에게 도덕은 일종의 현실을 사는 지혜였다.

현대 윤리학은 어쩌다 길을 잃었을까

도덕성에 대한 서양의 접근도 시작만큼은 무척 순조로웠다. 다른
여느 고대 문화와 마찬가지로 서양도 갖가지 덕들에 집중했다.《구약
성경》,《신약 성경》, 호메로스와 이솝의 작품들을 보면 하나같이, 우
리의 초창기 문화들도 갖가지 속담, 금언, 귀감에 무척 큰 비중을 두
고 사람들에게 덕이 무엇인지 보여 주고 그것을 가르쳤음을 알 수 있
다. 그리스 철학의 최고 걸작 둘로 꼽히는 플라톤의《국가Republic》와
아리스토텔레스의《니코마코스 윤리학Nichomachean Ethics》도, 본질적인
면에서는 갖가지 덕 및 그 덕들의 함양을 주제로 한 논문들이다. 심지
어 쾌락이 삶의 목표라고 가르쳤던 에피쿠로스학파조차도, 쾌락을 쌓
기 위해서는 갖가지 덕이 필요하다고 믿었다.

그런데 그리스 철학이 이룬 이 초기의 쾌거들은 훗날 실패의 씨
앗들도 함께 품고 있었다. 첫째, 그리스의 지성은 우리에게 도덕적 탐

조너선 하이트의 바른 행복

구와 함께 과학적 탐구의 실마리도 마련해 주었으니, 과학적 탐구는 엄청나게 다양한 이 세상의 일들을 가능한 적은 법칙의 조합으로 설명해 내는 것을 그 목표로 삼는다. 그만큼 과학에서는 검약이 중요하지만, 덕의 목록이 길게 늘어지는 데서도 알 수 있듯 덕성 이론은 단 한 번도 검약을 중시한 적이 없었다. 아마 과학적 사고는 한 가지 덕, 원칙, 혹은 규칙만 갖고 거기에서부터 다른 모든 것을 이끌어 낼 수 있다고 하면 훨씬 더 흡족해할 것이다. 둘째, 철학계에 이성 숭배 풍조가 널리 퍼지면서 많은 철학자들이 습관이나 느낌에 덕이 깃든다는 생각을 못마땅하게 여기게 되었다. 플라톤은 고대에도 마부의 합리성에 대부분의 덕이 자리한다고 보긴 했으나, 그런 그조차도 덕에는 올바른 열정이 필요하다는 사실은 인정하지 않을 수 없었다. 플라톤이 말 두 마리 중에 하나는 얼마간 덕을 갖추고 나머지 하나는 전혀 못 갖추었다는 식의 복잡한 비유를 내놓은 까닭이 바로 여기에 있다. 플라톤을 비롯해 후대의 수많은 사상가에게는 합리성이야말로 신이 준 선물이자, 인간의 동물적 정욕을 통제할 도구였다. 덕 함양은 반드시 합리성이 책임지고 맡아야 할 일이었다.

이 두 개의 씨앗(가급적 적은 수의 법칙을 찾아내고 이성을 숭배하는 것)은 로마의 멸망 이후 몇 세기 동안은 어딘가 묻힌 채 가만히 있더니, 18세기 유럽 계몽주의 시대가 찾아오자 순간에 싹을 틔우고 꽃을 피웠다. 기술과 상업의 발달로 새로운 세상이 만들어지면서, 몇몇 사람들은 이제 합리적으로 정당화되는 사회 및 정치적 제도들을 추구하기 시작했다. 17세기에 저술 활동을 한 프랑스 철학자 르네 데카르트René Descartes는 신의 자애로움을 기반으로 자신의 윤리학 체계를 세우며 무척 행복해했지만, 계몽주의 시대 사상가들은 대체로 윤리학의 토대를 세우며 신성한 계시나 신의 강제에 의지하지 않으려 했다. 역사상 최초의 비행사들이 각종 포상에 혹해 위험천만한 비행을 감행했던 것처럼, 당시 철학계에서도 누군가가 상을 내걸기라도 한 것 같았다. 누구든 이성의 힘으로 적용이 가능하고, 선과 악을 명확히 가를 수 있는 단 하나의 도덕적 원칙을 가장 처음으로 제시하는 철학자에게 1만 파운드를 주겠다는 식으로 말이다.

만일 그런 게 정말 있었다면, 그 상賞은 아마 독일인 철학자 이마누엘 칸트Immanuel Kant에게 돌아갔을 것이다.[12] 플라톤과 마찬가지로, 칸트도 인간 존재란 이중적 본성을 갖는다고, 즉 인간에게는 동물적인 부분과 합리적인 부분이 함께 존재한다고 믿었다. 우리의 동물적인 부분은 자연의 법칙을 따르니, 바위가 높은 데서 굴러떨어지거나 사자가 자신의 먹잇감을 죽이는 것과 전혀 다르지 않다. 하지만 우리의 합리적인 부분은, 칸트의 말에 의하면, 얼마든 다른 종류의 법칙을 따를 수 있다. 인간의 합리적인 부분은 행동 준칙을 존중하는 것이 가능한바, 따라서 사람은(사자에게는 이것이 불가능하다) 올바른 규칙을 얼마나 존중하느냐에 따라 도덕적인 면에서 판단받을 수 있다. 그렇다면 무엇이 이런 준칙들이 될 수 있을까? 칸트가 도덕철학 전체를 통틀어 가장 기발한 수手를 고안해 낸 게 바로 이 부분이었다. 칸트의 추론에 따르면, 어떤 도덕적 규칙이 **법칙**이 될 수 있으려면, 그것은 반드시 누구에게나 적용될 수 있어야 했다. 만일 중력의 작용이 남자냐 여자냐, 혹은 이탈리아인이냐 이집트인이냐에 따라 달라진다면, 우리는 그것을 법칙이라 말할 수 없을 것이었다. 하지만 칸트는 모든 사람이 사실상 동의할 만한 규칙을 찾기보다는(이는 무척 어려운 작업으로, 고만고만한 일반화만 몇 개 내놓고 말 가능성이 크다), 이 문제를 뒤집어

조너선 하이트의 바른 행복

사람들이 자기 행동의 지침이 되는 준칙들을 합리적 차원에서 보편적 준칙으로 **제시할** 수 있는가를 생각해 봐야 한다고 말했다. 가령 여러분이 여의치 않은 사정이 생겨 어떤 약속을 깰 작정일 때, 여러분은 과연 여의치 않은 사정에서는 사람들이 **마땅히** 약속을 깨야 한다는 것을 보편적 준칙으로 내놓을 수 있는가? 이 준칙을 옳다고 받아들이면, 모든 약속은 결국 아무 의미도 없어진다. 이와 마찬가지 맥락에서 우리는 사람들에게 사기를 치거나, 거짓말을 하거나, 물건을 훔치거나, 그 외의 다른 어떤 식으로 다른 이의 권리나 재산을 빼앗아서는 안 된다고 일관되게 주장할 수 있을 것이다. 왜냐하면 그런 나쁜 짓은 똑같이 우리에게 돌아올 것이니 말이다. 칸트가 이른바 "정언 명령"이라 부른 이 단순한 검증법은 그 힘이 지극히 막강했다. 정언 명령은 윤리학을 응용 논리학의 한 분과로 만들 계제였고, 그렇게 해서 그간 세속 윤리학이 늘 경전에 의지해야만 어렵사리 찾아낼 수 있었던 그런 확실성을 윤리학에 부여해 주었다.

그 뒤의 수십 년 동안에는, 잉글랜드의 철학자 제러미 벤담Jeremy Bentham이 그 (가상의) 상은 자기 차지라는 듯 칸트에게 도전장을 던졌다. 1767년에 변호사 자격을 얻는 벤담은 잉글랜드 법률이 복잡하고 비효율적인 데에 경악을 금치 못했다. 그리하여 벤담은 계몽주의 특유의 대담성을 살려, 법률 및 입법 체계의 전면적 재구상에 착수하니, 이를 위해 명확한 목표들을 내거는 한편 그 같은 목표를 달성하기 위한 가장 합리적인 방법들을 제시했다. 당시 벤담이 내린 결론은, 모든 입법 활동의 궁극적 목적은 사람들의 이익에 있었고, 그런 이익은 많을수록 더 좋다는 것이었다. 벤담은 공리주의의 창시자였으니, 공리주의에서는 (법적이고 개인적인) 모든 의사 결정의 목표는 전체의 이익(공리功利)을 최대화하는 것이라고 보지만, 그 이익을 누가 갖는가에는 거의 관심을 기울이지 않는다.[13]

이후 칸트와 벤담 사이에서는 논쟁이 그치지 않았다. 칸트의 제자들은(의무를 뜻하는 그리스어 **데온**deon에서 그 이름을 따, "의무론자deontologist"라고도 한다) 윤리적인 인간이 반드시 지켜야 할 갖가지 의무를 명확히 정하고자 하는데, 심지어 그런 행동들이 나쁜 결과를 불러온다 해도 마찬가지이다(예를 들면, 의무론자는 무고한 사람을 하나 죽여 500명의 목숨을 구할 수 있다 해도, 절대 무고한 사람을 죽여서는 안 된다고 본다). 벤담의 제자들은(오로지 행동이 불러온 결과들만 갖고 행동을 평가하기 때문에 "결과주의자"라고도 한다) 최대의 선을 가져다줄 규칙과 정책을 세우고자 노력하며, 심지어 그런 작업을 행하다 더러 다른 윤리 원칙들을 어기기도 한다(결과주의자는 그것이 잘못된 선례를 남겨 차후 문제만 일으키지 않으면, 주저 없이 1명을 죽여 500명의 목숨을 살려야 한다고 말한다).

그러나 서로 간에 숱한 차이가 있긴 해도, 이 두 진영은 여러 중대한 면에서 합치된 의견을 갖고 있다. 우선 둘 모두 검약의 원칙을 신봉한다. 즉, 둘은 각종 결정이 궁극적으로 오직 하나의 원칙만 근거로 해야 한다고 보는데, 정언 명령이나 공리 최대화가 그런 원칙인 셈이다. 또한 이 둘은 도덕적 의사 결정에는 논리적 추론과 함께 때로는 수학적 계산이 필요하므로, 그러한 결정은 오로지 기수만이 내릴 수 있다고 주장한다. 둘은 직관과 육감을 올바른 추론에 장애로 작용한다고 보고 불신한 것도 똑같다. 그뿐 아니라 양쪽 모두 구체적인 것은 멀리하고, 추상적인 것을 선호한다. 이들은 사태의 당사자들에 관해서는 그 사정을 속속들이 다 알 필요도, 그들이 어떤 믿음이나 문화적 전통을 가졌는지도 알 필요가 없다고 본다. 그저 몇 가지 사실을 통해 (공리주의자라면) 사람들의 선호와 불호의 순위가 매겨진 표만 있으면 된다. 여러분이 어떤 나라 혹은 어떤 역사 시대에 속해 있는지는 중요하지 않다. 사태의 당사자들이 우리의 친구인지도, 적인지도, 혹은 생판 모르는 남인지도 중요한 문제가 아니다. 그들에게 도덕 법칙은, 물리학 법칙과 마찬가지로, 때와 상관없이 모든 이에게 동일하게 작동한다.

이 두 가지의 철학적 접근법이 법 이론 및 정치 이론과 그 실행에 엄청난 기여를 한 것은 사실이다. 아닌 게 아니라, 이들 접근법 덕에 개인의 권리를 존중하되(칸트) 사람들의 이익까지 효율적으로 증진시키는(벤담) 사회가 만들어질 수 있었다. 하지만 이들 사상은 단순히 그에 그치지 않고 서양 문화 안으로 더 전면적으로 침투했고, 그 바람에 몇 가지 의도치 않은 결과들이 생겨났다. 철학자 에드먼드 핀콥스 Edmund Pincoffs[14]가 주장해 온 바에 의하면, 결과주의자와 의무론자는 서로 힘을 합쳐 20세기의 서양인에게 도덕적 난제와 도덕적 딜레마 연구가 곧 도덕성이라는 인식을 강하게 심어 주는 역할을 했다. 그리스인이 개인의 **인성**에 초점을 맞추고 우리 각자가 어떤 종류의 사람이 되어야 하는가를 물었다면, 현대 윤리학은 **행위**에 초점을 맞추고, 특정 행동이 언제 옳고 혹은 그른지 묻는다. 이를 테면 철학자들은 주로 생사가 걸린 딜레마를 붙들고 씨름을 한다. '5명의 목숨을 구하기 위해 1명을 죽여야 할까?' '낙태당한 태아에서 줄기세포를 추출해 사용해도 되는가?' '15년간 의식 불명으로 누워 있는 여성에게서 과연 영양 공급 관을 떼도 되는가?' 철학자가 아닌 이들은 이보다는 시시콜콜한 난제를 붙들고 씨름을 한다. '다른 사람들은 편법을 쓰는데 나는 세금을 꼬박꼬박 내야 할까?' '현금이 잔뜩 들었는데 마약상이 주인으로 보이는 지갑을 돌려주어야 할까?' '한 번 외도한 걸 배우자에게 말해야 할까?'

이렇듯 인성 윤리에서 난제 해결식 윤리로 방향을 틀면서 도덕 교육은 덕과는 멀어지고 도덕적 추론과는 가까워졌다. 도덕성에서 중요한 것이 난제 풀기라면, 도덕 교육은 결국 문제 해결 훈련에 지나지 않게 된다. 이런 교육에서는 아이들에게 도덕적 문제에 대해 생각하는 법, 특히 타고난 자기 중심주의를 극복하고 타인의 필요를 헤아리는 법을 반드시 가르쳐야 한다고 본다. 1970년대와 1980년대에 미국의 인종적 다양성이 더욱 심화하고, 권위주의적 교육 방식을 사람들이 더욱 꺼리게 되면서, 구체적인 도덕적 사실 및 가치를 가르쳐야 한다는 것은 이제 옛말이 됐다. 대신 합리주의자의 유산인 난제 해결식 윤리 덕에, 최근의 한 양육 지침서에 실린 다음과 같은 말을 열성적으로 지지하는 교사와 학부모가 우리 곁에는 숱하게 생겨났다. "나는 아이들에게 무엇을 하고 하지 말아야 하는지와 그 이유를 가르치려고는 하지 않는다. 그보다 나는 아이들에게 생각하는 법을 가르쳐, 무엇을 하고 하지 말아야 하는지와 그래야 하는 이유를 아이들 스스로 알게끔 하려 한다."[15]

도덕 교육이 이렇게 인성 윤리에서 난제 풀이로 방향을 튼 것을 나는 중차대한 실수라고 보는바, 그 이유는 크게 두 가지이다. 첫째, 이렇게 되면 도덕성이 약화될 뿐 아니라, 그 범위에도 제한된다. 고대인은 어떤 사람이 행하는 모든 일에 덕과 인성이 작용한다고 봤지만, 현대의 우리 개념은 각자가 일주일에 고작 몇 번밖에 만나지 않는 일련의 상황들에만 도덕성의 문제를 적용한다. 즉, 자신의 이익과 타인

　　　　　　　　　　　조너선 하이트의 바른 행복

의 이익이 충돌해, 그 사이에서 불가피한 선택을 해야 할 때에만 도덕의 문제가 불거진다고 보는 것이다. 오늘날 우리의 얄팍하고 제한적인 개념에서는, 자선을 행하고, 남을 도우며, 규칙을 지켜 행동하고, 일반적으로 타인은 아랑곳없이 자신의 이익만 너무 챙기지 않는 사람이 도덕적인 사람이다. 이런 개념에 따르게 되면 삶의 대부분 활동과 결정은 도덕적인 문제와 아무 관련이 없어진다. 하지만 도덕성을 사리 추구와 반대로 보면, 덕성 가설은 자기모순에 빠진다. 결국 덕성 이론을 오늘날 용어로 풀면, 자기의 이익을 저버리는 행동이 곧 자신을 위하는 행동이라는 뜻이 되기 때문이다. 이런 가설을 사람들에게 참이라고 납득시키기는 어려울뿐더러, 모든 상황에서 그것이 참이 될 리도 없다.

프랭클린이 살았던 시대에는 덕성 가설을 찬미하기가 훨씬 수월했다. 고대인이 그랬듯, 프랭클린도 어떤 이가 더 능력 있고 타인에게 더 매력적인 사람이 되기 위해 정원 가꾸듯 길러야 할 덕의 개념을 더 알차고 풍성하게 갖고 있었다. 이런 개념에서 보면, 덕은 그 자체로 보상이 된다. 프랭클린 자신의 사례가 동시대인은 물론 후손에게까지 암묵적으로 이런 질문을 던진 것이라 할 수 있다. '이 순간 기꺼이 힘써 너만의 훌륭한 삶을 가꾸어 나가겠는가, 아니면 마냥 그렇게 게으름과 단견에 빠져 지내다 노력이라곤 일절 모른 채 살겠는가?'

도덕 교육이 도덕적 추론으로 방향을 틀 때의 두 번째 문제는 도덕적 추론은 어설픈 심리학에 기댄다는 것이다. 1970년대 이후 수많은 도덕 교육에서는 기수를 코끼리 등에서 끌어내려, 기수 혼자서만 이런저런 문제를 풀게 하는 식으로 훈련이 이루어졌다. 즉, 몇 시간씩 아이들에게 사례 공부, 도덕적 딜레마에 관한 교실 토론, 딜레마에 처한 사람들 및 그들의 올바른 결정에 관한 영상을 보여 주고, 아이에게 (무엇이 아닌) 어떤 식으로 사고해야 하는지를 배우게 한 것이다. 그러고 나서 수업이 끝나면, 기수는 다시 코끼리 등에 올라타는데, 그 시간이 코끼리에겐 쉬는 시간이었기에 변화하는 건 하나도 없다. 아이들에게 훌륭히 추론하는 법을 가르쳐 윤리적으로 행동하게 만들려는 것은, 개의 꼬리를 흔들어서 개를 행복하게 만들려는 것이나 다름없다. 인과 관계의 앞뒤가 뒤바뀐 꼴이다.

도덕적 추론은 힘이 약하다는 사실은 펜실베이니아대학교에서 대학원생으로 공부하던 첫해에 나도 직접 깨달을 수 있었다. 프린스턴대학교의 철학자 피터 싱어Peter Singer의 명저(《실천윤리학Practical Ethics》)을 읽게 된 것이 그 계기였다.[16] 인도적人道的 결과주의자인 싱어는 어떻게 하면 우리가 한결같이 타인의 행복welfare을 염두에 두면서 일상의 숱한 윤리적 문제를 해결할 수 있을지 그 방법을 보여 주고 있다. 동물 살육과 관련해 이 책에서 싱어가 제시한 윤리관을 접하고 이후 음식 선택에 대한 내 생각은 영원히 뒤바뀌었다. 싱어의 지침 원칙 몇 가지를 소개하면 이렇다. 첫째, 무엇이든 지각이 있는 생물체에 고통을 주는 것은 잘못이며, 따라서 현행의 공장식 축산 농장 방식은 비윤리적이다. 둘째, 자신의 정체성과 애착을 어느 정도 인식하는 지각 있는 존재의 생명을 빼앗는 것은 잘못이며, 따라서 큰 두뇌를 갖고 고도로 발달한 사회생활을 영위하는 동물들을(인간 이외의 영장류 및 그 외 여타 포유류 대부분 등) 죽이는 것은 잘못이다. 설령 그 동물들을 안락한 환경에서 키워 고통 없이 죽인다 해도 말이다. 나는 싱어의 이 명쾌한 논박 불가의 주장들에 즉각 설복당했고, 그래서 그날 이후로는 모든 형태의 공장식 축산 농장에 도덕적으로 반대하게 되었다. 그런데 도덕적으로 반대했을 뿐, 행동으로 반대한 건 아니었다. 나는 지금도 고기가 참 맛있다고 생각하는 만큼, 싱어의 책을 읽은 처음 6개월 새에 바뀐 것은 단 하나, 햄버거를 주문할 때마다 매번 나도 위선적인 사람이라는 생각을 떠올렸다는 것뿐이었다.

그러고서 대학원 2년째에 역겨움 감정 연구를 시작하게 되었다. 당시 나와 공동 작업을 했던 이가 섭식심리학의 최고 권위자로 꼽히는 폴 로진Paul Rozin이었다. 그 무렵 나는 우리가 계획 중인 실험 속에서 역겨움을 유발하기 위해 짧은 동영상을 찾던 중이었다. 그 과정에서 〈죽음의 얼굴Faces of Death〉이라는 영상을 찾아냈는데, 죽임을 당하는 사람들의 실제 혹은 가짜 영상을 갖가지 추린 것이었다. (여기 든 장면들은 너무도 충격적이어서, 로진과 나는 도의적 차원에서라도 차마 그 영상들을 사용할 수 없었다.) 그 안에는 자살이나 처형을 영상으로 기록한 장면과 함께, 도살장 안의 일을 하나의 긴 시퀀스로 촬영한 장면도 있었다. 피가 뚝뚝 듣는 도살장의 해체 라인을 따라 소들이 이동하면서, 가차 없이 매질을 당하고, 고리에 걸리고, 덩어리째 썰리는 광경을 나는 공포에 질린 채 바라봤다. 이 영상을 본 뒤 로진과 나는 함께 점심을 먹으며 이 프로젝트에 관해 이야기를 나누기로 했다. 그 자리에서 우리가 고른 메뉴는 둘 다 채식 요리였다. 그 후로 며칠은 시뻘건 고깃덩어리가 눈앞에 어른거리며 속이 메슥댔다. 이제는 나의 본능적 느낌들도 싱어가 내게 심어 준 믿음과 상응하게 된 것이었다. 이제는 코끼리도 기수와 의견이 합치했고, 그렇게 해서 나는 채식주의자가 되었다. 3주는 그랬다. 3주가 지나자 차츰차츰 역겨움이 옅어지면서 생선과 닭고기가 다시 내 식단으로 들어왔다. 그리고 나서 적색육도 그 뒤를 따랐지만, 그로부터 18년이 지난 지금도 나는 적색육은 덜 먹을 뿐 아니라, 여건이 되면 공장식 축산으로 생산되지 않은 고기를 고른다.

이 실험으로 나는 중요한 가르침을 하나 얻은 셈이었다. 나는 나 자신이 꽤나 합리적인 사람이라고 생각한다. 나는 싱어의 주장들을 접하고도 바로 설복당하지 않았던가. 하지만 (앞서 1장에 등장한) 메데이아의 탄식을 이렇게 풀어 덧붙이지 않으면 안 되겠다. '어느 쪽이 옳은지 나는 알고 그리로 가야지 생각하지만, 정작 발은 잘못된 길을 따르네. 감정도 함께 따라나서 얼마쯤 힘을 주기 전까지는.'

긍정심리학의 미덕

우리가 길을 잃고 헤맨다는 외침은 어느 나라든 어느 시대든 일각에서 늘 들려오게 마련이나, 미국 안에서는 1960년대의 사회적 혼란 그리고 1970년대의 경기 침체 및 범죄 급증 이후 그런 아우성이 유난히 요란하게 터져 나왔다. 정치적 보수파, 그중에서도 특히 종교적 믿음이 강한 이들은 도덕 교육에 "가치가 빠진" 접근법을 취하는 것과 함께, 아이들에게 생각할 사실이나 가치를 가르치는 대신 스스로 생각하도록 "자율성"을 주는 데에 분개했다. 1980년대에는 이들 보수파가 학교에서 인성 교육 프로그램을 활용하도록 압박하는 한편, 아이들을 홈 스쿨링으로 가르치는 방법을 통해 기존 교육계에 도전을 가했다.

1980년대에는 이들 외에도 덕성 이론을 되살리려 힘을 보탠 철학자들이 몇몇 더 있었다. 그중 제일 저명했던 이가 알래스데어 매킨

타이어Alasdair MacIntyre로, 《덕의 상실After Virtue》[17]에서 그는 맥락이 없는 보편적 도덕성 함양을 위한 "계몽 프로젝트"는 그 시작부터 파멸의 씨앗을 안고 있었다고 주장했다. 각종 가치와 풍성한 전통을 공유하는 문화에서는 사람들이 서로에게 가치를 매기고 평가할 수 있는 틀이 으레 만들어져 나오게 마련이다. 기원전 4세기 아테네의 맥락에서는 사람들이 사제, 군인, 어머니, 상인의 덕을 두고 얼마든 이런저런 이야기를 할 수 있다. 그런데 그런 정체성과 맥락을 싹 벗겨 낸다고 생각하면, 우리 손에 구체적으로 잡히는 게 거의 없다. 일반화된 어떤 **호모 사피엔스**, 즉 특정 성별, 나이, 직업, 문화를 떠나 우주를 둥둥 떠다니는 그런 존재를 두고 우리가 할 수 있는 이야기가 과연 얼마나 될까? 윤리학은 개별성을 무시해야 한다는 현대의 요구로 말미암아 우리가 얻은 것은 더욱 약해진 도덕성이다. 이런 도덕성은 어디든 적용될 수는 있어도, 그 무엇도 아우르지 못한다. 특정 전통을 배경에 깐 덕의 언어를 잃으면, 사람들이 삶에서 의미, 일관성, 목적을 찾기도 더 어려워진다고 매킨타이어는 말한다.[18]

최근에는 심리학까지도 이 문제에 발 벗고 나선 참이다. 1998년, 마틴 셀리그먼이 심리학이 길을 잃고 헤맨다며 긍정심리학을 창시한 것이 그 계기였다. 그에 따르면 심리학은 그간 병리와 인간 본성의 어두운 면에만 매달려 온 탓에, 인간 내면의 선하고 고귀한 것들은 전혀 보지 못했다. 심리학자들이 DSM(the Diagnostic and Statistical Manual of Mental Disorders: 정신질환의 진단 및 통계 편람)이라는 방대한 편람을 만들어 발병 가능한 모든 정신병 및 행동 문제 진단에 활용하면서, 인간의 건강, 재능, 가능성 같은 고차원의 영역에 대해서는 함께 이야기를 나눌 언어조차 갖지 못했다는 데에 셀리그먼은 주목했다. 그래서 셀리그먼이 긍정심리학 작업에 착수했을 때, 사람들의 장점과 덕을 평가할 진단 편람을 만들어 내자는 것이 그가 초기에 세운 목표 중 하나였다. 그렇게 해서 셀리그먼과 또 다른 심리학자인 미시간대학교의 크리스 피터슨Chris Peterson이 인간의 모든 문화에서 타당성을 가질 법한 강점 및 덕성 목록을 구성하는 작업에 돌입했다. 나는 그 목록의 덕들이 반드시 모든 문화에서 쓸모 있을 필요는 없으며, 그저 대규모 산업사회에만 초점을 맞춰도 충분할 거라며 둘과 논쟁을 벌이기도 했다. 몇몇 인류학자도 모든 곳에 적용될 목록은 절대 만들어질 수 없을 거라는 의견을 피력했다. 하지만 다행히도 둘은 끝까지 굴하지 않았다.

작업의 첫 단계로 피터슨과 셀리그먼은, 주요 종교의 경전부터 보이스카우트 선서("서로 믿고, 충성을 다하며, 함께 돕고, 우정을 나누며…")에 이르기까지, 자신들이 찾아낸 덕의 목록을 샅샅이 점검했다. 그런 뒤 그 덕들로 커다란 표를 만들어, 여러 목록에 공통되게 나타나는 덕들을 찾아보았다. 어느 특정 덕이 모든 목록에 빠짐없이 등장한 경우는 없었으나, 여섯 개의 광범위한 덕, 즉 관련 덕을 아우르는 여섯 개 상위 분류는 거의 모든 목록에서 빠짐없이 나타나는바, 지혜, 용기, 인간애, 정의, 절제, 초월(자기보다 더 커다란 무언가에 단단히 연결될 수 있는 능력)이 그것이었다. 이들 덕이 광범위한 곳에서 지지를 받는 이유는 그 성격이 추상적이기 때문이다. 즉, 지혜롭거나, 용기 있거나, 인간애를 발휘하는 방법에는 여러 가지가 있으며, 인간의 문화 가운데에서 이와 같은 덕의 형태들을 예외없이 모두 거부하는 곳은 찾아볼 수 없다. (자식이 자라서 어리석어지고, 비겁해지고, 잔혹해지기를 바라는 부모가 어디에 있겠는가?) 하지만 여섯 가지 덕 목록의 진정한 가치는 따로 있으니, 이 목록을 틀로 삼아 더 구체적인 내용을 담은 성격 강점strengths of character이 일목요연하게 정리된다는 점이다. 피터슨과 셸리그먼의 정의에 의하면, 성격 강점이란 각종 덕을 실생활에서 드러내고, 실천하고, 길러 주는 구체적 방법들을 말한다. 여섯 가지의 덕에는 제각기 여러 가지 길을 통해 이를 수 있다. 그 길 하나하나에 얼마나 가치를 두느냐는, 문화에 따라 다르듯, 사람에 따라서도 저마다 다르다. 덕 분류 작업이 진정한 힘을 발휘하는 것이 바로 이 대목이다. 이 분류를 이용하면 고금을 막론하고 누구든 어느 한 길을 걸어야 한다고 고집할 필요 없이, 분류가 제시하는 구체적 성장 방법을 통해서 많은 곳들에서 두루 중시하는 목적을 향해 나아갈 수 있기 때문이다. 이 분류를 통해 사람들은 자신의 다양한 강점을 진단할 수 있을 뿐 아니라, 탁월함을 기를 여러 방법도 찾을 수 있다.

피터슨과 셸리그먼은 성격 강점은 총 스물네 가지 요소로 구성되며, 이들 강점은 각기 여섯 가지의 고차원적 덕 중 하나로 이어진다.[19] 여러분도 아래 나열된 목록들(www.authentichappiness.org)을 잘 살펴보거나 강점 테스트를 받아 보면 자신이 어느 부분에 강점이 있는지 진단해 볼 수 있다.

1. 지혜:
   - 호기심
   - 배움을 좋아함
   - 판단력
   - 독창성
   - 감정 지능
   - 안목
2. 용기:
   - 용맹함
   - 불굴의 인내
   - 청렴
3. 인간애:
   - 친절
   - 사랑하기

4. 정의:

- 시민의식　　• 공평함　　• 리더십

5. 절제:

- 자제력　　　• 분별력　　• 겸손

6. 초월:

- 심미안　　　• 감사　　　• 희망　　　• 영성
- 용서　　　　• 유머　　　• 열의

이 목록을 보고 여러분은 여섯 개의 상위 분류에는 별문제가 없지만, 그 아래의 세부 목록에는 분명 이의를 제기할 수도 있을 것이다. '왜 유머가 초월 항목에 들어 있지?' '왜 리더십은 목록에 있는데, 추종자나 부하의 덕들(의무감, 존경심, 복종)은 목록에 없지?' 하는 식으로 말이다. 이런 의문이 들어도 부디 멈추지 말고 논쟁을 해 보도록 하자. 피터슨과 셀리그먼이 행한 이 분류 작업의 진가는, 사람들 사이에 계속 대화가 오가게 만든다는 점, 구체적 강점 및 덕 목록을 나름으로 제시해 보게끔 한다는 점, 그런 후 과학계나 치료 공동체가 세부적인 내용을 스스로 정하게끔 한다는 데에 있으니 말이다. DSM이 10년 혹은 15년에 한 번씩 전면 개정을 거치는 것과 마찬가지로, 강점과 덕성 분류도(긍정심리학자들 사이에서는 "비-DSM$_{un\text{-}DSM}$"로도 통한다) 앞으로 몇 년 새 개정을 거쳐 한층 발전할 것이 분명하다. 겁 없이 구체적 내용을 명시하고, 겁 없이 틀릴 수 있음을 감수했다는 점에서, 피터슨과 셀리그먼은 독창성, 리더십, 희망을 몸소 보여 준 셈이다.

이 분류는 이미 세상에 여러 흥미로운 연구와 우리를 속박에서

　　　　　　　　　　　　　　　　　조너선 하이트의 바른 행복

풀어 주는 자유로운 생각들을 속속 탄생시키고 있다. 그중 내가 제일 좋아하는 생각을 하나 꼽자면, '약점을 고치려 애쓰지 말고, 강점을 살리려 애쓰라'는 것이다. 여러분은 새해 다짐을 하면서 이번엔 이런 결점을 고쳐야지 마음먹었던 적이 몇 번이나 되는가? 그런 다짐을 새해마다 똑같이 다시 했던 것은 또 몇 번이나 되는가? 순전히 의지력만 가지고 성격의 어떤 측면을 바꾸기란 어려우며, 내가 노력을 쏟을 부분으로 약점을 택하게 되면 그 과정을 즐기지 못할 가능성도 크다. 애써 노력하는데도 그 과정에서 즐거움이나 반응 강화를 찾지 못하게 되면, 여러분은 (벤 프랭클린의 의지력을 갖지 못하는 한) 이내 포기하고 말 것이다. 하지만 사람이 모든 걸 다 잘할 수는 없다. 삶에는 이런 도구 대신 저런 도구를 써 볼 기회들이 수없이 찾아오며, 따라서 강점을 잘 활용하면 약점이 크게 중요하지 않을 때도 많다.

나는 버지니아대학교에서 긍정심리학 수업을 할 때면, 학생들에게 심리학의 모든 도구를 활용해 자신을 더 나은 사람으로 만들고, 정말 그런 사람이 되었다는 증거를 제출하라는 것을 마지막 프로젝트로 내주곤 한다. 매해 절반 정도의 학생들이 이 프로젝트를 성공리에 마치는데, 대체로 자신에게 인지 행동 치료를 행해 보거나(이 방법은 정말 효과가 있다!) 강점을 적극 활용하는 학생들, 혹은 이 둘 모두를 이용한 학생들이 가장 큰 성과를 거둔다. 예를 들어, 사람들이 용서가 잘 용서되지 않아 애석해하던 한 여학생이 있었다. 그녀의 머릿속에는 늘 가장 가까운 사람들이 준 상처에 대한 생각이 맴돌았다. 이 학생은 프로젝트를 위해, 사랑하기라는 자신의 강점에 의지하기로 했다. 자신이 피해자라는 생각에 걷잡을 수 없이 빠져들 때마다, 해당 인물과 관련된 긍정적 기억을 떠올려 일순이라도 애정이 생겨나게 한 것이다. 이런 애정이 스칠 때마다 그녀의 화가 누그러들면서 잠시나마 늘 곱씹던 상념에서 벗어날 수 있었다. 노력을 요하던 이 사고 과정은 얼마쯤 시간이 흐르자 습관으로 자리 잡았고, 그녀는 어느덧 남을 더 잘 용서할 수 있는 사람이 돼 있었다(이 여학생은 프로젝트 중 매일 자신의 진척을 보고서에 빠짐없이 기록해, 실제 변화된 모습을 증명했다). 한 걸음 한 걸음 내디딜 때마다 기수가 코끼리에게 보상을 주며 코끼리를 훈련한 것이다.

또 하나 무척 인상 깊었던 것은 뇌종양 수술을 받은 지 얼마 안 되는 어떤 여학생이 실행한 프로젝트였다. 당시 스물한 살이었던 줄리아가 생존할 가능성은 거의 절반밖에 안 됐다. 자신에게 몰려드는 두려움을 떨치고자 줄리아는 자신의 강점 중 하나(열의)를 더 기르기로 했다. 그래서 학교에서 진행되는 갖가지 활동들을 비롯해, 근방 블루리지산맥의 하이킹 코스와 공원들을 물색해 목록을 만들었다. 줄리아는 이들 목록을 함께 수업을 듣는 학생들에게 나누어 주는 한편, 공부 시간을 쪼개 이들 장소로 하이킹을 다니면서 친구들과 과 학우들도 함께 하자고 초대했다. 역경이 닥치면 하루하루를 최대한 충만하게 살길 바라게 된다고들 하는데, 줄리아에게는 자신의 천부적 강점인 열의를 더욱 기르려고 의식적으로 노력했던 이때가 바로 그런 순간들이었다. (줄리아는 아직도 열의에 가득 찬 채 살아가고 있다.)

덕을 기른다고 하면 여간 어려운 일이 아닌 것처럼 들리고, 실제로도 덕을 기르기란 어려운 일일 때가 많다. 하지만 덕의 개념을 탁월함으로 고쳐 생각하면, 몇 가지의 성격 강점을 실천해 덕 하나하나를 이루는 게 가능해지고, 나아가 이들 강점을 실천하는 일 자체가 보상으로 느껴질 때가 많아지면 덕 기르기는 고된 일이기보다 오히려 척센트미하이의 몰입 경험에 더 가까운 것으로 들리게 된다. 한 마디로 그것은 (셀리그먼이 말한 희열처럼) 우리를 온전히 몰두하게 하고, 우리의 강점을 이용하게 하며, 우리의 자의식을 잊고 그 순간 내가 하는 일에만 완전히 빠져들게 하는 일이 되는 것이다. 그렇게 된다면 프랭클린도 아마 흡족해하지 않을까? 덕성 이론이 기특하게도 잘 살아남아, 긍정심리학 안에 단단히 보금자리를 틀었다며 말이다.

이타주의자는 과연 행복할까

덕은 그 자체로 보상이 되기도 하지만, 이 말은 확실히 덕 가운데서도 우리가 보상받을 길을 찾은 덕에만 한정되는 이야기이다. 만일 여러분의 강점에 호기심이나 배움을 좋아함이 들어 있다면, 여러분은 여행을 다니고, 박물관에 가고, 대중 강연에 참석하는 식으로 지혜를 기르는 것을 즐길 것이다. 감사와 심미안을 강점으로 가지고 있다면, 그랜드 캐니언을 관조하며 초월의 느낌을 얻는 것 역시 즐거움이 될 테고 말이다. 하지만 그 덕에 맞는 일을 할 때마다 어김없이 좋은 느낌을 얻을 거라고 생각한다면 순진하다고 할 수밖에 없을 것이다. 덕성 이론을 제대로 검증하려면, 도덕성을 이타주의로 이해하는 오늘날의 제한적인 관점에서도 이 이론이 과연 참인지를 살펴야 할 것이다. 그러려면 성장과 탁월함 등은 모조리 잊어야 한다. 다른 사람의 이익을 위해 나 자신의 이익에 어긋나게 행동하는 것이, 심지어 나 자신이 원하지 않을 때조차 그러는 것이 여전히 나에게도 좋은 일일까? 현인들과 도덕주의자들은 이 질문에 늘 무조건 그렇다는 답변을 내놨지만, 과학의 도전 과제는 바로 조건을 다는 것 아니던가. '그것은 언제 참이 되고, 왜 그러한가?' 이 질문에 종교와 과학이 처음에 내놓은 답은 손쉬우나 썩 만족스럽지 못하며, 나중에야 더욱 절묘하고 흥미로운 설명들을 제시하게 된다. 종교계 현인들이 이 문제에서 빠져나가고자 썼던 손쉬운 방법은, 사후 세계에 가면 우리가 생전에 한 만큼을 신으로부터 모두 되돌려받기 마련이라는 것을 일깨우는 것이다. '착하게 살아야 합니다. 나중에 신이 악한 자는 벌하고 선한 자에겐 그만한 보상을 줄 테니까요.' 기독교도는 천국이나 지옥이 존재한다고 믿는다. 힌두교도는 업보의 원리가 사람을 가리지 않고 모두에게 작용한다고 믿는다. 그들에 따르면, 우주는 내생에 우리를 더 고귀하거나 혹은 더 비천한 존재로 다시 태어나게 할 수 있는바, 나중에 어떤 생을 받게 되느냐는 우리가 현생에 어떤 삶을 사느냐에 달려 있다.

신, 천국, 사후 세계가 정말 존재하는지에 대해서는 내가 왈가왈부할 수야 없겠지만, 그래도 심리학자이기는 한 만큼 사후 심판에 대한 사람들의 믿음에는 원시적 형태의 도덕적 사고방식이 두 가지 드러난다는 점만큼은 짚고 넘어갈 수 있으리라. 1920년대, 위대한 발달심리학자였던 장 피아제Jean Piaget[20]는 쪼그리고 앉아 아이들과 구슬치기나 잭스jacks(고무공을 튕기면서 정해진 규칙에 따라 공기돌jackstone을 치뜨렸다 받는 놀이 – 옮긴이) 놀이를 하며 놀았고, 그 과정을 통해 도덕성 발달 단계를 체계적으로 정리해 낼 수 있었다. 피아제는 아이들의 사고가 발달해 옳고 그름을 점차 정교하게 이해하게 되기까지의 중간에 특정 단계를 거친다는 사실을 알아냈는데, 여러 규칙에 모종의 신성성과 불변성을 부여한다는 것이었다. 이 단계에 들어서면 아이들은 일명 "내재적 정의"(어떤 행위 자체에 본래부터 들어 있는 정의)를 믿는 모습을 보인다. 이 단계에 있는 아이들은, 설령 뜻하지 않게라도, 자신이 규칙들을 어기면, 비록 그러한 규칙 위반 사실을 아무도 모른다 해도, 나중에 자신에게 뭔가 나쁜 일이 닥칠 거라고 믿는다. 이런 내재적 정의에 대한 믿음은 성인에게서도 마찬가지로 찾아볼 수 있는데, 병에 걸리거나 중대한 불행을 만난 까닭을 설명해야 하는 상황에 처하면 특히 그렇다. 갖가지 문화에서 병에 걸린 이유와 관련한 사람들의 믿음을 조사한 한 연구에 따르면,[21] 사람들이 생각하는 가장 흔한 발병 원인은 생체의학적인 것(육체적인 면에 병의 원인이 있다고 보는 것), 대인 관계에 의한 것(질투와 갈등이 결부된 마술이 병을 일으켰다고 본다), 도덕성과 관련된 것(자신의 과거 행실, 특히 음식 및 성관계와 관련한 금기들을 어겨서 병이 생겼다고 보는 것)의 세 가지인 것으로 나타난다. 대부분의 서양인은 의식적으로 생각할 때는 생체의학적 설명을 적극적으로 포용하고 나머지 둘은 무시하는 편이지만, 서양인들도 막상 병에 걸려 "내가 왜?"라는 물음을 던지면 그 답을 찾기 위해 과거 자신이 저지른 잘못들에 눈을 돌릴 때가 많다. 우리가 착한 행동을 하거나 나쁜 행동을 하면 신이나 운명이 그에 상응하는 상과 벌을 내리리라는 이러한 믿음은, 우리가 어린 시절부터 갖고 있던 내재적 정의에 대한 믿음이 우주적 차원으로 확대된 것으로 보이는바, 이 말은 곧 우리가 호혜성에 얽매인다는 점을 일부 입증하는 것이기도 하다.

사후 심판이 가진 두 번째 문제는 이 믿음에는 절대 악의 신화가 밑바탕에 깔려 있다는 것이다.[22] 우리 인간은 저마다 이 세상을 선과 악으로 손쉽게 가르지만, 과연 신이라는 존재도 우리를 이같은 이분법에 빠지게 하는 수많은 편향과 마키아벨리식의 동기들에 시달릴까? 테러리즘과 전쟁을 비롯해, 사람들은 대부분의 폭력 행위에 나름의 도덕적인 동기(정의, 명예, 충성, 애국심)를 결부시키게 마련이다. 물론 지옥에 떨어져야 마땅할 것으로 보이는 악한 중의 악한들도 더러 있으나, 그 외의 악한들은 대체로 림보에나 떨어지는 정도에 그칠 것이다. 단순히 신을 산타클로스, 다시 말해 전 세계 60억 인구의 도덕 계좌를 일일이 따져 보는 회계사로 여기는 방식은 잘 통할 리가 없는데, 대부분 사람들의 인생은 딱 잘라 나쁜 쪽이나 착한 쪽 어느 하나로 말끔히 분류되지 않기 때문이다.

이 문제에 대한 과학의 접근법 역시 처음 내놓는 대답은 손쉬우나 썩 만족스럽지 못한데, 몇몇 상황 속에서는 덕을 행하는 게 우리 유전자를 위하는 길이라고 말하기 때문이다. 진화론의 "적자 생존"이 "적자 유전자의 생존"를 뜻하게 되었을 때, 다음의 두 시나리오 속에서는 이 적자 유전자가 사람들에게 친절하고 협동적인 행위를 동기화할 것임을 알아채기 어렵지 않았다. 즉, 그 행동의 혜택이 그 유전자의 복제본을 가진 이들에게(즉, 혈족) 돌아갈 때, 그리고 대갚음 전략을 써서 논제로섬 게임의 잉여분을 차지하게 하는 식으로 그 유전자를 보유하고 있는 이들에게 직접 혜택을 줄 때에는 적자 유전자가 친절하고 협동적 행위를 동기화할 것이었다. 이 두 과정(혈족 이타주의와 대갚음 이타주의)을 이용하면 인간 외의 동물 사이의 이타주의가 거의 모두 설명될 뿐 아니라, 인간의 이타주의도 상당 부분 설명된다. 하지만 과학의 이 대답은 썩 만족스럽지 못한데, 우리 인간의 유전자는 어느 정도까지는 꼭두각시를 부리는 광대와도 같아서, 더러는 유전자 자신에게는 좋지만 우리에게는 나쁜 일들을(예를 들면, 혼외정사를 범하거나, 행복 대신 돈을 주고 위신을 사는 등) 우리가 원하게끔 만들기도 한다. 이런 면에서 보면 유전자의 사리 추구를 기준으로 삶을 바

조너선 하이트의 바른 행복

라봐서는 선한 삶이나 행복한 삶을 살아가기란 불가능하다. 그뿐 아니라, 호혜적 이타주의를 (단순히 이타주의의 원인으로 보지 않고) 이타주의를 **정당화하는** 수단으로 받아들이면, 이타주의를 행할 상대를 고르고 선택할 수 있다는 논리가 성립하게 될 수도 있다. 즉, 나를 도와줄 만한 사람들에게는 잘하되, 그 외의 사람에게는 시간이나 돈을 허비하지 말라는 식으로 말이다(예를 들면, 다시 찾을 일이 없는 식당에는 절대 팁을 두고 나오지 말라). 그렇다면 이타주의를 행하는 게 이타주의자에게 나름의 보상을 준다는 생각을 제대로 평가하려면 현인들과 과학자들을 더욱 강하게 몰아붙여 볼 필요가 있겠다. '사후 심판이나 호혜적 되갚음 모두가 없다고 해도, 이타주의는 과연 사람들에게 보상이 되는 면이 있을까?'

생애 단계에 따라 달라지는 행복의 양상

성경에는 사도 바울이 예수의 말을 빌려 이렇게 이르는 대목이 있다. "주는 것이 받는 것보다 복된 일이라 하셨으니."(사도행전 20장 35절) 이 대목에서 "복福"에는 "행복감을 주거나 잘 살게 해 준다"라는 뜻도 담겨 있다고 볼 수 있다.[23] 그런데 남을 돕는 것이 정말로 도움을 주는 당사자를 행복하고 잘 살게 할까? 나는 이타주의자들이 이타주의를 행해 돈을 벌었다는 증거가 있는지는 모르지만, 이타주의자가 남을 돕는 데서 종종 행복을 얻기도 한다는 증거가 있다는 것만은 안다. 실제로 자원봉사 활동을 하는 이들이 그런 활동을 하지 않는 이들보다 더 행복하고 건강한 것인데, 늘 그렇듯이 이번에도 우리는 역의 상관관계 문제를 붙들고 씨름을 하지 않으면 안 된다. 즉, 선천적으로 행복한 이들은 원래 그 성격상 아무 이유 없이 친절한 만큼,[24] 이들의 자원봉사는 행복의 원인이 아니라 그들의 행복에서 비롯된 결과일 수 있다는 것이다.

'행복이 선행의 원인'이라는 이 가설은 앨리스 아이센Alice Isen[25] 이 필라델피아 곳곳을 돌며 공중전화에 10센트짜리 동전을 놓는 실험을 행해 그 내용을 직접 뒷받침한바 있다. 이 실험에서 전화기를 쓴 후 동전들이 있음을 발견했던 사람들은, 전화기 사용 후 동전 배출구가 텅 비어 있었던 사람들에 비해, 종이를 잔뜩 들고 가다 떨어뜨린 사람을(세심하게 타이밍을 잡아, 전화를 쓴 이가 공중전화 박스에서 나오는 순간 종이를 떨어뜨리도록 했다) 도와줄 확률이 더 높았다. 지금껏 이런 임의적인 친절 행위를 아이센보다 더 많이 실험해 본 심리학자는 없을 것이다. 그녀는 사람들에게 쿠키, 사탕 봉지, 문구 세트를 나눠주는가 하면, 비디오 게임 결과를 (피험자들이 이기도록) 조작하기도 했고, 행복한 모습의 사진들을 사람들에게 보여 주기도 했는데, 그때마다 연구에서 나오는 결과는 항상 같았다. 행복한 이들이 대조군에 비해 더 친절하고 또 더욱 기꺼이 도움을 준다는 사실이었다.

하지만 이와 함께 그 역의 효과가 있는지도 우리는 반드시 살펴봐야만 한다. 즉 '이타주의적 행동들이 행복과 여타의 장기적 혜택(혹은 둘 중 하나)을 과연 직접적으로 가져다주는가?'

미국 적십자사는 "헌혈하세요. 헌혈하면 기분이 좋아집니다"라는 문구로 사람들에게 헌혈을 적극적으로 장려하는데, 이 말은 과연 진실일까? 심리학자 제인 필리아빈Jane Piliavin이 헌혈인을 상대로 상세한 연구를 진행한 결과, 현혈이 실제 사람 기분을 좋게 만드는 것은

조너선 하이트의 바른 행복

물론 그들 자신에 대해서까지 좋은 느낌을 갖게 만든다는 사실이 밝혀졌다. 이와 함께 필리아빈은[26] 모든 종류의 자원봉사 활동 관련 문헌을 더욱 폭넓게 검토한 끝에, 남을 돕는 것이 자기에게 도움이 되기는 하지만, 생애의 단계에 따라 복잡한 양상을 보인다는 결론에 다다를 수 있었다. "봉사 학습", 즉 (그 대부분은) 고등학교 학생들이 자원봉사 활동을 하고 자신들 활동을 함께 재평가하는 시간까지 갖는 일은 대체로 고무적인 것으로 연구 결과에서 드러난다. 봉사 학습은 학생들의 비행과 행동상 문제를 감소시킬 뿐 아니라, 공공 활동 참여도를 높이고 긍정적인 사회적 가치에 대한 헌신적 태도도 키워 주었다. 하지만 이들 프로그램은 거기 참여한 사춘기 청소년들의 자긍심이나 행복에는 별 영향을 못 미치는 것처럼 보인다. 그런데 성인의 경우로 넘어가면 이 이야기가 또 약간 달라진다. 몇 년간 수천 명을 대상으로 그들의 자원봉사와 행복한 삶의 관계를 추적한 한 종단 연구에 의하면,[27] 사람들의 자원봉사와 행복한 삶 사이에는 인과 관계가 성립할 수 있는 것으로 나타났다. 즉, 이 조사 속에서 어떤 이가 자원봉사 활동을 늘리자 이후 행복 및 행복한 삶 관련한 모든 수치가 (평균적으로) 증가하는 것으로 나타났는데, 단 이는 자원봉사가 삶의 일부를 이룬 사람의 경우에만 해당했다. 노년층은 여타 성인에 비해 자원봉사 활동으로 얻는 혜택이 훨씬 큰 것으로 나타났는데, 그 활동이 사람들을 직접 대면하는 식이거나 종교 조직을 통해 이루어질 경우 특히 그랬다. 노년층이 자원봉사 활동으로 얻는 혜택은 무척이나 커서, 심지어 건강을 증진하고 수명을 연장해 주기까지 했다. 스테파니 브라운 Stephanie Brown 과 그녀의 미시간대학교 동료들은 중년 및 노부부를 대상으로 진행된 대규모 종단 연구의 자료를 살핀 끝에 그런 효과가 있음을 입증하는 무척 놀라운 증거를 발견했다.[28] 배우자, 친구, 친척에게 도움과 지원을 더 많이 **주었다**고 보고한 이들이, 그런 도움과 지원을 덜 준 이들보다 실제 더 오래 사는 것으로 나타난 반면(심지어 연구 시작 시점에 건강 등의 여러 요인을 통제한 뒤에 이 연구를 진행해도 마찬가지 결과가 나왔다), 사람들이 타인에게서 **받았다**고 보고한 도움의 양은 장수와는 아무 관련을 보이지 않았다. 브라운의 이 같은 연구 결과는 적어도 중년 및 노년에는 받는 것보다 주는 것이 정말로 복된 일임을 직접적으로 보여 준다.

이 연령별 변화 패턴을 통해 우리는 자원봉사 활동에서 얻어지는 두 가지의 커다란 혜택을 짐작할 수 있는데, 사람들을 한자리에 모이게 한다는 것과 맥애덤스식의 인생 이야기를 구축하게 해 준다는 것이다.[29] 사춘기 청소년은 이미 촘촘한 대인 관계의 망에 발을 깊숙이 들이고 있는 데에다, 그들 나름의 인생 이야기를 지금 막 쓰기 시작한 참이기에, 이 두 가지 혜택 모두를 그렇게 절실히 필요로 하지는 않는다. 하지만 나이가 들어 자기 나름의 이야기가 모습을 드러내기 시작할 때에는, 이타적 행동들이 그 사람의 인성을 더욱 깊고 더욱 선하게 만들어 준다. 친구와 가족이 하나둘 세상을 떠나 대인 관계의 망이 얇아진 노년이야말로, 자원봉사 활동의 사회적 혜택이 가장 막강한 힘을 발휘하는 시기이다(실제로도, 자원봉사를 통해 가장 큰 혜택을 얻는 것은 사회적으로 가장 고립된 노년층이다.)[30] 그뿐 아니라, 노년에 접어들면 창조적 생산성, 대인 관계, 영적 노력이 더욱 큰 의미를 갖게 되는 한편, 인생 이야기 중반부 장章들에 더 잘 어울리는 목표 성취 노력들이 노년에는 별로 어울리지 않게 된다.[31] 따라서 노년에는 "뭔가를 되돌려주는" 사람이 이야기 내용에도 딱 알맞을 뿐 아니라, 이야기의 결말을 흡족하게 만들어 가는 데에도 도움이 된다.

덕의 미래는 어떤 모습일까

이는 결국 과학계의 연구들은 덕성 가설을 뒷받침한다는 뜻인데, 덕성 가설을 이타주의가 우리에게 이롭다라는 내용으로 환원한다 해도 마찬가지이다. 그런데 이 가설을, 벤 프랭클린이 생전에 염두에 두었던 대로, 우리가 더욱 광범위한 차원에서 덕을 갖추어야 한다는 내용으로 놓고 참 거짓을 따지면, 지극히 근본적인 차원의 검증 문제가 되어 문화적 보수파가 말하는 대로 오늘날의 삶을 비롯해 이 시대의 제한적이고 관대한 도덕성은 정말 문제인가 하는 점부터 따지지 않을 수 없게 된다. 지금 서양 땅에서 사는 우리는 과연 덕을 더욱 근간으로 삼는 도덕성을 가지기 위해 애써야만 하는 것일까?

나도 우리가 근래 들어 뭔가 중요한 것을 잃었다고는 생각한다. 수많은 덕과 가치를 폭넓게 공유하는 다종다양한 질감의 공통의 정신 문화가 지금의 우리에게는 없다. 더도 말고 1930년대와 1940년대에 제작된 영화만 봐도, 거기 등장하는 사람들은 도덕의 줄로 촘촘히 짜인 망 속에서 살아가고 있음을 볼 수 있다. 작중 인물은 자신의 명예, 평판, 예를 갖춘 모습을 무척 중시한다. 부모가 아닌 다른 어른들이 아이들을 훈육하는 광경도 심심찮게 볼 수 있다. 이들 영화에서는 선한 자가 늘 승리하고, 범죄를 저질러 잘 되는 경우는 좀처럼 볼 수 없다. 이런 내용이 지금의 우리에겐 다소 갑갑하고 고지식하게만 보이는데, 거기에 바로 핵심이 있다. 우리에게는 얼마간 구속이 존재해야 좋지, 절대적 자유라고 좋은 것만은 아니라는 점 말이다. 사회학자 뒤르켐은 사람들이 사회적 유대에서 벗어나 있는 것이 자살과 상호 연관돼 있음을 밝혀냈는데,[32] "아노미"(무규범 상태)라는 말을 창안해 낸 것도 뒤르켐이었다. 아노미란 어떤 사회가 명확한 규칙, 규범, 혹은 가치 기준을 갖지 못한 상태를 말한다. 아노미가 팽배한 사회에서는, 사람들은 얼마든 자기 기분 내키는 대로 행동할 수 있다. 그러나 어떤 명확한 기준이나 존중받는 사회 제도가 갖춰져 있어 그런 기준을 실행하지 못하면, 외려 사람들은 자신이 원하는 것을 찾기가 더욱 어려워진다. 아노미는 사람들 안에 정처 없는 심정과 불안한 마음을 낳고, 거기에서부터 결국 도덕관념이 없는 반사회적 행동이 일어나게 한다. 뒤르켐의 이 주장이 옳다는 사실은 현대의 사회학 연구가 강력하게 뒷받침해 준다. 미국에서는 이웃이 얼마나 건강한 이들인지 예측해 보는 가장 좋은 방법으로, 어른들이 남의 집 자식의 잘못된 행실에 어느 정도의 반응을 보이는지를 살핀다.[33] 공동체의 기준이 실행되는 곳에서는, 구속과 함께 협동이 존재하는 것을 볼 수 있다. 하지만 다들 자기 일만 신경 쓰기 바빠 서로 딴 데만 보는 곳에서는, 자유와 함께 아노미가 존재하게 된다.

뒤르켐의 사상들을 가져와 인성 교육을 둘러싼 오늘날의 논쟁들에 접목한 이는 버지니아대학교에서 나와 함께 일하는 사회학자 제임스 헌터James Hunter이다. 헌터는 《인성의 죽음The Death of Character》라는 자신의 도발적인 책에서,[34] 미국이 어쩌다 덕과 인성을 중시하던 과거의 사상을 잃게 되었는지 그 경로를 추적한다. 산업 혁명 전까지만 해도 미국인은 일명 "생산자"의 덕성들(근면, 절제, 미래를 위한 희생, 공공선을 위한 희생)을 명예롭게 여겼다. 하지만 20세기가 지나는 동안, 사람들 생활이 더 윤택해지고 생산자 사회가 차츰 대량 소비 사회로 바뀌면서, 자기를 보는 대안적 시각이 부쩍 세를 떨치게 되었다. 이 시각에서는 개인의 선호 및 개인의 보람을 무엇보다 중시했다. 그렇게 해서 말 자체에 도덕적 뉘앙스가 배어 있는 "인성character"이라는 용어는 설 자리를 잃고, 도덕성의 뉘앙스가 없는 "성격personality"이 그 자리를 대신 차지하게 되었다.

헌터는 인성을 죽인 두 번째 원인으로 포괄주의를 꼽는다. 아메리카 대륙 최초의 식민지 이주민은 거류지를 조성하고 그 안의 인종, 종교, 도덕을 하나로 통일했었으나, 그 이후로 미국 역사는 줄곧 다양성을 점점 증대시켜 왔다. 그에 화답해 교육가들도 사회 구성원 누구나 동의할 수 있는 도덕 개념을 계속 줄여 가며 정립하기 위해 애써 왔다. 이 축소 작업은 1960년대에 "가치 명료화values clarification"라는 대중 운동이 일어나며 논리적 귀결을 맞았는데, 이 운동에서 가르치는 바에 의하면 도덕성 자체가 아예 존재하지 않는다. 가치 명료화 교육에서는 아이들에게 자기만의 가치들을 찾아내는 방법을 가르치고자 하며, 따라서 교사들에게도 그 어떤 아이에게도 특정 가치들을 강제하지 말라고 강권한다. 포괄주의가 세운 목표는 분명 칭송받아 마땅하지만, 그것이 그간 예기치 않은 부작용도 낳았던 건 사실이다. 그 기조로 말미암아 과거 덕의 개념에 풍성한 자양분이 돼 준 전통, 역사, 종교의 토양과 아이들은 완전히 단절될 수밖에 없었으니 말이다. 우리는 수경 재배를 통해서도 얼마든 식물을 기를 수 있지만, 수경 재배라도 물에 각종 영양소를 첨가해 주지 않으면 안 된다. 아이들에게 수경 재배 식으로 덕을 길러 보라고 하는 것도, 즉 오로지 자신만 들여다보고 길잡이를 찾아보라고 하는 것도, 각자가 자기만의 언어를 만들어 내라고 부탁하는 것이나 마찬가지이다. 하지만 함께 이야기를 나눌 공동체가 없이는 이런 작업도 아무 의미 없고 외로운 일일 뿐이다. (정체성을 형성하는 작업에 "문화적 자원"이 필요하다는 점을 더욱 진보적인 관점에서 예리하게 파헤친 분석을 보려면, 앤서니 아피아Anthony Appiah 의《정체성의 윤리학The Ethics of Identity》을 참조하기 바란다.)[35]

나도 헌터의 분석이 옳다고는 믿지만, 그래도 아직은 오늘날의 제한적 도덕성 때문에 우리 세대가 전반적으로 더 나빠졌다고 확신하는 정도는 아니다. 옛날 영화들이나 TV 프로그램(심지어 1960년대에 제작된 비교적 최근작도)을 보며 내가 곧잘 분통을 터뜨리는 것 하나가 그 안에 등장하는 여성들이나 아프리카계 미국인들은 삶에 제약이 너무 심했다는 사실이다. 우리가 포괄적 사회를 이루려 나름의 대가를 치르기는 했지만, 그 덕에 소수 인종, 여성, 동성애자, 장애인을 비롯한 여타 사람들에게(즉, 대부분의 사람들에게) 더 많은 기회가 돌아가는 더 인도적인 사회를 이룩하게 된 것도 사실이다. 설령 어떤 이는 우리가 단기간에 너무 값비싼 대가를 치른 것 아니냐고 생각할지 모르지만, 그렇다고 다시 소비 사회 이전이나 한 지역에 같은 인종끼리만 모여 살던 시절로 돌아갈 수는 없다. 어쩌면 우리가 할 수 있는 일은 고작해야 사회에서 큰 비중을 차지하는 계층을 배제하지 않으면서 아노미를 계속 줄여 나갈 방법들을 찾아내는 것일지 모른다.

나는 사회학자도 교육 정책 전문가도 아닌 만큼, 도덕 교육을 급진적으로 뒤바꿀 새로운 접근법을 만들 생각은 없다. 다만 다양성과 관련한 나의 연구를 통해 얻은 한 가지 사실을 이 대목에서 제시해보려 한다. "다양성"이라는 말이 미국의 담론 안에서 지금처럼 중요한 역할을 하게 된 것은 1978년 미연방대법원의 판결(캘리포니아주립대

조너선 하이트의 바른 행복

학교 대 바키 사건)이 나온 이후였다. 연방대법원은 이 판결에서 미국의 대학들에서 인종 할당제를 지키기 위해 특정 인종을 선호하는 방법들을 활용하는 것은 위헌이나, 학생 총수總數에서 다양성을 증대하기 위해 특정 인종을 선호하는 방법들을 활용하는 것은 용인된다고 보았다. 이 판결 이후, 사람들은 다양성을 차량용 스티커, 대학 내 다양성 기념일, 광고 등에 내걸며 널리 칭송해 왔다. 진보파 가운데에는 이 같은 다양성을 의심할 바 없는 선善으로 떠받들어 온 이도 많다. 정의, 자유, 행복처럼, 다양성도 많으면 많을수록 더욱 좋다면서 말이다.

하지만 나는 도덕성을 주제로 연구를 진행한 터라 과연 그런가 하는 의문이 내 머리를 들쑤셨다. 사소한 차이만 깔려 있어도 사람들이 적대적 집단으로 갈라지기가 얼마나 쉬운지를 생각하면,[36] 다양성을 칭송하는 게 분열을 더욱 부추기는 길이 아닐지, 반면 공통성을 칭송하는 것은 사람들을 더욱 결속력 있는 집단과 공동체로 뭉치게 하는 길은 아닌지 생각이 들었던 것이다. 그리고 얼마 지나지 않아 나는 다양성에는(인구학적 다양성과 도덕적 다양성의) 두 종류가 있음을 깨달을 수 있었다. 인구학적 다양성은 인종, 민족성, 성별, 성적 기호, 나이, 장애 상태 등의 사회인구학적 범주와 주로 관련이 있는 개념이다. 인구학적 다양성에 대한 요구는 대체로 정의 실현에 대한 요구, 즉 과거 배척을 당했던 집단을 사회가 포용할 것에 대한 요구라 할 수 있다. 하지만 이와는 반대로 도덕적 다양성은, 뒤르켐이 설명한 아노미와 본질적인 면에서 별반 다를 바 없는 상태이다. 도덕적 다양성에서도 도덕 규범 및 도덕 가치에 대한 합의는 찾아볼 수 없기 때문이다. 인구학적 다양성과 도덕적 다양성을 확실히 구분하게 되면, 어디서나 일관되게 도덕적 다양성이 지켜지길 **원하는** 사람은 아무도 없다는 사실도 우리는 금새 인식하게 된다. 여러분이 낙태 문제에서 임신중절을 찬성하는 쪽이라고 할 때, 여러분은 과연 그 문제와 관련해 한 가지의 지배적 의견보다 각양각색의 의견이 폭넓게 존재하는 게 더 낫다고 여길까? 아니면 모든 사람의 생각도 나와 마찬가지이고, 우리의 그런 합의를 반영하는 법령이 제정되는 게 더 낫다고 생각할까? 만일 우리가 어떤 문제를 논하며 다양성이 존재하는 게 좋겠다는 생각이 든다면, 그 문제는 도덕성 관련 이슈이기보다 개인의 취향과 관련된 문제일 것이다.

이와 관련해 나는 나의 제자들인 홀리 홈Holly Hom과 이반 로젠버그Evan Rosenberg와 함께, 버지니아대학교에서 몇몇 집단을 놓고 연구를 진행한 적이 있다.[37] 이 연구를 통해 우리는 학생들이 인구학적 범주와(인종, 종교, 사회 계층 등) 관련해서는 다양성이 증대되는 것을 강력히 지지함을 알 수 있었는데, 심지어 스스로를 정치적 보수파로 규정하는 학생들 사이에서도 그런 경향이 나타났다. 하지만 도덕적 다양성은(논쟁적인 정치적 문제들에 관한 의견들) 대부분 상황에서 호응을 훨씬 덜 받는 것으로 나타났는데, 다만 세미나 수업의 경우는 흥미롭게도 예외에 속했다. 학생들은 비록 수업에서는 도덕적 다양성을 더 접하기를 바랐지만, 자신과 함께 생활하거나 교제하는 사람들과의 사이에서는 그러길 바라지 않았다. 이 연구를 통해 우리가 내린 결론은, 다양성은 콜레스테롤과 비슷하다는 것이었다. 다양성에는 좋은 다양성과 나쁜 다양성이 있고, 이 두 다양성을 모두 최대로 증대하기 위해 노력할 필요는 없을 것이었다. 모든 인구학적 집단에게 열린 사회를 만들기 위해 우리가 함께 노력해 나가야 한다는 점에서는 진보파가 옳지만, 그와 동시에 우리가 공유할 공통의 정체성을 만들기 위해 그보다 훨씬 많이 노력해야 한다고 믿는 데서는 어쩌면 보수파가 옳을지 모른다. 나는 정치적으로는 진보파이지만, 도덕적 발달에 대해서는 보수파가 진보파보다 더 훌륭하게 이해하고 있다고 생각하는 입장이다(물론 도덕심리학 전반에서 더 낫다는 뜻은 아니다. 보수파는 절대 악의 신화에 너무 매몰되는 경향이 있기 때문이다). 보수파에서는 미국의 학교들이 미국의 긍정적인 정체성만을 심어 주는 내용을 학생들에게 가르치길 바라는데, 이를테면 미국의 역사와 국민 윤리를 교과에 대거 포함시키거나 영어만을 미국의 국어로 삼기 위한 방안을 추진하는 것이 여기 해당한다. 이에 진보파가 그 속의 배외주의, 애국주의와 함께 "죽은 백인 남성들"이 쓴 책들에만 초점을 맞추는 행태에 우려를 표하는 것도 충분히 일리는 있으나, 나는 교육에 관심을 가진 모든 이들이 미국의 표어인 에 플루리부스, 우눔e pluribus, unum (여럿에서 하나로)가 두 부분으로 이루어져 있음을 반드시 유념해야 한다고 본다. 우리는 여럿pluribus 을 칭송하되, 하나unum 의 힘을 강화시킬 방책을 통해 둘 사이에서 절묘하게 균형을 잡아야 할 것이다.

어쩌면 그러기엔 이미 너무 늦었는지도 모른다. 현재의 문화 전쟁을 달구고 있는 적의 속에서는, 그 누구도 상대편에게도 존중할 만한 가치나 생각들이 있다고 여기지 못하는 것 같으니 말이다. 아니면 우리는 도덕 방면의 위대한 본보기인 벤 프랭클린에게 눈을 돌려 그에게서 가르침을 한 수 얻어야 할 수도 있다. 프랭클린은 사람들과 정당이 각기 자신의 이익을 위해 치열하게 싸움을 벌이는 속에서 추동력을 얻어 역사가 앞으로 나감을 간파하고, 거기 착안해 한때 "덕 연합 정당United Party for Virtue "창설을 제안한 바 있었다. 이 정당은 평상시 삶에서 몸소 덕을 기른 이들로 구성될 것이며, 이들은 오로지 "인류의 선을 이루겠다는 목표"만을 염두에 두고 활동해 나갈 것이었다. 이같은 생각은 프랭클린이 살던 시대에조차 순진한 발상으로 여겨졌을 뿐만 아니라, 이 "선하고 지혜로운 이들"도 프랭클린이 내건 공약에 선뜻 한마음으로 뜻을 모았을 것 같지는 않다. 그렇긴 해도 프랭클린이 제대로 간파한 점도 있는데, 덕을 바탕으로 한 리더십은 실제 정치 무대를 누비는 주요 정치인들에게서는 절대 나올 수 없다는 점이다. 덕을 통한 리더십은 반드시 일반인들의 운동에 그 뿌리를 두어야 할 것인바, 예를 들면 마을 사람들이 한 자리에 모여 머리를 맞대고 우리 아이들 삶의 많은 부분에 영향을 미칠 도덕적 일관성을 만들기 위해 노력할 수 있다. 그리고 그런 운동은 지금 이 순간에도 이미 일어나고 있다. 발달심리학자 윌리엄 데이먼William Damon은[38] 이를 "청년 헌장youth charter" 운동이라 부르는데, 자녀 양육과 관련된 모든 주체가(부모, 교사, 감독, 종교 지도자, 아이들 자신까지도) 협력해, 공동체가 공유하는 갖가지 합의, 의무, 가치를 밑바탕으로 함께 "헌장"을 만들고, 모든 주체가 어떤 환경 속에서도 늘 똑같이 수준 높은 행동 기준을 지켜 가리라는 믿음을 가지고 그것을 실제로 실행시키기 때문이다. 이 청년 헌장 공동체는 도덕적 풍족함에서는 고대 아테네인과는 감히 어깨를 겨루진 못하겠지만, 그래도 그들만의 아노미를 줄이려 나름 노력을 기울이고 있거니와 정의에 있어서는 아테네인을 훌쩍 앞질러 있다고는 할 수 있다.

조너선 하이트의 바른 행복

9장 삶 그대로의 신성함을 믿어라

저속한 것이 고귀한 것을 해치게 내버려 두어서는 안 되며,
작은 것이 큰 것을 해하게 두어서도 안 된다.
작은 부분에 매여 그것을 키우는 자는 그 자신이 작은 사람이 될지니.
커다란 부분을 보고 그것을 키우는 자는 그 자신이 큰 사람이 될지니.

맹자[1]

신은 육욕이 없는 지성을 갖고 천사를 만들어 내셨고,
지성이 없는 육욕을 갖고 짐승을 만드셨으며,
지성과 육욕 둘 다를 가지고는 인간을 만드셨도다.
그러니 사람의 지성이 육욕을 누르면
그는 천사보다 훌륭한 존재가 되나,
육욕이 지성을 누르면 짐승만도 못한 존재가 되느니라.

무함마드[2]

삶은 우리 마음이 만들어 낸 산물로, 우리 마음이 그렇게 삶을 만들 때 많이 활용하는 것이 바로 비유이다. 평상시 우리는 내가 이미 아는 것을 바탕으로 새로운 것을 바라본다. 삶은 여행 같다거나, 논쟁은 전쟁 같다거나, 마음은 코끼리 위에 올라탄 기수와 같다는 식으로 말이다. 잘못된 비유는 더러 우리를 착각에 빠뜨리지만, 비유가 없으면 우리는 아예 무얼 볼 수조차 없다.

도덕성, 종교, 인간의 의미 추구를 이해할 때 내게 가장 많은 도움이 됐던 비유는 《플랫랜드Flatland》인데, 잉글랜드인 소설가이자 수학자인 에드윈 애보트Edwin Abbot가 1884년에 써 낸 무척이나 매력적인 내용의 자그마한 책이다.[3] 이 책에서 플랫랜드란 2차원의 세계를 말

하는데, 여기에는 갖가지의 기하학 도형들이 살고 있다. 이 작품에는 사각형이 주인공으로 등장한다. 어느 날, 이 사각형에게 스페이스랜드라는 3차원 세계의 구球가 찾아온다. 하지만 구가 플랫랜드에 왔을 때 이곳 주민들의 눈에 보이는 것이라곤 구가 그들 차원과 접하고 있는 부분뿐이다. 즉, 그들에게는 구가 원의 형태로밖에는 보이지 않는다. 그 원이 (플랫랜드의 평면 위로 솟아오르거나, 혹은 평면 속으로 가라앉으며) 맘대로 커지거나 작아지는 것은 물론, 심지어는 (평면을 벗어났다가, 나중에 평면과 다시 접하는 식으로) 난데없이 사라졌다 다시 나타나는 데에 사각형은 놀라움을 금치 못한다. 구는 2차원의 사각형에게 3차원 개념을 설명하려 무던 애쓰지만, 2차원의 기하에만 익숙한 사각형은 구의 말을 좀처럼 알아듣지 못한다. 높이와 너비는 물론이고 두께를 갖는다는 게 무슨 뜻인지 도통 이해할 수 없을뿐더러, 구가 저 위에서 왔다고 말할 때 "위"가 단순히 북쪽이 아니라는 것도 도무지 무슨 말인지 알 수 없었다. 구는 유추와 기하학적 증명을 통해 1차원에서 2차원, 나아가 2차원에서 3차원으로 이행하는 과정을 설명하지만, 그래도 사각형은 플랫랜드의 평면을 벗어나 "위로" 간다는 생각이 여전히 허무맹랑하게만 느껴진다.

그러자 보다 못한 구가 사각형을 홱 낚아채 플랫랜드를 벗어나 3차원으로 들어가니, 여기서는 사각형이 자신의 세계를 한눈에 훤히 내려다볼 수 있었다. 사각형은 2차원 세계 그 모든 집들의 내부며, 거기 살아가는 주민들의 몸통 안까지 속속들이 들여다볼 수 있었다. 사각형은 그 경험을 이렇게 회상한다.

형언할 수 없는 공포가 나를 사로잡았다. 그곳엔 칠흑 같은 어둠

조너선 하이트의 바른 행복

이 있을 뿐이었다. 그러더니 머리가 핑 돌면서 눈이 아려 보이는 것이 전 같지 않았다. 공간이 보였지만 그건 공간이 아니었다. 나는 나였지만, 내가 아니었다. 이윽고 목소리가 돌아왔을 때, 내 입에서는 괴로움의 절규가 터져 나왔다. "이건 미친 거야, 아니면 지옥이던가." "둘 다 아니야"라고 구가 차분한 목소리로 대답했다. "이게 앎이야. 이게 바로 3차원이지. 다시 한번 눈을 뜨고 찬찬히 둘러봐." 이 말에 다시 주변을 보니, 이번엔 보였다. 새로운 세계였다!

사각형은 경외감에 말문이 막혔다. 사각형은 구 앞에 넙죽 엎드려 구의 제자가 되었다. 플랫랜드로 돌아오자마자, 사각형은 2차원에서 살아가는 동료들에게 "3차원의 복음"을 설파하려고 갖은 노력을 했다. 하지만 그래 봐야 아무 소용이 없었다.

일면에서 보면 우리는 다들 깨달음을 얻기 전의 사각형과 같다. 우리도 살면서 도무지 이해할 수 없는 무언가에 맞닥뜨리지만, 미처 보지 못하는 다른 차원이 있으리라고는 생각도 하지 않기에 자신은 다 알고 있다고 제멋대로 믿는다. 그러다 어느 날 우리의 2차원 세계에서는 전혀 말이 안 되는 어떤 일이 일어나면, 그제야 어쩌면 또 다른 차원이 있을지 모른다는 생각이 처음으로 얼핏 고개를 든다.

인간이 이룩한 문화라면 어디서나, 사회적 세계에 명확한 2차원이 존재하는 것을 볼 수 있다. 그 하나가 친밀함 혹은 애호로 맺어진 수평적 차원이라면, 다른 하나는 위계 혹은 지위에 따른 수직적 차원이다. 수평적 차원을 따라 가까운 혈족 대 먼 혈족, 친구 대 낯선 이를 구별하는 일은 별다른 노력 없이도 자연스레 잘 이루어진다. 언어부터 가까운 사이의 호칭과(프랑스어의 tu) 먼 사이의 호칭(vous)을 구별하는 경우가 많다. 또한 우리 인간은 위계질서 안에서의 교류에 대비한 정신 구조를 날 때부터 상당히 많이 갖추고 있기도 하다. 여러 면에서 평등하다 할 수렵 채집 문화에서조차도, 평등을 잘 유지하기 위해서는 걸핏하면 나타나는 사람들의 위계 형성 성향을 적극적으로 제어해 주지 않으면 안 된다.[4] 수많은 언어에서는 친밀함을 표하는 말들을 위계 표시에 똑같이 활용하기도 한다(프랑스어에서는 친구에게 쓰는 tu라는 호칭을 아랫사람에게도 똑같이 쓰며, 낯선 이를 부르는 vous라는 말은 손윗사람에게도 쓴다.) 심지어 영어는 사회적 관계에 따라 동사의 어형이 변하는 언어가 아님에도, 어떤 식으로든 자신들 사이를 표시할 방법을 찾아낸다. 영어권에서는 나와 별로 가깝지 않은 이나 윗사람은 그 사람의 직함이나 성을 따서 부르는 반면(스미스 씨, 브라운 판사님), 나와 가까운 이나 손아랫사람은 이름으로만 부른다.[5] 우리 마음은 이 두 차원을 자동적으로 늘 따지게 돼 있다. 예를 들어, 개인적으로는 잘 알지 못하지만 내가 무척 존경하는 어떤 분이 나에게 자신을 이름으로만 불러 달라고 하면 얼마나 어색할지 한번 생각해 보자. 과연 그분 이름이 목구멍 밖으로 나올까? 반대로, 어떤 영업 사원이 내 허락도 없이 나를 이름으로만 부른다면, 그때엔 마음상한 기분이 약간이라도 들지 않겠는가?

이제는 여러분이 X축은 친밀도, Y축은 위계로 이루어진 2차원의 사회적 세계를 신이 나서 돌아다닌다고 생각해 보자(도표 9.1 참조). 그러던 어느 날, 어떤 이가 뭔가 특출한 걸 해내는 것을 보고, 혹은 자연의 아름다움에 넋을 잃고는, 자신이 한 차원 "위로" 올라갔다고 느낀다. 그런데 위계가 "올라간" 느낌은 아니고, 뭔가 다른 종류의 상승이

조너선 하이트의 바른 행복

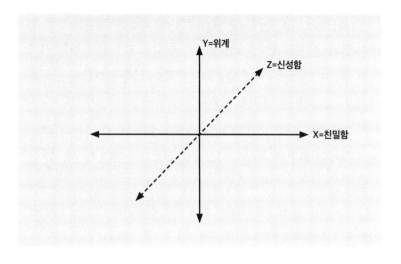

다. 이번 9장에서 논하려고 하는 것이 바로 이 수직적 움직임이다. 내가 펼치려는 논지도, 우리 인간의 마음은 3차원, 즉 앞으로 내가 "신성함"이라고 일컬을 특정 도덕적 차원을 인지한다는 것이다. "신성함"이라는 용어를 택하는 데에 있어, 나는 신이 존재한다거나 인식의 대상으로서 존재한다는 가정은 하지 않았다. (나는 유대인이되 무신론자이다.) 오히려 신이 있고 없고와는 별문제로, 우리 인간의 마음은 **정말로** 신성함과 거룩함을 저절로 인식한다는 것이 도덕 감정들을 연구한 끝에 내가 도달한 결론이었다. 이 결론에 도달하는 과정에서, 20대 때 내가 종교를 업신여기며 품었던 경멸감은 어느덧 사라지고 없었다.

이 9장에는 독실한 신앙심을 지닌 이들은 단박에 파악하지만, 비종교적인 사상가들은 곧잘 놓치곤 하는 고대의 진실에 관한 내용이 담겨 있다. 다시 말해, 어떤 행동을 하고 어떤 생각을 하느냐에 따라,

우리는 수직으로 형성된 어떤 차원을 따라 더 올라가기도 하고 더 내려가기도 한다는 것이다. 9장의 서두를 열어준 제사題辭에서 맹자는 이 차원을 고귀함 대 저속함의 차원이라 일컫는다. 한편 무함마드는, 자신 이전의 기독교도와 유대교도가 그랬듯, 이를 신성함의 차원이라 여기고, 그 상위에는 천사를 하위에는 짐승을 놓았다. 이 말들에 담긴 함의는, 차원에 대한 고려를 하지 않은 채 우리 세상이 2차원으로 허물어져 내리게 두면 우리도 인간이되 나락으로 떨어진다는 것이다. 그런데 이와 정반대 극단에서는 3차원의 사회를 건설하고 그것을 모두에게 강제하려 애쓰는 바람에 종교적 근본주의의 전형적 모습들이 연출되기도 한다. 근본주의자들은 기독교도든, 유대교도든, 힌두교도든, 무슬림이든, 하나같이 특정 경전의 내용을 충실히 따르는 (혹은 아예 경전 내용을 그대로 가져오는) 법이 있는 나라에 살고 싶어 한다. 서양의 민주주의 사회들로서는 이같은 근본주의에 반대할 이유가 많겠으나, 그런 반대를 하려면 먼저 근본주의의 도덕적 동기부터 정중하고 솔직하게 이해하는 것을 첫걸음으로 삼아야 한다고 나는 믿는다. 이 9장의 내용이 그 이해에 얼마쯤이라도 도움이 되길 바란다.

우리도 동물이 아니던가

내가 신성함을 처음 발견한 것은 역겨움을 통해서였다. 도덕성 연구를 시작했을 당시 나는 수많은 문화의 도덕률에 담긴 내용을 알기 위해 관련 문헌들을 찾아 읽어 나갔는데, 그러면서 맨 처음 깨달았던 사실이 대부분 문화가 음식, 섹스, 월경, 시신 처리의 문제를 무척 중시한다는 점이었다. 그전까지만 해도 도덕성에서 중요한 것은 늘 사람들이 서로를 대하는 방식이라 생각했기에, (인류학자들의 표현을 빌리자면) "청정" 및 "오염"에 관련된 수많은 내용은 모조리 현실의 도덕성에 덧붙는 군더더기쯤으로 치부했다. 수많은 문화에서 여자들은 왜 월경 중이거나 혹은 출산을 한 뒤 몇 주는 신전에 출입하거나 성물聖物들에 손대면 안 될까?[6] 그건 여자들을 구속하려는 성차별적 노력의 일환임이 틀림없었다. 유대교도와 무슬림은 왜 돼지고기를 입에 대는 것을 그토록 질색할까? 이는 건강과 결부된 것으로 선모충병을 피하기 위해 생겨난 습속일 게 틀림없었다. 그런데 그런 도덕률을 더욱 많이 찾아 읽어 나갈수록, 기저에 깔린 논리 하나가 눈에 들어오기 시작했다. 바로 역겨움의 논리였다. 1980년대에 폴 로진이 진행한 역겨움을 다룬 선도적 연구에 의하면,[7] 역겨움은 대체로 동물 및 동물 몸에서 나오는 분비물과 관련이 있으며(극히 드물게 식물이나 무기물이 역겨움을 유발하는 경우도 있다), 역겨움을 유발하는 것들은 거기에 손만 대도 나쁜 것들이 옮는다. 따라서 역겨움은 사람들이 동물, 신체 분비물(피, 변), 씻기, 접촉에 각별하게 주의를 기울이는 것과 모종의 연관이 있는 듯했고, 그 모습은 《구약 성경》, 《코란》, 힌두교 경전, 전통 사회의 수많은 민족지 안에도 무척 명확히 드러나 있다. 나는 역겨움이 도덕성과 종교에서 일정 역할을 할 것이라 보고 이를 주제로 로진과 이야기를 나누려 그를 찾았는데, 마침 로진도 똑같은 문제를 두고 고민하고 있었다. 이를 계기로 우리는, 브린마칼리지Bryn Mawr College의 클라크 매콜리Clark McCauley와 더불어, 역겨움을 비롯해 사회생활 안에서 그것이 행하는 역할까지 함께 연구해 나가기 시작했다.

진화의 면에서 역겨움이 애초 생겨난 것은 사람들이 먹을거리를 찾을 때 도움을 주면서였다.[8] 우리 조상은 단기간에 두뇌가 부쩍 커진 진화상 전환기를 거친 적이 있는데, 이 기간에 각종 도구 및 무기 제작량이 눈에 띄게 증가한 것은 물론, 고기 섭취량도 대폭 늘어났다.[9] (많은 과학자들이 이들 변화가 한데 맞물려 진행됐다고 본다. 6장에서 논의했던 남자와 여자의 상호 의존성도 마찬가지 맥락에서 생각할 수 있다.) 그런데 초기 인류가 여타 포식자가 남긴 사체를 뒤져서 고기를 뜯어먹는 등의 식으로 고기를 입에 댔다는 것은, 이제부터는 그야말로 수많은 새 미생물과 기생충에 노출되었다는 뜻이었으니, 이들 미생물과 기생충 대부분은 식물의 독과 달리 유해한 것을 전염시키는 성질이 있다. 독성이 있는 산딸기류 열매들은 구운 감자에 닿는다 해도 감자가 유해해지거나 못 먹을 음식이 되지는 않는다. 역겨움은 "자연 선택을 통해 애초에는 입을 지키는 호위병 노릇을 했다. 감각적 특성을 통해 뭐가 맛있을지 살피는 데에만 그치지 않고('그 음식에서 맛있는 냄새가 나나?'하는 식으로) , 애초 그 음식이 어디에서 났고 무엇이 그 음식에 닿았었는지를 파악할 수 있는 개인이 생존에 유리했다는 이야기이다. 갖가지 사체, 배설물, 쓰레기더미 위를 기어 다니며 그것들을 먹이로 삼는 동물들(생쥐, 구더기, 독수리, 바퀴벌레)을 볼 때 역겨움이 드는 것도 그래서다. 우리는 이들 동물을 먹이로 삼지 않으며, 이 동물들이 건드린 것은 무엇이든 오염이 됐다고 여긴다. 우리는 다른 사람들의 신체 분비물, 특히 배설물, 점액질, 피를 봐도 역겨움을 느끼는데, 이것들이 사람들 사이에 질병을 전파할 수도 있어서다. 역겨움은 욕망(배고픔)은 사라지게 하고, 씻기와 같은 정화 행동, 혹은 그것이 너무 늦었을 때는 구토 같은 행동을 유도한다.

하지만 오늘날 역겨움은 단순히 입만 지키지는 않는다. 생물학

조너선 하이트의 바른 행복

적 및 문화적 진화를 거치는 과정에서 역겨움을 유발하는 인자도 함께 늘어나, 이제는 역겨움이 우리 신체를 더욱 폭넓게 지켜내는 역할을 한다.[10] 음식 선택에서처럼 역겨움은 성생활에서도 마찬가지 역할을 수행하는데, 역겨움을 기준으로 문화적으로 용인되는 협소한 범위의 성생활 상대 및 성행위만를 택하는 것이다. 이번에도 역겨움은 욕망의 전원은 꺼 주고, 정화, 분리, 청결에 주의를 기울이도록 유도한다. 역겨움은 우리가 피부 병변病變, 신체 기형, 신체 절단, 초고도 비만 및 극단적 저체중 따위의 증상을 가진 사람을 만나거나, 아니면 여타 문화적으로 바람직한 형태의 무언가로 몸을 두르고 있지 않은 사람을 만날 때에도 메스꺼움을 느끼게 한다. 이때 중요한 것은 바깥이다. 폐에 암이 있거나 신장이 한쪽 없다고 역겨움이 일어나지는 않지만, 얼굴의 종양이나 손가락 하나가 없으면 역겨움이 일어난다.

이렇듯 역겨움의 역할이 단순히 입을 지키던 것에서 신체 전반을 수호하는 것으로 확대된 것은 순전히 생물학적인 관점에서 봐도 충분히 그럴싸한 이야기이다. 우리 인간은 대부분의 다른 영장류보다 항상 더 크고 붐비는 집단을 이루어 나무가 아닌 땅 위에서 살아왔기 때문에, 신체 접촉을 통해 퍼지는 미생물과 기생충의 참혹한 폐해에 더 많이 노출되곤 했다. 역겨움을 통해 우리가 접촉에 신중을 기하게 된 것도 그래서다. 그러나 뭐니뭐니 해도 역겨움의 가장 큰 매력은, 갖가지 문화가 우리를 규정하는 데에 활용하는 그 수없이 많은 규범, 의례, 믿음들을 뒷받침하는 데에 바로미터로 작용한다는 데 있다.[11] 예를 들어, 세상의 수많은 문화가 인간이 동물보다 상위에 있고, 더 훌륭하며, 혹은 더 신에 가깝다는 주장을 내세우며 인간과 동물 사이를 엄연히 구분 짓곤 한다. 인간의 몸을 신성함이 거하는 신전으로 여기는 경우도 많다. "너는 네 몸이 성령이 거하시는 신전임을 모르느냐? 그것은 하느님께서 네게 주신 것, 네 것이 아님을 너는 모르느냐? ⋯ 고로 네 몸 안에서 하느님을 영광되게 하라."(《고린도서》6장 19-20절)

하지만 인간은 동물이 아니라거나, 인간의 몸이 신전이라고 말하는 문화는 한 가지 큰 문제를 만나게 된다. 먹기, 배설, 짝짓기, 출혈, 죽음 등, 동물의 몸이 하는 그 모든 일을 우리 인간의 몸도 똑같이 한다는 것이다. 우리 역시 **동물이다**라는 증거는 무수히 많아서, 어떤 문화가 우리의 동물성을 거부하려면 일단은 그 증거부터 숨기려 각고의 노력을 하지 않으면 안 된다. 생물학적 과정은 반드시 올바른 방식으로 실행되어야 하는바, 그 올바름의 수호자가 바로 역겨움이다. 여러분이 어떤 마을을 방문했는데, 그곳 사람들이 발가벗은 채 생활하면서 목욕도 전혀 하지 않고 남들이 다 보는 데서 "개들처럼" 성교를 하고, 사체의 살점을 물어뜯어 날고기를 그대로 먹는다고 상상해 보자. 물론 이런 기괴한 쇼를 돈 내고 볼 사람도 있을지 모르지만, 그 볼거리가 다 끝나면 왠지 나까지 타락한 기분이 들 것이다(말 그대로 '아래로' 끌어내려진 느낌이 든다). 이런 "야만적" 행동을 눈앞에서 보면 여러분은 역겨움을 느낄 텐데, 그 말은 이 사람들이 뭔가 잘못됐음을 내 몸이 본능적으로 안다는 뜻이다. 역겨움은 몸이라는 신전을 지키는 호위병이다. 위에서 말한 가상의 마을에서는 그 호위병들이 죽임을 당해, 신전을 개들이 차지하게 된 것이다.

3차원(신성함)의 아래는 동물, 위는 신, 중간은 인간이 자리한다는 이 개념은 17세기 뉴잉글랜드의 청교도 코튼 매더Cotton Mather도 완벽하게 포착한 바 있으니, 그가 소변을 보는데 마침 개 한 마리가 옆에서 똑같이 오줌을 누는 것이었다. 자신의 배뇨 행위가 얼마나 꼴사나운 짓인지를 통감한 그는 일기장에 이런 다짐을 적었다. "앞으로 나는 더 고상한 사람이 되겠다. 나의 자연적 필요가 나를 짐승의 상태로 타락시키는 그 순간에, 내 영혼만큼은 (다시 말하지만 바로 그 순간에!) 그 자리에서 일어나 높이 솟아오를 수 있도록."[12]

인간의 몸이 때로 더러워지기도 하는 신전이라면, "신성함 옆에 청결이 있다"라는 말이 비로소 이해된다.[13] 이 3차원을 인지하지 못하는 사람이라면, 왜 내 살갗이나 우리 집에 쌓인 먼지에 신이 신경을 쓰는지 도무지 알 수 없을지 모른다. 하지만 그 자신이 3차원의 세계 속에서 살아가는 사람이라면, 아마도 역겨움은 야곱의 사다리와 같을 것이다. 사다리의 맨 아래는 이 땅, 즉 우리의 생물학적 필요에 박혀 있지만, 그것은 사람들을 이끌거나 인도해 천국에(엄밀히 말해, 적어도 어떤 식이든 "위로" 올라갔다고 느껴지는 무언가에) 이르게 한다.

청결과 오염이 신성에 미치는 영향

대학원 졸업 후 2년에 걸쳐 연구를 진행하게 됐을 때, 나는 문화 심리학 분야의 선도적 사상가로 손꼽힌 시카고대학교의 심리인류학자 리처드 슈웨더Richard Shweder와 협업을 할 수 있었다. 지금도 슈웨더는 연구 상당수를 인도 벵골만 오리사주의 부바네스와르에서 진행하고 있다. 부바네스와르는 고대의 신전 도시이다. 이 도시의 구舊시가지는, 7세기에 건립돼 링가라지Lingaraj 사원을 중심으로 성장했으며, 링가라지 사원에는 지금도 힌두교도 순례자들의 발길이 끊이지 않는다. 부바네스와르와 여타 지역에서 슈웨더가 행한 도덕성 연구들을 보면,[14] 사람들이 도덕성과 관련해 갖는 도덕 개념은 크게 세 집단으로 나뉘는 것을 알 수 있는데, 이 셋을 각기 슈웨더는 자율성의 윤리, 공동체의 윤리, 신성함의 윤리라고 부른다. 사람들이 자율성을 윤리를 통해 사고하고 행동한다는 것은, 개인들이 이런저런 피해를 입지 않도록 보호하는 동시에 개인에게 최대한 자율성을 부여해 각자의 목표를 추구하게끔 하겠다는 것이다. 한편 공동체의 윤리를 활용한다는 것은, 집단, 가정, 회사, 국가 등을 온전히 지키는 동시에 복종, 충성, 현명한 리더십 같은 덕성을 중시하겠다는 것이다. 신성함의 윤리를 활용할 때에는, 각 개인 안에 깃든 신성함이 타락하지 않게 지키는 동시에, 욕정, 탐욕, 혐오 같은 도덕적 오염물이 없는 순수하고 신성한 삶을 중시하겠다는 뜻이다. 어떤 문화가 이 세 가지 윤리에 얼마나 의지하느냐는 저마다 다 다르며, 세 가지 윤리는 대략적으로나마 도표 9.1의 X, Y, Z 축에 각기 대응한다고 볼 수 있다. 대학원 논문[15] 연구를 브라질과 미국에서 진행했던 나는 상층부 사회 계층의 교육받은 미국인은 자율성의 윤리에 의지해 도덕 담론을 펼치는 경우가 압도적으로 많은 반면, 브라질인과 양국의 하층부 사회 계층은 공동체의 윤리와 신성함의 윤리를 훨씬 더 많이 활용한다는 사실을 알고 있었다.

나는 신성함의 윤리를 좀 더 파고들어야겠다는 생각에, 1993년 부바네스와르로 가서 석 달을 머물며 그곳의 사제, 승려를 비롯해 여타 힌두교 예배 및 관례 전문가와 인터뷰를 진행하게 되었다. 나는 인터뷰를 앞두고 준비작업으로 힌두교를 비롯해 순수성 및 오염의 인류학에 관한 책은 모조리 찾아 읽었는데, 기원후 1 혹은 2세기에 브라만인(사제 계급)용 지침서로 쓰인 《마누 법전Laws of Manu》[16]도 끼어 있었다. 마누는 이 책에서 코튼 매더의 말마따나 그들이 "자연적인 필요"를 충족시키고 있을 때엔 어떻게 생활하고, 먹고, 기도하고, 다른 이들과 교류해야 하는지를 조목조목 일러 준다. 그중 한 단락을 보면, 브라만이 신성한 베다(경전)를 읊겠다는 "생각조차 품지 말아야 할" 때가 이렇게 열거돼 있다.

소변이나 대변을 보는 중일 때, 입 안과 손에 아직 음식이 남아 있을 때, 죽은 자를 위해 제사를 지내고 공양하는 중일 때, … 방금 살코기를 먹었거나, 얼마 전 출산한 여자의 음식을 먹었을 때, … 자칼들이 목청을 돋우어 울 때, … 화장터에서, … , 성교 때 입었던 옷을 걸고 있을 때, 죽은 자를 위해 제사 지내며 무언가를 받을 때, 방금 무엇을 먹었거나 (먹은 음식이) 아직 소화가 안 됐거나, 방금 구토하거나 트림했을 때, … 팔다리에서 피가 흐르거나, 얼마 전 무기에 상해를 입은 적이 있을 때.

이 단락의 내용이 예사롭지 않은 것은 일전에 로진, 매콜리, 내가 함께 연구했던 역겨움의 범주를 죄다 찾아볼 수 있기 때문이다. 즉 이 안에도 음식, 신체 분비물, 동물, 섹스, 죽음, 온전한 형태를 갖추지 못한 신체, 위생의 문제가 다 들어 있다. 마누는 이 대목에서 어떤 것이 됐든 **몸**이 역겨움을 일으키는 것들에 오염된 상태에서는 신성한 베다의 마음도 절대 평정을 얻을 수 없다고 말한다.[17] 한마디로 신성함과 역겨움은 어느 때고 반드시 분리돼 있어야 한다.

부바네스와르에 도착하고 얼마 지나지 않아 나는 신성함의 윤리가 그저 먼 옛날의 역사만은 아님을 알 수 있었다. 물리적 차원에서 브바네스와르는 평면의 형태지만, 그 안에 자리한 영적靈的 지형은 수백 개의 사원이 정점에 자리한 무척 변화무쌍한 모습이다. 나는 힌두교도는 아니었지만, 신전 경내의 마당까지는 들어갈 수 있었다. 거기서 신발을 벗고 가죽 소재의 모든 물품을 몸에서 빼면 보통은 신전 건물의 곁방까지는 들어갈 수 있었다. 거기서 신이 거하는 안쪽의 성소를 들여다볼 수는 있었지만, 문지방을 건너 안쪽의 브라만계 사제들과 한 공간에 있었다간 나는 그곳을 오염시킨 주범으로 모두의 원성을 사게 될 것이었다. 신성함의 맨 꼭대기에서는 (그 정점은 링가라지 사원이었다) 경내에 발을 들이는 것조차 허락되지 않았다. 물론 외국인이 담장 바로 바깥의 조망용 단 위에 올라서서 안을 들여다볼 수는 있었다. 이렇게까지 하는 것은 신전을 비밀 장소로 지키려는 목적이 아니었다. 그보다는 나같이 목욕, 섭식, 위생, 기도를 적절한 절차대로 따르지 않아 종교적 청정을 유지하지 못한 이들로 인해 경내가 오염되는 것을 막으려는 것이었다.

신전처럼 이렇게 신성한 곳을 중심으로 구역이 나뉘어 있기는 부바네스와르의 여느 힌두교 가정집도 마찬가지이다. 부바네스와르의 가정집에서는 문에서 신발을 벗고 들어와야 하고, 사람들과 어울릴 때는 바깥채를 써야 하며, 신들에게 올릴 공양을 만드는 부엌이나 방에는 절대 출입할 수 없다. 심지어 사람의 몸에도 높은 데와 낮은 데가 따로 있다고 여겨져서, 머리와 오른손은 깨끗한 부위라고 여겨지는 반면 왼손과 발은 오염된 부위로 여겨진다. 그래서 부바네스와르에 머물 당시 나는 발로 누군가를 건드리거나 다른 이에게 무언가를 건넬 때 왼손을 쓰지 않으려고 각별히 신경 쓰지 않으면 안 되었다. 부바네스와르 곳곳을 다니는 동안, 나는 3차원이 뭔지 모르는 채 스페이스랜드의 3차원 곳곳을 누비고 다닌 사각형이 된 듯한 기분이었다.

그래도 수차례 진행된 인터뷰를 통해 내 시야도 약간이나마 확장될 수 있었다. 힌두교의 청정과 오염이 정말 생물학적 "필요"와 신성함을 분리하는 데에만 의의가 있는 것인지, 아니면 그런 관례들은 오히려 덕성 및 도덕성 함양과 더 깊은 관련을 지니는지 나는 인터뷰를 통해 밝혀내고자 했다. 인터뷰에서 접한 의견들은 각양각색이었다. 교육 수준이 낮은 촌락의 사제 일부에게 청정 및 오염과 관련된 의례는 게임의 간단한 규칙과도 같았고, 따라서 종교 전통의 요구에 순순히 따르는 게 당연하다고 보았다. 하지만 내가 인터뷰한 수많은 이들은 이보다 더욱 폭넓은 시각을 가지고 청정 및 오염의 관례들을 방편으로 어떤 목적에 다다를 수 있다고 보았는데, 그 목적이란 영적 및 도덕적 발전, 다시 말해 3차원의 축에서 더 위로 올라가는 것을 말했다. 예를 들어, 사람이 청정을 지키는 일이 왜 중요한지 그 까닭을 묻자, 한 산스크리트 학교(종교학자를 양성하는 학교)의 교장은 이렇게 답했다.

우리 인간은 신도 될 수 있고, 악마가 될 수도 있습니다. 무엇이 되느냐는 카르마(업)에 달려 있지요. 어떤 사람이, 이를테면 누군가를 서슴없이 죽이고 다니며 악마처럼 굴면, 그 사람은 진정 악마나 다름없습니다. 반면 어떤 사람이, 그 안에 신성함을 지니고 신성한 방식으로 행실을 하면, 그 사람은 신과 같아집니다. … 우리가 신이라는 사실을 우리는 알아야 합니다. 우리가 신과 같다고 생각하면 우리는 신과 같아지고, 우리가 악마 같다고 생각하면 우리는 악마 같아집니다. 악마 같아지는 게 무엇이 문제냐고요? 오늘날 벌어지고 있는 일들을 보십시오, 그게 악마 같은 짓 아니고 무엇이겠습니까? 신성한 행실은 곧 사람을 속이지 않는 것, 사람을 죽이지 않는 것입니다. 완벽한 인격을 뜻하기도 하지요. 신성함이 깃들면, 당신이 곧 신입니다.

이 교장은 당연히 슈웨더의 저작은 전혀 접한 적이 없었는데도, 신성함의 윤리가 무엇인지 더할 나위 없이 명확하게 일러 준 셈이었다. 청정은 단순히 신체만 중시하는 것이 아니라, 영혼도 중시한다. 우리 안에 신성함이 깃들어 있다는 사실을 알면, 우리는 행동도 그에 맞추어 하게 될 것이다. 즉, 사람들을 호의로 대하고, 내 몸도 신전을 대하듯 할 것이다. 이런 식으로 행동하다 보면 이번 생에 선업이 차곡차곡 쌓여, 다음 생에는 더 높은 곳(말 그대로 수직으로 뻗은 신성함 차원의 더 높은 곳)에 다시 태어나게 된다. 반면 신성함을 안중에 두지 않게 되면, 내면의 저열한 동기들에 무릎을 꿇게 될 것이다. 그렇게 되면 이번 생에 악업이 차곡차곡 쌓여, 다음 생에는 동물이나 악마 같은 저급한 차원에 다시 태어나게 될 것이다. 덕성, 청정, 신성함 사이의 이 같은 연결을 인도인에게서만 볼 수 있는 것은 아니다. 랄프 왈도 에머슨Ralph Waldo Emerson도 똑같이 말한 바 있다.

훌륭한 행동을 하는 자 그 순간 바로 고상한 기품을 갖게 되고, 비열한 행동을 하는 자 그 행동으로 인해 너절한 자로 전락한다. 불순함을 훌훌 벗어 버리는 자 그로 인해 순수함을 몸에 걸치는 것이니. 어떤 사람이 마음에서부터 정의롭다면, 그 점에 있어서만큼 그는 신과 다름없으리니.[18]

조너선 하이트의 바른 행복

신성의 빛이 깜박이다

내가 살던 플랫랜드(미국)로 돌아오자, 이제는 청정이나 오염을 염두에 둘 필요가 더 이상 없었다. 두 번째 차원(즉, 위계)에 대해서도 별반 염두에 두지 않아도 되었다. 인도 대부분의 환경에 비하면, 미국 대학 문화의 위계는(학생들이 교수를 이름으로 부르는 경우도 많으므로) 약하다고밖에 할 수 없는 수준이다. 그랬던 만큼 어떤 면에서 보면 이제 내 생활은 한 가지 차원(친밀함)으로 환원된 셈이었고, 내 행동을 구속하는 것도 자율성의 윤리뿐이었기에 누군가를 해치지만 않는 일이라면 나는 무엇이든 내가 원하는 것을 해도 좋았다.

그런데 이미 3차원으로 세상을 보는 법을 터득해서인지, 이제는 주변의 모든 것에서 신성함의 빛이 어른대는 것처럼 보였다. 불과 몇 분 전에 도시 길거리를 누비던 그 신발을 신고 자기 집 안을 (심지어 침실까지도) 당당히 활보하는 미국인들의 모습에 역겨움이 느껴지기 시작했다. 나는 인도의 관습을 채택해 나만큼은 문 앞에서 신발을 벗기로 했고, 우리 집을 방문하는 손님들에게도 그렇게 해 달라고 부탁했다. 그랬더니 내 아파트가 성소 같아졌다는 느낌, 즉 그곳이 청결하고 평화로운 공간으로서 전보다 바깥세상과 더 온전히 분리된다는 느낌이 강해졌다. 또 특정 책들은 화장실에 들고 들어가면 마음이 찜찜해진다는 것도 알아차렸다. 또한 사람들이 "더 고차원의" 그리고 "더 저차원의" 언어를 써서 도덕성에 관해 이야기할 때가 많다는 사실도 알아차렸다. 또한 면전에서 추잡하거나 "저속하게" 행동하는 이들을 보면 나 자신도 뭔가 묘한 느낌이 들었는데, 단순히 그렇게 행동하면 안 된다는 종류의 느낌이 아니었다. 나 자신도 함께 "아래로" 끌어내려지고 있다는 생각을 들게 하는 그런 느낌이었다.

그러다 내 학술 연구를 진행하면서, 제1차 세계 대전 때까지만 해도 신성함의 윤리가 미국의 공공 토론 안에서 핵심을 이루었으나 이후 차차 그 모습을 찾기 힘들게 되었다는 사실을 알게 되었다(이 추세에서 예외인 곳들도 몇몇 있었는데 미국 남부 주가 그랬다. 이곳에서는 신체적 순수성 개념을 근거로 인종 분리 관행이 유지되었다). 예를 들어, 빅토리아 여왕 시대에는 젊은이들을 겨냥해 으레 깨끗함과 오염을 논하는 충고들이 나오곤 했다. 1897년 이후로 수많은 지역에서 재판을 찍은 《젊은이가 알아야 할 것What a Young man Ought to Know》[19]이라는 책에서 실바누스 스톨Sylvanus Stall은 한 장章을 통째로 할애해 "일신의 깨끗함"을 논했는데, 이 장에서 그는 다음과 같이 주의를 준다.

하느님께서 인간에게 강한 성적 본성을 주신 것은 절대 실수는 아니겠으나, 만일 어떤 젊은이라도 그 성적 욕망에 마냥 지배당하고 저속해져 자신의 본성에 자리한 가장 고차원적이고 가장 고상한 것을 망가뜨린다면 일생일대의 치명적인 실수를 저지르는 것이리라.

이와 함께 스톨은 당대 젊은이들에게 충고하길, 자기 몸의 깨끗함을 지키려면 돼지고기, 자위, 소설책 읽기 등은 피하는 것이 좋다고 했다. 이 내용이 들어 있던 장은 1936년 판에서야 통째로 빠졌다.

빅토리아 시대 사람들은 신성함이라는 수직적 차원을 얼마나 분명하게 인식하고 있었던지, 과학자들조차 그것을 언급할 정도였다. 1867년 이후 나오기 시작한 한 화학 교과서에서는 저자가 에틸알코올 합성에 대해 설명한 뒤 그 책의 어린 독자들에게 반드시 일러둬야 겠다는 투로 경고하는바, 알코올은 "지성의 작용과 도덕적 본능을 둔화시키는 효과가 있으니, 인간 안의 순수하고 신성한 것은 모조리 왜곡하고 파괴하는가 하면 인간의 가장 고차원적인 자질(즉, 이성)마저도 빼앗아 버리는 듯하다"라고 썼다.[20]

캘리포니아대학교 버클리 캠퍼스의 지질학 교수였던 조지프 르 콩트Joseph Le Conte는 1892년 자신의 책에서 다윈의 진화론을 적극적으로 지지하며 흡사 맹자와 무함마드의 말을 옮겨 온 듯 이렇게 적었다. "인간은 두 가지 본성을 지닌다. 그중 낮은 본성은 동물도 공통적으로 갖고 있지만, 높은 본성은 오로지 인간에게만 있다. 죄악도 그 의미를 온전히 헤아려 보면, 높은 본성이 낮은 본성에 굴욕적으로 속박되는 것이라 하겠다."[21]

그러나 과학, 기술, 산업 시대가 발달하면서, 서양 세계는 점점 "탈신성화 되어 갔다." 적어도 위대한 종교사가 미르체아 엘리아데 Mircea Eliade의 논지에 의하면 그랬다. 《성과 속The Sacred and the Profane》에서[22] 엘리아데가 증명한 바에 의하면, 성스러움에 대한 인식은 인간이면 누구나 가지는 특징이다. 모든 종교는 저마다 차이를 보이지만, 사람들을 저세상의 순수한 무언가와 연결하고 혹은 소통하게 하는 장소(신전, 사당, 신성한 나무), 시기(축일, 일출, 동지와 하지), 활동(기도, 특별한 춤)이 있다는 점에서는 똑같다. 성스러움을 각별하게 만들고자, 그 외의 다른 모든 시기, 장소, 활동은 속된(즉, 평범하고 성스럽지 않은) 것으로 규정된다. 또한 성스러운 것과 속된 것 사이의 경계는 반드시 공들여 지켜야 하는바, 청정과 오염의 규칙들도 결국에는 이를 위해 존재하는 셈이다. 엘리아데의 말에 의하면, 세상의 모든 성스러운 것에서 시간과 공간을 걷어내 온전히 실용적이고, 효율적이고, 세속적이기만 한 세상을 만들고자 한 것은 인류 역사에서 현대의 서양 문화가 처음이었다. 바로 이런 세상을 종교계의 근본주의자들은 도무지 못 견뎌 하며 무력을 동원해서라도 어떻게든 맞서 싸우려 하는 것이고 말이다.

하지만 엘리아데의 논점 가운데서도 내가 가장 설복당했던 부분은, 성스러움에 대한 생각은 도저히 억눌러지지 않아서 현대의 속된 세상에서도 이른바 "내밀한 종교crypto-religious" 행위의 형태로 우리 삶을 번번이 파고든다는 것이었다. 엘리아데는 다음과 같이 예리한 지적을 내놓는다.

속된 존재에 누구보다 열성을 쏟는 사람도 저마다 특별하게 취급하는 장소, 다른 모든 데와 질적으로 다른 의미를 지니는 장소들이 있게 마련이다. 어떤 사람의 출생지, 그의 첫사랑을 떠오르게 하는 풍경들, 어릴 때 처음 가본 외국 도시 등. 심지어 자신은 비종교적인 사람이라고 공공연히 말하는 이들도 예외적이고 독특한 귀중한 것을 하나쯤은 계속 지니고 있다. 그런 것들이야말로 그 사람 개인의 우주에 자리한 "신성한 장소"인데, 이런 곳들에 가면 일상의 평범한 삶에서는 얻을 수 없는 어떤 실재에 대한 깨달음을 얻는 것만 같은 생각이 든다.

이 대목을 읽는 순간 나는 말문이 막히는 듯했다. 미약하게나마 내게도 영성이라 할 부분이 있음을 엘리아데가 완벽히 짚어 냈기 때문이다. 나의 영성이라고 해야 고작 내 정신을 고양하고 깨달음을 준 이런저런 장소, 책, 사람, 사건들에 한정되겠지만 말이다. 이 말은 무신론자조차도, 특히 사랑에 빠지거나 자연을 접할 때, 내밀하게 성스러움을 느낀다는 이야기이다. 단지 그런 느낌을 신이 내게 일으킨다고 여기지만 않을 뿐.

고양감과 아가페

인도에 머물렀던 시간으로 말미암아 내가 독실한 신앙인이 된 것은 아니었지만, 그 시간을 계기로 어떤 지적 깨달음에 이르게 된 것만은 분명했다. 1995년 버지니아대학교로 일자리를 옮기기 무섭게 사회적 역겨움을 주제로 또 다른 글을 쓰기 시작했던 걸 보면 말이다. 이번에는 신성함의 수직 차원에서 사람들이 "아래로" 떨어지는 것을 보면 우리가 어떤 사회적 역겨움을 느끼는지가 주 내용이었다. 그러던 어느 날 느닷없이 든 생각이, 사람들이 수직 차원의 "위로" 올라가는 것을 볼 때의 감정적 반응에 대해서는 한 번도 제대로 고려해 본 적이 없다는 것이었다. 내 마음이 위로 "올라가는" 느낌에 관해 수차례 지나가듯 언급한 적은 있지만, 그런 "상승"이 실제로 존재하는 진짜 감정인지에 대해서는 단 한 번도 궁금증을 품어 본 일조차 없었다. 그래서 나는 주변의 친구들, 가족, 학생들을 붙들고 꼬치꼬치 캐물었다. "어떤 사람이 진짜 훌륭한 어떤 행동을 하면, 너도 뭔가가 느껴져? 정확하게 뭐가? 네 몸 어디에서 그런 느낌이 들어? 그러고 나면 너도 뭔가를 하고 싶다는 생각이 들어?" 나는 대부분의 사람들도 나와 마찬가지의 느낌을 갖지만, 그게 정확히 무엇인지를 말로 설명하기는 영 어려워한다는 것을 알 수 있었다. 사람들은 뭔가가 열리고, 따뜻하고, 불타오르는 듯한 느낌을 받는다고 했다. 콕 집어 심장을 언급한 이들이 있었는가 하면, 자기 몸의 어디가 그런 느낌을 받는 것인지는 말로 표현이 안 된다고 하는 이들도 있었다. 그런데 구체적인 위치를 짚지 못하겠다고 하면서도 정작 그들의 손은 더러 가슴 앞쪽께를 빙빙 돌며 심장 안에서 움직이고 있는 뭔가를 가리키듯 손가락들이 안쪽을 향해 있곤 했다. 몸서리가 쳐진다거나 숨이 막히는 것 같다고 말한 이들도 있었다. 이와 함께 대부분의 사람들이 이런 느낌을 받으면 자신도 훌륭한 일을 하고 싶다거나 어떤 식이든 더 나은 이가 되고 싶다는 생각을 했다고 말했다. 여기까지 오자 무엇이 됐든, 이 느낌이 한번쯤은 연구해 볼 가치가 있는 감정으로 보이기 시작했다. 하지만 이 감정을 주제로 한 연구는 종류를 불문하고 심리학 문헌 안에서 전혀 찾아볼 수 없었는데, 그때만 해도 심리학은 얼굴에 분명히 드러나는 여섯 가지 "기본적" 감정들,[23] 즉 기쁨, 슬픔, 두려움, 분노, 역겨움, 놀라움에만 초점이 맞춰져 있었기 때문이다.

내가 신을 믿었다면, 신이 나를 버지니아대학교로 보낸 데에는 다 뜻이 있어서였다고 여겼을지 모르겠다. 버지니아대학교에는 미국 건국의 아버지 토머스 제퍼슨Thomas Jefferson을 중심으로 이른바 내밀한 종교 활동들이 무수히 이뤄지고 있는데, 버지니아대학교에서 얼마 떨어지지 않은 야트막한 산꼭대기 위에 그의 저택이(몬티셀로) 신전처럼 버티고 있는 까닭이다. 제퍼슨은 미국 역사상 가장 신성한 글(미국독립선언문)을 쓴 인물이다. 이와 함께 그는 수천 통의 서신도 남겼는데, 그중 상당수에서 심리, 교육, 종교에 관한 그의 시각을 엿볼 수 있다. 버지니아대학교에 도착한 데 이어 몬티셀로를 찾아 엘리아데식의 내밀한 종교적 경험까지 한 나는 이후 제퍼슨을 열렬히 숭배하게 되었고 그의 서간집을 구해 읽어 나갔다. 그런데 내가 바로 얼마 전부터 화두로 삼기 시작했던 그 감정을 제퍼슨이 오롯이 그리고 완벽하게 설명해 내고 있는 것이 아닌가.

1771년의 어느 날 일가친척이던 로버트 스킵위드Robert Skipwith가 제퍼슨에게 부탁하길, 자신이 개인 서재를 만들고자 하는데 거기에 사다 놓을 책을 추천해 달라는 것이었다. 책을 사랑한 것 못지않게 충고도 썩 좋아했던 제퍼슨은 로버트의 이 청에 흔쾌히 응했다. 그렇게 해서 제퍼슨이 보낸 목록에는 역사 및 철학과 관련한 자못 진지한 내용의 책들도 많았지만, 제퍼슨은 서재 한켠에 소설도 함께 사다 놓을 것을 권했다. (실바누스 스톨의 시대와 마찬가지로) 제퍼슨의 시대에도 희곡이나 소설 읽기는 품격 있는 신사가 시간을 들일 만한 일이 아니었으나, 제퍼슨은 위대한 작품들은 인간에게 유익한 감정들을 불러일으킬 수 있다는 사실을 지적하며 자신의 파격적인 권고를 정당화했다.

예를 들어, 어떤 식이든… 자선이나 은덕을 베푸는 행동이 우리 눈앞 혹은 상상력 안에서 펼쳐지면, 우리는 그 아름다움에 깊이 매료돼 나도 그런 자애로움과 은덕으로 충만한 행동들을 하고 싶다는 강한 열망에 사로잡힌다. 이와 정반대로 어떤 식이든 잔혹한 행동들을 눈앞에서 보거나 책에서 읽으면, 우리는 그 추하게 뒤틀린 모습에 역겨움을 느끼며, 악에 치를 떨게 된다. 그런데 이 모든 종류의 감정은 우리가 선한 기질을 단련하는 길이니, 우리 몸의 팔다리가 그렇듯, 우리 마음의 기질도 단련을 해 주면 그 힘이 더욱 강해지는 법이다.[24]

여기서 한발 더 나아가 제퍼슨은 위대한 문학 작품은 실제 사건들 못지않게 신체상 느낌들이나 동기 부여 효과를 일으키는 데에 막강한 힘을 발휘한다고 이야기한다. 그는 당대에 쓰인 프랑스 희곡의 사례를 생각해 보라고 하면서, 작품 속 영웅이 더없는 충성스럽고 관대한 도량을 보이면 그것을 읽는 독자도 다음과 같은 내적 변화를 경험하게 될 것이라 말한다.

실제 역사에 등장할 법한 비슷한 사건들을 볼 때만큼이나 그의 가슴은 벅차오르고 감정도 고양되지 않던가? 그런 내용을 읽는 동안에는 [독자] 자신도 더 훌륭한 사람이 된 것처럼 느끼며, 그 아름다운 본보기를 똑같이 따르겠다고 남몰래 다짐하지 않던가?

제퍼슨의 예사롭지 않은 이 말은 단순히 독서의 기쁨만 유려하게 표현해 낸 말이 아니다. 여기에는 감정에 대한 정확한 과학적 정의도 담겨 있다. 감정 연구들을 보면 대체로 감정의 구성 요소들을 조목조목 제시하는 식으로 연구가 이루어지는데, 제퍼슨의 이 말에서도 우리는 감정의 주요 구성 요소를 대부분 파악할 수 있다. 감정을 이끌어 내는 혹은 유발하는 조건(자선, 은덕, 혹은 여타 덕행을 몸소 보여 주는 것), 인체의 물리적 변화(가슴이 "벅차오르는 것"), 동기 부여("나도 자선이나 은덕을 베푸는 행동을 하겠다는 열망"), 신체 변화에 그치지 않는 어떤 특징적 느낌(정서의 고양)이 바로 그것이다. 내가 바로 얼마 전 "발견했던" 그 감정을 제퍼슨은 이 책에서 이미 아주 정확하게 설명했던 셈이었다. 심지어 제퍼슨은 이 감정이 역겨움에 정반대되는 것이라고도 했다. 제퍼슨에 대한 내밀한 종교적 숭배 행위의 일환으로, 나는 이 감정을 "제퍼슨의 감정"이라 일컬을까 생각도 했지만, 그것은 단념하고 대신 "고양감"이라는 말을 쓰기로 했다. 수직 차원을 타고 위로 솟아오르며 역겨움과 멀어지는 느낌을 포착할 때 제퍼슨도 이 말을 썼었으니 말이다.

지난 7년 동안 내가 연구실에 들어가 줄곧 연구하고 있는 주제가 고양감이다. 그러면서 나는 내 학생들과 함께 내가 사람들로부터 고양감을 끌어낼 만한 다종다양한 방법들을 활용해 보았는데, 그 결과 영웅 및 이타주의자를 다룬 다큐멘터리에서 뽑은 동영상이나 오프라 윈프리 쇼를 선별해 편집한 내용들이 실험에서 아주 유용하게 쓰인다는 것을 알 수 있었다. 우리가 진행한 실험은 대부분 한 집단에게는 마음이 고양되는 동영상을 보여 주고 대조군의 사람들에게는 제리 사인펠드Jerry Seinfeld의 1인극처럼 재미를 주려는 목적으로 만들어진 동영상을 보여 주었다. 우리는 (앨리스 아이센의 동전 및 쿠키 연구들을 통해)[25] 행복함을 느끼는 것이 여러 가지 긍정적 효과들을 가져온다는 사실을 알고 있기에, 우리의 연구에서는 고양감이 단순히 행복의 한 형태만은 아니라는 사실을 보여 주려 항시 노력하고 있다. 우리가 가장 포괄적으로 진행한 연구[26]에서 사라 앨고Sara Algoe와 나는 실험실의 피험자들에게 동영상을 몇 개 보여 준 후 기록지에 영상을 보는 동안 그들이 무엇을 느꼈고 또 무엇을 하고 싶다고 생각했는지 기입해 달라고 했다. 그리고 나서 사라는 사람들에게 공란이 그대로인 기록지 한 무더기를 나누어 주며 앞으로 3주 동안 주변을 예의주시하다 어떤 이가 남을 위해 훌륭한 어떤 일을 해 주는 것을 보거나(고양감 실험군), 다른 누군가가 농담을 하는 사례를 접하면(즐거움/대조군) 기록지에 적어 달라고 부탁했다. 여기에 우리는 세 번째 실험군도 추가해 도덕과 상관없는 숭배도 함께 연구했다. 이 실험군의 사람들에게는 초인적인 실력을 발휘하는 농구 스타 마이클 조던의 동영상을 보여 준 후, 유달리 뛰어난 재주를 선보이는 누군가를 목격하면 그때 기록지에 기록을 해 달라고 했다.

사라가 진행한 두 개 연구의 결과, 제퍼슨의 생각이 정확히 옳았던 것으로 나타났다. 사람들은 도덕적 아름다움이 배어 있는 행위들에 실제로 감정적인 반응을 보이며, 이런 감정적 반응들이 나타날 때면 가슴 속에서 따뜻하거나 기분 좋은 느낌이 드는 동시에 나도 남을 돕고 싶다거나 더 나은 사람이 되어야겠다는 의식적인 소망을 품곤 했다. 사라의 연구에서 새롭게 밝혀진 것이 있다면, 도덕적 면에서 정신적 고양감을 느끼는 것과 도덕과 상관없는 특출한 기량에 동경을 느끼는 것은 다소 차이가 있는 것처럼 보인다는 것이었다. 동경을 느낀 실험군의 피험자들은 실험에서 몸서리가 쳐진다거나 피부에 소름이 돋은 것과 함께, 에너지가 차오른다거나 "심기가 북돋워진다"라고 보고할 가능성이 더 높았다. 특출한 기량이 발휘되는 행동들을 직접 목격하면 사람들은 자신도 그 행동들을 똑같이 해 보려는 욕구와 에너지를 얻게 된다.[27] 반면에 정신적 고양감은 이보다는 더 차분한 느낌으로, 심리적 흥분의 표시들과도 잘 연결되지 않는다. 어쩌면 둘 사이의 이런 차이에서 우리는 정신적 고양감과 관련된 난제를 풀 실마리를 얻을 수 있을지도 모르겠다. (우리가 진행한 모든 연구에서) 사람들은 말로는 훌륭한 행동을 몸소 보이고 **싶다**라고 해도, 정작 두 연구 속에서 자원봉사 활동 신청 서류에 서명하거나 서류 더미를 바닥에 떨어뜨린 실험자를 도울 기회를 주었을 때, 정신적 고양감이 사람들의 행동을 꽤나 변화시킨다는 사실은 발견할 수 없었다.

이게 대체 어찌 된 일일까? 어떤 감정이 사람들을 신성함 차원의 위로 끌어 올리고도 어떻게 그들을 더 이타적으로 행동하도록 만들지는 못하는 것일까? 단언하기는 너무 이른 감이 있으나, 최근의 한 연구에 따르면 그 답은 어쩌면 사랑에 있을지도 모른다. 고양감의 심리 연구를 나는 지금까지 세 명의 학부 우등생(크리스 오베이스Chris Oveis, 게리 셔먼Gary Sherman, 젠 실버스Jen Silvers)과 진행해 오고 있다. 이 과정에서 우리가 다들 무척 지대한 관심을 기울였던 부분이 있는데, 사람들은 정신적 고양을 느낄 때 심장을 결부시키는 경우가 많다는 것이었다. 우리가 생각하기로 사람들에게서 그런 이야기가 나오는 것은 단순한 비유 차원에서는 아니다. 크리스와 게리가 찾아낸 단서들에 따르면, 고양감이 일어나는 중에는 미주 신경이 활성화되는 것일 수도 있다. 미주 신경은 부교감 신경계의 주요 신경으로, 사람들을 차분히 가라앉히는 한편, 교감 신경(싸움 혹은 도피) 체계가 일으킨 각성을 원상태로 되돌리는 역할을 한다. 미주 신경은 심박동수를 조절하는 중추 신경인 데에다 그 외의 다양한 영향을 심장과 폐에 미치기 때문에, 사람들이 가슴 안에서 뭔가가 느껴진다고 할 때 그 반응을 일으킨 주범은 미주 신경일 가능성이 높으며, 이 같은 사실은 감사와 "감탄"의 느낌을 다룬 연구에서도 이미 암시적으로 드러난 바 있다.[28] 하지만 미주 신경의 활동을 직접 측정하는 것은 어렵기에, 지금까지 크리스와 게리도 갖가지 실마리만 찾아냈을 뿐 결정적 증거들은 발견하지 못하고 있다.

하지만 신경들에게는 공모자들이 있다. 신경들은 때로 여러 호르몬과 힘을 합쳐 장기간 지속되는 효과들을 일으키기도 하는데, 미주 신경의 경우에는 옥시토신이라는 호르몬과 힘을 합쳐 차분함, 사랑,

그리고 더 강한 유대와 애착 형성을 위한 접촉 욕구를 생겨나게 한다.[29] 이 옥시토신이 고양감 안에서 모종의 역할을 할 수 있다는 사실에 젠 실버스는 관심을 가져 왔지만, 그 사실을 밝혀내겠다고 고양감 동영상을 보기 전후에 피험자로부터 혈액을 채취할 수는 없는 노릇이었기에(혈액을 채취하는 것이 옥시토신 수치 변화를 파악하는 확실한 방법일 것이었다), 나는 젠에게 연구 문헌을 샅샅이 뒤져 옥시토신 수치를 간접 측정할 방법을(주삿바늘을 굳이 꽂지 않아도 옥시토신이 우리 몸에 하는 일을 측정할 만한 어떤 방법을) 한번 찾아보라고 했다. 그렇게 해서 젠이 찾아낸 방법이 모유 수유였다. 엄마와 아이의 애착을 조절할 때 옥시토신이 하는 수많은 일 가운데 하나가 바로 모유를 먹이는 엄마들의 몸 안에서 젖 분비를 유발하는 것이다.

이 사실을 바탕으로 젠은 그때껏 버지니아대학교 심리학과의 학부 우등생이 행한 작업 중 가장 대담했다고 손꼽힌 연구를 진행하는데, 모유 수유를 하는 여성 45명을 그들의 아기와 함께 (한 번에 한 사람씩) 우리의 실험실로 데려온 후, 이 여성들의 브라 안에 수유 패드를 덧대 달라고 한 것이다. 그런 후 그중 절반에게는 오프라 윈프리 쇼에 나온 고양감 동영상을 시청하게 했다(어떤 음악가가 출연해 옛날 조직폭력배의 폭력에서 자신을 구해 준 음악 선생님에게 고마워하는 내용으로, 영상 후반부에 가면 오프라가 미리 초대해 놓은 **그 음악가 자신의** 제자 몇몇이 출연해 그에게 고마움을 표한다.) 한편 나머지 여성들은 코미디언 여럿이 등장하는 짤막한 동영상을 시청했다. 여성들은 차폐막이 쳐진 각자의 방 안에서 이 영상들을 시청했고, 비디오카메라가(숨겨 놓지는 않았다) 그들의 모습을 촬영했다. 영상들이 끝나면, 여성들은 자신의 아이들만 데리고 방 안에 5분 더 머물렀다. 이 연구의 막바지에 젠은 수유 패드의 무게를 재서 젖 분비량을 측정하는 한편, 나중에는 동영상을 코드화해 엄마들이 아기들에게 젖을 먹이거나 놀아주면서 따뜻하게 아기들을 대하는지 살펴보았다. 그 결과는 지금껏 접한 그 연구 중에서도 제일 대단했다. 고양감 실험군의 엄마들은 거의 절반이 젖이 분비되거나 아기에게 젖을 먹였지만, 코미디 실험군의 엄마 중에는 젖이 분비되거나 젖을 먹인 이들이 불과 몇 사람에 그쳤다. 그뿐 아니라, 고양감을 느낀 엄마들은 아기들을 만지거나 끌어안을 때 더 따스함을 보였다. 이 연구 결과들은 하나같이 고양감의 순간에는 정말로 옥시토신이 분비될 수도 있음을 시사했다. 하지만 설령 그렇다 해도, 고양감을 느꼈다고 사람들이 (말로는 종종 그러겠다고 해도) 실제로 낯선 이들을 돕게 될 거라 기대했다간 순진한 사람이 되기 십상이었다. 옥시토신은 유대는 맺어 줄지언정, 행동을 일으키지는 않는다. 고양감이 사람들을 사랑, 신뢰,[30] 개방성의 느낌으로 가득 채워, 새로운 관계를 더 잘 받아들이게 할 수는 있을 것이다. 하지만 고양감에는 긴장 이완과 수동성의 느낌도 동반된다는 점을 감안하면, 사람들이 고양감을 느꼈다고 낯선 이에게까지 적극적인 이타주의를 행할 가능성은 아무래도 적을 것으로 보인다.

나는 고양감이 사랑 및 신뢰와 어떤 관계에 있는지를 무척 아름답게 표현한 글을 본 적이 있는데, 언젠가 매사추세츠주의 데이비드 윗포드David Whitford라는 남성이 고양감에 대한 내 연구를 읽었다며 편지를 한 통 써서 보낸 것이다. 윗포드는 유니테리언unitarian(삼위일체론을 부정하고, 그리스도의 신성을 부정하며 신격의 단일성을 주장하는 기독교의 한 교파. 일반적으로 자유주의적 경향을 띠며, 교회와 교리보다는 윤리를 중요시한다. ─옮긴이) 교회의 목사인데, 한때 신도들에게 빠짐없이 영혼의 자서전을(각자 어떤 사연을 겪고서 지금처럼 영적인 사람이 되었는지를) 하나씩 쓰게 한 일이 있었다. 그런데 자신의 영혼의 자서전을 쓰던 중, 윗포드는 왜 자신이 교회 예배 중 그토록 자주 눈물을 흘리는지 도무지 모르겠다는 생각이 들었다. 그의 눈물에는 두 종류가 있었는데 첫 번째는 이른바 "연민의 눈물"로, 어머니의 날Mother's Day 설교 중 버림받거나 방치된 아이들 이야기에 흘러내리는 눈물이었다. 눈물이 나올 때 윗포드는 마치 자신의 "영혼이 무언가에 콕콕 찔리는" 느낌을 받았고, 그러고 나면 고통받고 있는 이들을 향해 "사랑의 마음이 봇물 터지듯 쏟아져 나온다"라는 것이었다. 하지만 두 번째 종류는 이른바 "칭송의 눈물"이었다. 이 눈물은 고양감의 눈물이라 불러도 무방했을 것 같다.

다른 종류의 눈물도 있습니다. 이 눈물은 사랑을 줄 때보다는, 사랑을 받을 때의 기쁨, 정확히 말하면 그저 사랑을 발견하는 것만으로(그 사랑이 나를 향하든 다른 누군가를 향하든) 느껴지는 기쁨과 더 관련이 있습니다. 이 눈물은 타인이 용기, 연민, 호의를 표하는 모습을 보는 순간에 흘러나옵니다. 어머니의 날이 지나고 몇 주 후, 우리는 예배를 마친 뒤 지성소에 모여 각자 '환대하는 신도들 Welcoming Congregation'(동성애자를 환영하는 신도의 모임)의 일원이 될지 생각해 보는 시간을 가졌습니다. 존이 자리에서 일어나 자신은 일원이 되겠다고 다짐하며, 1970년대 초반에 어떻게 해서 제1교구에서 자신이 첫 번째로(그가 아는 한에서는) 동성애자임을 대중 앞에서 밝히게 되었는지 이야기해 주었고, 순간 그의 용기에 감동해 나는 눈물을 흘렸습니다. 그리고 나서 모든 이들이 손을 들고서 다 같이 한뜻으로 모임의 일원이 되겠다고 다짐했고, 그러자 이 행동 안에서 우리 신도들이 보여 준 사랑에 또 눈물이 터져 나왔습니다. 그것은 칭송의 눈물이었습니다. 이 세상에 존재하는 선한 것은 얼마든 받아들여질 수 있다는 데에 대한 눈물, 여기서는 다 괜찮다는, 긴장을 풀고, 경계를 풀어도 좋다는 데에 대한 눈물, 세상에는 선한 사람도 분명 존재한다는 데 대한 눈물, 사람들 안에 선함이 있다는 데 대한 눈물, 사랑이 실제로 존재한다는 데에 대한 눈물, 그것이 우리 안의 본성에 자리 잡고 있다는 데에 대한 눈물이었습니다. 이런 종류의 눈물도 뭔가 콕콕 찌르는 것 같기는 마찬가지이지만, 이번에는 사랑이 그저 안으로 쏟아져 들어오기만 합니다.[31]

기독교를 독실하게 믿는 나라에서 유대인으로 자라오면서 나는 그리스도의 사랑과 그리스도를 통한 사랑에 대한 언급이 나오면 의문이 속 시원히 풀리지 않아 답답했던 적이 한두 번이 아니었다. 그런데 고양감과 3차원을 이해하고 난 지금에야 그것이 뭔지 알겠다는 생각이 차차 든다. 수많은 사람들에게는 집단적 고양감을 경험할 수 있다는 것이 교회에 다니는 즐거움의 하나가 된다. 집단적 고양감을 경험할 때만큼은 자신들의 일상적이고 세속적인 존재 양식에서 벗어나, 가끔씩이나마 3차원으로 올라가는 기회를 얻는 것이다. 이와 함께 뜻이 비슷한 사람들이 하나의 공동체를 이루고 모여, 그리스도나, 성경 속의 선량한 사람들이나, 성인들이나, 그들 공동체 내의 모범적인 인물들에 대해 이야기를 나누며 함께 "위로 올라가는" 느낌을 받길 원하는 것이다. 이런 일이 일어날 때 사람들은 자신들 안에 어느덧 사랑이 넘쳐흐름을 알지만, 엄밀히 말하면 이 사랑은 애착 관계에서 자라나는 그런 종류의 사랑은 아니다.[32] 그런 사랑에는 구체적인 대상이 있어서, 그 대상이 사라지면 사랑은 고통으로 변한다. 하지만 이 사랑에는 구체적인 대상이 없다. 이런 사랑이 바로 **아가페**agape이다. 아가페는 인간 전체에 대한 사랑처럼 느껴지는데, 인간은 원래 무無에서 뭔가가 생겨났다고 믿기를 어려워하는바, 따라서 이 사랑도 그리스도나 자기 마음 안의 성령에서부터 생겨나는 게 당연한 것처럼 보인다. 이런 아가페에 대한 경험들은 사람 각자 안에 신이 거하고 있다는 직접적이고 주관적으로 반박이 불가능한 증거가 되고 말이다. 아울러 어떤 사람이 이 "진실"을 일단 알고 나면, 신성함의 윤리도 당연히 옳은 것이 된다. 삶의 여러 방식 중에는 이 신성함과 양립하는 것들이 있는가 하면(이들 방식은 더욱 고차원적이고, 더욱 품격 있는 자기를 끌어내 준다) 그렇지 않은 방식들도 있다. 기독교도들이 좌파와 우파로 나뉘는 것도, 그 일부는, 이 같은 맥락에서 그 원인을 찾을 수 있다. 즉, 기독교도 일각에서는 관용과 수용을 더 품격 있는 자기 모습의 일부로 여기는 반면, 다른 일각에서는 신성함의 윤리를 따르게 사회를 변화시키고 사회의 법을 변화시키는 것이, 설령 그것이 다른 신앙을 믿는 이들에게 종교적 법률을 강제하는 일이 될지라도, 신을 섬기는 최선의 길이라고 느낀다.

경외감과 초월

사람들을 3차원에서 움직이는 것은 훌륭한 덕 하나만은 아니다.

광활하고 아름다운 자연 역시 사람의 영혼을 비슷한 식으로 붕 뜨게 한다. 이마누엘 칸트는 인간에게 진정한 경외를 느끼게 하는 것은 "저 위 별이 빛나는 밤하늘과 내면의 도덕률"이라면서 도덕성과 자연의 연관을 명백히 밝히기도 했다.[33] 다윈도 남아메리카를 탐험하던 중 자신의 영혼이 한 차원 올라가는 듯한 느낌을 받은 적이 있었다.

> 내 일지에도 적었지만, 웅대하다고밖에 할 수 없는 브라질의 숲 한가운데 서 있으면 "경이, 동경, 몰두와 같은 고차원의 느낌들이 내 마음을 얼마나 가득 메우고 한껏 고양하는지 생각으로 다 헤아려지지도 않는다." 다만 똑똑이 기억나는 게 있다면, 분명 사람 안에는 자기 몸의 정해진 경계보다 더 많은 것이 존재한다고 확신했다는 것이다.[34]

뉴잉글랜드의 초월주의 운동은 사람들이 각자 자기 안에서, 그리고 자연 안에서 신의 존재를 찾을 수 있다는 이런 생각을 직접적으로 밑바탕에 깔고 있었고, 따라서 숲속에서 홀로 시간을 보내는 것이 신을 알고 신을 숭배하는 하나의 길이 된다고 보았다. 이 운동의 창시자인 랄프 왈도 에머슨은 이렇게 썼다.

> 맨 바닥 위에 서 있으면 (살랑거리는 바람에 내 머리가 깨끗이 씻기며 무한한 공간 속으로 솟아올라) 치졸한 아집은 어느덧 남김없이 사라진다. 나는 투명한 안구眼球가 된다. 나는 아무것도 아니나, 모든 것을 보며, 보편적 존재의 흐름이 나를 통해 흘러 들고 흘러가니, 나는 신의 일부 혹은 신의 땅 한 덩이. 가장 절친한 동무의 이름도

그 순간만큼은 낯설고 대수롭지 않게 들리고, 누군가의 형제인 것도, 지인인 것도, 주인이나 종인 것도, 그 순간만큼은 하찮고 내 마음을 소란하게 할 뿐이다. 무엇에도 얽매이지 않는 불멸의 아름다움을 나는 참으로 사랑하네.[35]

자연이 지닌 광대함과 아름다움 속의 무언가는 자기self를 조그맣고 하찮은 존재로 만드는데, 이렇듯 자기의 존재를 훌쩍 줄어들게 하는 것은 뭐든 우리에게 영적인 체험의 기회도 마련해 준다. 이 책 1장에서 나는 우리 안의 자기가 여러 개로 분열돼 있다고 한 바 있다. 자기 분열 방식은 여러 가지여서, 우리 안에 여러 개의 자기 혹은 지성이 있는 듯 느껴지며, 때로는 그것들 사이에 알력 다툼이 벌어지기도 한다고 말이다. 이 같은 분열이 일어나는 까닭을 우리는 종종 영혼(고차원적이고, 품격을 지닌, 영적인 자기)이 몸(저차원적이고, 천박하고, 육욕을 지닌 자기)에 매여 있기 때문이라는 가정 속에서 설명하곤 한다. 영혼이 몸에서 빠져나올 수 있는 것은 죽음에 이른 순간뿐이다. 하지만 그 전에도 영혼은 영적 수행, 위대한 설교, 자연에 대한 경외를 통해 향후 찾아올 자유를 미리 맛보곤 한다.

영혼의 자유를 미리 맛보는 방법은 그 외에도 숱하게 찾아볼 수 있다. 사람들은 그런 (내밀한) 종교적 체험의 사례로 위대한 미술 작품 감상, 교향악 연주 듣기, 통찰이 번뜩이는 연사의 강연 수강을 들곤 한다. 그런데 단순히 맛보기 이상의 경험을 제공하는 것들도 있다. 이것들을 이용하면, 일시에 그치긴 하지만, 온전한 이탈을 경험해 볼 수 있다. 환각제 LSD와 실로시빈이 서양에 널리 알려졌을 때, 의학 연구자들은 이들 약품을 복용하면 조현병 같은 몇몇 정신 장애 징

조너선 하이트의 바른 행복

후들이 똑같이 나타난다는 점에서 "정신이상모방약psychoto-mimetic"이라는 이름을 붙인 바 있었다. 하지만 이들 약품을 전반적으로 복용해 본 이들이 이 명칭을 거부하고 따로 만들어 낸 용어가 "사이키델릭psychedelic"(정신 작용을 드러낸다는 뜻)과 "엔테오겐entheogen"(내면으로부터 신을 만들어 낸다는 뜻)이었다. 아즈텍어 **테오나나카틀**teonanacatl은 실로시빈을 가리키는 말이었는데, 축자적으로 풀면 "신의 살점"이라는 뜻이었다. 이 버섯을 종교 의례 도중에 먹으면, 많은 이들이 신을 직접 영접하는 경험을 하곤 했다.[36]

정신 상태를 변화시키는 약물들을 이용하면 확실히 성스러운 경험과 속된 경험의 경계가 잘 그어지는 만큼, 지금도 일부 문화에서는 알코올과 마리화나를 비롯한 수많은 약물들이 종교 의례에서 나름의 역할을 하고 있다. 그런데 페네틸아민(LSD와 실로시빈을 비롯한 약물 계통)에는 뭔가 특별한 것이 있다. 이 계통의 약물들은 자연적으로 생성이 되든(실로시빈, 메스칼린, 아헤 따위), 혹은 화학자의 손을 거쳐 합성이 되든(LSD, 엑스터시, DMT), 인식 및 감정에 엄청난 변화를 일으켜 때로는 종교와 상관없이 이 약물을 이용하는 이들도 마치 신성神性을 접하고 이후 전혀 다른 사람으로 변모한 듯한 느낌을 받게 한다.[37] 이들 약품이 얼마나 효과를 내느냐는 티모시 리어리Timothy Leary를 비롯한 초기의 여타 사이키델릭 탐구자들이 말하는 이른바 "자세 및 환경set and setting"에 따라 크게 달라지는데, 여기서 자세란 약품 사용자의 정신 상태를 말하며, 환경이란 사람들이 그 약물들을 복용하는 상황을 말한다. 사람들이 겸허한 마음가짐을 갖고 안전하고 협조적인 환경 속에서 이들 약물을 복용하면,[38] 그것이 일종의 촉매제로 작용해 뚜렷한 영적 및 개인적 성장을 일으킨다.

이 촉매 가설을 가장 직접적으로 검증해 낸 것이 의사였던 월터 판케Walter Pahnke[39]가 신학과 졸업 논문을 쓰기 위해 진행한 실험이었는데, 이를 위해 판케는 1962년의 성금요일에 스무 명의 대학원생들을 보스턴대학교 예배당 아래에 자리한 한 방으로 데려왔다. 판케는 그중 열 명에게는 실로시빈 30밀리그램을, 나머지 열 명에게는 모양은 똑같지만 비타민 B5(니코틴산, 이 성분을 복용하면 피부가 따끔거리고 홍반이 생긴다) 성분이 들어 있는 알약을 나눠주었다. 비타민 B5는 지금도 활성 위약으로 알려진 성분이다. 다시 말해 B5는 신체에 여러 실질적 느낌을 일으키는바, 만일 실로시빈을 복용하고 얻어지는 효과들이 실제로는 위약 효과에 불과하다면, B5 대조군에서도 충분히 그런 효과들이 나타나리라 볼 수 있었다. 학생들은 방에 들어오고 몇 시간 동안은 다 같이 (스피커를 통해) 위층의 예배당에서 진행되는 성금요일 예배를 들었다. 학생 중 누가 실로시빈을 복용하고 누가 비타민 B5를 복용했는지는 아무도, 심지어는 판케조차도, 알 수 없었다. 하지만 약을 먹은 지 두 시간이 지났을 때 의구심이 싹 사라졌다. 위약을 먹은 학생들이 먼저 뭔가가 일어나는 듯한 느낌을 받았고, 이들은 자신이 실로시빈을 복용한 것이리라 생각했다. 하지만 이들에게는 그 외에 별다른 일이 일어나지 않았다. 그러고 나서 30분이 지나고 나자, 나중에 상당수가 일생일대의 사건이라고 꼽은 경험이 나머지 학생들 사이에서 나타나기 시작했다. 판케는 약효가 사라지고 난 후 이들 학생들을 상대로 인터뷰를 진행했고, 그로부터 일주일 뒤, 6개월 뒤에도 재차 인터뷰가 이루어졌다. 그 결과 그가 얼마 전부터 면밀하게 살피던 특징 아홉 가지 대부분이 실로시빈 실험군의 학생들 대부분에게서 보고되는 것으로 나타났다. 실로시빈의 가장 강력하고 일관된 효과로는 우주와의 합일, 시공간 초월, 기쁨, 이 경험을 말로 표현할 수 없다는 느낌, 자신이 더 나은 쪽으로 변했다는 느낌을 들 수 있었다. 그 외에 많은 학생들이 그 순간에 아름다운 빛깔과 무늬들이 눈앞에 펼쳐졌고, 마음속 깊은 데에서는 황홀경, 두려움, 경외감이 느껴졌다고도 했다.

경외감이란 자기 초월의 순간에 느껴지는 바로 그 감정을 말한다. 6년 전, 친구인 대커 켈트너Dacher Keltner(캘리포니아대학교 버클리캠퍼스에서 감정 분야 전문 심리학자로 일하고 있다)가 경외감과 관련한 문헌들을 함께 살펴보고 그 개념을 우리 나름대로 한번 이해해 보지 않겠느냐고 내게 제안해 왔다. 그렇게 해서 우리가 찾아본 결과,[40] 과학적인 심리학 분야에는 경외감과 관련해 거의 일언반구 말이 없는 것으로 드러났다. 경외감은 인간 외의 동물들을 대상으로 삼아 연구를 할 수 없을뿐더러 그것을 실험실 안에서 인위적으로 만들어 낼 수도 없는 노릇이기에, 실험 연구의 주제로 적합하지 않은 셈이다. 하지만 철학자, 사회학자, 신학자들이 경외감과 관련해 무척 많은 이야기를 풀어놓았다. "경외감awe"의 어원이 어디서 비롯됐는지 역사를 거꾸로 더듬어 본 결과, 우리는 이 말이 자기보다 훨씬 거대한 무언가의 존재를 접할 때의 두려움 및 복종심과 항상 연관이 있었음을 알 수 있었다. 경외감이 '누구나 인정할 만큼 놀라운'의 정도로 그 의미가 축소된 것은 매우 근래(지금 우리의 세속화된 세상)의 일로, 오늘날 미국 10대들이 툭하면 입에 올리는 "awesome"은 이제 "더욱더 좋은double-plus good"(조지 오웰George Orwell이《1984》에 사용한 표현) 정도의 의미밖에는 갖지 못하게 되었다. 켈트너와 내가 내린 결론에 따르면, 경외감은 다음의 두 가지 조건이 만족되어야만 일어난다. 첫째, 어떤 사람이 광대한 무언가를(보통은 물리적으로 광대한 것이지만, 때로는 웅대한 이론처럼 개념적으로 광대한 것, 혹은 대단한 명성이나 권력처럼 사회적으로 광대한 것) 인식해야 하고, 그 광대한 것을 그 사람의 정신 구조가 미처 수용할 수 없어야 한다. 엄청난 무언가가 처리되지 못할 때, 아울러 거대한 무언가의 존재를 접하고 어안이 벙벙해져 더이상 인지 회로가 돌아가지 않을 때 사람들은 자신이 작고, 무력하고, 수동적이며, 수용적이 됐다고 느낀다. 그런 순간에는 (비록 항상은 아니라도) 때로 두려움, 동경, 고양감, 혹은 아름다움이 함께 느껴진다. 경외감은 사람들을 멈추고 수용적으로 만들어 변화가 일어날 여지를 생겨나게 하니, 종교적 개심이 이루어지는 이야기 대부분에서 경외감이 나름의 역할을 하는 게 바로 이런 이유에서다.

이 경외감의 (완벽하지만 극단적인) 원형原型을 우리는《바가바드 기타》의 절정부에서 찾아볼 수 있다.《바가바드 기타》는 원래 훨씬 장편으로 구성된《마하바라타Mahabharata》(인도 왕가의 두 지파 간 전쟁을 다룬 서사시)에 포함된 한 편의 일화이다. 이 서사시의 영웅 아르주나Arjuna는 조만간 휘하 군대를 이끌고 전투에 뛰어들어야 하지만, 그는 의기를 잃고 싸움을 마다한다. 똑같이 자기 피붙이인 이들을 편을 갈라 동족상잔으로 몰아넣을 마음이 도무지 나지 않는다. 이런 아르주나에게 크리슈나Krishna 신이 내려와 왜 그가 반드시 군대를 이끌고 전투에 뛰어들어야 하는지 설득하는 과정을 담은 것이《바가바드 기타》이다. 양쪽 군대가 전열을 갖춘 전장 한가운데에서 크리슈나는 다르마(우주를 통합하는 도덕 법칙)를 화두로 아르주나에게 조목조목 추상적인 신학 강론을 설명한다. 그에 따르면 싸움에 나서서 이 전쟁에서 승리를 거두어야만 하는 것이 아르주나의 다르마였다. 하지만 이에도 (이성은 행동을 유도하는 데에는 별 힘을 못 쓴다는 점을 감안할 때) 아르주나가 꿈쩍도 하지 않은 것은 어쩌면 당연한 일이었다. 아르주나는 크리슈나에게 이 우주가 어떤 것인지 보여 줄 수 없겠느냐고 한다. 아르주나의 이 요청에 응해 크리슈나는 우주의 눈을 그에게 씌워 주고 신과 삼라만상을 본모습 그대로 보여 준다. 그러자 오늘날 독자들 귀에는 LSD 여행으로 들릴 법한 경험이 아르주나에게도 찾아온다. 여러 개의 태양, 수많은 신, 무한대의 시간이 그의 눈앞에 펼쳐지는 것이다. 아르주나는 놀라움으로 가득 찬다. 머리카락이 다 곤두설 정도다. 아르주나는 갈피를 잡지 못하고 혼돈에 빠져, 자신의 눈 앞에 펼쳐지는 경이로운 광경들을 종잡지 못한다. 에드윈 애보트가 이《바가바드 기타》를 읽었는지 여부는 잘 모르겠으나, 사각형이 스페이스랜드에서 했던 그 경험을 아르주나도 빼다 박은 듯 똑같이 하게 된다. "예전엔 단 한 번도 본 적 없는 것들을 나는 보았고, 내 기쁨은 황홀경 그 자체로구나. 하지만 두려움과 맞물린 떨림이 내 마음을 뒤흔드네"[41]라고 아르주나가 말할 때 그도 경외감의 상태에 든 것이 분명하니 말이다. 우주의 눈을 떼어 내고 아르주나가 여행에서 다시 지상으로 "내려왔을" 때 아르주나가 한 행동도 사각형과 똑같았다. 그도 자신에게 깨달음을 준 신 앞에 엎드린 후, 신을 위해 살아가게 해 달라고 했다. 크리슈나는 아르주나에게 자신에게 충성을 다하는 것과 함께, 일체의 다른 집착은 끊으라고 명한다. 아르주나는 기쁜 마음으로 복종하며, 이후로는 크리슈나 신의 명을 받들며 살아간다.

아르주나의 경험은 극단적인 데가 있다. 경전의 내용이니 그럴 만도 하다. 하지만 이제껏 수많은 사람들이 겪은 영적 탈바꿈에서도 아르주나의 경험과 동일한 요소들이 많이 포함돼 있는 걸 볼 수 있다.

종교심리학의 최고 걸작으로 손꼽히는 책에서 윌리엄 제임스William James 는 "종교 경험의 다양성"을 분석한 바 있는데,[42] 그런 경험으로는 급격한 개종 및 점진적 개종 그리고 약물 및 자연을 통한 영적 체험을 들 수 있다. 이들 경험에 대한 보고에서 얼마나 지극히 유례없는 유사성이 드러났던지, 제임스는 이 보고들이 심리학의 심원한 진실들을 드러내 준다고 생각할 정도였다. 제임스는 그중 가장 심원한 진실 가운데 하나로, 우리가 상충하는 욕구들로 인해 자기가 분열된 채 삶을 경험한다는 점을 꼽았다. 종교적 경험은 사람들의 실제 삶에서 흔히 일어나는 일로, 이런 경험을 통해 사람들은 온전한 존재감과 평화를 느낄 때가 많다. 급격한 개심의 경험을 하면(아르주나와 사각형이 겪은 것처럼) 하찮은 걱정거리, 의구심, 탐욕스러운 집착만 가득 차 있던 과거의 자기는 일순에(보통 완전한 경외감이 드는 순간에) 말끔히 사라진다. 이 순간 사람들은 다시 태어난 듯 느끼는 동시에, 이 거듭남의 시간과 장소, 즉 자신의 의지를 고차원의 힘에 굴복시켜 더 심원한 진리를 몸소 체험한 그 순간을 똑똑히 기억할 때가 많다. 이런 거듭남을 겪고 난 뒤에는 두려움과 걱정거리가 크게 줄어드는 한편, 이 세상도 깨끗하고, 새롭고, 밝게 보인다. 신부, 랍비, 혹은 심리 치료사들이 기적이라고도 부를 만한 변화가 자기self에게 일어나는 것이다. 제임스는 그런 변화들을 이렇게 묘사했다.

종교를 중심으로 개인의 에너지를 발하며 살아가는 이는, 아울러 영적인 열의를 동력으로 삼아 행동을 해 나가는 이는, 더할 나위 없이 명확한 점들에 비추어 볼 때 과거 현세밖에 모르던 자기와는 엄연히 다른 사람이다. 그의 가슴 안에서 활활 타오르는 새로

조너선 하이트의 바른 행복

운 열정은, 예전까지만 해도 그를 괴롭히던 그 저급한 "부정들noes (否定)"을 그 불꽃들로 집어삼키는 한편, 그의 본성 속 비굴한 부분 어디 하나에도 그가 전염되지 않게 단단히 지킨다. 한때는 베풀 수 없던 아량이 이제 그에겐 쉬워지고, 한때 폭정을 휘두르던 시답잖은 관습과 비열한 유인책들은 이제 아무런 위세도 떨치지 못한다. 그의 안에 쌓여 있던 돌담이 와르르 무너지고, 그의 마음속 냉정함도 깨어졌기 때문이다. 생각건대, 우리 역시 그렇게까지 영적이지는 못하더라도 잠시나마 현실의 시련들, 극劇, 혹은 소설을 통해 그런 식의 "녹아내리는 상태"에 들어가곤 하는데 그 느낌을 떠올린다면 영적으로 살아간다는 것이 어떤 것인지를 상상할 수 있다. 특히 울음이 터져 나올 때를 생각해 보라! 우리가 흘리는 그 눈물들은 단단히 자리 잡은 우리 내면의 댐을 뚫고 들어가, 태곳적 죄악들과 도덕적 정체停滯를 모조리 쓸어 내어, 우리를 싹 씻은 듯 개운하고 온화한 마음이 되게 하며 우리를 고상한 차원으로 이끄는 모든 것에 마음을 열게 만들지 않던가.[43]

제임스의 이른바 "녹아 내리는 상태"는 제퍼슨과 데이비드 윗포드가 묘사했던 고양감의 느낌들과 비슷하다는 게 확연히 눈에 띈다.

무신론자도, 굳이 신이 없어도, 자신들 역시 똑같은 경험을 적잖이 할 수 있다고 주장할지 모르겠다. 실제로 그런 비종교적 경험을 진지하게 받아들인 심리학자가 있었으니, 할로우(4장)가 가르친 첫 대학원생이자 인본주의 심리학을 창시한 에이브러햄 매슬로Abraham Maslow였다. 매슬로는 그 자신이 "절정 경험", 즉 보통의 일상과는 질적으로 다르게 느껴지는, 예사롭지 않은 자기 초월의 순간들이라 일컬은 사례에 대한 보고들을 수집했다. 《종교, 가치, 절정 경험Religions, Values, and Peak Experience》이라는 자그마한 보석 같은 책에서,[44] 매슬로는 절정 경험에 공통적으로 나타나는 스물다섯 가지 특징을 열거했는데, 이들 특징은 거의 예외 없이 윌리엄 제임스의 책 어딘가에서도 함께 찾아볼 수 있다. 그런 특징을 몇 가지 예로 들면 이렇다. 우주가 하나의 온전한 실재로 통합된 것처럼, 그곳에서는 모든 것이 수용되고 모든 것이 판단과 서열에 구애받지 않는 것처럼 인식된다. 그 사람이 우주와(종종 신과) 하나가 된 듯 느끼면서, 자기 중심주의가 사라지고 더 이상 목표 성취를 위해 분투하지 않게 된다. 시공간에 대한 인식이 바뀐다. 그 사람 안에 놀라움, 경외감, 기쁨, 사랑, 감사의 느낌들이 가득 차오른다.

당시 매슬로의 목표는, 영적인 삶에는 자연주의적 의미가 깃들어 있다는 점, 절정 경험은 인간 정신을 설명하는 기본 사실이라는 점을 명확히 증명해 내는 데 있었다. 시대와 문화를 막론하고 실제로 많은 이들에게 이런 경험이 일어나는 만큼, 종교는 모두 누군가의 절정 경험에 대한 통찰을 밑바탕에 깔고 있으리라는 것이 매슬로의 생각이었다. 앞서서 제임스도 말했듯, 절정 경험은 사람을 더욱 고귀한 존재로 만들어 주는바, 갖가지 종교가 탄생한 것은 그러한 절정 경험을 증진해 인간을 고귀하게 만드는 힘을 극대화시키기 위한 방법들을 마련하기 위해서였다. 하지만 종교는 더러 자신의 근원을 잊은 채 헤매기도 한다. 절정 경험을 해 보지 못한 이들(관료들이나 회사 앞잡이 등, 판에 박힌 절차들을 만들고 정통성을 명목으로 정통성을 지킨다)에게 장악당하기도 한다. 매슬로의 말에 의하면, 20세기 중반에 수많은 젊은이들이 기성 종교에 환멸을 느끼고, 대신 환각제, 동양의 종교, 새로운 형태의 기독교 예배 속에서 절정 경험을 찾아 나선 것도 바로 이 때문이었다.

여러분에게는 매슬로의 이 분석이 아마도 그리 충격으로 다가오지는 않을 것이다. 종교를 비종교적인 심리학의 관점에서 본 설명으로서 충분히 일리 있는 내용이니까 말이다. 하지만 《종교, 가치, 절정 경험》에서 가장 놀라운 부분은, 매슬로가 불모지가 돼 가기는 마찬가지라며 과학을 기성 종교만큼이나 매섭게 공격하고 있다는 점이다. 과학의 이런 변화를 나중에 기록을 통해 밝혀낸 것이 과학사가 로렌 대스턴Lorraine Daston과 캐서린 파크Katherine Park 였다.[45] 이 둘이 연구를 통해 보여 준 바에 따르면, 전통적으로 과학자와 철학자들은 자연 세계와 자신의 탐구 대상들에 경외심을 갖고 대하는 태도를 보여 왔다. 하지만 16세기 말에 접어들며 유럽의 과학자들 사이에서 자연의 경이를 멸시하는 모습이 나타나기 시작했다. 이들은 자연을 경이롭게 보는 것을 지성이 유년기를 벗지 못한 증거로 보는 한편, 성숙한 과학자는 이 세상의 법칙들을 냉철하게 나열하면 그만이라고 생각했다. 회고록 같은 데에서야 자연의 경이에 대한 개인적 감상을 말할 수 있지만, 과학자의 일상적인 세계는 곧 사실들을 가치들 및 감정들과 엄격히 분리해 내는 세계였다. 매슬로는 꼭 엘리아데를 연상시키기라도 하듯, 과학이 이 세상을 세속화하는 데에 이바지했으며, 선善이나 미美보다는 오로지 **있는 그대로**를 기록하는 데에만 과학이 골몰하고 있다고 주장했다. 물론 이는 학계의 노동 분업일 뿐이라며 반론을 펼치는 이도 있을 수 있다. 선과 미는 과학이 아닌, 인문학의 관할 영역이라고 말이다. 하지만 매슬로의 거센 비판에 따르면, 그때는 인문학마저 자신의 책무를 내던졌으니 인문학은 상대주의로 후퇴하고, 진리의 가능성에 회의를 품고, 미美보다는 파격과 성상 파괴주의를 더 선호하는 모습을 보였다. 매슬로가 인본주의 심리학을 창시한 것은 가치에 대해 알고자 하는 광범한 욕구를 채워 주는 동시에, 절정 경험 속에서 사람들이 얼핏 알아채는 그 진실이 과연 무엇인지 탐구하려는 데에 일부 목적이 있었다. 매슬로도 (신과 창조에 대한 실제적 설명으로서) 종교의 내용이 말 그대로 참이라고는 생각지 않았으나, 종교의 밑바탕에는 삶의 가장 중요한 진실들이 깔려 있다고 믿었고, 바로 그러한 진실을 그는 과학의 진리와 통합시키기를 원했다. 따라서 그의 목적은 결국 교육과 사회 개혁에 있었다고 해도 과언이 아니다. "교육이란 적어도 부분적으로는 훌륭한 인간 존재를 만들어 내고자 하는 노력이자, 훌륭한 삶과 훌륭한 사회를 더욱 키워 나가려는 노력으로 봐야만 한다."[46]

사탄 같은 자기

자기self는 인간 진화가 안고 있는 가장 커다란 역설이다. 프로메테우스가 신들에게서 훔친 불이 그랬듯, 자기의 존재도 우리에게 강력한 힘을 주는 동시에 얼마쯤의 대가를 요구했기 때문이다. 사회심리학자 마크 리어리Mark Leary는《나는 왜 내가 힘들까The Curse of the Self》[47]에서 지적하길, 생각하는 능력은 인간 외에도 많은 동물이 갖고 있지만 스스로에 대한 생각에 많은 시간을 들이는 동물은, 현재 우리가 아는 바로는, 인간 외에는 하나도 없다. 거울에 비치는 상이 자기 모습임을 인식하는 것조차도 인간을 비롯한 몇 종류의 영장류 말고는 하지 못한다.[48] 자기에게 관심의 초점을 맞추고, 자기의 비가시적 속성들 및 장기적 목표들을 생각하고, 그런 자기를 중심으로 나름의 서사를 만들고, 나아가 그 서사에 대한 생각들에 감정적 반응까지 일으킬 수 있는 정신 기제를 갖춘 것은 오로지 언어 능력을 갖춘 한 생물체뿐이다. 리어리의 견해에 따르면, 이런 자기 창조 능력 덕에 우리 조상들이 장기적 계획 수립, 의식적 의사 결정 및 자기 통제, 역지사지의 능력 같은 갖가지 유용한 기술들을 보유할 수 있었던 것이라고 한다. 이들 기술들은 하나같이 인류가 거대한 프로젝트를 구상하고 그 실행을 위해 긴밀히 협동하는 데에 무척 중요했던 만큼, 자기 개념의 발달은 인간의 초사회성 발달에도 결정적 역할을 했을 것으로 여겨진다. 하지만 자기가 생기면서 우리 안에는 모방, 사회적 비교, 평판에 대한 염려 등으로 가득한 내면의 세계도 하나씩 생겨났으니, 자기로 말미암아 우리에게는 개인 고문관拷問官도 하나씩 곁에 두게 된 셈이다. 지금 우리는 다들 소용돌이치는 내면의 수다에서 헤어나지 못한 채 살아가는데, 그 안에는 부정적인 내용이 상당히 많을 뿐만 아니라(우리 주변에는 기회보다는 위협이 더 거대하게 도사리고 있는 것처럼 보이기에) 대부분은 쓸데없기도 하다. 여기서 중요한 것은 자기가(상당 부분 무의식적이고 자동적으로 작동하므로) 정확히 기수와 일치하지는 않지만, 말語을 통한 의식적 사고 및 스토리텔링 속에서 자기가 모습을 드러내는 만큼 자기라는 존재는 오로지 기수만이 구축해 낼 수 있다는 사실을 잊지 말아야 한다는 것이다.

리어리의 분석을 보면 왜 모든 주요 종교에서 자기가 문제가 되는지가 드러난다. 자기가 영적 발전을 이루는 데에 커다란 걸림돌이 되는 것은 크게 세 가지 면에서다. 첫째, 자기로 인해 자잘한 걱정거리와 자기 중심적 생각들이 끊임없이 흘러나와 우리를 물질적이고 세속적인 세상에 가둬 놓는다. 동양의 종교들이 명상을 무엇보다 중시한 것이 바로 이 때문으로, 명상은 자기의 입을 다물게 하는 데에 효과적 방편이 돼 준다. 둘째, 영적 차원의 변모란 결국 자기를 변모시키는 것과 다름없는 일로, 이를 위해 자기의 힘을 약화시키고, 자기를 자꾸 쳐내는 작업(어떤 의미에서는 죽이는 작업)을 하게 되는데, 여기에 자기는 곧잘 반기를 든다. '내가 가진 것들과 그것들이 가져다주는 위신을 포기하라고? 말도 안 돼!' '내 적을 사랑하라고? 그자들이 내게 한 짓이 있는데? 그런 얘기는 꺼내지도 마' 하는 식으로 말이다. 셋째, 영적 구도의 길은 백이면 백, 여간 어려운 게 아니어서, 몇 년을 명상하고, 기도하고, 금욕하고, 때로는 자기를 부정하는 시간을 거쳐야만 한다. 자기는 부정당하는 것을 좋아하지 않을 뿐만 아니라, 갖가지 구실을 잘도 만들어 규칙을 나름대로 바꾸거나 남을 속이기 일쑤다. 수많은 종교에서 자기 본위의 쾌락과 명성 집착을 늘 덕행의 길에서 벗어나는 유혹이라고 가르친 데에는 이유가 있는 셈이다. 어떤 의미에서 자기는 사탄, 혹은 적어도 사탄의 길로 들어서는 입구라고 할 수 있다.

이 모든 이유들에서 봤을 때, 자기는 신성함의 윤리에 있어서는 확실히 골치 아픈 문제이다. 커다랗게 자라난 탐욕스러운 자기는 영혼을 위에서 짓누르는 벽돌과도 같다. 내가 보기에, 자기를 이런 식으로 바라봐야만, 우리는 비로소 자신들 사회를 특정 종교에 더욱 철저히 맞추려는 이들이 무슨 도덕적 동기에서 그러는지 이해할 수 있을 뿐만 아니라, 나아가서는 그들의 동기를 존중까지도 할 수 있게 된다.

플랫랜드와 문화 전쟁

유머에는 사람들이 역경을 이겨 내게끔 도와주는 힘이 있는데, 2004년 미국의 대통령 선거에서 조지 W. 부시가 과반 득표를 했을 때 49퍼센트의 미국인도 그런 식으로 극복해야 할 것이 많았다. 이른바 "파란색 주州들"(존 케리에게 대다수가 표를 던진 지역들로, 선거 판세 지도에서 늘 파란색으로 표시된다)에서 살아가는 많은 이들은 "빨간색 주들" 사람들이 왜 부시와 그의 정책을 지지하는지 도무지 이해할 수 없었다. 진보주의자들은 파란색 주들(미국 동북부의 주들 전부, 미국 중서부의 위쪽에 자리한 주들, 서해안 연안을 따라 자리한 주들)에는 "미합중국 United States of America"이라는 이름을 붙이고, 빨간색 주들(미국 내륙 거의 전체와 남부의 주들)에는 "예수 나라Jesusland"라는 이름을 붙인 지도를 만들어 인터넷에 올렸다. 그러자 보수파도 이에 맞서 파란색 주들을 "새로운 프랑스New France"라고 이름 붙인 지도를 올렸는데, 파란색 주들을 차라리 "자기나라Selfland"라고 이름 붙였다면 우파 입장에서는 더 정곡을 찌르는 패러디가 되지 않았을까 하는 생각이 든다.

그렇다고 존 케리에게 표를 던진 이들이 조지 부시에게 표를 던진 이들보다 더 이기적이라는 뜻은 절대 아니다. 오히려 두 후보의 조세 및 사회 정책들을 보면 그와는 정반대의 생각이 든다. 다만 나는 문화 전쟁을 벌이는 양측이 서로를 왜 이해 못 하는지 그 까닭을 알고자 하는 것인데, 슈웨더의 세 가지 윤리(특히 신성함의 윤리)가 그 문제를 해결할 핵심 열쇠라고 여겨진다.

다음의 두 구절 중 여러분은 어느 것에서 더 영감을 받는가? (1) "자부심이야말로 모든 민주주의 사회의 기본적인 밑바탕이다."(2)

"자부심만이 전부가 아니다." 첫 번째 구절은 1970년대에 페미니스트 운동을 탄생시킨 글로리아 스타이넘Gloria Steinem이 한 말이다.[49] 이 말을 통해 스타이넘은 성차별, 인종 차별, 억압은 특정 집단 사람들에게 자신은 무가치하다는 느낌을 주어 이들의 민주주의 참여를 저해한다고 주장한다. 이 말에는 자율성의 윤리를 이루는 핵심 생각도 엿볼 수 있는데, 삶에서 진정 중요한 것은 개개인이고, 따라서 이상적인 사회는 개인을 위해로부터 지켜주고 그들의 자율성과 선택의 자유를 존중해야만 한다. 이 같은 자율성의 윤리는 다양한 배경과 가치를 지닌 이들이 함께 어울리는 것과도 잘 부합하는데, 자율성의 윤리를 가지면 사람들은 타인의 권리를 방해하지 않는 한, 얼마든 자신이 선택한 대로의 삶을 추구해 나갈 수 있기 때문이다.

두 번째 구절은 2003년과 2004년에 세계적 베스트셀러로 자리매김한 릭 워렌Rick Warren의 《목적이 이끄는 삶The Purpose Driven Life》[50]의 첫 문장으로, 이 책은 예수 그리스도에 대한 믿음과 성경의 계시를 통해 사람들에게 삶의 목적과 의미를 찾게 하는 지침서이다. 워렌의 관점에서는, 자기는 우리의 갖가지 문제를 일으키는 원인인 만큼 아이들의 자부심을 상, 칭찬, 훈련으로 곧장 높여 주어 스스로를 "특별한" 존재로 느끼게 만드는 것은 오히려 아이들을 해치는 길임이 분명하다. 신성함의 윤리에 담긴 핵심 생각은 사람들은 각자 자신 안에 신성함을 지니고 있다는 것이며, 따라서 이상적인 사회에서는 사람들이 그 신성함과 일치되는 삶을 살아갈 수 있도록 도와준다. 각 개인이 무얼 바라느냐는 그다지 중요하지 않다. 그 같은 바람은 많은 부분 육욕을 좇는 자기로부터 비롯되기 때문이다. 아이들이 자기 및 자기 권리에 대한 인식을 고치고 그 대신 그리스도가 뜻한 방식에 따라 살아갈 수 있게 하려면, 미국의 학교, 가정, 언론이 한마음으로 뭉쳐 함께 노력해 나가는 것이 중요하다.

미국 문화의 주요 전쟁 상당수는, 본질적인 면에서, 우리 삶의 몇몇 측면의 기본 틀을 자율성의 윤리에 둘 것이냐 아니면 신성함의 윤리에 둘 것이냐를 두고 벌어진다고 할 수 있다.[51] (공동체의 윤리는, 개인보다 집단의 중요성을 더 강조하는 만큼, 신성함의 윤리와 결부되는 경향이 있다.) 학교에서도 기도를 드리는 시간이 따로 있어야 할까? 십계명의 내용을 학교와 법원에도 걸어 놔야 할까? 국기에 대한 맹세에서 "하느님의 보호 아래under god"라는 구절은 빼야 할까? 진보파는 보통 공적 생활에서는 종교가 가급적 배제되기를 원하는데, 그래야 사람들이 싫은 걸 참아 가며 억지로 종교 활동에 참여하는 일이 없을 것이기 때문이다. 하지만 종교적 보수파는 학교와 법원이 다시 성역화되기를 바란다. 종교적 보수파는 자신의 아이들이 (특정한) 3차원의 세계 속에서 살아가기를 바라는데, 학교가 그런 여건을 제공해 주지 못할 것 같을 때에는 학교 대신 홈스쿨링이라는 방편에 더러 의지하기도 한다.

이와 함께 우리는 사람들에게 산아 제한, 낙태, 생식 기술 활용이나, 당사자가 원할 경우의 자살 보조도 허용해야 할까? 이 문제의 답은 자기 삶의 가장 중요한 결정 몇 가지는 스스로 관리할 수 있게 사람들에게 권한을 줄지, 아니면 그런 결정은 모두 신의 뜻에 맡기게 할지에 달려 있다고 하겠다. 만일 여러분에게《우리의 몸, 우리 자신Our Bodies, Ourselves》라는 책 제목이 고귀한 저항 행위처럼 들린다면, 여러분은 자신의 성생활은 스스로 선택하고 자신의 몸도 자신이 원하는 대로 고칠 권리가 사람들에게 있다는 입장을 지지하려 할 것이다. 하지만 워렌이 《목적이 이끄는 삶》에 쓴 것처럼 "우리 몸은 어느 곳 하나 하느님께서 정하신 바에 따라 만들어지지 않은 데가 없다"[52]라고 믿는 쪽이라면, 여러분은 성적 다양성을 비롯해 피어싱과 성형 수술처럼 신체를 뜯어고치는 것을 못마땅하게 여길 가능성이 높다. 나는 제자들과 함께 성性 도덕[53] 및 신체 변형[54]을 주제로 정치적 진보파와 보수파를 상대로 인터뷰를 진행한 적이 있는데, 두 연구 모두에서 진보파는 훨씬 관대하고 자율성의 윤리에 극도로 의지하는 모습을 보인 한편, 보수파는 훨씬 비판적인 태도를 견지하며 자신들의 담론 안에서 세 가지 윤리를 모두 활용하는 모습을 보였다. 예를 들어 보수파의 한 남자는 색다른 형태의 자위 행위 이야기를 듣고 그것에 대한 자신의 비난을 이렇게 정당화했다.

그건 죄악입니다. 그런 행위는 우리를 하느님에게서 멀어지게 하니까요. 그것은 하느님께서 우리가 즐길 수 있게끔 만들어 주신 그런 쾌락이 아닙니다. 왜냐하면, 당신도 알다시피, 결혼한 이성 커플을 통해 생겨나는 성적인 쾌락이야말로 하느님께서 번식을 목적으로 만드신 것이니까요.[55]

이슈가 불거질 때마다 번번이, 진보파는 갖가지 한계, 장벽, 구속을 걷어내고 자율성을 최대한 보장해 주기를 바란다. 반면에 종교적 우파는 세 가지 차원 안에 개인적, 사회적, 정치적 관계의 틀을 세우고, 그에 따라 청정한 곳과 오염된 곳이 있는 땅, 즉 갖가지 구속들로 인해 성스러운 것과 속된 것이 엄연히 계속 나뉘는 그런 땅을 만들기를 원한다. 종교적 우파가 보기에 사람들이 무제한의 자유를 누리는

조너선 하이트의 바른 행복

평평한 땅은, 즉 스스로를 표현하고 계발하는 것 외에 다른 고차원의 목표가 없이 각자의 자기가 정처 없이 헤매는 그런 땅은, 지상 위의 지옥이나 다름없다.

　나는 진보파의 한 사람으로서, 새로운 생각에 대한 관용과 개방성을 소중하게 여긴다. 그래서 이번 9장에서 내가 반대하는 정치적 입장에 나도 관용을 보여 보고자, 또 내가 신봉하지 않는 종교 사상들 속에서 어떤 장점을 찾아보려 최선을 다했다. 하지만 신성함이 인간의 경험에 풍성함을 더해 준다는 사실을 차차 깨닫기 시작한 참이기는 하지만, 지난 수백 년 간 서양에서의 삶이 점점 "평평해지고 있다"라는 사실이 나로서는 전적으로 개탄스럽지만은 않다. 3차원의 사회들에는 그 나름대로 안타까운 경향이 있기 때문인데, 3차원의 아래로 끌어내려진 뒤 몹쓸 대우나, 그보다 더 처참한 꼴을 당하는 집단이 하나 이상은 존재하기 때문이다. 최근까지도 인도에서 "불가촉천민"이 어떤 여건에서 살았는지, 혹은 중세 유럽을 비롯해 순혈주의 강박에 빠진 나치 독일에서 유대인이 어떤 수모를 겪었는지, 혹은 인종 분리 정책이 실시되던 미국 남부에서 아프리카계 미국인들이 어떤 굴욕을 당했는지 살펴보기만 해도 그렇다. 현재는 미국의 종교적 우파가 이와 비슷한 방식으로 동성애자들을 끌어내리려 애쓰는 것처럼 보이고 말이다. 이 같은 불의에는 진보주의와 자율성의 윤리가 무엇보다 든든한 방어막이 돼 준다. 다양성이 존재하는 현대 민주주의 통치에서는 신성함의 윤리가 자율성의 윤리를 대체했다간 자칫 위험할 수 있다. 그렇다고는 해도 신성함의 윤리를 전적으로 무시했다간 그 사회에서의 삶 역시 추하고 마뜩잖을 것이 될 거라 여겨진다.

문화 전쟁은 이념 싸움이기에, 양쪽 다 절대 악의 신화를 활용해 싸움을 벌이기는 마찬가지이다. 상대편이 **어느 한 부분**이라도 옳을지 모른다고 인정하는 것은 반역 행위나 다름없는 짓이다. 하지만 3차원 연구를 계기로 나는 절대 악의 신화에서 자유로워질 수 있었고, 덕분에 반역적인 생각들을 품기가 나름 수월했다. 그런 반역적인 생각을 하나 꼽자면 이렇다. 만일 3차원 및 거룩함에 대한 인식이 인간 본성의 중요한 일부라면, 과학계도 종교성을 인간 본성의 정상적이고 건전한 한 측면으로, (우리가 그렇게나 열심히 연구하는) 성생활이나 언어만큼이나 심오하고 중요하고 흥미로운 한 부분으로서 받아들여야만 하리라는 점이다. 반역적인 생각은 이 외에도 또 있다. 종교인들의 믿음대로 종교가 정말로 그들에게 가장 큰 행복을 가져다주는 근원이라면, 행복과 의미를 찾기 위해 애쓰는 우리 같은 이들도, 신을 믿건 혹은 믿지 않건, 그들에게서도 뭔가 배울 게 있으리라는 것이다. 그것이 바로 이 책 마지막 장의 주제이기도 하다.

10장 행복은 사이에서 온다

자신의 고유한 자기 안에서 모든 존재를 보고,

모든 존재 안에서 자신의 고유한 자기를 보는 이에게서는

모든 두려움이 사라질지니 … 현인이 이 위대한 합일을 깨달아,

그의 자기가 곧 모든 존재가 되면,

어떤 망상과 어떤 슬픔이 그의 곁에 머물겠는가?

우파니샤드[1]

'더할 나위 없이 행복했다.'

죽을 때가 찾아와, 해가 됐든, 공기가 됐든, 선善이나 앎이 됐든,

오롯한 무언가의 일부가 되는 순간 우리는 아마 저렇게 느끼겠지.

어쨌든 그게 행복 아니겠어.

뭔가 완벽하고 대단한 무언가에 녹아든다는 것.

윌라 캐더[2]

    속담, 격언, 지혜의 말을 활용하면 갖가지 세상사도 어딘가 고귀
해지는데, 그래서 우리는 인생의 중요한 과도기에도 곧잘 그런 말들
을 활용해 기념을 한다. 뉴욕주 스카스데일에 위치한 스카스데일고등
학교의 1981년도 졸업생들도 저마다 인용구를 고르는 게 하나의 통
과 의례였으니, 그것은 차차 드러나는 자신의 정체성이 뭔지 고심해
보고 그 일부 측면을 표현하는 기회이기도 했다. 그해의 졸업 앨범을
죽 훑으며 각 사진 아래 적힌 인용구들을 보니 종류가 크게 둘로 나뉘
었다. 우선 사랑이나 우정에 바치는 헌사가 제법 많았는데, 정든 친구
들과 이별해야 하는 시점에 잘 어울리는 내용들이었다("사랑하는 친구
들 곁을 나는 결코 떠나는 일 없으리. 친구의 일부는 늘 나와 더불어 있고, 나

의 일부는 늘 그 친구에게 남아 있을 테니까."). 나머지 하나는 자기 앞에 펼쳐진 길에 대해, 때로는 떨림이 뒤섞인 채, 낙관주의를 표현하는 유형이다. 아닌 게 아니라, 고등학교를 졸업하게 되면 으레 '삶은 여행이다'라는 비유를 떠올리게 마련이지 않은가. 예를 들어, 학생 네 명은 캣 스티븐스Cat Stevens의 〈무언가를 찾아 떠난 길에서〉라는 노래 제목을 인용구로 실었다.[3] 학생 두 명은 조지 워싱턴George Washington의 이 말을 인용했다. "망망대해에서 배에 오르네, 어떻게 펼쳐질지 그 경계를 알 수 없는 바다 위에서. 안전한 항구는 찾기 힘들겠지."[4] 한 학생은 브루스 스프링스틴Bruce Springsteen의 노래 가사를 인용하기도 했다. "맥주도 챙겼고, 고속 도로 무료 통행증도 있다네 / 그리고 내 곁엔 네가, 또 자기 곁에는 내가 있지."[5]

그런데 대체로 삶의 한없는 가능성을 긍정하는 이들 내용 가운데에 다소 음침한 어조의 인용구가 떡하니 자리 잡고 있었다. "칼에 찔려 죽거나, 굶어 죽는 걸 피한다 해도, 어차피 몹쓸 전염병에 걸려 다들 죽을 텐데, 귀찮게 면도는 해서 무엇 하나?"(우디 앨런)[6] 이 구절 위에 실려 있는 것은 내 사진이다.

물론 저 인용구는 농반진반으로 단 것이었을 뿐이다. 그 전 해에 나는 희곡《고도를 기다리며Waiting for Godot》를 읽고 그 내용을 면밀하게 파고든 보고서를 썼었는데, 사뮈엘 베케트Samuel Beckett가 실존주의의 관점에서 신이 없는 세상에서의 삶의 부조리를 묵상하듯 써 내려간 그 내용이 내게 생각거리를 던져 주었다. 그때 나는 이미 무신론자였던 데에다, 고등학교 3학년 내내 "삶의 의미는 무엇인가"라는 질문에 사로잡혀 지낸 터였다. 대학 입학 자기 소개서도 삶의 무의미함을 주제로 삼을 정도였다. 고등학교 3학년 겨울을 나는 일종의 철학적

　　　　　　　　　조너선 하이트의 바른 행복

우울증에 빠진 채 보내야 했다. 진료가 필요한 우울증은 아니었고, 단지 모든 게 의미 없다는 인식이 내 머리 구석구석에 배어 있었다. 만사가 장대한 계획 안에 맞춰져 있다면, 내가 대학에 가든, 지구가 소행성이나 핵 전쟁 때문에 멸망을 하든, 그게 하등 중요할까 하는 생각이 들었다.

내가 자포자기에 빠진 건 참 별난 일이 아닐 수 없었는데, 당시 내 삶은 4살 이후 처음으로 모든 게 완벽했기 때문이다. 내 곁에는 멋진 여자 친구, 대단한 친구들, 그리고 나를 사랑해 주는 부모님이 있었다. 나는 육상 경기팀의 주장이었던 데에다, 17살 소년에게는 아마 더없이 중요한 자랑거리가 될 만한 일로, 아버지의 1966년식 선더버드 컨버터블을 몰고 인근을 돌아다닐 수 있었다. 그런데도 내 머리에서는 그 모든 게 과연 의미가 있나 하는 생각이 떠나지 않았다. 성경의 〈전도서〉를 쓴 이의 말처럼, "모든 것이 헛되나니 바람을 쫓는 것과 같도다."(〈전도서〉 1장 14절)라는 생각이 들었다. 그러다 자살에 대해 일주일 생각해 보고(실행 계획을 세운 게 아니라, 추상적 차원에서 생각해 봤다) 이 문제를 뒤집어 본 뒤에야 마침내 우울증에서 벗어날 수 있었다. 신이 존재하지 않고 바깥의 것들도 삶에 의미를 주지 못한다는 것은, 어떻게 보면 내가 내일 당장 스스로 목숨을 끊는 것도 아무 의미 없는 일일 수 있으리란 생각이 들었다. 과연 그렇구나 생각이 들자, 내일 이후의 모든 일은 어떤 단서도 붙지 않고 어떤 기대도 할 필요 없는 선물이었다. 삶의 끝에는 제출할 시험지 따위는 없고, 따라서 시험에서 망할 일도 없다. 삶이 정말 그뿐이라면, 삶을 내팽개치는 대신 삶을 꽉 끌어안지 말아야 할 이유가 무엇이겠는가? 이 깨달음 덕에 당시 내가 기분이 나아졌었는지, 혹은 나아진 기분 덕에 내가 이 문제를 희망에 차서 다시 바라봤는지는 지금은 잘 모르겠다. 다만 확실한 것은 덕분에 실존과 관련한 내 우울감만큼은 완전히 날아가, 고등학교의 마지막 몇 달은 즐겁게 보낼 수 있었다는 것이다.

그러나 삶의 의미에 대한 나의 관심은 이후에도 사그라지지 않았고, 그래서 대학에서 철학을 전공으로 택해 공부했지만 철학에서는 거의 아무런 답을 얻을 수 없었다. 현대 철학자들은 말의 의미 분석에 있어서는 전문가이지만, 실존주의자들을(애초 내게 질문을 품게 만들었던) 제외하면 삶의 의미에 대해서는 거의 말해 준 게 없었다. 현대 철학이 그토록 내게 무익한 학문으로 비쳤던 까닭은 대학원에 진학해 심리학을 공부해 보고서야 비로소 알 수 있었다. 이 책의 앞부분에서도 드러났듯 고대 철학자들은 그 자신이 훌륭한 심리학자이기도 했으나, 현대 철학은 논리와 합리성 연구에만 매달리기 시작한 이후로 차츰 심리에 대한 흥미를 잃더니 급기야는 인간 삶의 열정적이고 맥락적인 특성에서는 손을 떼기에 이르렀다. 하지만 추상적이거나 일반적 차원, 혹은 어떤 신화상 존재나 완벽히 합리적인 존재에 국한시켜서는 "삶의 의미"를 분석하는 일 자체가 불가능하다.[7] 실제로는 우리가 다양한 종류의 존재 양식을 지니고 있고, 더구나 그 안에는 우리가 어쩌다 갖게 된 복잡한 정신적 및 감정적 구조물이 자리한다는 사실을 알 때, 그때에만 누구라도 의미 있는 삶이라 간주할 만한 것이 과연 무엇인가 하는 질문을 시작할 수 있다. (철학도 그나마 최근에는 심리적 및 열정적 면모를 좀 더 갖추는 데 성공했다.)[8]

심리학을 공부하며 나의 연구 주제인 도덕성을 계속 파고들수록 나는, 현재는 답이 가능해진 인간 본성에 대해서 심리학 및 그 관련 학과들은 그간 그야말로 수많은 점을 밝혀내 왔다는 사실을 알 수 있었다. 아닌 게 아니라 대부분의 답을 우리는 이미 100년 전부터 알고 있었고, 해답의 나머지 퍼즐이 맞춰진 것은 지난 10년 새의 일이었다. 이번 10장에는 그 궁극적 질문에 대해 내가 심리학을 토대로 내놓은 답이 담겨 있다.

인생에 대한 질문을 던지는 방법

"삶의 의미는 무엇일까?"라는 질문은, 신성한 술잔Holy Grail(성배라고도 함)과 비슷한 구석이 있어서, 어쩌면 신성한 질문Holy Question 이라 불러도 무방할지 모른다. 그 질문에 대한 답을 찾는 여정은 고귀하고 모든 이가 제발 답을 찾기를 바라지만 한 사람이라도 답을 찾을 거라 기대하는 이는 거의 없기 때문이다. 신성한 질문에 대한 답을 주겠다며 만들어진 책들이나 영화가 보통 농담으로 끝나고 마는 것도 바로 이 때문이다. 《은하수를 여행하는 히치하이커를 위한 안내서》에서는, 이 신성한 질문에 답하려 집채만 한 컴퓨터를 만드는데 이 기계가 750만 년 동안 돌아가며 계산한 끝에 내뱉은 답은 "42"이다.[9] 영화 〈몬티 파이튼의 삶의 의미Monty Python's The Meaning of Life〉의 결말 장면에서는 배우 마이클 페일린Michael Palin 이 (여장을 한 채) 이 신성한 질문에 대한 답을 건네받아 목소리 높여 읽는다. "사람들에게 잘하려고 노력하고, 지방 섭취는 피하며, 이따금 좋은 책을 읽고, 생활하면서 걷기를 실천하고, 모든 교리 및 모든 나라 사람들과 조화를 이루어 살기 위해 노력하라."[10] 이들 답이 재밌게 들리는 건 비록 그 **형태**로는 훌륭한 답인 듯하나, 실상 그 **내용**은 텅 비었거나 진부하기 때문이다. 이같은 패러디를 접하면 우리는 자신의 모습에 웃음을 터뜨리며 이렇게 묻게 마련이다. '도대체 내가 뭘 기대했던 거지?' '어떤 종류의 답이었어야 나는 만족할 수 있었을까?'

내가 철학을 통해 배운 게 하나 있다면, 질문을 분석할 줄 알게 되었다는 것이었다. 즉, 어떤 대답을 얻기에 앞서 정확히 내가 무얼 묻고 있는지 명확히 정리할 수 있게 되었다. 신성한 질문에도 그런 식의 명확한 정리가 절실하게 필요하다. "X의 의미가 무엇인가?"라는 질문을 나올 때마다, 과연 어떤 **종류**의 답이 나와야 우리는 만족할 수 있을 것인가?

가장 흔하게 볼 수 있는 의미의 종류는 사전적 정의이다. "ananym의 의미는 무엇인가?"라고 물을 때 그 뜻은 "그걸 읽었을 때 내가 이해할 수 있게 'ananym'이라는 단어의 뜻을 정의해 달라"라는 것이다. 그러면 나는 사전을[11] 찾아 페이지를 뒤적인 다음, 그 단어가 "본명의 철자를 뒤에서부터 앞으로 적은 가명"이라는 뜻임을 알아낸다. 잘 알겠다. 그러면 "삶"의 의미는 무엇인가? 나는 다시 사전을 뒤적여, 삶이란 말에는 "생명을 유지하며 기능을 발휘하는 상태를 죽은 몸, 혹은 순전히 화학적인 물질과 구별시켜 주는 특질"이나 "태어나서 죽을 때까지의 기간"을 비롯해 총 스물한 가지의 뜻이 있음을 알게 된다. 하지만 막다른 골목을 만난 것처럼 이걸로 끝이다. 이건 결코 제대로 된 해답이 아닐 텐데 말이다. 지금 우리는 "삶"이라는 **단어**의 뜻이 아닌, 삶 자체에 대해 묻고 있는 것이니까.

의미의 두 번째 종류는 상징 혹은 치환이다. 여러분이 어느 날 꿈을 꾸었는데 그 내용이 지하실을 탐험하다 지하 아래의 공간으로 통하는 뚜껑 문을 발견하는 것이었다면, 여러분은 "그 지하 아래 의미는 과연 뭘까?"하며 궁금해하지 않을까. 심리학자 칼 융Carl Jung이 꾸었던 꿈이 바로 그런 것이었는데[12], 당시 융은 지하 아래의 의미를(즉, 그것이 상징하거나 혹은 대신 의미하는 것) 집단적 무의식, 즉 마음 깊은 곳에서 모든 이가 공유하는 생각이라고 결론 내렸다. 그런데 이번에도 막다른 골목을 만난 것이나 다름없다. 삶은 그 어떤 것도 상징하거나, 대신 나타내거나 혹은 가리키지 않기 때문이다. 우리가 이해하고자 하는 것은 삶 그 자체이다.

의미를 묻는 세 번째 방법은 우리가 뭔가를 제대로 이해하게 해 달라고 도움을 청하는 것인데, 이때 우리가 이해하고자 하는 것은 보통 사람들의 의도나 믿음 같은 것들이다. 가령 여러분이 영화가 시작되고 한 시간 뒤에 영화관에 들어갔다가 종료 한 시간 전에 나와야 했다고 해 보자. 그날 저녁 뒤늦게야 여러분은 영화를 처음부터 끝까지 다 본 친구에게 물어본다. "그 곱슬머리 남자가 그 아이한테 윙크한 건 무슨 의미였어?" 이렇게 묻는다는 건 그 행동이 영화 플롯 안에서 나름 중요함을 여러분이 안다는 뜻이고, 나아가 그 행동을 이해하려면 특정 사실들을 몇 가지 알아야 한다고 가정한다는 이야기이다. 아마 여러분이 놓친 도입부 장면들에 두 인물이 전부터 알고 있던 사이라는 사실이 일찌감치 드러났던 게 아닐까? 결국 "그 윙크의 의미는 뭐였어?"라고 묻는다는 것은 "그 윙크를 이해하려면 난 뭘 알아야해?"라는 뜻인 셈이다. 이제야 우리도 길을 찾아 나아가고 있다. 왜냐하면 삶도, 우리가 도입부 장면이 시작되고 한참 뒤부터 보기 시작해 대부분의 줄거리가 결말에 이르기 한참 전에 빠져나와야 하는 영화와 무척이나 비슷하기 때문이다. 지금 보고 있는 영화에서 극히 일부나마 헷갈리는 순간들을 이해하려면 상당히 많은 것을 먼저 알아야

함을 우리는 예리하게 인식하고 있을 뿐만 아니라, 우리가 모르는 게 정확히 뭔지 알지 못하기에 질문의 틀도 잘 잡지 못한다. 그래서 정작 입으로는 "삶의 의미는 무엇인가?"라고 질문을 던지지만, 여기서 우리가 기대하는 것은 딱 떨어지는 답을("42"와 같은) 기대하는 게 아니라, 어떤 깨달음, 즉 "아하!"하며 우리 무릎을 탁 치게 해 줄 경험이다. 이런 경험 속에서는 전만 해도 잘 이해되지 않거나 중요하다고 인식하지 못했던 것이 어느 순간 갑자기 나름의 의미를 갖게 되기 시작한다(사각형도 3차원으로 끌려왔을 때 바로 이런 경험을 한 것이었다.)

신성한 질문의 틀을 다시 잡아 "삶에 대해 깨달을 만한 무언가를 제게 말해 주세요"라고 고치고 나면, 그 답 안에는 인간 존재가 깨달음이라고 여길 만한 종류의 새로운 사실들이 담겨 있어야 한다. 사람들이 그런 식으로 대답을 원하는, 그리고 그 대답이 깨달음으로 다가올, 구체적 하위 질문은 두 가지인 것으로 보인다. 첫 번째는 삶이 **가진** 목적에 관련한 질문이라 하겠다. "어떤 목적을 **위해** 인간 존재는 이 지구에 자리 잡고 살아가게 되었을까? **왜** 우리는 여기에 있는 것일까?" 이 질문에 대한 답은 종류가 크게 둘로 넌다. 우리는 어떤 신이나 영혼 혹은 지적 존재가 나름의 생각, 욕구, 뜻을 가지고 이 세상을 창조했다고 믿거나, 아니면 이 세상은 순전히 물질적인 세계로써 갖가지 사물과 우리가 만들어진 **목적**에 해당하는 어떤 이유는 따로 존재하지 않는다고 믿는 것이다. 모든 일은 그저 물질과 에너지가 자연법칙에(생명이 탄생 이후부터는, 다윈의 진화도 여기에 포함된다) 따라 상호작용한 결과 일어난 것일 뿐이다. 신성한 질문에는 종교가 해답으로 제시될 때가 많은데, 삶의 목적이라는 하위 질문에 수많은 종교가 너무도 명확한 답을 제시하기 때문이다. 과학과 종교는 서로를 적대시

조너선 하이트의 바른 행복

할 때가 많은데, 실제로 진화론 교육 여부를 두고 미국에서 싸움이 벌어진 것도 바로 종교와 과학이 상충하는 답을 내놓기 때문이다.

두 번째의 하위 질문에서는 삶 **안**에서의 목적이 무엇이냐를 묻는다. "나는 어떻게 살아야 할까? 선하고, 행복하고, 보람차고, **의미 있는** 삶을 살기 위해 나는 뭘 해야 할까?" 신성한 질문을 던질 때 사람들이 되도록 알고자 하는 것도, 자신들 행동에 지침이 돼 주고 자신들 선택에 의미와 가치를 부여해 줄 일련의 원칙이다. (몬티 파이튼의 영화 속 대답이 형태만큼은 올바르다고 하는 이유가 이것이다. "사람들에게 잘하려 하고, 지방 섭취를 피하며…"). 아리스토텔레스도 **아르테**(탁월함/덕德)와 **텔로스**(목적/목표)에 관해 질문을 던진 뒤, 사람들을 궁수에 비유하며 모름지기 궁수라면 자신이 노리는 명확한 목표물이 있어야 한다고 했다.[13] 목표물이나 목적이 없으면 사람은 자동적으로 동물의 상태가 된다. 코끼리가 제 멋대로 풀을 뜯거나 배회하게 그냥 놔 둔다고 해 보자. 그러면 코끼리는 떼 지어 사는 동물인 만큼, 결국에는 다른 모든 코끼리가 하는 대로 따라갈 것이다. 하지만 인간의 마음에는 기수가 자리한 데에다, 사춘기에 들어서는 이 기수가 더욱 추상적인 사고를 하기 시작하기 때문에, 우리 인간에게는 주위를 둘러보고 무리의 테두리를 벗어나 이렇게 묻는 순간이 찾아올 수도 있다. '지금 우리는 전부 다 어디로 가는 거지? 왜 그리로 가고 있는 거지?' 이게 바로 고등학교 3학년 때 내게 일어났던 일이었다.

사춘기에 접어들어 실존주의에 빠졌을 때, 이 두 가지 하위 질문을 나는 하나로 뭉뚱그렸던 셈이었다. 삶이 **가진** 목적에 대해 과학이 내놓은 답만 붙들고 있느라, 삶 **안**의 목적을 찾는 일에 대해선 미처 생각할 겨를이 없었다. 사실 그런 실수를 충분히 할 만했던 것이, 수많은 종교에서는 이 두 질문을 떼어서 생각할 수 없다고 가르친다. 신이 계획의 일부로써 우리를 만들었다고 믿는다면, 자신의 맡은바 역할을 잘 해내기 위해서라도 우리는 어떤 삶을 살아야 할지 헤아릴 수 있다. 《목적이 이끄는 삶》[14]도 총 40일의 강의를 펼치면서, 삶이 **가진** 목적에 신학적 대답을 내놓고 거기서부터 독자들이 삶 **안의** 목적을 찾을 수 있도록 방법을 가르치고 있다.

하지만 이 두 질문은 얼마든 따로 떼어 생각할 수 있다. 첫 번째 질문은 바깥에서부터 삶에 대해 묻는 것이라 할 수 있다. 즉 사람, 지구, 별들을 **대상**으로 바라보고 질문을 던지는 것으로써("이 모든 **것들**이 존재하는 이유는 무엇인가?") 여기에는 신학자, 물리학자, 생물학자들이 답을 내놓을 수 있다. 두 번째 질문은 **주체**의 자격으로 삶을 **안에서부터** 바라보는 것으로("**내가** 어떻게 하면 나름의 의미와 목적이 있는 것들을 찾을 수 있을까?") 여기에는 신학자, 철학자, 심리학자들이 답을 내놓을 수 있다. 두 번째 질문은 알고 보면 경험주의적인 데가 있다. 과학적 방법들을 동원해 탐구할 수 있는 사실을 다루는 질문이라는 뜻이다. 그렇다면 왜 어떤 이들은 열정, 헌신, 의미에 가득 차서 삶을 살아가는 반면, 어떤 이들은 자신의 삶이 공허하고 의미 없다고 느끼는 것일까? 10장의 나머지 부분에서는 삶이 **가진** 목적은 제쳐 두고, 삶 **안에** 목적이 있다는 생각을 심어 줄 만한 몇몇 요소들을 한번 찾아보려고 한다.

사랑과 일

컴퓨터는 고장이 나면 저 스스로 고쳐지지 않는다. 우리가 손으로 직접 컴퓨터를 뜯어 뭔가 필요한 조치를 취하거나, 전문가에게 가져가 수리를 요청해야만 한다. 컴퓨터의 비유는 이제 우리 사고 안에 너무도 깊이 배어 있어, 더러 우리는 사람을 컴퓨터로 여기는가 하면 심리 치료 역시 서비스 센터 방문이나 일종의 프로그램 재설정이라고 생각하기도 한다. 하지만 사람은 컴퓨터와 같지 않으니, 사람은 자신에게 닥친 거의 모든 일들에서 스스로 회복을 하기 때문이다.[15] 나는 사람은 식물과 비슷하다는 게 더 나은 비유라는 생각이다. 대학원을 다니던 시절, 나는 필라델피아의 내 집 앞쪽에 자그마한 정원을 가꿨었다. 하지만 썩 훌륭한 정원사가 아니었던 데다 여름에는 여행을 많이 다녔기 때문에, 내가 키우던 식물들은 더러 시들기도 하고 죽기 직전까지 가기도 했다. 하지만 그것들을 기르며 알게 된 무척 놀라운 사실은, 식물들은 완전히 죽지 않는 한, 적절한 조건들만 잘 갖춰 주면 언제 그랬냐는 듯 온전하고 눈부신 생명력을 되찾는다는 것이었다. 식물을 고치는 건 불가능하다. 우리는 그저 적절한 조건들을(물, 햇빛, 흙) 갖춰 줄 수 있을 뿐이다. 그러면 나머지는 식물이 알아서 한다.

사람들이 식물과 비슷하다면, 우리가 쑥쑥 자라나는 데에 필요한 조건들은 과연 무엇일까? 이 책 5장에 등장한 행복 공식인 H(행복) = S(설정값) + C(조건) + V(자발적 활동)에서, C는 정확히 무얼 말하는 걸까? C에서 가장 커다란 비중을 차지하는 것은, 6장에서도 이미 말했지만, 사랑이다. 그 어떤 남자, 여자, 혹은 아이도 결코 섬이 아니다. 우리는 초사회성을 지닌 생물체들이기에, 친구가 없거나 다른 이에게 튼튼한 애착을 형성하지 못하면 행복해질 수 없다. C에서 두 번째로 중요한 것은 올바른 목표를 설정하고 그것들을 추구해 나가는 과정에서 몰입과 사회 참여 상태를 만들기 위해 노력하는 것이다. 현대 세계에서 사람들이 목표를 찾고 몰입을 경험할 수 있는 환경은 많지만, 대부분의 사람들이 몰입을 경험하는 건 일을 할 때이다.[16] (여기에서의 일은 넓은 의미로, "그래서 당신이 하는 일은 뭔가요?"라고 물을 때 아무나 내놓을 수 있는 대답이 여기 포함된다. "학생"이나 "전업주부" 모두 훌륭한 답변이다.) 사람들에게 있어 사랑과 일은, 누가 봐도 식물이 받는 물이나 햇빛에 견줄 만한 것들이다.[17] 프로이트는 정상적인 사람은 모름지기 무엇을 잘해야 하겠느냐는 질문을 받았을 때 이렇게 답한 것으로 유명하다. "사랑과 일."[18] 만일 어떤 사람이 치료를 받고 이 두 가지를 잘하게 되었다면, 그 치료는 성공적이었다는 이야기이다. 매슬로의 유명한 욕구 단계설에서도, 사람들은 일단 신체적 욕구를(음식과 안전) 채우고 나면, 거기서 나아가 사랑에 대한 욕구를 갖게 되고 그 다음에는 자부심을 필요로 하게 되는데, 이 자부심은 대체로 일을 통해 얻어진다. 심지어 레프 톨스토이Leo Tolstoy도 프로이트보다 한발 앞서 이렇게 썼다. "누군가가 일하는 법과 사랑하는 법을 안다면, 사랑하는 그 사람을 위해 일을 하고 또한 그 자신의 일을 사랑할 줄 안다면, 그는 이 세상을 장려壯麗하게 살아갈 수 있다."[19] 사랑에 대해서는 6장에서 내가 하고픈 이야기를 이미 다 했기 때문에, 이번 장에서는 더 말하지 않으려 한다. 대신 일에 대해 훨씬 더 많은 이야기를 해야만 하겠다.

해리 할로우가 학생들을 데리고 동물원에 갔을 때, 그들 일행은 유인원과 원숭이들이 그저 재미 삼아 이런저런 문제를 푸는 것을 보

조너선 하이트의 바른 행복

고 깜짝 놀라지 않을 수 없었다. 강화인 없이 일어나는 그 같은 행동을 행동주의로는 도무지 설명할 길이 없었기 때문이다. 1959년 하버드의 심리학자 로버트 화이트Robert White 는[20] 행동주의와 심리 분석 관련 연구를 점검한 끝에, 이 두 이론은 할로우가 간파한 점을 놓치고 있다고 결론 내렸다. 즉 사람들을 비롯해 여타 수많은 포유류는 **일 벌이기를 좋아하는 기본적 욕구**를 갖고 있음이 무수한 증거를 통해 밝혀졌다는 것이다. 이 사실은 어린 아기들이 "활동 상자busy boxes"를 가지고 놀며 얼마나 기뻐하는지만 봐도 알 수 있는데, 이 활동 센터에서 아기들은 잘 가눠지지도 않는 팔을 요리조리 움직여 가까스로 종을 치기도 하고 바퀴를 돌리기도 한다. 그보다 몇 살 더 먹은 아이들이 도무지 눈을 떼지 못하는 장난감들도 마찬가지이다. 어렸을 적 내가 가장 갖고 싶어 한 장난감도 원거리에서 조종해 움직이거나 작동시킬 수 있는 것들, 이를테면 원격 조정 자동차, 비비탄 총, 종류를 막론한 로켓과 비행기 따위였다. 일 벌이기에 대한 욕구는, 퇴직했든 해고를 당했든, 복권에 당첨됐든, 일을 관두게 되어 하릴없이 지내는 사람들에게서도 찾아볼 수 있다. 심리학자들은 그간 이 기본적 욕구를 능력, 근면, 혹은 숙달에 대한 욕구라 칭해 왔다. 화이트의 경우에는 이 욕구를 "효능 동기effectance motive"라 부르면서, 주변 환경과의 상호 작용 및 그것에 대한 통제를 통해 자신의 능력을 발달시키고자 하는 욕구라고 정의한 바 있다. 효능 욕구는 거의 음식이나 물만큼이나 사람의 기본적인 욕구지만, 배고픔처럼 한번 충족되고 나면 몇 시간 동안은 사라지는 결핍 욕구는 아니다. 그보다 효능 욕구는 우리 삶에서 항시 그 모습을 드러낸다고 화이트는 말한다.

주변 환경을 잘 다룬다는 것은, 그 사람과 주변 환경과의 관계를 서서히 변화시키는 갖가지 거래를 지속적으로 실행해 나간다는 뜻이다. 그 안에는 완성 단계에 찾아오는 절정부climax는 존재하지 않기 때문에, 여기서 얻어지는 만족은 잇따라 이뤄지는 상당한 양의 거래 속에, 즉 성취되는 목표보다 행동의 일정한 흐름 속에 자리하는 것으로 봐야만 한다.[21]

이 효능 동기를 알면 과정의 원칙을 설명하는 데에도 도움이 된다. 우리는 목표를 이루는 것 자체보다는 그 목표들을 향해 나아가는 과정에서 더 큰 즐거움을 얻게 마련인데, 셰익스피어가 말했듯, "기쁨의 영혼은 무언가를 하는 데에 자리 잡고 있기"[22] 때문이다.

여기까지 왔으니 이제 현대의 일이 어떤 여건인지 살펴볼 수 있겠다. 칼 마르크스Karl Marx는 자본주의를 비판하며[23] 정당성을 입증받은 자신의 주장을 일부 근거로 삼았었는데, 그 내용인즉 산업 혁명으로 말미암아 오랜 세월 직인職人과 그의 생산품 사이에 맺어져 있던 관계가 허물어지고 말았다는 것이었다. 조립 라인의 작업은 사람들을 거대한 기계 안의 톱니바퀴로 전락시켰고, 그 기계는 노동자들의 효능 욕구에는 전혀 신경 쓰지 않았다. 후일 직업 만족을 주제로 나온 연구도 마르크스의 이 비판을 뒷받침했으나, 거기엔 섬세한 뉘앙스가 더해져 있었다. 1964년 사회학자 멜빈 콘Melvin Kohn과 카르미 스쿨러Carmi Schooler[24]는 3100명의 미국인 남성을 대상으로 직업 관련 설문 조사를 진행했는데, 이를 통해 둘은 직업 만족도를 이해하는 핵심이 이른바 "업무 자기 주도성occupational self direction"에 있음을 알 수 있었다. 저난이도의 기계적 반복 작업이 많은 일을 하며 면밀히 감시를 당하는 경우 사람들은 일에서 가장 많이 소외되는 모습을 보였다(즉, 이들은 자신이 무력하고 불만족스러우며 일과 괴리되어 있다고 여긴다). 반면 다양하고 도전적인 일을 하되 일에 접근할 때 더 많은 재량을 가지는 이들은 자신의 일을 훨씬 즐기는 경향을 보였다. 노동자들이 업무 자기 주도성을 가지게 되면, 그들의 일도 만족스러워질 때가 많았다는 뜻이다.

더욱 최근에 이루어진 연구에서는 대부분의 사람들이 자신의 일에 접근하는 방식은 세 가지인 것으로 나타났는데, 그 세 가지란 직업, 경력, 소명을 말한다.[25] 우리가 자신의 일을 직업으로 본다는 건 단지 돈을 벌려고 그 일을 한다는 뜻으로, 그럴 경우에는 일하면서도 시계를 자꾸 흘끔거리는가 하면 다가올 주말만 꿈꾸게 되는데, 일에서는 확실히 충족받지 못하는 효능 욕구를 갖가지 취미 활동을 통해서 충족할 가능성이 높다. 일을 경력으로 볼 경우에는 출세, 승진, 위신 같은 더 커다란 목표들을 갖고 일을 한다는 뜻이다. 이들 목표를 추구해 나가다 보면 종종 에너지가 샘솟으며, 그래서 일을 제대로 해내고 싶다는 생각에 집까지 일을 싸 들고 들어가기도 한다. 하지만 그렇게 지내다 보면 이따금 내가 왜 이렇게까지 열심히 일해야 하나 의아한 생각이 든다. 이따금 자신의 일이 생쥐의 쳇바퀴 굴리기와 같고, 사람들도 그저 경쟁을 위해 경쟁을 벌인다고 여겨지기도 한다. 하지만 내 일을 소명으로 보면, 내가 하는 일은 그 자체로 보람된 것이 된다. 다른 뭔가를 이루려 그 일을 하는 게 아니라는 뜻이다. 일이 소명이 되면 내 일이 더 커다란 선이나, 내가 분명히 가치 있게 여기는 어떤 대사업에 일조하는 것으로 생각된다. 그러면 일하는 날에 몰입 경험을 할 때가 많아져, "끝나는 시간"만 목 빠지게 기다리거나 "감사합니다. 하느님, 드디어 금요일이에요!"라고 소리치고픈 충동도 느끼지 않게 된다. 그렇게 되면 여러분은 갑자기 돈방석에 올라앉게 되어도 자신이 하던 일을, 설령 아무 보수가 안 주어져도, 계속 해 나가게 될 수도 있다.

그렇다면 육체 노동자들이 하는 일이 직업이고, 관리자들이 하는 일이 경력이고, 더 명망 있는 전문가들(의사, 과학자, 성직자)이 하는 일이 소명이겠거니 생각될지도 모르겠다. 그러한 생각도 얼마간 맞기는 하지만, 그럼에도 우리는 마르쿠스 아우렐리우스의 말을 변용해 이렇게 말할 수 있다. "일 자체도 다 우리가 생각하기 나름이다." 뉴욕대학교의 심리학자 에이미 브제스니브스키Amy Wrzensniewski는 이 세 가지 태도가 자신이 살펴본 거의 모든 직업 속에서 나타나는 것을 볼 수 있었다.[26] 예를 들어, 병원 노동자 연구를 통해 브제스니브스키는 병원의 관리인들이 실내용 변기를 청소하고 바닥의 토사물을 치우는 일을 도맡아 하면서도(병원 직원들 가운데 서열이 가장 낮은 축에 속할 것이다), 때로는 그 자신도 사람 치료를 위해 만들어진 팀의 일원이라 여긴다는 것을 알 수 있었다. 이런 사람들은 자신에게 주어진 직무 내용 그 이상을 해냈는데, 병이 무척 위중한 환자를 찾아가 병실 분위기를 밝게 만들려 노력하는가 하면, 마냥 지시만 기다리기보다는 의사나 간호사의 의중을 미리 헤아려 일을 했다. 그런 식으로 이들은 자신만의 업무 자기 주도성을 늘려 나가는 한편, 그들의 효능 욕구를 충족시킬 만한 일들도 스스로 만들어 냈다. 이런 방식으로 업무에 임하는 경비원들은 자기의 일을 소명으로 인식하고 있었으며 일을 하면서도 자기 일을 직업으로 보는 이들보다 훨씬 즐거워했다.

긍정심리학 분야의 연구에서 나온 낙관적인 결론에 의하면, 사람들 대부분은 현재 자신의 일에서 지금보다 더 많은 만족을 얻는 게 가능하다. 그러려면 자신의 강점부터 파악하는 것이 첫 단계이다. 강점 테스트[27]를 받아본 뒤, 매일의 삶에서 내 강점을 활용할 만한 일을 골라 가끔이나마 스스로가 몰입의 순간들을 경험할 수 있게 하는 것이다. 나의 강점과는 별 상관없는 일에 억지로 매여 있는 상황이라면, 내 일이 내가 가진 강점에 맞는 것이 될 수 있게 틀을 바꿔 볼 수 있다. 그러기 위해선 당분간은 업무 외 일들을 좀 더 해야만 할 수도 있다. 위에서 말한 병원 관리인들처럼 친절, 사랑, 감정 지능, 시민의식 같은 자신의 강점을 실천에 옮겨 보는 식으로 말이다. 자신의 강점을 그런 식으로 현실에 활용할 수 있으면 일에서 느끼는 희열도 더 커지고, 일에서 희열을 찾으면 더 긍정적이고 접근 중심적인 사고방식을 갖게 되며, 이런 사고방식을 가지면 직업을 소명으로 탈바꿈시켜 줄 수 있는 더 큰 그림[28]을 그리기가(즉, 어떤 대사업을 이룩하는 데에 나도 이바지하고 있다고 느끼기가) 더 수월해질 것이다.

그렇게 되면 우리는 이제 최선을 다해 일하며 연결, 사회 참여, 헌신을 염두에 두게 된다. 시인 칼릴 지브란Kahlil Gibran의 말처럼, "일이란 눈으로 볼 수 있게 된 사랑"이다. 그는 톨스토이의 말을 떠올리게 하는 대목에서 사랑으로 행하는 일들의 예를 이렇게 제시한다.

그것은 내 심장에서 뽑아낸 한 가닥 한 가닥의 실로 천을 짜는 것,
내가 사랑하는 이가 그 천을 몸에 걸칠 것처럼.
그것은 사랑으로 집을 짓는 것,
내가 사랑하는 이가 그 집에서 살기라도 할 것처럼.
그것은 애지중지 씨앗을 뿌려 기쁜 마음으로 수확하는 것,

그 열매를 내가 사랑하는 이가 먹기라도 할 것처럼.[29]

사랑과 일은 인간의 행복에 무엇보다 중대한 요소로, 이 둘을 잘
해내면 자기라는 테두리에서 스스로 벗어나, 자기 너머에 있는 세상
사람들 및 갖가지 프로젝트와 연결될 수 있다. 행복은 바로 이 연결이
제대로 이루어질 때 온다. 행복은, 부처나 에픽테토스가 제시한 것처
럼, 그저 안에서만 오지 않으며, 심지어 (5장 말미에 임시방편으로 제시
했던 것처럼) 내적 요인들과 외적 요인을 결합했을 때 오지도 않는다.
행복 가설을 올바로 정리하면, 이어지는 부분에서 명확히 드러날 테
지만, 행복은 **사이**에서 온다.

즐겁게 몰두하고 나만의 의미를 찾아라

식물들은 특정한 조건을 갖춰 주면 쑥쑥 자라나는 만큼, 햇빛과
물을 어떻게 조절해 주어야 식물이 자랄 수 있는지 우리에게 알려 줄
수 있는 건 생물학자일 터다. 사람들도 특정 조건을 조성해 주면 쑥쑥
성장하는바, 사랑과 일을 어떤 식으로 해 나가면 삶이 행복하고 의미
가 있다고 느낄지 우리에게 알려 줄 수 있는 것은 심리학자이다.

몰입의 개념을 발견해 낸 심리학자 미하이 칙센트미하이는 큰 틀
에서 생각할 줄 아는 사람이다. 그는 단순히 (하루에 여러 번씩 사람들
의 삐삐를 울려) 몰입의 순간을 연구하는 데에 만족하지 않고, 몰입이
사람들의 전반적 삶 안에서 어떤 역할을 하는지, 특히 창조적인 사람
들의 삶 안에서 어떤 역할을 하는지 알고 싶었다. 이를 위해 그는 전

조너선 하이트의 바른 행복

문가들에게로 눈을 돌렸다. 즉, 예술 및 과학 분야에서 성공을 거둔 귀감이 될 인물들에게로 말이다. 칙센트미아히와 그의 학생들은 화가, 무용가, 시인, 소설가, 물리학자, 생물학자, 심리학자 등 각자의 분야에서 성공한 인물 수백 명을(이들은 하나같이 대단한 열정을 구심점 삼아 자신의 삶을 제 힘으로 공들여 쌓아 올린 듯하다) 상대로 인터뷰를 진행했다. 이들의 삶은 이들을 롤모델로 삼은 수많은 젊은이가 꿈꾸는, 누구나 동경하고 바람직하게 여기는 그런 모습을 하고 있다. 칙센트미하이는 어떻게 이런 삶이 현실에서 일어났는지가 알고 싶어졌다. 도대체 어떻게 해서 어떤 사람이 한 분야에 그토록 헌신적 노력을 쏟아붓고, 거기서 더 나아가 그토록 비범한 창조성을 발휘하게 되는 것일까?

그의 인터뷰를 통해 나타난 결과에 따르면, 이들은 각자 자신만의 독특한 길을 걷긴 하나, 그 길은 대부분 동일한 한 방향을 향하는 것으로 나타났다. 즉, 처음에는 관심 및 오락거리로 시작했던 일에서 몰입의 순간들을 겪게 되고, 이후 수년에 걸쳐 더욱 깊은 관계, 실전 경험, 가치들을 가지며 그로 말미암아 나중에는 훨씬 더 오랜 기간의 몰입을 경험하게 된다는 것이었다. 칙센트미하이와 그의 제자, 특히 진 나카무라Jeanne Nakamura는 날이 갈수록 깊이가 더해지는 이 과정의 최종 상태를 연구한 뒤, "생동적 참여vital engagement"라는 이름을 붙였고 이는 결국 "세상과의 관계로써 몰입의 경험(즐거움이 동반된 몰두)과 의미(주관적 의의) 모두를 특징으로 갖는다"[30]라고 정의했다. 생동적 참여란 일이 "눈으로 볼 수 있게 된 사랑"과 같은 것이 되었음을 또다른 식으로 표현한 것이라 하겠다. 심지어 나카무라와 칙센트미하이는 이 생동적 참여를 설명하며 거의 연애 소설에 나올 법한 표현까지 사용한다. "거기에는 자기와 대상 사이에 강하게 느껴지는 연결이 존재한다. 작가는 어떤 프로젝트에 '휩쓸린 듯' 정신없이 빠져들고, 과학자는 '별들에게 최면이 걸린다.' 이 관계는 주관적 의미를 가진다. 일은 곧 하나의 '소명'이라는 것이다."[31]

생동적 참여는 미묘한 개념으로, 처음 긍정심리학을 강의할 때 나도 학생들이 이것을 영 이해하지 못해 애를 먹었다. 학생들이 실제 사례를 접하면 낫겠다는 생각에, 나는 그동안 묵묵히 수업을 듣기만 했지만 언젠가 말馬에 관심이 많다고 언급한 한 여학생에게 도움을 구하기로 했다. 먼저 나는 캐서린에게 어떻게 승마에 몰두하게 됐는지 이야기를 들려 달라고 했다. 캐서린은 동물을 너무 좋아한, 특히 말에 유달리 관심이 많았던 어린 시절의 이야기를 해 주었다. 10살에 캐서린은 승마 수업을 듣게 해 달라고 부모님을 졸랐고, 두 분도 딸의 바람을 들어주었다. 애초 캐서린은 재미로 승마를 시작한 것이었지만, 이내 승마 대회까지 나가 실력을 겨루게 되었다. 대학을 선택해야 하는 시점이 왔을 때 캐서린이 굳이 버지니아대학교를 고른 데에는 이곳에 매우 뛰어난 기량의 승마팀이 있었던 것도 한몫했다.

캐서린은 수줍음이 많은 성격이어서 이상의 기본적인 사실들을 들려주고 나서는 더 이상 입을 떼려 하지 않았다. 지금까지의 이야기를 통해 캐서린이 승마에 점점 몰두하게 된 과정은 알 수 있었지만, 단지 몰두만 갖고는 생동적 참여가 무엇인지 설명되지 않는다. 나는 좀 더 파고들기로 했다. 혹시 19세기에만 활동한 말들의 이름을 알려 줄 수 있겠냐고 물어본 것이다. 그러자 캐서린은 입 언저리에 미소를 띠며, 이건 거의 비밀이라는 듯 입을 열었다. 사실 그녀는 승마를 시작했을 때부터 말에 관련된 책들을 읽어 왔고, 그래서 말의 역사는 물론 역사상 유명한 말에 관해서는 꽤 많은 것을 알고 있다는 것이었다. 승마를 하면서 사귄 친구들이 있느냐고 묻자, 그녀의 친한 친구들은 대개 "말 친구들"로, 승마술乘馬術 쇼나 함께 승마를 하다 알게 된 이들이라고 했다. 이야기를 풀어놓을수록, 캐서린은 더욱 활기를 띠고 자신감을 보였다. 캐서린이 승마에서 생동적 참여를 경험했다는 사실은 그녀의 말만큼이나 그녀의 태도에서도 명확히 배어 나오고 있었다. 위에서 나카무라와 칙센트미하이가 말한 것처럼, 캐서린도 애초 관심만 가지고 시작한 일이 점차 커져, 그 어느 때보다 깊은 관계, 그 어느 때보다 두터운 인맥을 맺고, 어떤 활동, 전통, 공동체와 연결되는 계기를 만든 것이었다. 캐서린에게 있어 승마는 이미 몰입, 기쁨, 정체성, 효능, 관계 맺음의 원천이 돼 있었다. 승마를 통해 캐서린은 일부나마 삶 안의 목적을 찾는 질문에 답할 수 있었던 것이다.

생동적 참여는 그 사람 안, 혹은 그 사람의 주변 환경 속에 있지 않다. 그것은 그 사람과 주변 환경의 **사이**에 존재한다. 캐서린을 흠뻑 빠져들게 한 의미의 망은 점점 커지는 동시에, 몇 년에 거쳐 서서히 그리고 유기적으로 그 두께를 더해 갔다. 바로 이 생동적 참여가 고등학교 3학년 때의 내게는 없었던 것이다. 당시 나는 사랑과 일을(충분히 벅찼던 고등학교 공부라는 형태로) 모두 갖고 있었지만, 그 일에 대학 진학 외의 더 거대한 계획이 결부돼 있지는 않았다. 아닌 게 아니라, 대학 진학 계획이 막바지에 접어든 바로 그 시점(대학 입학 원서를 보낸 뒤, 이제 어디로 가야 할지 몰라 갈팡질팡하고 있을 때)에 나는 신성한 질문을 접하고는 맥이 완전히 빠져 버린 것이었다.

나와 일 사이에 올바른 관계를 정립하는 것이 전적으로 나에게 달린 문제는 아니다. 생동적 참여가 곧장 이루어질 여건을 갖춘 업무들이 있는가 하면, 생동적 참여가 영 어려운 업무들도 있다. 1990년대 시장의 원리가 작동해 미국의 수많은 전문직(의학, 언론, 과학, 교육, 예술계)이 대거 판도 변화를 겪게 되자, 이들 분야에서 일하는 이들 사이에서는 끝없이 수익을 늘리라는 압박이 더러 일의 질과 삶의 질을 해친다는 볼멘소리가 터져 나오기 시작했다. 칙센트미하이는 다른 저명한 심리학자 둘(하버드의 하워드 가드너Howard Gardner, 스탠퍼드의 윌리엄 데이먼William Damon)과 팀을 짜 이 같은 변화를 연구했고, 그 같은 작업을 통해 왜 일부 전문직은 건실해 보이는 반면 일부는 점차 부실해지는 것처럼 보이는지 그 이유를 알아내고자 했다. 이들은 유전학과 언론 분야를 사례 연구 대상으로 골라, 각 분야 전문가들을 상대로 수십 건의 인터뷰를 진행했다. 그렇게 해서 나온 결론[32]은 간단했지만 무척이나 의미심장했으니, 이는 결국 가치 정렬의 문제였다. 다시 말해 **좋은** 일을 하는 것과(타인에게 실제로 효용이 되는 것을 만드는 양질의 일을 하는 것) 일을 **잘** 하는 것(돈을 충분히 벌고 전문가로서 출세하는 것)이 잘 맞물릴 때, 그 분야는 건실해진다. 예를 들어, 유전학이 건실한 분야가 된 것은, 유전학에 관련된 모든 이해 당사자가 유전학을 단연 최고의 과학으로 존중하며 거기서 보상을 얻기 때문이다. 1990년대에 제약회사들과 시장의 원리로 말미암아 대학 연구실들에 엄청난 양의 자금이 쏟아져 들어오긴 했지만, 칙센트미하이, 가드너, 데이먼과 인터뷰를 한 과학자들은 그 때문에 자신의 기준을 낮추라거나, 사기를 치고 거짓말을 하라거나, 돈을 받고 영혼을 팔라는 요구는 받지 않았다고 믿었다. 유전학자들은 자신들의 분야가 황금시대를 구가하고 있고, 그 덕에 훌륭한 연구가 이루어져 일반 대중, 제약회사, 대학, 과학자들 자신까지 큰 혜택을 받고 있다고 믿었다.

조너선 하이트의 바른 행복

반면 언론인들은 곤경에 빠져 있었다. 애초 그 분야에 발 들일 때만 해도 대부분이 언론인이 높은 이상(진리에 대한 존중, 세상을 변화시키겠다는 간절한 열망, 자유 언론이야말로 민주주의의 든든한 초석이라는 굳건한 믿음)을 품고 있었다. 하지만 1990년대에 들면서 가족 경영 방식의 신문사들이 퇴조하고 대기업형 미디어 제국이 위세를 떨치며 미국의 언론마저 또 하나의 수익 기관으로 전락하면서, 그저 잘 팔리고, 경쟁사들을 제칠 만한 것을 파는 데에만 혈안이 돼 버리지 않았던가? 좋은 언론이 사업 경영에는 더러 해롭기도 하다. 괴담, 과장, 조작된 갈등, 성 추문 등은 하나같이 사람들이 소화하기 좋게 파편으로 잘려 보도가 되었고, 곧잘 이런 뉴스들에서 더 많은 수익이 나곤 했다. 이런 미디어 제국에서 일하는 수많은 언론인은 자신이 등 떠밀려 뭔가를 팔면서 자신만의 도덕 기준을 어기는 것 같아 마음에 걸린다고 토로했다. 이들의 세상에서는 가치 정렬이 이루어지지 않고 있었고, 그래서 무슨 수를 써서라도 시장을 더욱 많이 점유해야 한다는 더 크지만 고상하지는 않은 사명이 있음에도 도저히 거기에 생동적으로 참여할 수가 없었다.

층위 간 일관성

"일관성coherence"은 글자 그대로 풀면 '한데 잘 그러모으거나 혹은 뭉쳐지게 하다'라는 뜻이지만, 보통은 어떤 체계, 사상, 세계관에 사용돼 각 부분이 하나로 아귀가 물려 한결같고 효율적으로 기능할 때의 특성을 가리킨다. 일관성이 있는 것들은 두루 쓰임새가 있다. 즉 일관성 있는 세계관으로는 거의 모든 것이 설명되지만, 일관적이지 못한 세계관은 자가당착에 빠져 난국에서 헤어나지 못한다. 유전학처럼 일관성을 갖춘 전문 직종은 유전학 사업을 별 무리 없이 경영해 나가는 한편, 언론처럼 일관성을 갖추지 못한 전문 직종은 자기 분석 및 자기 비판에만 상당 시간을 들인다.[33] 사람들 대부분이 여기가 문제라는 것을 알지만, 그걸 고치기 위해 뭘 해야 할지를 두고는 좀처럼 뜻을 모으지 못한다.

어떤 체계를 다양한 층위에서 분석하려는데, 그 층위들이 그물망처럼 얽혀 단단히 맞물려 있다면 우리는 그 안에서 특별한 종류의 일관성을 볼 수 있다. 이 층위 간 일관성cross-level coherence에 대해서는 앞에서 성격을 분석할 때 이미 살펴본 바 있다. 즉, 우리가 가진 저층위의 특성들이 우리의 극복 기제와 일치하고, 나아가 우리가 써 나가는 삶의 이야기와도 부합하면, 우리의 성격은 일관성을 잘 갖추어 삶이라는 사업을 순조로이 경영해 나갈 수 있다. 한편 이들 층위에 일관성이 갖춰지지 않으면, 우리는 자가당착에 빠지고 신경증적 갈등을 겪으며 사분오열되고 만다.[34] 그럴 땐 어쩌면 역경이라도 만나 억지로 가치 정렬이 이루어질 만한 상황 속에 나를 내던져야 하는 것인지도 모른다. 그렇게 해서라도 일관성이 갖추어지면, 모든 게 하나로 합쳐진 그 때가 일생일대의 순간으로 남을 수도 있다. 영화를 보려고 극장에 들어섰는데 알고 보니 초반부 30분을 놓쳤던 사람처럼, 우리도 뒤늦게야 우리 인생이 이런 뜻이었구나 갑작스레 느낄 수 있다. 층위 간 일관성을 찾는 것은 깨달음을 얻는 것과 비슷하게 느껴지며,[35] 삶 안의 목적이 무엇인가 답하는 데에도 결정적으로 작용한다.

사람이 다층위로 구성된 체제라는 사실은 또 다른 면에서도 찾아

조너선 하이트의 바른 행복

볼 수 있다. 우리 인간이라는 존재는 (몸과 두뇌 등의) **신체적** 대상으로도 볼 수 있는 한편, 그 신체에서 여차여차해 **마음**이 출현하며, 또 그 마음으로부터 여차여차해 **사회**와 **문화**가 형성돼 나온다.[36] 우리 자신을 온전히 이해하려면 이 세 가지 층위(물리적, 심리적, 사회문화적) 모두 다 연구하지 않으면 안 된다. 이와 관련해 학계에서는 오랜 세월 노동 분업이 이뤄져 왔다. 즉 두뇌는 신체적 대상으로서 생물학자들이 연구했고, 마음은 심리학자들이 연구했으며, 사회적으로 구성된 환경 안의 마음의 발달 및 기능에 대해서는 사회학자와 인류학자들이 연구해 왔다. 하지만 노동 분업은 관련 작업들이 서로 일관성을 갖출 때에만 진정 생산성을 갖게 되는 법이다. 즉 종국에 가서는 모든 계통의 연구가 전부 결합해 부분의 총합보다 더 커다란 무언가를 만들어 내야만 하는 것이다. 20세기에는 대체로 이런 일을 찾아보기가 영 어려웠다. 각 분야가 다른 분야는 외면한 채 자신의 문제에만 초점을 맞췄기 때문이다. 하지만 요새는 학제간 연구가 한창 활발히 꽃을 피우면서, 중간 층위에서부터(심리학) 여기저기의 다리를(엄밀히 말하면 사다리라고 해야겠지만) 타고 아래쪽의 물리적 차원과(예를 들면 인지신경과학 분야) 위쪽의 사회문화적 차원(예를 들면, 문화심리학)을 넘나들면서 연구의 폭이 넓어지고 있다. 그렇게 해서 다양한 학문이 연결되면 층위 간 일관성이 생겨나게 마련이고, 그러면 마치 마법처럼 새롭고 대단한 아이디어들이 그 모습을 드러낸다.

　이 같은 종합 작업에서 도출될 만한 아이디어 중 제일 근본적인 것을 하나 꼽아 보면 이렇다. **자신의 삶이 존재의 세 층위에서 두루 일관성을 가질 때, 사람들은 비로소 삶에 의미가 있다는 인식을 가진다.**[37] 이 개념을 명확히 보여 줄 수 있으려면 여러분을 데리고 다시 인도의 부바네스와르로 가 보는 게 제일 좋을 것 같다. 청정과 오염에 대해서는 앞부분에서 이미 설명했으니까, 여러분도 이제는 힌두교도들이 왜 신에게 공양들 드리기에 앞서 목욕을 하고, 신전에 다다르기까지 자신 몸에 닿는 갖가지 것에 왜 그렇게나 신경을 쓰는지 까닭을 이해하리라 믿는다. 왜 개犬, 월경 중인 여자, 혹은 천민과 몸이 닿으면 지체 높은 사람도 일시적으로 몸이 불결해져 신에게 공양을 드리기에 적합하지 않은 상태가 되는지 여러분도 이제는 이해하고 있다. 하지만 여러분의 이 모든 것에 대한 이해는 심리적 층위에 국한될 뿐 아니라, 그렇게 이해한 내용도 기수가 파악한 일련의 명제들을 비롯해 명시적 지식으로 저장된 내용이 전부일 뿐이다. 여러분은 어떤 여성의 팔이 몸에 닿았는데 그녀가 마침 월경 중임을 알았다고 해서 여러분 몸이 불결해졌다고 느끼지는 않을 것이다. 심지어 여러분은 그런 식으로 불결해졌다는 게 어떤 느낌인지도 잘 알지 못할 것이다.

하지만 여러분이 부바네스와르에서 브라만으로 태어나 거기서 성장해 왔다고 가정해 보자. 그러면 여러분은 매일의 삶에서 청정한 곳과 속된 공간을 나누어 주는 눈에 보이지 않는 경계를 존중하며 살아가야 할 테고, 사람들에게서 무엇이건 건네받으려면 그걸 만지기 전에 사람들의 청정도가 얼마나 변동이 심했는지를 꼼꼼히 따져 봐야 할 것이다. 당신은 신에게 공양하는 종교 의례를 드리기에 앞서 하루에 몇 번이고 목욕을(간단히 목욕하든, 성수에 잠깐씩 몸을 담그든) 할 것이다. 거기에다 여러분은 단순히 말로만 공양하는 게 아니다. 실제로 약간의 음식을 신에게 바치며(여러분이 바친 공양은 사제가 성화, 성상, 혹은 지성소 안의 성물 가까이 가져간다), 이것을 도로 당신에게 주어 신께서 남기신 것을 당신이 먹도록 한다. 누군가가 남긴 음식을 먹는다는 것은 그 사람의 타액을 기꺼이 받아들인다는 표시로, 부바네스와르에서는 이것이 친밀감의 표시이기도 하고 복종의 표시이기도 하다. 신이 남긴 것을 먹는 것 역시 친밀감과 복종의 행위이다. 이런 생활을 20년 동안 한 뒤라면, 여러분은 힌두교 의례를 이제 **본능적으로** 이해하고 있을 것이다. 여러분의 명시적 이해를 뒷받침해 주는 신체적 느낌들은 이제 수도 없이 많다. 일출에 맞춰 목욕재계할 때 오한에 부르르 떨리던 몸, 무더운 오후 목욕으로 먼지를 싹 씻어 내고 깨끗한 옷으로 갈아입었을 때의 상쾌함, 지성소를 향해 갈 때 발바닥에 와 닿던 차가운 돌바닥의 느낌, 향냄새, 산스크리트어로 웅얼웅얼 기도를 올리는 소리, 신께 바친 뒤 다시 당신에게 내어주던 쌀밥의 그 밍밍한 맛까지. 이 모든 것 속에서 심리적 층위의 이해는 아래로 내려가 신체적 층위에서 구체성을 띠고, 그렇게 개념적 층위와 본능적 층위가 연결될 때에야 비로소 힌두교 의례가 진정 알맞다고 **느껴진다.**

의례에 대한 이해는 위로 올라가 사회문화적 층위로까지 확장되기도 한다. 여러분이 몸담은 전통은 4000년의 세월 면면히 이어져 온 것으로, 여러분이 어린 시절 들은 대부분의 이야기는 바로 이 전통에서 탄생했고, 그 이야기들은 청정과 오염을 주 내용으로 삼고 있을 때가 많다. 카스트 제도는 청정과 오염의 범주로 나뉘는 다양한 직종들에 기반하고 있는바, 힌두교는 이 카스트 제도를 통해 여러분의 사회 공간을 규정하고, 청정과 오염의 지형을 통해서는 물리적 공간을 규정해 여러분이 신전, 부엌, 오른손을 늘 깨끗하게 유지할 수 있게 한다. 힌두교는 우주론도 제시하는바, 이 우주론에서는 영혼이 신성함의 수직 차원을 오르내리며 윤회를 하게 돼 있다. 따라서 여러분이 신에게 공양을 할 때마다, 이들 존재의 세 가지 층위가 정렬을 이루어

잘 맞물리는 셈이다. 이제 신체의 느낌과 의식 속의 생각은 여러분의 행동과 하나로 일치하고, 나아가 이 모든 것은 여러분이 일부를 이룬 더 커다란 문화 안에서 완전한 의미를 갖게 된다. 신에게 공양하는 당신에게 이런 생각은 더 이상 들지 않는다. "이 모든 게 무슨 의미가 있지? 왜 내가 여기서 이걸 하고 있지?" 충만한 의미를 지닌 경험은 이런 식으로 그저 일어난다. 층위 간의 일관성에서부터 자동적으로 그 모습을 드러내는 것이다. 그리고 이번에도 행복(정확히 말하면, 경험을 풍성하게 해 주는 충만한 의미에 대한 인식)은 바로 사이에서 온다.

이번에는 반대로 여러분이 가장 최근 참석한 무의미했던 예식禮式에 대해 한번 생각해 보자. 다른 종교를 가진 친구의 결혼식에 갔다면 아마 여러분은 난생처음인 이들과 손을 맞잡고 함께 성가를 불러야만 했을 것이다. 아메리카 원주민, 고대 켈트족, 티베트 불교의 요소가 다양하게 들어 있는 신식 예식에 참가했을 수도 있다. 거기서 아마도 여러분은 예식의 상징적 의미는 이해했을 공산이 크다. 즉 의식적이고 명시적인 차원에서 이해한다는 말로, 이것은 기수가 누구보다 잘하는 일이다. 하지만 정작 예식에 참석하고 있는 여러분은 내가 지금 여기서 뭐하지 하는 식의 자의식적 생각이나, 심지어는 그 시간이 우스꽝스럽다고 느꼈을지 모른다. 그 자리엔 뭔가가 빠져 있는 것이다.

훌륭한 예식은 상징을 추론한다고 해서 뚝딱 만들어지는 게 아니다. 훌륭한 예식이 만들어지려면 그런 상징들의 밑바탕이 되는 전통이 있어야 하고, 얼마쯤의 적절한 연상 작용이 있는 신체적 느낌을 일으킬 수 있어야 한다. 그런 다음에는 오래도록 그 예식을 지지하고 실행해 줄 공동체가 필요하다. 세 층위에서 일관성을 가지는 예식이 공동체 안에 많이 자리하고 있어야, 그 공동체 안의 사람들도 자신의 공동체와 그곳의 전통에 연결돼 있다고 느낄 가능성이 커진다. 거기에 더해 만일 그 공동체가 사람들에게 삶을 어떻게 살아가야 할지, 가치 있는 것은 무엇인지 길잡이를 마련해 줄 수 있다면, 삶 안에 어떤 목적이 있는지 사람들이 궁금해할 일도 별로 없을 것이다. 일관성만 갖춰지면 삶의 의미와 목적은 절로 모습을 드러내며, 그러면 사람들도 삶이라는 사업을 순조로이 경영해 나갈 수 있다. 하지만 공동체가 일관성을 제시하지 못하거나, 아니면 그보다 상황이 더 나쁘게도 공동체의 관습이 사람들의 육감이나 사람들이 함께 믿는 신화나 이념과 모순될 때는 사회가 충돌, 정체停滯, 아노미를 겪을 가능성이 크다. (마틴 루터 킹 주니어Martin Luther King, Jr.도 어떤 식으로든 미국의 인종 분리 관행과 평등 및 자유의 이상 사이에 얼마나 큰 모순이 있는지를 미국인들에게 일깨우려 한 인물이었다. 킹 목사의 이 같은 행보를 좋아하지 않았던 이들도 많았지만.) 사람들이 반드시 자신들의 민족적 정체성 안에서만 의미를 찾으란 법은 없다. 아닌 게 아니라, 미국, 러시아, 인도처럼 대규모의 다양한 민족들이 함께 모여 사는 나라에서는 종교가 오히려 층위 간 일관성과 삶 안에서의 목적을 찾게 해 줄 가능성이 훨씬 높지 않을까 한다. 종교는 일관성을 만들어 내는 데에는 참으로 뛰어나니, 실제로 몇몇 학자들은[38] 세상에 일관성을 부여하는 것이야말로 종교가 만들어진 원래 목적이라고 믿기도 한다.

우리는 유인원이자 꿀벌이다

대학에서 철학을 전공으로 택해 처음 도덕성을 공부하기 시작했을 때, 아버지께서 내게 하신 말씀이 있었다. "이참에 종교도 함께 공부해 보는 게 어떻겠니? 어떻게 하느님 없이 사람들이 도덕성을 가질 수 있겠어?" 한창나이의 무신론자였던 나는 당시 도덕성을 강하게 인식하고 있던 터였기에(독단에 빠져 버렸을 정도로) 아버지의 그 제안은 꼭 나를 무시하는 말로 들렸었다. 당시 나에게 도덕성의 핵심은 사람들 사이의 관계에 있다고 여겨졌다. 그것이 설령 자신의 이익에는 반하는 일이라도 올바른 일을 행하려 헌신적으로 노력하는 것이 도덕성의 핵심이라고 보았다. 반면에 종교는 도무지 이해할 수 없는 규칙들과 결코 일어났을 법하지 않은 이야기들로(그것도 사람이 써 놓고는 초자연적 실체에 대한 것이라고 가짜로 꾸민) 가득했다.

아버지 말씀이 옳았다는 것(도덕성이 종교에 그 기원을 두고 있다는 것)을 나는 이제 알지만, 아버지가 생각했던 것과는 그 이유가 다르다. 모든 인간 문화 속에는 도덕과 종교 둘 모두가 이런저런 형태로 나타나게 마련이고,[39] 도덕과 종교 둘 모두 거의 어김없이 그 문화 속의 갖가지 가치, 정체성, 일상생활과 얽혀 있다. 인간의 본성, 나아가 인간 존재가 자신이 삶 안에서 목적과 의미를 찾는 방식을 다양한 층위에서 온전하게 그려 내고 싶은 사람이라면, 그가 담아 낸 내용은 반드시 도덕 및 종교와 관련해 알려진 바와도 일치해야만 할 것이다.

진화의 관점에서, 도덕성은 골치 아픈 문제이다. 진화에서 제일 중요한 것이 적자생존의 원칙이라면, 왜 사람들은 서로를 그토록 많이 도와주는 것일까? 왜 자선을 베풀고, 자기 목숨까지 걸어 가며 낯선 이를 구하고, 자원 입대해 전쟁에 나가 싸우는 것일까? 다윈은 이 질문에 답하기란 어렵지 않다고 생각했다. 이타주의가 진화하는 것은 그것이 집단의 이익에 도움이 되기 때문이다.

조너선 하이트의 바른 행복

어떤 부족의 많은 구성원이 드높은 애국심, 충성심, 복종심, 용기, 연민을 갖고 있어 항시 서로를 도울 태세를 갖추고 있고, 공동의 이익을 위해서라면 자신의 희생도 마다하지 않는다면, 이 부족이 대부분의 여타 부족들을 누르고 승리를 거두리라는 점은, 나아가 이것이 자연 선택으로 작용하리라는 점에는 추호도 의심의 여지가 없을 것이다.[40]

다윈은, 개인들 사이에서와 전혀 다르지 않게, 집단들 사이에도 경쟁이 일어나며, 따라서 집단을 성공하게 하는 애국심, 용기, 동료 집단 구성원을 향한 이타심 같은 심리적 특징들도 다른 여느 특성들과 마찬가지로 널리 퍼지는 게 당연하리라고 보았다. 하지만 진화론자들이 다윈의 이 예측을 엄밀히 검증하는 작업에 돌입했을 때, 즉 다양한 전략을 구사하는 개인 사이의 상호 작용을 컴퓨터로 모형화했을 때(전적인 이기주의 대 대갚음 전략 대결 등의 방식으로), 이들은 "무임승차자 문제"의 심각성을 대번에 알아차릴 수 있었다. 공동의 대의에 헌신하는 사람들 집단 안에서는, 그런 희생은 일절 안 하는 개인들(이들은 사실상 이타주의자들의 등에 무임승차하는 것이나 다름없다) 최종적으로 이득을 거두는 자인 것이다. 컴퓨터 시뮬레이션 속의 이 냉정한 논리에서는 누구든 한 세대 동안 가장 많은 자원을 축적한 사람이 다음 대에 더 많은 자식을 낳으니, 결국 이기주의는 적응력을 가지는 한편 이타심은 그렇지 못한 셈이다. 이 무임승차자 문제를 해결할 유일한 해법은 이타주의에도 보상이 따르게끔 하는 것이었고, 진화론적 사고에서 연달아 두 차례 혁신적 생각이 나와 그 과정이 어떤 식으로 이루어지는지를 보여 주었다. 이 책의 3장에서 초사회성에 이르는 두 단계로 제시한 혈족 이타주의(나와 같은 유전자를 가진 이에게 호의를 베푸는 것)와 호혜성 이타주의(향후 내게 호혜성을 보일 만한 이들에게 호의를 베푸는 것)가 바로 그 둘이다. 이 두 가지가 무임승차자 문제의 해법으로서 세상에 나왔을 때(1966년, 1971년에 각각 책으로 출판되었다),[41] 진화론자 대부분이 이제 이타주의 문제는 해결되었고 집단 선택 개념은 불법 체류자나 다름없게 되었다고 선언했다. 이타주의는 특별한 종류의 이기주의로 설명될 수 있을 뿐이며, 진화가 개인의 이익(유전자의 이익이라고 표현하는 것이 더 나은 표현이겠지만)[42]을 제쳐 두고 "집단의 이익"을 위해 작동한다는 다윈의 생각을 따르는 사람은 현실을 너무 모르는 몽상가로 치부되었다.

하지만 집단 선택을 금기시하는 이런 태도에는 허술한 틈이 하나 있었다. 여타의 초사회성 동물들(꿀벌, 말벌, 개미, 흰개미, 벌거숭이 두더지쥐)같이, 실제 집단 차원에서 경쟁하고, 살아가고, 죽는 생물체에게는 집단 선택의 설명들이 알맞다는 것이었다. 벌집, 개미 군락을 하나의 유기체로, 곤충 한 마리 한 마리를 커다란 몸 안의 세포로 보는 것도 충분히 조리가 선다는 이야기이다.[43] 줄기세포와 비슷하게, 개미들도 다양한 신체적 형태를 갖추고 군락에 필요한 특정 기능들을 수행할 수 있다. 가령 작은 몸집의 개미들은 유충을 돌보는 일을 맡고, 특별한 부속지가 달린 더 커다란 몸집의 개미들은 주변을 돌아다니며 먹이를 구해 오거나 공격자들을 물리치는 식이다. 이와 함께 개미들은 면역 체계 속의 세포들처럼, 군락을 지키기 위해서라면 자신을 희생하는 일도 마다하지 않을 것이다. 말레이시아 개미[44]의 한 종種에서는, 병정개미들이 끈적끈적한 물질을 자신의 외골격 바로 아래에 저장해 둔다. 그러다 전투가 한창이다 싶을 때 자기 몸을 폭파해 버리

조너선 하이트의 바른 행복

는데, 그렇게 제 몸을 자살 폭탄으로 삼아 적들의 몸에 끈적끈적한 물질을 덕지덕지 발라 놓는다. 개미들이나 꿀벌들 안에서 여왕이 맡은 역할은 두뇌가 아니다. 개미와 꿀벌 군락 안에서 여왕개미와 여왕벌은 곧 난소이며, 이 난소를 지키고, 나아가 이 난소가 더 많은 벌집 혹은 군락을 만들어 내도록 자연 선택을 통해 만들어진 것이 바로 벌집 혹은 개미 군락 전체인 셈이다. 이 경우에는 집단 안의 모든 성원이 실제로 한 배에 타고 있는 만큼, 집단 선택은 단순히 받아들여질 만한 설명이 아닌, 반드시 필요한 설명이다.

그런데 이 논리상의 허점이 과연 인간들에게도 마찬가지로 적용될 수 있을까? 인간들도 과연 집단을 단위로 경쟁하고, 살고, 또 죽을까? 부족이나 인종 집단에서도 분명 성장과 영역 확장, 혹은 퇴조와 멸절이 일어나고, 더러는 집단 학살을 통해 그런 과정이 진행되기도 한다. 그뿐 아니라 인간 사회에서도 무척 놀라운 수준의 노동 분업이 이루어질 때가 많다는 점에서도 인간 사회를 꿀벌이나 개미에 비유할 만도 하다. 하지만 인간은 각자에게 생식의 기회가 있는 만큼, 거의 어김없이 집단에 이바지할 때보다는 그 자신의 행복한 삶이나 자손들에게 투자할 때 더 많은 진화상 보상이 따를 것이다. 따라서 인간의 경우에는 결국 장기적으로는 이기적인 특성들이 이타적인 특성을 누르고 퍼져 나가게 된다. 심지어 인간은 집단의 이익이 최우선이라고 여겨지는 전쟁이나 집단 학살의 상황에서조차도, 전우들 틈에 끼어 최전방에서 싸움을 벌이는 이보다 전장에서 내빼 어딘가에 몸을 숨긴 겁쟁이가 자기 유전자를 다음 세대에 물려줄 가능성이 제일 크다. 따라서 1970년대 이후로 진화론자들은 하나로 똘똘 뭉쳐, 집단 선택은 인간의 본성 형성에 일정한 역할을 하지 못했다고 믿어 왔다.

그런데 잠깐 멈춰 생각해 보자. 이것이 과연 양자택일의 문제일까? 인간의 진화에서 제일 중요한 개념이 집단 **안의** 개인 간 경쟁이기는 하지만, (집단들 **사이의** 경쟁인) 집단 선택도 그와 함께 인간의 진화에서 나름의 역할을 했을 가능성이 있다. 진화심리학자 데이비드 슬론 윌슨David Sloan Wilson의[45] 최근 주장에 따르면, 1960년대 이후로 과도하게 단순화한 몇몇 컴퓨터 모델을 근거 삼아 집단 선택 이론을 추방한 것이야말로 현대 생물학이 저지른 가장 큰 실수였다. 이들 모형을 현실에 더 가깝게, 현실의 인간 존재에 더 비슷하게 만들어 작업을 해보면, 대번에 집단 선택 개념이 머리에 떠오르는 것을 알 수 있을 것이다. 이와 함께 윌슨은 인간 존재의 진화는 2층위, 즉 유전적 층위와 문화적 층위에서 동시에 진행된다는 사실을 지적한다. 1960년대 만들어진 단순한 모형들은 문화가 없는 생물체들에는 순조롭게 적용되었다. 이런 생물체들은 모든 행동상 특징들이 반드시 유전자 속에 암호화돼 있어야만 하고, 그 내용도 오로지 혈족 계통을 따라서만 전달된다. 하지만 사람이 행하는 모든 것에는 단순히 유전자만이 아니라 그 사람의 문화도 영향을 끼치는 데에다, 문화까지도 진화를 한다. 문화의 갖가지 요소에서도 변이와(사람들이 새로운 것을 만들어 내는 까닭에) 선택이(다른 이들이 그 같은 변이를 택할지 말지에 따라) 나타나는 만큼, 신체적인 특성들을(새들의 부리나 기린의 목처럼)뿐 아니라 문화적 특징들에도 다윈주의의 틀[46]을 적용해 분석할 수 있다. 다만 문화적 요소는 자손을 낳는 식의 느린 과정을 거쳐 확산하지 않는다. 사람들이 어떤 새로운 행동, 기술, 혹은 믿음을 채택하는 그 순간 문화적 요소는 재빨리 퍼져 나간다. 문화적 특성들은 심지어 부족 혹은 나라의 경계를 넘나들며 확산할 수도 있으니, 쟁기, 인쇄기, 리얼리티 TV 프로그램이 특정 시기에 수많은 곳에서 연달아 대중화된 것이 그 실례라 하겠다.

문화적 진화와 유전적 진화는 서로 뒤얽혀 있다. 문화를 창조하는 인간의 능력(즉, 서로에게서 배우고, 서로를 가르치고, 자신이 배운 것을 토대로 무언가를 쌓아 올리고자 하는 강력한 성향) 자체가 최근의 100만~200만 년 사이에 이루어진 유전상 혁신이었다.[47] 하지만 아마도 8만~10만 년 전[48] 일단 우리 두뇌가 임계치에 다다른 뒤에는, 이제 문화적 혁신에 본격적으로 속도가 붙기 시작했다. 그 후부터는 강력한 진화상 압박 속에서 문화의 이점을 더욱 많이 취하는 두뇌가 만들어졌다. 다른 이로부터 배우는 능력이 가장 뛰어난 개인이 덜 "문화적인" 자신의 동배들보다 더 큰 성공을 거두었고, 두뇌가 더욱 문화적으로 될수록 문화는 더욱 정교해졌으며, 이것이 다시 더 문화적인 두뇌를 갖는 것의 이점을 더욱 증대시켰다. 오늘날의 모든 인간 존재는 일련의 유전자와(여러 문화 안에서 거의 동일하게 나타난다) 일련의 문화적 요소가(이들 요소는 문화에 따라 다양하지만, 인간 지성의 수용력 및 경향에 제약을 받기는 마찬가지이다) 공진화한 산물이다.[49] 예를 들어, 역겨움이라는 감정의 유전적 진화는(불가피한 일까지는 아니었지만) 여러 문화에 신분 제도를 발달시켰고, 이런 제도에서는 직업을 바탕으로 사람을 구분 짓고 "불결한" 일을 맡아 하는 자에게 역겨움을 느끼는 식으로 그 체제를 지탱했다. 나아가 신분 제도에서는 결혼도 같은 신분 안에서 짝을 찾게 했고, 그 결과 유전적 진화의 경로도 뒤바뀌었다. 동일 신분 간의 생식이 무척 오랜 세월에 걸쳐 이어지고 나면, 각 신분마다 약간씩 다른 유전적 특징(예를 들면, 피부색의 밝기 차이)이 몇 가지 갈라져 나올 테고, 이로 인해 단순히 직업만이 아니라 피부

색깔까지 연관되는 식으로 신분과 문화적으로 결부되는 것들이 점차 더 많아진다. (여타 포유류의 경우, 선택 번식을 통해 외관 및 행동을 판이하게 만드는 데에 불과 20세대밖에 걸리지 않는다.)[50] 이런 식으로 유전자와 문화는 공진화한다.[51] 다시 말해 유전자와 문화는 서로 영향을 주고받기 때문에, 어느 하나만 따로 떼어 연구할 수 없다는 이야기이다.

윌슨은 이런 공진화의 관점에서 종교를 면밀히 탐구한다. **종교** religion 란 라틴어 어원을 글자 그대로 풀면 '잇다' 혹은 '한데 엮다'라는 뜻이다. 세계의 여러 종교는 서로 방대한 차이를 보이지만, 윌슨이 연구한 바에 의하면 사람들이 개인으로서 또 온전한 하나의 집단으로서 서로 합동하고 적응하고, 때로는 다른 집단과 경쟁해 이기겠다는 목표를 지향하게 하는 데에 종교는 늘 일정 역할을 해 왔다. 사회학자 에밀 뒤르켐도 1912년 처음으로 종교에 대한 이 같은 시각을 표명한 바 있다.

> 종교란 성스러운 것들, 다시 말해 따로 구별 지어져 감히 범접할 수 없는 것과 관련된 믿음과 관습들이 하나의 통일된 체계를 이룬 것을 말한다. 이들 믿음과 관습이 교회라고 불리는 단일한 도덕 공동체 안에서 통일을 이루고, 그 안의 성원들이 그것들을 다 함께 지켜 나간다.[52]

윌슨은 종교적 관습이 집단의 성원들이 합동 문제를 어떤 식으로 해결할 수 있게 해 주는지도 입증해 보인다. 예를 들어, 신탁信託 나아가 무역에서는 거기 참여하는 이해 당사자들이 모두 같은 종교를 믿고, 나아가 그들이 정직한가를 신이 다 알고 또 예의주시한다고 믿을

조너선 하이트의 바른 행복

경우 거기서 얻어지는 성과도 크게 늘어난다. (인류학자 파스칼 보이어 Pascal Boyer[53]가 예리하게 지적하듯, 각종 신과 조상의 영혼은 종종 전지全知한 존재로 여겨지면서도 이 방대한 우주 안에서 고작 산 자의 마음속에 감춰진 도덕적 진의에만 유독 신경을 쓴다.) 규칙들이 더욱 존중을 받게 되는 것도 거기에 신성한 요소들이 깃들어 있을 때, 아울러 그 규칙들이 초자연적 존재의 승인과 주변 동료들의 뒷담화 혹은 배척을 통해 힘을 얻을 때이다. 결국 윌슨의 주장의 요지는, 종교적 사상과 그 사상에 반응하는 두뇌는 공진화했다는 점이다. 애초엔 뭔가 다른 이유에서 초자연적 실체에 대한 믿음이 생겨났다 하더라도, 아니면 (일부 학자들이 주장해 온 것처럼)[54] 그것이 인지의 진화에서 우연히 발생한 부산물이라 하더라도, 그런 믿음을 사회적 합동 장치에 활용한(예를 들면, 종교적 믿음을 수치심, 두려움, 죄의식, 사랑 같은 감정과 연결하는 식으로) 집단은 무임승차자 문제를 풀 수 있는 문화적 해법을 찾아내는 한편, 신뢰와 협동이 가져다주는 엄청난 이득을 챙길 수 있었다. 더욱 강력한 믿음이 더욱 커다란 개인의 이득으로 이어졌다면, 혹은 어떤 집단이 집단의 믿음과 관습을 공유하지 않는 이들을 벌하거나 배제할 방법을 발전시켰다면, 종교와 종교적 진화가 공진화할 여건은 그야말로 완벽했을 것이다. (유전학자 딘 해머Dean Hamer가 최근 쌍둥이 연구들을 통해 보고한 증거도 윌슨이 제시한 견해와 일치한다. 그 증거에 의하면, 종교적 경험 및 자기 초월 경험 성향이 더 강하게 나타나는 데에는 특정 유전자가 연관돼 있을 수도 있다.)[55]

따라서 종교가 인간 존재를 끌어와 집단 선택이라는 틈에 밀어 넣었을 가능성이 있는 셈이다. 종교는 오래전에 사람들로 하여금 자신을 몸의 일부처럼 여기고 행동하게 만들었고, 그렇게 함으로써 개인 선택의(개인들이 이기적인 존재가 되게 틀을 형성한다) 영향력은 줄여 나가는 한편 집단 선택의(개인들이 자신들 집단의 이익을 위해 노력하도록 틀을 형성한다) 힘이 실제로 작동하게 만들었다. 하지만 인간은 집단 선택이라는 틈을 끝까지 밀고 나가지는 못했다. 인간 본성은 여러 조제 물질이 복잡하게 뒤섞여 있고, 거기서 언제든 극단적 이기주의와 극단적 이타주의가 나타날 수 있다. 우리 본성의 어느 쪽이 밖으로 표출될 것인가는 문화와 맥락에 달려 있다. 진화론 반대파는 인간 존재는 단순히 유인원에 그치는 게 아니라며 반론을 펼치는데, 그 말도 옳기는 하다. 우리는 유인원이기도 하지만, 일부는 꿀벌이기도 하니까.

내가 아닌 우리가 뜻하는 것

윌슨이 쓴 《종교는 진화한다Darwin's Cathedral》를 읽어 보면 마치 스페이스랜드를 여행하는 것 같은 기분이다. 인간이 이룩한 여러 문화가 엄청나게 큰 태피스트리처럼 엮인 모습을 한눈에 굽어볼 수 있기 때문이다. 거기서 윌슨은 말하길, 그 자신만의 지옥이 있다면 그건 아마도 종교의 위선을 저마다 의론하는 사람들이(예를 들면, 수많은 종교가 사랑, 자비, 덕을 설교하지만 그런 종교가 때로 전쟁, 적의, 테러를 일으킨다는 식으로) 빼곡히 들어찬 방에 영영 갇혀 있는 것이리라고 한다. 하지만 윌슨의 더욱 고차원적 관점에서 보면, 거기엔 사실 모순될 게 없다. 집단 선택은 한데 맞물린 유전적 적응과 문화적 적응을 만드는데, 이것이 다른 집단과의 경쟁 능력을 더 높이겠다는 목표를 전면에 내걸고 집단 안에서 평화, 조화, 협동을 더욱 도모하기 때문이다. 물론 집단 선택이 갈등을 끝내주지는 못한다. 그저 갈등을 사회적 기구라는 다음 차원으로 밀어 넘길 뿐이다. 종교를 명분으로 자행되는 잔혹 행위들에서 그 대상이 되는 것은 거의 항상 외집단out-group의 성원들이거나, 아니면 집단 성원을 통틀어 가장 위험한 자들, 즉 변절자(집단을 떠나려 하는 이들)나 배반자(집단에 몰래 해를 가하는 이들)이다.

윌슨이 풀어 낸 두 번째 퍼즐은 신비주의에서는 왜, 동서고금을 막론하고, 자기를 초월해 자기보다 더 커다란 무엇과 합일을 이루는 것이 주를 이루는가 하는 것이다. 윌리엄 제임스가 신비주의를 분석했을 때, 그가 초점을 맞췄던 부분도 "우주 의식"[56]이라는 심리 상태, 그리고 이 상태에 도달하려 모든 주요 종교들이 발달시킨 기법들이었다. 힌두교도와 불교도는 명상과 요가를 활용해 **삼매**samadhi의 경지에 다다르려 하는데, 삼매에 들어가면 "보통 지고의 평화, 행복, 빛으로 묘사되는 상태에 빠져 주객의 구분과 개별적 자기에 대한 인식이 사라진다."[57] 제임스는 기도를 되풀이하여 종종 도달하게 되는 기독교 및 이슬람교의 신비주의에서도 이와 상당히 동일한 목표를 발견할 수 있었다. 제임스는 11세기의 이슬람교 철학자 알 가잘리Al Ghazzali의 말도 인용했는데, 그는 시리아의 수피교도들과 몇 년 동안 함께 예배를 드리며 지낸 적이 있었다. 그때 알 가잘리가 한 "이동"과 계시의 경험은 도저히 말로 표현할 수 없는 것이었지만, 그럼에도 그는 이런 글로 이슬람교 독자들에게 수피교의 본질을 설명해 보고자 했다.

수피교도가 되기 위한 첫 번째 조건은 마음 안에서 신이 아닌 것들을 모조리 몰아내는 것이다. 명상하는 삶의 다음 열쇠는 겸허한 기도를 통해 들끓는 영혼으로부터 벗어나는 것, 명상을 통해 온 마음이 오로지 신으로만 가득 차게 하는 것이다. 하지만 실질적으로 보면 이는 수피교도 삶의 시작에 불과하니, 수피교의 마지막은 신에게 완전히 빠져드는 데에 있다.[58]

윌슨의 관점에서 봤을 때, 신비 체험은 자기self를 상대로 "꺼짐" 버튼을 누르는 것과 같다. 자기가 꺼지면, 사람들은 커다란 몸속의 세포 하나, 자신보다 더 커다란 벌집의 꿀벌 한 마리와 같은 존재가 된다. 그렇게 보면 신비 체험 후에 사람들에게 어떤 일이 일어나는지 충분히 예상되는 것도 그리 놀랄 일은 아니다. 사람들은 종종 신을 접하는 경험을 하고 나면, 보통 신에게 헌신하고 남을 도우려는 마음이 더욱 강해진다.

신경학자 앤드류 뉴버그Andrew Newberg는[59] (대체로 명상 중에) 신비 체험을 경험한 이들의 두뇌를 연구해 온 결과, 그 꺼짐 스위치가 있을 법한 데를 하나 발견해 냈다. 두뇌 두정엽 후방(두개골 정수리 후면 아래)에는 뉴버그가 일명 "정위연합영역"이라 하는 두 개의 피질 패치가 자리 잡고 있다. 뇌의 좌반구에 자리한 패치는 제한된 물리적 경계를 가진 몸에 대한 정신적 감각 작용을 돕는 것으로 보이며, 따라서 내 몸의 가장자리가 어디인지를 늘 추적한다. 한편 우반구의 해당 영역은 우리 주변의 공간을 항상 그려 내는 역할을 한다. 이 두 영역은 우리의 여러 감각으로부터 입력 정보를 받아, 우리의 자기self와 자기가 공간 안에서 차지한 위치를 지속적으로 그려 내게 돕는다. 그런데 사람들이 신비적인 합일의 경지를 이루었다고 보고하는 바로 그 순간에는, 이 두 영역의 전류가 차단되는 듯한 모습이 나타난다. 그러면 두뇌의 다른 부분들에서 들어오는 입력 정보가 줄고, 그와 함께 이들 정위연합영역의 전반적 활동도 덩달아 감소한다. 하지만 이 상태에서도 두 영역은 자기 일을 멈추지 않으려 노력한다는 게 뉴버그의 생각이다. 즉 왼쪽의 정위연합영역은 계속 몸의 경계를 확정하려 하지만 경계를 찾을 수 없고, 오른쪽의 정위연합영역은 공간 안의 자기 위치를 확정하려 하지만 위치를 찾지 못한다는 것이다. 이때 그 사람은 자기 상실과 함께, 자기가 공간 안으로 들어가는 듯한 역설적 확장을 경험하는데, 3차원의 보통 세계 안에서는 그 위치가 정확히 어디라고 정해지지 않는다. 그 순간 그 사람은 자신이 어마어마한 무언가, 자기보다 커다란 무언가와 합일을 이루었다고 느낀다.

예식에 반복적 동작이나 구호가 사용되면, 특히 여러 사람이 동시에 거기에 참여하면, 참가자들의 두뇌 안에 이른바 "공명 패턴 resonance patterns"이 잘 일어나고, 그러면 신비 체험의 상태가 일어날 확률이 더욱 높아진다는 게 뉴버그의 생각이다. 역사가 윌리엄 맥닐 William McNeill도, 전혀 다른 종류의 자료를 활용하긴 했지만, 똑같은 결론에 도달한 바 있다. 맥닐은 1941년 미국 육군에 징집되었는데, 기초 훈련을 받으려면 반드시 다른 병사들 수십 명과 밀집 대형을 짜고 훈련장에서 수백 시간 행군하는 과정을 거쳐야 했다. 당시 그가 소속된 기지에는 훈련에 쓸 무기조차 변변치 않았기 때문에, 처음에 맥닐은 이 행군을 그저 시간 때우기용이려니 여겼다. 하지만 몇 주 훈련을 받고 나자, 그런 식의 행군이 그의 의식 상태에 변화를 가져오기 시작하는 것이었다.

훈련에 들어가 다 같이 하나 되어 오랜 시간 움직이면 말로는 차마 다 설명되지 않는 어떤 감정이 솟아오른다. 지금 와서 돌이켜 보면 온몸 구석구석으로 행복감이 퍼지는 듯한, 더 구체적으로 말하면 내가 점점 커지는 듯한 묘한 느낌이다. 집단 의식儀式에 동참한 것을 계기로 내가 점점 부풀어 올라 실제보다 더 커다란 무언가가 되어가는 것이라 할까.[60]

그로부터 몇십 년 뒤, 맥닐은 이런 동시적 움직임(춤, 종교 예식, 군사 훈련)이 그간 역사에서 어떤 역할을 해 왔는지 연구하게 되었다. 《박자에 맞춰 하나 되기Keeping Together in Time》[61]에서 맥닐이 내린 결론에 의하면, 역사 시대의 도래 이후 곳곳의 인간 사회에서는 이 동시성 움직임을 활용해 집단 내의 조화와 단결을 꾀해 왔고, 더러는 이를 다른 집단에 대한 적의를 불사르는 방편으로 삼기도 했다. 맥닐이 내린 결론에 따르면, 이들 동시성 움직임과 구호는 어쩌면 진화한 기제로써, 이것이 집단 선택 과정에서 인간 안에 생겨난 여러 가지의 이타주의적 동기들을 활성화해 주는 역할을 하는 것인지도 모른다. 우리는 종종 병사들 사이에서도 집단 선택을 받는 종들(개미나 꿀벌과 같이) 특유의 극단적 자기 희생의 모습을 보기도 한다. 맥닐은 책《전사들: 전장의 병사들을 떠올리며The Warriors: Reflections of Men in Battle》의 범상치 않은 단락을 인용하며, 병사들이 이따금 경험하는 그 몸서리쳐지는 하나된 상태에 대해 이야기한다.

어느덧 "나"는 "우리"가, "내 것"은 "우리 것"이 되어, 개인의 숙명은 별 의미를 갖지 못한다. … 이는 그야말로 불멸에 대한 확신과 다름없어서, 이런 순간에는 자기 희생도 비교적 무척 쉬운 일이 된다. … '지금 여기서 쓰러질지언정, 나는 죽지 않으리니, 내 안의

진정한 무엇이 내 목숨을 내던지는 이유인 동료들 안에 남아 계속 전진하며 살아가기 때문이다.[62]

이렇게 보면 자기보다 커다란 무언가는 확실히 존재한다. 사람들에게 목적의식을 불어넣어 목숨을 바칠 만하다고 여기게 하는 무엇, 그것은 바로 집단이다. (물론 한 집단의 고상한 목적이 때로 다른 집단에게는 절대 악이 되기도 한다.)

인생의 의미

여러분이 훌륭하고, 행복하고, 보람차고, 의미 있는 삶을 살기 위해 할 수 있는 일은 무엇일까? 삶 안의 목적을 물을 때 그 답은 과연 무엇일까? 이 질문에 대한 답은 실제의 우리 모습을 하고 있는, 즉 우리처럼 여러 가지 면에서 분열돼 있는 생물체를 잘 이해할 수 있을 때에야 비로소 나온다고 나는 믿는다. 우리는 개인 선택을 통해 더 많은 자원, 쾌락, 위신을 위해 분투하는 이기적인 생물체가 되도록 그 틀이 형성돼 있지만, 한편으로는 집단 선택을 통해 자신을 버리고 더 커다란 무언가에 들어가길 바라는 군집 생물체가 되도록 그 틀이 형성돼 있기도 하다. 우리는 사랑과 애착을 필요로 하는 사회적 생물체이지만, 동시에 효능 욕구를 가진, 우리의 일을 통해 생동적 참여 상태에 들어갈 수 있는 근면한 생물체이기도 하다. 우리는 기수이자 동시에 코끼리이며, 이 둘이 의기투합해 서로의 강점을 얼마나 잘 이용하느냐에 우리의 정신 건강이 달려 있다. 내가 보기에 "삶의 목적은 무엇인가?"라는 질문에 대해서는 통찰력 있는 답을 할 수 없을 것이다. 하지만 고대의 지혜와 현대의 과학의 함께 힘을 빌리면, 삶 **안의** 목적이 무엇인가 하는 질문에는 무척 설득력 있는 대답들을 찾을 수 있다. 결국 행복 가설의 최종 형태를 정리하자면, 행복은 사이에서 온다는 것이다. 행복은 여러분이 곧장 찾아내거나, 손에 넣거나, 성취할 수 있는 무언가가 아니다. 행복을 위해 여러분은 먼저 갖가지 조건부터 제대로 갖춘 뒤에 기다려야만 한다. 그러한 조건 중 몇몇은 여러분의 여러 부분과 여러 성격 층위 사이에서 일관성을 갖추는 식으로, 여러분의 안에서 찾을 수 있다. 이와 함께 여러분을 넘어선 것들과 관계를 맺어야만 갖출 수 있는 조건들도 있다. 식물이 햇빛, 물, 좋은 흙이 있어야 쑥쑥 자라나는 것과 꼭 마찬가지의 이치로, 사람들에게도 사랑, 일, 자기보다 더 커다란 무언가와의 연결이 꼭 필요하다. 따라서 여러분 자신과 타인, 여러분 자신과 여러분의 일, 여러분 자신과 그보다 더 커다란 무언가, 이 둘 사이에 적절한 관계가 맺어질 수 있게 각고로 노력하는 것은 분명 가치 있는 일이다. 여러분이 이런 관계들을 적절히 자리 잡아 놓고 나면, 이제는 목적과 의미가 어떤 것인지가 그 모습을 드러낼 것이다.

　　　　　　　　　　　　　　조너선 하이트의 바른 행복

11장 결론: 사이에서 균형 잡기

모든 것은 상극이 충돌함으로써 존재한다.

헤라클레이토스[1]

상반되는 것 없이는 앞으로 나아감도 없다.
인간의 존재에는 이끌림과 밀어냄, 이성과 에너지,
사랑과 미움이 모두 필요하다.

윌리엄 블레이크[2]

고대 중국의 상징인 음陰과 양陽은, 겉보기엔 상극인 원칙들이 영원히 자리를 맞바꾸며 균형을 맞춰 나가는 게 세상의 무척 중요한 이치임을 나타내는 개념이다. 그런데 헤라클레이토스와 블레이크가 남긴 위의 경구들에서도 볼 수 있듯, 이런 사상이 단지 동양에만 있는 것은 아니다. 이 '위대한 사상'은 고금에 두루 통하는 통찰로, 이 책의 나머지 내용도 이 말 한마디로 요약 정리된다. 예를 들어, 종교와 과학은 종종 상극처럼 보이지만, 이 책에서 내가 지금까지 보여 주었듯, 인간의 본성과 인간 욕구 충족의 제 조건을 온전히 이해하려면 고대 종교와 현대 과학의 통찰력 모두가 필요하다. 고대인은 생물학, 화학, 물리학에는 거의 문외한이었을지 몰라도, 그들 가운데에는 훌륭한 심리학자가 많았다. 종교와 심리학이 서로를 진지하게 받아들인다면, 혹은 최소한 양립이 불가한 차이의 영역은 제쳐 두고 서로에게서 뭔가를 배우겠다고 뜻만 모아도, 둘은 서로에게서 많은 것을 얻을 수 있을 것이다.

삶에 대한 동양과 서양의 접근법 역시 상극으로 이야기되곤 한다. 동양에서는 받아들임과 집단주의를 강조하는 한편, 서양에서는 목적을 위한 분투와 개인주의를 독려한다. 하지만 우리가 지금까지 함께 살펴본 바에 의하면, 이 둘은 모두 나름의 가치를 지닌다. 행복을 위해선 나 자신도 바꾸어야 하지만, 내가 사는 세상을 바꾸는 일도 필요하다. 행복을 위해선 나 자신의 목표도 추구해야 하지만, 나를 남에게 맞추는 일도 필요하다. 둘 중 어느 쪽에 더 중점을 두어 이득을 얻을 것인가는, 시대에 따라 그리고 사람에 따라 달라질 것이다.

마지막으로 지금 시점에 말 그대로 가장 상극이라 할 진보파와 보수파에 대해 말하자면, 이 둘은 각자 절대 악의 신화를 활용해 상대편은 악마로 몰고 자기편은 더욱 단결시키는 모습이다. 하지만 지난 20년간 도덕을 연구하며 내가 얻은 가장 중요한 가르침이, 사람들은 어떤 행동을 하건 나름의 도덕적 동기를 거의 다들 갖고 있다는 것이다. 이기심이, 특히 개개인의 결정에서, 막강한 힘으로 작용하는 건 은 사실이지만, 사람이 모여 만들어진 이런저런 **집단**들이 제각기 뭉쳐 세상을 바꾸고자 줄기찬 노력을 펼칠 때에는, 저마다 다 자신들이 이상적으로 여기고 좋은 덕, 정의, 혹은 신성함이 있다고 해도 틀림이 없다. 낙태, 환경 문제, 공공 생활 안에서의 종교의 역할 같은 문제들에 여러 파당이 왜 그토록 열정을 보이는가는 물질적 이익 추구를 근거로 해서는 거의 설명되지 않는다. (테러리즘 역시 이익 추구로는 확실

　조너선 하이트의 바른 행복

히 설명되지 않지만, [테러리스트들이] 집단 선택에 의해 무아無我에 이르렀다는 것으로 설명이 가능하다.)

문화심리학에서 중요하게 여기는 금언 중 하나로, 각 문화는 인간 존재의 일부 측면에는 전문성을 갖추지만 그 어떤 문화도 인간 존재의 모든 측면에는 전문성을 갖추지 못한다는 말이 있다. 이 말은 정치 스펙트럼의 양 끝에도 똑같이 적용된다. 내 연구에서도[3] 확인되듯, 진보파는 부당한 대우victimization, 평등, 자율성, 개개인의 인권, 특히 사회적 소수와 체제 이탈자nonconformist 문제를 고심하는 방면에서 전문가들이다. 반면에 보수파는 집단에 대한 충성, 권위와 전통 존중, 신성함 문제를 고심하는 데 있어 전문가들이다.[4] 이 중 어느 한쪽이 다른 쪽을 압도하면 사회는 볼썽사나워질 가능성이 높다. 진보파가 없는 사회는 숱한 개인들을 모질게 대하며 억압하려는 모습을 보이게 될 것이다. 반면 보수파가 없는 사회에서는 뒤르켐이 그토록 중시한 갖가지 사회적 구조 및 구속을 찾아볼 수 없게 될 것이다. 자유가 늘어나는 것과 함께 아노미도 더욱 도처에서 횡행할 테고 말이다. 따라서 우리가 지혜를 찾기에 좋은 장소는, 우리가 지혜가 있으리라고 전혀 기대하지 않는 바로 거기, 즉 내 반대편의 마음속이다. 나와 같은 편이 다 같이 어떤 생각을 하는지는 우리는 이미 잘 알고 있다. 만일 여러분이 블라인드를 걷어내듯 절대 악의 신화에서 벗어날 수 있다면, 어쩌면 그때 여러분이 난생처음 보는 위대한 생각들이 몇 가지 눈앞에 나타날지도 모른다.

우리가 의지하는 지혜가 (옛것과 새것, 동양과 서양, 심지어 진보파와 보수파 사이에서) 잘 균형을 잡을 때, 우리도 비로소 삶의 어느 방향으로 가야 만족, 행복, 의미에 이를 수 있겠는지 제대로 선택할 수 있다.

목적지 하나만 달랑 골라 거길 향해 곧장 발걸음을 떼는 것은 불가능하다. 그럴 만한 힘을 기수가 갖고 있지 못하기 때문이다. 하지만 인류가 이룩한 가장 위대한 사상들과 최고의 과학에 의지해, 우리 안의 코끼리를 훈련하고 이를 통해 우리의 한계와 함께 우리의 가능성까지 알게 된다면, 우리는 이 삶을 지혜롭게 살아나가게 될 것이다.

조너선 하이트의 바른 행복

감사의 글

이 책이 세상에 나온 건 내가 여러모로 도움을 얻은 대학 네 곳을 거치며 수많은 이들과 인연을 맺을 수 있었던 덕이다. 이 책이 심리학 분야에 나와 있는 대부분의 책보다 폭넓은 범위를 다루었다고 한다면, 그것은 내가 예일대학교의 존 피셔John Fischer, 존 배런John Baron, 앨런 피스케Alan Fiske, 릭 매콜리Rick McCauley, 주디스 로댕Judith Rodin, 폴 로진Paul Rozin, 펜실베이니아대학교의 존 사비니John Sabini, 시카고대학교의 리처드 슈웨더Richard Shweder 같은 이를 멘토로 삼는 엄청난 행운을 누렸기 때문이다. 그뿐 아니라 버지니아대학교의 조교수로 일하는 동안에는 댄 웨그너Dan Wegner와 펜실베이니아대학교의 마티 셀리그먼Marty Seligman으로부터도 추가로 멘토링을 받을 수 있었다. 마음 넓은 스승들이자 폭넓은 사고의 틀을 가진 이들 사상가들에겐 평생 감사함을 느낄 것이다.

책이 나오려면 저자도 저자이지만, 책의 가능성을 알아보고 기회에 과감히 도전하는 누군가도 반드시 있어야만 한다. 존 템플턴 경Sir John Templeton, 존 템플턴 재단John Templeton Foundation, 이 재단의 부사

장인 아서 슈워츠Arthur Schwartz는 도덕적 고양감를 주제로 한 내 연구에 지원을 아끼지 않았고, 내가 한 학기 안식 휴가를 갖고 이 책을 위한 연구를 진행하도록 배려해 주었다. 내 에이전트 에스몬드 함스워스Esmond Harmsworth 역시 기회에 도전할 줄 아는 이였다. 그는 난생처음 책을 쓰는 이가 복잡한 출판 세계의 현실을 잘 헤쳐 나가게 이끌어 준 것은 물론, 나중에는 베이직북스의 편집자 조 앤 밀러Jo Ann Miller와 일할 수 있게 주선해 주었다. 조 앤은 내 책의 편집자로 일하기 훨씬 전부터 내게 책을 내야 한다며 용기를 북돋워 주었고, 이 책이 더 나아지도록 이루 헤아릴 수 없이 많은 부분에서 손을 봐주었다. 무엇보다 그녀는 내가 독자들이 읽기 수월한 글을 쓰는 동안 목표를 높게 설정하게 이끌어 준 만큼, 내 학술적인 글들이 빛을 본다면 그녀의 지혜덕분인 셈이다. 나를 믿고 과감히 모험을 감행해 준 이 모든 이들에게 감사하는 마음이다.

수많은 친구와 동료들도 이 책 곳곳의 장章들을 함께 읽어 주고 갖가지 내가 저지른 갖가지 오류, 과장, 말장난 때문에 책이 망가지는 일이 없게 해 주었다. 제시 그레이엄Jesse Graham, 수전 킹Suzanne King, 제인 류Jayne Riew, 마크 슐만Mark Schulman은 초고 전체를 읽어 보고 세세하게 의견을 내 주었다. 다음은 이 책을 한 장章 이상 읽고 내용이 더 나아지게 도움을 준 이들이다. 조너선 애들러Jonathan Adler, 사라 앨고Sara Algoe, 드시레 알바레즈Desiree Alvarez, 젠 번하즈Jen Bernhards, 로버트 비스와스 디너Robert Biswas-Diener, 데이빗드 버스David Buss, 프레드릭 비요르크룬트Fredrik Bjorklund, 제리 클로르Jerry Clore, 윌리엄 데이먼William Damon, 주디 들로슈Judy Deloache, 닉 에플리Nick Epley, 스털링 하이트Sterling Haidt, 그레그 라블랑Greg LaBlanc, 앤젤 릴라드Angel Lillard, 빌 맥앨리스터Bill McAllister, 릭 매콜리Rick McCauley, 헬렌 밀러Helen Miller, 브라이언 노섹Brian Nosek, 시게 오이시Shige Oishi, 제임스 파웰스키James Pawelski, 폴 로진Paul Rozin, 시몬 슈날Simone Schnall, 배리 슈워츠Barry Schwartz, 패트릭 세더Patrick Seder, 게리 셔먼Gary Sherman, 니나 스트로밍거Nina Strohminger, 베타니 테아크만Bethany Teachman, 키스 반 덴 보스Kees Van den Bos, 댄 웨그너Dan Wegner, 댄 윌링엄Dan Willingham, 낸시 웨인필드Nancy Weinfield, 에밀리 윌슨Emily Wilson, 팀 윌슨Tim Wilson. 이 모두에게 고마움을 전한다.

마지막으로 책은 저자의 성격을 통해서도 세상에 나오기도 하는 만큼, 성격이 천성에서 형성되든 혹은 양육에서 형성되든, 부모님 해럴드 하이트Harold Haidt 와 일레인 하이트Elaine Haidt 께 감사를 전하는 바이며, 애정 어린 마음으로 도움을 준 누이들 레베카 하이트Rebecca Haidt 와 사만사 데이번포트Samantha Davenport에게도 감사인사를 전한다. 다른 누구보다도, 내 삶에 사이를 만들어 준 나의 아내 제인 류에게 고맙다고 말하고 싶다.

서론: 지혜는 모든 곳에 있다

1 *Hamlet* II.ii.249-250에서 발췌. 셰익스피어 작품 인용문들은 모두 G.Blakemore(편), 1974에서 발췌했다. *The Riverside Shakespeare*(Boston: Houghton Mifflin).

2 Sleigman 저, 2002.

3 Keyes, Haidt 공저, 2003

4 엄밀히 따지면, 그리스도를 일러 "The Christ"(성유부음을 받은 자)라고 하듯이 부처도 "The Buddha"(깨달은 자)라고 해야 옳을 것이다. 하지만 이 책에서는 통례에 따라 Buddha와 Christ라 이르기로 한다.

1장 분열된 자기와 화해하라

1 이 부분을 비롯해 차후 등장하는 《구약 성경》과 《신약 성경》의 모든 인용문은 신개정표준역(New Revised Standard Version)에서 발췌.

2 Franklin 저, 1980/1733-1758, 3.

3 Lakoff, Johnson 공저, 1980.

4 *Dhammapada*(《법구경》) 326절, Mascaro, 1973.

5 Plato, *Phaedrus*(《향연》) 253 d, Cooper, 1997.

6 Freud 저, 1976/1900.

7 Ovid, *Metamorphoses*(《변신》) Bk. VII, 249.

8   Montaigne 저, 1991/1588, 115. 두 번째 인용문도 같은 책 115쪽에서 발췌.

9   Gerson 저, 1998.

10 Lyte, Varcoe, Bailey 공저, 1998.

11 Gazzaniga 저, 1985; Gazzaniga, Bogen, Sperry 공저, 1962.

12 Gazzaniga 저, 1985, 72.

13 Feinberg 저, 2001.

14 Olds, Milner 공저, 1954.

15 Burns, Swerdlow 공저, 2003.

16 Damasio 저, 1994; Rolls 저, 1999.

17 Rolls 저, 1999.

18 "감정적 두뇌" 연구 결과에 대한 요약은 Berridge 저, 2003; LeDoux 저, 1996
    을 참조.

19 Damasio 저, 1994, Tranel, Damasio 공저, 1990.

20 Bargh, Chen, Burrows 공저, 1996.

21 고령자 관련 효과와 관련해서는 Bargh 외 공저, 1996 참조; 나머지 사람들과
    관련한 효과에 관련해서는 Dijksterhuis, van Knippenberg 공저, 1998 참조.

22 James 저, 1950/1890.

23 Leakey 저, 1994의 검토 내용 참조.

24 대부분의 정신 체계는 그렇게 잘 작동하면서도 왜 논리적 추론은 그토록 어설
    프기만 한 지 그 이유를 검토한 내용에 대해서는 Margolis 저, 1987를 참조하라.

25 Rolls 저, 1999.

26 Hume 저, 1969/1739, 462.

27 Shoda, Mischel, Peake 공저, 1990.

28 이들 연구에 대한 검토 및 뜨거운(자동적) 체계와 차가운(통제된) 체계 사이의
    상호 작용에 대한 완전한 설명을 보려면, Metcalfe, Mischel 공저, 1999를 참조
    하라.

29 Salovey, Mayer 공저, 1990. 감정적 지능을 가졌다고 해서 그 사람의 감정이 지
    능적이라는 뜻은 아니다.

30 Baumeister 외 공저, 1998.

31 Obeysekere 저, 1985.

32 Wegner 저, 1994.

33 Haidt 저, 2001; Haidt, Koller, Dias 공저, 1993.

34 Gladwell 저, 2005.

2장 마음 속 변화를 불러일으켜라

1   *Meditations*(《명상록》), 4:3.

2   *Dhammapada*(《법구경》), 1절, Mascaro, 1973.

3   Carnegie, 1984/1944, 113.

4   Dr. Phil의 "Ten Life Laws"(10가지 삶의 법칙), 2004년 12월 16일에 www. drphil.com에서 검색.

5   Boethius, 1962/서기 522년경, 24.

6   Boethius, 1962/서기 522년경, 22.

7   Boethius, 1962/서기 522년경, 29

8   Miller, C'de Baca 공저, 2001를 참조하면 대략적 내용을 검토할 수 있다.

9   Bargh 외 공저, 1996; Fazio 외 공저, 1986.

10 Nosek, Banaji, Greenwald 공저, 2002; Nosek, Greenwald, Banaji, 인쇄 중.

11 Pelham, Mirenberg, Jones 공저, 2002.

12 Pinker 저, 1997.

13 최근의 두 검토 자료를 참조하라: Baumeister 외 공저, 2001; Rozin, Royzman 공저, 2001

14 Gottman 저, 1994.

15 Kahneman, Tversky 공저, 1979.

16 Rozin, Royzman 공저, 2001.

17 Franklin 저, 1980/1733-1758, 26.

18 Gray 저, 1994; Ito, Cacioppo 공저, 1999.

19 Miller 저, 1944.

20 LaBar, LeDoux 공저, 2003.

21 Shakespeare, Hamlet(《햄릿》), I, ii, 133-134.

22 Shakespeare, Hamlet(《햄릿》), II, ii, 249-250.

23 Angle, Neimark 공저, 1997.

24 Lykken 외 공저, 1992

25 Bouchard 저, 2004; Plomin, Daniles 공저, Turkheimer 저, 2000.

26 Marcus 저, 2004.

27 Plomin, Daniels 공저, 1987.

28 Lykken, Tellegen 공저, 1996.

29 Davidson 저, 1998.

30 Davidson, Fox 공저, 1989.

31 Kagan 저, 1994; Kagan 저, 2003.

32 Milton 저, *Paradise Lost*(《실낙원》), 1권 254-255행.

33 이 내용을 검토하려면 Shapiro, Schwartz, Santerre 공저, 2002를 참조하라. 명
    상과 관련해 기존에 출간된 연구는 그 구상이 빈약하거나 결함이 있는(명상 수
    업 등록을 선택한 이들과 그러지 않은 이들을 비교하는 등) 경우가 대부분이다. 하
    지만 Shapiro 외 공저자들은 명상 조건이나 대조 조건에 무작위 할당를 활용한
    여러 연구들을 검토하고 있다. 이 책에서 내가 언급하는 이득들은 무작위 할당
    을 활용한 연구들이 그 타당성을 뒷받침해주고 있다.

34 Shapiro 외 공저, 2002에서 발췌한 정의.

35 *Dhammapada*(《법구경》) 205절, Mascaro, 1973.

36 Beck 저, 1976.

37 Dobson 저, 1989; Hollon, Beck 공저, 1994.

38 DeRubeis 외 공저, 2005.

39 Seligman 저, 1995.

40 David Burns가 지은 대중서 *Feeling Good*(《필링 굿》)을 이용하면 별 힘 들이지
    않고 인지 치료를 시작할 수 있다. 이 책을 읽는 것만으로도 효과적인 우울증
    치료가 되는 것으로 드러났다(Smith 외 공저, 1997).

41 Proust저, 1992/1922 b, 2001.

42 Nestler, Hyman, Malenka 공저, 2001.

43 Schatzberg, Cole, DeBattista 공저, 2003. SSRI(세로토닌 재흡수 억제제) 약물들
    이 위약(僞藥)만큼 효과가 없다는 보고가 이따금 나오는데, 이는 잘못된 연구에
    근거한 것으로 보인다. 예를 들면, SSRI의 용량을 매우 적게 사용한 연구들이
    그렇다. Hollon 외 공저, 2002 참조.

44 Kramer 저, 1993.

45 Haidt 저, 2001; Haidt, Joseph 공저, 2004

3장 상호주의의 마법을 믿어라

1 *Analects* 15.24 Leys, 1997

2 바빌로니아 탈무드, 안식일 소책자, 2절판 31a, Schttenstien 판, A. Dicker, 역.
   (New York, Mesorah Publications, 1996)

3 *The Godfather*(〈대부〉), F. F. 코폴라 감독, 1972. Paramount Pictures. Mario
   Puzo의 소설이 원작.

4 Campbell 저, 1983; Richerson, Boyd 공저, 1998

5 Hamilton 저, 1964, 친족 이타주의를 세세하게 다룬 최초의 저작. 사실 우리는 모두는 모든 사람, 심지어는 침팬지, 쥐, 초파리 대부분과도 우리의 유전자 대부분을 공유한다. 다만 인간 개체군 내에서 다양한 차이를 보이는 일단의 유전자가 존재하는데, 여기서는 바로 그 부분이 중요하다.

6 물론 이들 조상들이 "판 늘리기"(저변 확대)를 한 것은 아니다. 이들은 경쟁자들에 비해 더 잘 생존한 것뿐이었고, 그 과정에서 생식이 여왕에게로 넘어가 초사회성이 출현하게 되었다.

7 Ridley 저, 1996에 실린 설명.

8 Kunz, Woolcott 공저, 1976.

9 Cialdini 저, 2001.

10 Axelrod 저, 1984.

11 Wilkinson 저, 1984.

12 Trivers 저, 1971.

13 Ridley 저, 1996

14 Panthanathan, Boyd 공저, 2004; Richerson, Boyd 공저, 2005.

15 Cosmides, Tooby 공저, 2004.

16 Guth, Schmittberger, Schwarze 공저, 1982

17 Sanfey 외 공저, 2003.

18 Bjoklund 저, 1997.

19 Dunbar 저, 1993.

20 Dunbar 저, 1996.

21 Hom, Haidt 공저, 출간 준비 중.

22 뒷담화를 옹호하는 입장에 대해서는, Sabini, Silver 공저, 1982 참조.

23 Cialdini 저, 2001.

24 Cialdini 저, 2001에서 Lynn, McCall 공저의 미출간 연구, 1998을 인용.

25 James, Bolstein 공저, 1992.

26 Cialdini외 공저, 1975.

27 Benton, Kelly, Liebling 공저, 1972.

28 Lakin, Chartrand 공저, 2003.

29 van Baaren 외 공저, 2004.

30 van Baaren 외 공저, 2003.

4장 내 안의 위선자를 의심하라

1   *Dhammapada*(《법구경》), 252절, Mascaro, 1973.

2   "Outing Mr. Schrock," 〈Washington Post〉, 2004년, 9월 2일자, A22.

3   Hom, Haidt 공저, 출간 준비 중.

4   죄수의 딜레마 게임에 대한 폭넓은 논의를 보려면, Axelrod 저, 1984; Wright 저, 1994를 참조.

5   Machiavelli 저, *The Discourses*(《논고》), 1.25.

6   Byrne, Whiten 공저, 1998.

7   Batson 외 공저, 1997; Batson 외 공저, 1999.

8   Buchana 저, 1965, 53.

9   Pachocinski 저, 1996, 222.

10 Wright 저, 1994, 13.

11 Kuhn 저, 1991.

12 Perkins, Faraday, Bushey 공저, 1991.

13 Kunda 저, 1990; Pyszczynski, Greenberg 공저, 1987.

14 Franklin 저, 1962/c. 1791, 43.

15 Alicke 외 공저, 1995; Hoorens 저, 1993.

16 Heine, Lehman 공저, 1999; Markus, Kitayama 공저, 1991

17 Epley, Dunning 공저, 2000.

18 이 같은 리더십 분석 및 이 단락에서 인용한 연구들은 Dunning, Meyerowitz, Holzberg 공저, 2002에서 발췌한 것이다.

19 Cross 저, 1977.

20 Taylor 외 공저, 2003.

21 Ross, Sicoly 공저, 1979.

22 Epley, Caruso 공저, 2004.

23 Bobcock, Loewenstein 공저, 1997.

24 Pronin, Lin, Ross 공저, 2002.

25 Hick 저, 1967.

26 Russell 저, 1988; Boyer 저, 2001,

27 Baumeister, 1997

28 Baumeister, 1997(2장)의 검토 참조.

29 Baumeister, Smart, Boden 공저, 1996; Bushman, Baumeister 공저, 1998. 그러나 반사회적 행동이 낮은 자존감과도 연관된다는 증거가 최근 Donnellan외 공

저, 2005년을 통해 보고되기도 했다.

30 Golver 저, 2000.

31 Skitka 저, 2002.

32 Geertz 저, 1973, 5, 사회학자 막스 베버Max Weber의 사상을 주해한 내용이다.

33 *Bhagavad Gita*(《바가바드 기타》), 12.18-19, Zaehner, 1969.

34 Sent-ts'an(승찬), *Hsin hsin ming*(《신심명》), Conze, 1954.

35 Shapiro 외 공저, 2002.

36 Burns 저, 1999.

5장 내면의 행복만 좇는 습관을 버려라

1 *Dhammapada*(《법구경》), 83절, Mascaro, 1973

2 Epictetus 저, 1983/기원후 1-2세기, 9.

3 Davidson 저, 1994; Brim 저, 1992도 참조.

4 *Troilus and Cressida*(《트로일러스와 크레시다》), I. ii. 287

5 Wilson, Gilbert 공저, 2003.

6 척추 부상 환자들을 장기간 추적 조사한 내용에 대해서는 Brickman, Coates, Janoff-Bulman 공저, 1978도 함께 참조하라. 그 어떤 연구도 복권에 당첨되거나 척추 부상을 당한 애초 시점에 사람들로부터 행복 혹은 삶의 만족도 평가를 받아내지는 못했지만, 외면적 정황상으로 보아 애초에 매우 강한 감정적 반응들 있었음을 알 수 있다. 따라서 몇 달 뒤 양 집단 모두가 놀라울 만큼 평범한 행복 평가치를 내놓았다는 것은 그들의 삶 "거의 대부분"이 보통의 기준치로 돌아갔다는 사실을 입증한다고 추론할 수 있다.

7 Kaplan 저, 1978.

8 Deborah Solomon이 행한 인터뷰, *New York Times Magazine*, 2004년 12월 12일 일요일 자. 하지만 우리는 중증 장애에 적응하는 일은 더딜 뿐 아니라, 완전하게 이뤄지지 못할 때가 많음을 유념해야 한다. 심지어 마비환자들은 몇 년이 지난 후에도, 평균적으로, 사고 이전 수준으로 완전히 돌아가지 못했다.

9 Helson 저, 1964.

10 목표 추구, 야망, 행복을 예리하게 탐구한 저작으로는 Brim, 1992를 참조하라.

11 Lykken, Tellegen 공저, 1996.

12 Smith 저, 1976/1759, 149.

13 Brickman, Campbell 공저, 1971.

14 Diener 외 공저, 1999; Mastekaasa, 1994; Waite and Gallagher, 2000. 하지만

결혼한 사람들이 한 번도 결혼하지 않은 사람들에 비해, 평균적으로, 더 행복한 가는 분명하지 않다. 왜냐하면 불행하게 결혼 생활을 하는 이들이 모두를 통틀어 가장 덜 행복한 집단이고 이들이 행복의 평균치를 끌어내리기 때문이다. 결혼의 혜택을 논한 연구에 대한 비판은 Depaulo, Morris 공저 2005 참조.

15 Harker, Keltner, 2001; Lyubomirsky, King, Diener 공저, 인쇄 중.

16 Baumeister, Leary, 2001; 하지만 결혼 생활이 과연 다른 종류의 동반자 관계보다 더 많은 혜택을 갖는지는 확실하지 않다. 건강, 재산, 장수의 면에서 그렇다고 말하는 증거들도 많지만(Waite, Gallagher 공저, 2000에 그 내용이 정리돼 있다), 대규모의 종적 연구에서는 양질의 삶에 관한 보고들에서 결혼 생활의 장기적인 혜택을 발견하지 못했다(Lucas 외 공저, 2003).

17 Diener 외 공저, 1999; Myeres 저, 2000.

18 Argyle 저, 1999. 일부 연구들에서는 이보다 큰 인종 간 차이가 발견되지만, 소득 및 직무 지위를 통제했을 때, 차이는 작아지거나 별 의미를 갖지 못했다.

19 Diener 외 공저, 1999; Lucas, Gohm 공저, 2000.

20 Cartensen 외 공저, 2000; Diener, Shu 공저, 1998; Mroczek, Spiro 공저, 2005에서는 65세 경이 절정기라고 밝혀냈다.

21 Fredercick, Loewenstein 공저, 1999; Riis 외 공저, 2005.

22 Lucas, 2005

23 Schkade, Kahmeman, 공저 1998

24 Feingold 저, 1992.

25 Diener, Wolsic, Fujita 공저, 1995.

26 Diener, Oishi, 공저, 2000.

27 Lyumbomirsky, King, Diener, 인쇄 중 ; Fredrickson, 2001.

28 Diener, Oishi 공저, 2000; Frank, 1999.

29 *Bhagavad Gita*(《바가바드 기타》), XVI. 12. 두 번째 인용문은 XVI. 13-14에서 발췌. Zaehner, 1969.

30 Plomin, Daniels 공저, 1987; 가정 내에서 아이들 각자가 만들어내는 자신만의 **고유한** 환경은 중요하지만, 이것마저도 보통은 그 아이만의 **고유한** 유전자만큼 중요하지는 않다.

31 Lykken, 1999

32 Marcus, 2004

33 Lyubomirsky, Sheldon, Schkade, 발행 예정.

34 Lyubomirsky 외 공저, 발행 예정, Seligman, 2002, 4장 참조. Lyubomirksy 외 공저 저작에서는 맨 마지막 용어를 "활동들"이라고 부르는 한편, Seligman 저

저작에서는 이를 "자발적 변수"라고 부른다. 나는 설명을 간명하게 하고자 이 두 용어를 결합해 "자발적 활동"이라는 말을 쓰기로 한다.

35 Glass, Singer 공저, 1972을 비롯해, Frederick, Lowenstein, 1999에도 여타 연구자들이 검토한 내용들이 있다.

36 Frank, 1999의 검토내용 참조.

37 Koslowksy, Kluge 공저

38 Csikzentmihalyi, 1997

39 Glass, Singer 공저, 1972

40 Langer, Rodin 공저, 1976; Rodin, Langer 공저, 1977.

41 Haidt, Rodin 공저, 1999.

42 Lyubomirsky, King, Diener 공저, 인쇄 중에 실린 검토 내용, Reis, Gable 공저, 2003.

43 Argyle 저, 1999; Baumeister, Leary 공저, 1995; Myers 저, 2000; Seligman 저, 2002 참조. 그러나 Lucas, Dyrenforth(인쇄 중) 공저 저작을 보면, 개선된 인간관계가 행복에 미치는 직접적 인과적 결과는 대부분 심리학자의 생각보다 미미할 수 있다는 증거가 제시돼 있다. 이런 유의 논쟁은 이제 막 시작된 참이다. 이 문제에 대한 해법을 얻기 위해서는 향후 연구가 더 진행되길 기다려야만 한다.

44 Lyubomirsky, King, Diener 공저(인쇄 중); Reis, Gable 공저, 2003.

45 Frederick, Loewenstein 공저, 1999.

46 Bronte 저, 1973/1847, 110, 제인 에어의 말

47 Belk 저, 1985; Kasser 저, 2002; Kasser, Ryan 공저, 1996.

48 Csikszentmihalyi 저, 1990.

49 과다에 대해 느끼는 역겨움에 관해서는 Miller 저, 1997 참조.

50 Seligman 저, 2002, 102.

51 Wrzesniewski, Rozin, Bennett 공저 2003; Kass 저, 1994 함께 참조.

52 Epicurus 저, *Letter to Menoeceus*(《메노이케우스에게 보내는 편지》), 126. O'Connor, 1993.

53 Peterson, Seligman 공저, 2004.

54 Emmons, McCullough 공저, 2003; Lyumbomirsky, Sheldon, Schkade 공저, 인쇄 중.

55 Frank 저, 1999.

56 Solnick, Memenway 공저, 1998에서 발췌.

57 Van Boven, Gilovich 공저, 2003.

58 *Tao Te Ching*, 12, Feng 영역본, 1972.

조너선 하이트의 바른 행복

59 이 똑같은 주장이 Whybrow 저, 2005에서 신경과학적 증거와 함께 나온 바 있다.

60 Iyenger, Lepper 공저, 2000.

61 Schwartz, 2004.

62 Schwarts 외 공저, 2002.

63 Schwarts 외 공저, 2002.

64 Conze 저, 1959.

65 Conze 저, 1959, 40.

66 그리스도Christ를 "the Christ"고 하는 사람들이 있듯이, 부처Buddha를 "the Buddha"라고 하는 이들도 있다. 하지만 이 책에서는 부처와 그리스도를 가리킬 때 둘 모두 통례에 따르기로 한다.

67 Biswas-Diener, Diener 공저, 2001; Diener, Diener 공저, 1996.

68 Biswas-Diener, Diener 공저, 2001, 337.

69 나중에 이 강연 내용을 토대로 한 출간물을 찾을 수 있었다 : Solomon 저, 1999.

70 Broderick 저, 1990, 261.

71 1984년 5월 30일 메모리얼 데이 기념 연설. Holmes, 1891, 3에 실린 내용.

6장 관계와 애착에서 진정한 사랑을 찾아라

1 Seneca, *Epistle*(《서간》) XLVIII, Seneca, 1917-1925/c. 기원후 50년, 315.

2 *Meditation*(《명상록》) XVII, Donne, 1975/1623.

3 이 단락에 언급된 사실들은 Blum 저, 2002, 2장에서 발췌했다.

4 Watson 저, 1928.

5 할로우의 이력에 관한 내 설명은 Blum 저, 2002에서 발췌했다.

6 Harlow, Harlow, Meyer 공저, 1950.

7 Harlow, Zimmerman 공저, 1959.

8 Blum 저, 2002.

9 보울비의 삶과 사상이 어떻게 전개되었는지 살펴보려면, Blum 저, 2002와 Cassidy 저, 1999를 참조하라.

10 Lorenz 저, 1935.

11 Bowlby 저, 1969; Cassidy 저, 1999.

12 놀이의 기능에 관해 살펴보려면, Fredrickson 저, 1998을 참조하라.

13 Harlow 저, 1971.

14 Ainsworth 외 공저, 1978.

15 다음 저서를 보면 애착 연구의 현 상황을 검토해볼 수 있다. Cassidy 저, 1999; Weinfield 외 공저, 1999.

16 Harris 저, 1995.

17 Kagan 저, 1994.

18 Dewolff, van IJzendoorn 공저, 1997.

19 van IJzendoorn 외 공저, 2000

20 Hazan, Shaver 공저, 1987. Copyright © 1987 by the American Psychological Association. 허가를 얻어 게재.

21 Hazan, Zeifman 공저, 1999.

22 Feeney, Noller 공저, 1996.

23 Bowlby 저, 1969.

24 Hazan, Zeifman 공저, 1999.

25 Vormbrock 저, 1993.

26 Carter 저, 1998; Uvnas-Moberg 저, 1998.

27 Taylor 외 공저, 2000.

28 사랑과 섹스에서 옥시토신이 하는 역할을 간략히 살펴보려면 Fisher 저, 2004 를 참조하라.

29 Fisher 저, 2004.

30 Moss 저, 1998.

31 Trevathan 저, 1987; Bjorklund 저, 1997.

32 Bjorklund 저, 1997.

33 Hill, Hurtado 공저, 1996.

34 Buss 저, 2004.

35 Jankowiak, Fisher 공저, 1992.

36 Bersheid, Walster 공저, 1978; Sternberg 저, 1986도 참조

37 Plato 저, *Symposium*(《향연》) 192e, Nehmas, P. Woodruff(역). Cooper, 1997.

38 Bersheid, Walster 공저, 1978.

39 Janokowiak, Fischer 공저, 1992에 인용.

40 Julien 저, 1998.

41 Bartels, Zeki 공저, 2000; Fischer 저, 2004.

42 이것들이 Sternberg 저(1986)에 실린 사랑의 삼각 구도 이론의 세 구성 요소이다.

43 *Dammapada*(《법구경》) 284절, Mascaro, 1973.

44 2장, 213줄, Doniger, Smith 공저, 1991.

조너선 하이트의 바른 행복

45 *Analects*(《논어》) 9. 18 Leys, 1997.

46 밀교 전통들은 고대의 예외적인 사례로 비칠 수 있다. 하지만 이들 전통도 결국에는 욕정 및 여타 열정들의 에너지를, 종종 역겨움과 결합해, 육체적 쾌락에 대한 집착을 끊는 한 방법으로 활용하는 것이 목표였다. Dharmakirti 저, 2002 참조.

47 Plato, *Symposium*(《향연》) 192e, A. Nehamas, P. Woodruff(역). Cooper(편)

48 Plato, *Symposium*(《향연》) 210d, A. Nehamas, P. Woodruff(역). Cooper(편)

49 Lucretius, *De Rerum Natura*(《사물의 본성에 대하여》), IV권, 1105-1113행.

50 Goldenberg 외 공저, 2001; Goldenberg 외 공저, 1999.

51 Becker 저, 1973; Pyszcsynski, Greenberg, Solomon 공저, 1997.

52 Durkheim 저, 1951/1897, 209.

53 Cohen, Herbert 공저, 1996, Waite, Gallgher 공저, 2000에 실린 검토를 참조하라. 그러나 Lucas, Dyrenforth 공저(인쇄 중)에서는 사회적 관계가 이 분야의 나머지에서 생각하는 것만큼 큰 중요성을 가지는지에 의문을 던진 바 있다.

54 Fleeson, Malanos, Achille 공저, 2002.

55 Brown 외 공저, 2003.

56 Baumeister, Leary 공저, 1995.

57 Sartre, 1989/1944, 45.

7장 우리는 스스로 생각하는 것보다 훨씬 강하다

1 영어로 Mencius라고도 한다. *The Book of Mencius*(《맹자》) 6B, Chan, 1963, 78

2 Nietzesche, 1997/1889, 6.

3 Taylor 저, 2003.

4 이 이야기는 실화를 바탕으로 했지만, 인물의 이름을 비롯해 신원확인에 이용될 수 있는 세부 사항들은 바꾸었다.

5 Cleckley 저, 1955; Hare, 1993.

6 외상 후 성장에 대해서는 Nolen-Hoeksema, Davis 공저, 2002; Tedeschi, Park, Calhoun 공저, 1998; Tennen, Affleck 공저, 1998; Updegraff, Taylor 공저, 2000을 참조하라. Frank, 1984/1959와 같은 초기 선구자들도 몇몇 찾아볼 수 있다.

7 Meichenabaum 저, 1985, Updegraff, Tylaor 공저, 2000에 실린 내용.

8 Dalai Lama 저, 2001/1995, 40.

9 Nolen-Hoeksema, Davis 공저, 2002, 602-603.

10 Baum 저, 2004; Tennen, Affleck 공저, 1998.

11 〈As you like it〉(당신 뜻대로), II.i.12-14.

12 Tooby, Cosmides 공저, 1996.

13 Costa, McCrae 공저, 1989.

14 Park, Cohen, Murch 공저, 1996.

15 Costa, McCrae 공저, 1989.

16 Srivastava 외 공저, 2003.

17 McAdams 저, 1994; McAdams, 2001.

18 McAdams 저, 1994, 306.

19 Emmons, 2003; Emmons, 1999.

20 Tim Kasser의 연구도 참조하라: Kasser 저, 2002; Kasser, Ryan 공저, 1996.

21 McAdams 저, 2001, 103.

22 Adler, Kissel, McAdams 공저, 인쇄 중.

23 Sheldon, Kasser 공저, 1995.

24 Emmons 저, 2003, 6장과 James 저, 1961/1902 참조.

25 "훌륭한 삶에 이르는 험난한 길"에 대해서는 King 저, 2001 참조.

26 Lerner, Miller 공저, 1978.

27 의미 찾기가 "심리적 면역 체계"의 일부로 기능하는 새로운 연구에 대해서는 Wilson, Gilbert 공저, 2005 참조.

28 Nolen-Hoeksmena, Davis 공저, 2002; Ryff, Singer 공저, 2003; Tennen, Affleck 공저, 1998. 낙관주의보다 덜하더라도, 그 외에 중요한 다른 특성들로 는 인지적 복합도와 경험에 대한 개방성을 들 수 있다.

29 Carver, Scheier, Weintraub 공저, 1989; Lazarus, Folkman 공저, 1984.

30 Pennebaker 저, 1997.

31 Tavris 저, 1982.

32 Pennebaker 저, 1997, 99-100.

33 Myers 저, 2000; McCullough 외 공저, 2000.

34 Pennebaker 저, 1997.

35 Chorpita, Barlw 공저, 1998.

36 인생 초반부터 스트레스가 심한 환경에 처했을 때 초래되는 다양한 심리학적 생물학적 변화에 대해서는 Belsky, Steinberg, Draper 공저, 1991를 참조.

37 Rind, Tromovitch, Bauserman 공저, 1998.

38 McAdams 저, 2001.

39 Fitzgerald 저, 1988.

40 Elder 저, 1974; Elder 저, 1998.

41 1994년에 맥아더 재단에 보고서를 제출하려고 Elder를 인터뷰한 바 있다.

42 Durkheim 저, 1951/1897.

43 Putnam 저, 2000.

44 Baltes, Lindberger, Staudinger 공저, 1998.

45 Proust, 1992a/1922, 513.

46 Sternberg 저, 1998; Baltes, Freund 공저, 2003도 참조.

47 신학자 Reinhold Niebuhr가 1943년에 설교할 때 이 기도문을 변형해 활용했으며, 일각에서는 그것이 이 책에 실린 기도문의 원천이라고 보기도 한다. 이 기도문은 익명의 알콜중독자들Alcoholics Anomymous를 통해 대중화되었다.

8장 선한 행동에 전념하라

1 Epicurus, *Principal Doctrines*(《주요 가르침》), Epicurus wj, 1963/c. 기원전 290년, 297의 내용.

2 *Dammapada*(《법구경》), 9절, 118행. 이 번역문은 Byrom 저, 1993에서 발췌한 것이다. Mascaro 서문의 책과 의미는 같지만, 문장의 흐름이 훨씬 좋다.

3 Aristotle, 1962/기원전 4세기, 1098a.

4 Franklin, 1962/c. 1791, 82.

5 Franklin, 1962/c. 1791, 82.

6 Franklin, 1962/c. 1791, 88.

7 Peterson, Seligman 공저, 2004.

8 Lichtheim, 1976, 152.

9 Templeton 저, 1997.

10 Hansen 저, 1997.

11 Aristotle 저, 1962/기원전 4세기, 1103b.

12 Kant 저, 1959/1785.

13 Bentham 저, 1996/1789.

14 Pincoffs 저, 1986,

15 M. B, Sure, "Raising a Thinking Child Workbook," 2005년 4월 15일, www.thinkingchild.com에서 검색.

16 Singer 저, 1979.

17 MacIntyre 저, 1981.

18 Taylor 저, 1989도 참조.

19 Peterson, Seligman 공저, 2004.

20 Piaget 저, 1965.1932.

21 Shweder 외 공저, 1997.

22 Baumeister 저, 1997. 4장에서 논의.

23 Webster's *New Collegiate Dictionary*, 1976.

24 Lyubomirsky 외 공저, 인쇄 중.

25 Isen, Levin 공저, 1972. 이 효과와 관련해서는, 남을 돕다가 행복한 기분이 깨지기도 하는 등의 여러 가지 한계가 존재하기도 한다. Isen, Simmonds 공저, 1978.

26 Piliavin 저, 2003.

27 Thoits, Hewitt 공저, 2001.

28 Brown 외 공저, 2003.

29 McAdams 저, 2001, 7장에서 논의된 내용.

30 Piliavin 저, 2003.

31 Emmons 저, 2003.

32 Durkheim 저, 1951/1897, 6장에서 논의된 내용.

33 Sampson 저, 1993.

34 Hunter 저, 2000.

35 Appiah 저, 2005. Taylor 저, 1989도 참조.

36 Tajfel 저, 1982.

37 Haidt, Rosenbeg, Hom 공저, 2003.

38 Damon, 1997.

9장 삶 그대로의 신성함을 믿어라

1 예전에는 Mencius라고도 알려짐. Chan, 1963, 59에서 인용.

2 *Hadith*에서 발췌, Fadiman, Frager 공저, 1997, 6에 인용된 내용.

3 Abbott 저, 1952/1884. 뒤에 나오는 인용문은 80페이지에서 발췌.

4 Boehm 저, 1999.

5 Brown, Gilman 공저, 1960.

6 Leviticus(〈레위기서〉) 12장; Buckley, Gottlieb 공저, 1988.

7 Rozin, Fallon 공저, 1987.

8 Rozin 외 공저, 1997.

9 Leakey 저, 1994.

조너선 하이트의 바른 행복

10 역겨움에 대한 우리의 연구를 검토하려면, Rozin, Haidt, Mccauley 공저, 2000 을 참조하라.

11 Haidt 외 공저, 1997.

12 Thomas 저, 1983, 38에 보고된 내용.

13 John Wesley 저, 1984/1786, 설교 888, "On Dress," 249.

14 Schweder 외 저, 1997.

15 Haidt, Koller, Dias 공저, 1993.

16 Doniger, Smith 공저, 1991. 긴 인용문은 4장, 109-122행을 발췌한 것이다.

17 사람들은 "타고난 이원주의자"여서, 몸과 영혼을 따로 떼어놓는 데에 정말 능하다는 사실과 관련해서는 Bloom 저, 2004를 참조하라.

18 Emmerson, 1960/1838, 102, "The Divinity School Address"에서 발췌.

19 Stall 저, 1987. 이 인용문은 1904년판 35쪽에서 발췌했다.

20 Steele 저, 1867, 191.

21 Le Conte 저, 1892, 330.

22 Eliade, 1959/1957. 긴 인용문은 24쪽에서 발췌.

23 Ekma, Sorensen, Friesen 공저, 1969의 기념비적 저작을 밑바탕으로 했다.

24 Jefferson 저, 1975/1771

25 Isen, Levin 공저, 1971; 8장의 논의 참조.

26 Algoe, Haidt 공저, 2005.

27 Thrash, Elliot 공저, 2004.

28 McCraty, Childre 공저, 2004.

29 Carter 저, 1998. 6장 참조.

30 옥시토신이 신뢰를 증진시킨다는 최근의 연구결과를 참조하라, Kosfeld 외 공저, 2005.

31 David Whitford, 사적인 의견교류, 1999. 허락을 받고 내용 활용.

32 6장의 애착과 아가페에 대한 논의를 참조하라.

33 Guyer 저, 1992, 1에 인용된 *Critique of Practical Reason*(《실천이성비판》) 내용 발췌.

34 Wright 저, 1994, 364에 인용된 다윈의 자서전 내용 발췌.

35 Emerson, 1960b/1838, 24에 인용된 *Nature* 내용 발췌.

36 Wason 저, 1986.

37 Shulgin, Shulgin 공저, 1991.

38 Grob, De Rios 공저, 1994

39 Pahnke 저, 1966.

40 Keltner, Haidt 공저, 2003.

41 *Bhagavad Gita*(《바가바드 기타》), 2.45. Zaehner, 1969.

42 James 저, 1961/1902.

43 James 저, 1961/1902, 216-217.

44 Maslow 저, 1964,

45 Datson, Park 공저, 1998.

46 Maslow 저, 1968, 58.

47 Leary, 2004.

48 Gallup 저, 1982.

49 Cruikshank 저, 1999, 95에 인용된 내용.

50 Warren 저, 2002.

51 나는 슈웨더의 2가지 윤리를 확장해 5가지 토대로 구성된 직관적 윤리 이론을 정립한 바 있으며, 지금도 문화 전쟁 분석에 이를 활용하고 있다. Haidt, Bjorklund 공저, 인쇄 중; Haidt, Joseph 공저, 2004를 참조하라.

52 Warren 저, 2002, 22.

53 Haidt, Hersh 공저, 2001.

54 Gross, Haidt 공저, 2005.

55 Haidt, Hersh 공저, 2001, 208.

10장 행복은 사이에서 온다

1 *Isa Upanishad*(《이사 우파니샤드》), 6-7절. Mascaro, 1965, 49-50.

2 *My Antonia*(《나의 안토니아》)에서 Jim이 한 말; Cather 저, 1987/1918, 14.

3 Cat Stevens의 노래 "On the Road to Find Out". 앨범 "Tea for the Tillerman"에 수록, 1970, A&M.

4 John Augustine Washington에게 보내는 편지, Irving 저, 1976/1856-1859에 실린 내용.

5 Bruce Springsteen의 노래 "Sherry Darling". Copyright © 1980 Bruce Springsteen (ASCAP). 허가를 얻어 게재. 국제 저작권 확보. 모든 권리 보유.

6 Allen 저, 1975.

7 Klemke 저, 2000, 삶의 의미에 관한 철학적 소론들을 모아 놓은 권. 비유신론 소론들에 행하려고 하는 작업들이 바로 이것이다.

8 예를 들면, Appiah 저, 2005; Churchland 저, 1998; Flanagan 저, 1991; Gibbard 저, 2990; Nussbaum 저, 2001; Solomon 저, 1999를 참조하라.

9　Adams 저, 1980.

10　*Monty Python's The Meaning of Life*, 연출 Terry Gillam (Universal Studios, 1983)

11　*Webster's Third New International Dictionary*, 1993, 두 단어 모두 원문 그대로 실음.

12　Jung 저, 1963.

13　*Nichomachean Ethics*(《니코마코스 윤리학》), 1권, 1094a.

14　Warren 저, 2002.

15　Bonanno 저, 2004, 및 7장 참조.

16　Gardner, Cskiszentmihalyi, Damon 공저, 2001.

17　Ryan, Deci 공저, 2000의 무척 명망 있는 이론에 따르면, 경쟁심(일을 포함하여), 관계성(사랑), 자율성이 근본적 차원의 심리적 욕구에 해당한다고 한다. 자율성이 중요하다는 데에는 나도 동의하지만, 그것이 나머지 두 가지만큼 중요하고, 보편적이고, 혹은 한결같이 좋은 것이라고는 생각되지 않는다.

18　"lieben und arbeiten"이라는 이 구절은 프로이트의 글에서는 찾아볼 수 없다. 프로이트가 사람들과 대화를 나눌 때 썼던 말일 거라는 주장이 종종 나온다. Erikson 저, 1963/1950, 265에서 Erik Erkison도 이런 식으로 관련 내용을 전하고 있다.

19　Leo Tolstoy, Troyat 저, 1967, 158에 인용.

20　White 저, 1959.

21　White 저, 1959, 322.

22　*Troilus and cressida*(《트로일러스와 크레시다》), I, ii. 287.

23　Marx 저, 1977/1867

24　Kohn, Schooler 공저, 1983.

25　Bellah 외 공저, 1985.

26　Wrzesniewski 외 공저, 2003; Wrzesniewski, Rozin, Bennnet 공저, 2003.

27　8장에서 논의한 내용.

28　Fredrickson 저, 2001.

29　Gibran 저, 1997/1923, 27.

30　Nakamura, Csikszentmihalyi 공저, 2003, 87.

31　Nakamura, Csikszentmihalyi 공저, 2003, 86.

32　Gardenr, Csikszentmihalyi, Damon 공저, 2001. 목적의 발달에 관해서는 Damon, Menon, Bronk 공저, 2003도 참조하라.

33　예를 들면, Fenton 저, 2005.

34　훨씬 더 최근의 심리학 연구에서 행복한 삶을 위한 일치 혹은 일관성의 중요성

이 드러난 바 있다. Freitas, Higgins 공저, 2002; Tamir, Robinson, Clore 공저, 2002를 참조하라.

35 Emmons 저, 1999; Miller, C'de Baca 공저, 2001 참조.

36 "최적의 인간 존재"에 관한 잘 다듬어진 다차원적 접근에 관해서는, Sheldon 저, 2004 참조.

37 이 부분의 내용은 Clark 저, 1999; Lakoff, Johnson 공저, 1999; Shore 저, 1996 처럼 인지 안에서의 신체와 문화의 역할을 다룬 인지 과학 분야의 학제 간 연구에서 발췌한 것들이다.

38 Durkeim 저, 1965/1915; Wilson 저, 2002.

39 Brown 저, 1991.

40 Darwin 저, 1998/1871, 166.

41 Williams 저, 1966; Trivers 저, 1971.

42 Dawkins 저, 1976.

43 Wilson 저, 1990.

44 Camponotus saundersi(학명), Wilson 저, 1990, 44에 설명된 내용.

45 Wilson 저, 2002. 하지만 집단 선택은 논쟁의 여지가 꽤 많음을 유념해야 하며, 지금도 진화 생물학자들 사이에서는 소수의 입장으로 통한다.

46 Aunger 저, 2000; Gladwell 저, 2000; Richerson, Boyd 공저, 2005 참조.

47 Richerson, Boyd 공저, 2005; Leakey 저, 1994.

48 Mithen 저, 2000에서는 두뇌가 오늘날 크기에 도달한 것이 10만 년 전임에도 문화적 폭발은 그보다도 수만 년 후에야 시작된 것은 물질 문화가 서서히 축적된 결과라고 설명한다.

49 진화한 마음이 예술, 정치, 성 역할을 비롯한 문화의 여타 측면들을 어떻게 구속하는가에 대해서는 Pinker 저, 1997, 2002를 참조하라.

50 여우를 길들여 선택 번식을 통해 외관과 행동을 개와 얼마간 비슷하게 만드는 데에는 40년밖에 걸리지 않았다. Belyaev 저, 1979; Trut 저, 1999 참조.

51 Richerson, Boyd 공저, 2005.

52 Durkheim 저, 1965/1915, 62

53 Boyer 저, 2001

54 Boyer 저, 2001; Dawkins 저, 1976.

55 Hamer 저, 2004.

56 이 용어는 R. M. Bucke가 근래 고안해낸 것이다. James 저, 1961/1902, 313 참조.

57 *Columbia Encyclopedia*, 제6판, 2001. "yoga" 항목.

58 James 저, 1961/1902, 317에 인용된 내용.

59 Newberg, D'Aquili, Rause 공저, 2001.

60 McNeill 저, 1995, 2.

61 McNeill 저, 1995.

62 Gray 저, 1970/1959의 내용, McNeill저, 1995의 p.10에 인용.

11장 결론: 사이에서 균형 잡기

1 Diogenes Laertius저에 인용, 1925/기원후 3세기, 9권, 8부.

2 Blake 저, 1975/1790-1793, 3.

3 Graham, Haidt 공저, 출간 준비 중; Haidt, Bjorklund 공저, 인쇄 중; Haidt, Hersh 공저, 2001.

4 물론 이 같은 일반화에서 벗어나는 진보파와 보수파의 하위 유형도 있다. 종교 좌파와 자유주의자 우파가 그 경우로, 이들에게도 각자 나름의 전문 영역이 있다.

Abbott, E. A. (1952/1884). *Flatland: A romance of many dimensions.* (6th ed.). New York: Dover.

Adams, D. (1980). *The hitchhiker's guide to the galaxy.* New York: Harmony Books.

Adler, J. M., Kissel, E., and McAdams, D. P. (in press). Emerging from the CAVE: Attributional style and the narrative study of identity in midlife adults. *Cognitive Therapy and Research.*

Ainsworth, M. D. S., Blehar, M., Waters, E. & Wall, S. (1978). *Patterns of attachment: A psychological study of the strange situation.* Hillsdale, NJ: Erlbaum.

Algoe, S., and Haidt, J. (2005). Witnessing excellence in action: The "otherpraising" emotions of elevation, gratitude, and admiration. Unpublished manuscript, University of Virginia.

Alicke, M. D., Klotz, M. L., Breitenbecher, D. L., Yurak, T. J., & Vredenburg, D. S. (1995). Personal contact, individuation, and the better-than-average effect. *Journal of Personality and Social Psychology, 68,* 804–825.

Allen, W. (1975). *Without feathers.* New York: Random House.

Angle, R., & Neimark, J. (1997). Nature's clone. *Psychology Today,* July/August.

Appiah, K. A. (2005). *The ethics of identity.* Princeton: Princeton University Press.

Argyle, M. (1999). Causes and correlates of happiness. In D. Kahneman, E. Diener & N. Schwartz (Eds.), *Well-being: The foundations of hedonic psychology* (pp. 353–373). New York: Russell Sage.

Aristotle. (1962/4th cent. BCE). *Nichomachean ethics* (M. Oswald, Trans.). Indianapolis,

IN: Bobbs-Merrill.

Aunger, R. (Ed.). (2000). *Darwinizing culture: The status of memetics as a science.* Oxford, UK: Oxford University Press.

Aurelius, M. (1964/2nd cent. CE). *Meditations* (M. Staniforth, Trans.) London: Penguin.

Axelrod, R. (1984). *The evolution of cooperation.* New York: Basic Books.

Babcock, L., & Loewenstein, G. (1997). Explaining bargaining impasse: The role of self-serving biases. *Journal of Economic Perspectives,* 11, 109 – 126.

Baltes, P. B., & Freund, A. M. (2003). The intermarriage of wisdom and selective optimization with compensation: Two meta-heuristics guiding the conduct of life. In C. L. M. Keyes & J. Haidt (Eds.), *Flourishing: Positive psychology and the life well-lived* (pp. 249 – 273). Washington, DC: American Psychological Association.

Baltes, P. B., Lindenberger, U., & Staudinger, U. M. (1998). Life-span theory in developmental psychology. In W. Damon & R. Lerner (Eds.), *Handbook of child psychology.* Vol. 1, *Theoretical models of human development.* (5th ed.). (pp. 1029 – 1143). New York: Wiley.

Bargh, J. A., Chaiken, S., Raymond, P., & Hymes, C. (1996). The automatic evaluation effect: Unconditionally automatic activation with a pronunciation task. *Journal of Experimental Social Psychology,* 32, 185 – 210.

Bargh, J. A., Chen, M., & Burrows, L. (1996). Automaticity of social behavior: Direct effects of trait construct and stereotype activation on action. *Journal of Personality and Social Psychology,* 71, 230 – 244.

Bartels, A., & Zeki, S. (2000). The neural basis of romantic love. *Neuroreport,* 11, 3829 – 3834.

Batson, C. D., Kobrynowicz, D., Dinnerstein, J. L., Kampf, H. C., & Wilson, A. D. (1997). In a very different voice: Unmasking moral hypocrisy. *Journal of Personality and Social Psychology,* 72, 1335 – 1348.

Batson, C. D., Thompson, E. R., Seuferling, G., Whitney, H., & Strongman, J. A. (1999). Moral hypocrisy: Appearing moral to oneself without being so. *Journal of Personality and Social Psychology,* 77, 525 – 537.

Baum, D. (2004). The price of valor. *The New Yorker,* July 12.

Baumeister, R. F. (1997). *Evil: Inside human cruelty and violence.* New York: W. H. Freeman.

Baumeister, R. F., Bratlavsky, E., Finenauer, C., & Vohs, K. D. (2001). Bad is stronger than good. *Review of General Psychology, 5,* 323‒370.

Baumeister, R. F., Bratlavsky, E., Muraven, M., & Tice, D. M. (1998). Ego depletion: Is the active self a limited resource? *Journal of Personality and Social Psychology,* 74, 1252‒1265.

Baumeister, R. F., & Leary, M. R. (1995). The need to belong: Desire for interpersonal attachments as a fundamental human motivation. *Psychological Bulletin,* 117, 497‒529.

Baumeister, R. F., Smart, L., & Boden, J. M. (1996). Relation of threatened egotism to violence and aggression: The dark side of high self-esteem. *Psychological Review,* 103, 5‒33.

Beck, A. T. (1976). *Cognitive therapy and the emotional disorders.* New York: International Universities Press.

Becker, E. (1973). *The Denial of Death.* New York: Free Press.

Belk, R. W. (1985). Materialism: Trait aspects of living in the material world. *Journal of Consumer Research,* 12, 265‒280.

Bellah, R., Madsen, R., Sullivan, W. M., Swidler, A., & Tipton, S. (1985). *Habits of the heart.* New York: Harper and Row.

Belsky, J., Steinberg, L., & Draper, P. (1991). Childhood experience, interpersonal development, and reproductive strategy: An evolutionary theory of socialization. *Child Development,* 62, 647‒670.

Belyaev, D. K. (1979). Destabilizing selection as a factor in domestication. *Journal of Heredity,* 70, 301‒308.

Bentham, J. (1996/1789). *An introduction to the principles of morals and legislation.* Oxford: Clarendon.

Benton, A. A., Kelley, H. H., & Liebling, B. (1972). Effects of extremity of offers and concession rate on the outcomes of bargaining. *Journal of Personality and Social Psychology,* 24, 73‒83.

Berridge, K. C. (2003). Comparing the emotional brains of humans and other animals. In R. J. Davidson, K. R. Scherer & H. H. Goldsmith (Eds.), *Handbook of affective sciences* (pp. 25‒51). Oxford, UK: Oxford University Press.

Berscheid, E., & Walster, E. H. (1978). *Interpersonal attraction.* New York: Freeman.

Biswas-Diener, R., & Diener, E. (2001). Making the best of a bad situation: Satisfaction in the slums of Calcutta. *Social Indicators Research,* 55, 329‒352.

Bjorklund, D. F. (1997). The role of immaturity in human development. *Psychological*

Bulletin, 122, 153-169.

Blake, W. (1975/1790-1793). *The marriage of heaven and hell*. London: Oxford University Press.

Bloom, P. (2004). *Descartes' baby: How the science of child development explains what makes us human*. New York: Basic Books.

Blum, D. (2002). *Love at Goon Park*. Cambridge, MA: Perseus.

Boehm, C. (1999). *Hierarchy in the forest: The evolution of egalitarian behavior*. Cambridge, MA: Harvard University Press.

Boethius. (1962/c. 522 CE). *The consolation of philosophy*. (R. Green, Trans.). New York: Macmillan.

Bonanno, G. (2004). Loss, trauma, and human resilience: Have we underestimated the human capacity to thrive after extremely aversive events? *American Psychologist, 59*, 20-28.

Bouchard, T. J. (2004). Genetic influence on human psychological traits: A survey. *Current Directions in Psychological Science, 13*, 148-151.

Bowlby, J. (1969). *Attachment and loss*. Vol.1, *Attachment*. New York: Basic Books.

Boyer, P. (2001). *Religion explained: The evolutionary origins of religious thought*. New York: Basic Books.

Brickman, P., & Campbell, D. T. (1971). Hedonic relativism and planning the good society. In M. H. Apley (Ed.), *Adaptation-level theory: A symposium* (pp. 287-302). New York: Academic Press.

Brickman, P., Coates, D., & Janoff-Bulman, R. (1978). Lottery winners and accident victims: Is happiness relative? *Journal of Personality and Social Psychology, 36*, 917-927.

Brim, G. (1992). *Ambition*. New York: Basic Books.

Broderick, J. C. (Ed.). (1990). *Writings of Henry D. Thoreau: Journal, Volume 3: 1848–1851*. Princeton: Princeton University Press.

Bronte, C. (1973/1847). *Jane Eyre*. London: Oxford University Press.

Brown, D. E. (1991). *Human universals*. Philadelphia: Temple University Press.

Brown, R., & Gilman, A. (1960). The pronouns of power and solidarity. In T. A. Sebeok (Ed.), *Style in language* (pp. 253-276). Cambridge, MA: MIT Press.

Brown, S. L., Nesse, R. M., Vinokur, A. D., & Smith, D. M. (2003). Providing social support may be more beneficial than receiving it: Results from a prospective study of mortality. *Psychological Science, 14*, 320-327.

Buckley, T., & Gottlieb, A. (Eds.). (1988). *Blood magic: The anthropology of menstruation*. Berkeley: University of California Press.

Buchanan, D. C. (1965). *Japanese proverbs and sayings*. Norman, OK: University of Oklahoma Press.

Burns, D. D. (1999). *Feeling Good*. (2nd ed.). New York: Avon.

Burns, J. M., & Swerdlow, R. H. (2003). Right orbitofrontal tumor with pedophilia symptom and constructional apraxia sign. *Archives of Neurology, 60,* 437 – 440.

Bushman, B. J., & Baumeister, R. F. (1998). Threatened egotism, narcissism, self-esteem, and direct and displaced aggression: Does self-love or selfhate lead to violence? *Journal of Personality and Social Psychology, 75,* 219 – 229.

Buss, D. M. (2004). *Evolutionary psychology: The new science of the mind.* (2nd ed.). Boston: Allyn & Bacon.

Byrne, R., & Whiten, A. (Eds.). (1988). *Machiavellian intelligence*. Oxford, UK: Oxford University Press.

Byrom, T. (Ed. and Trans.). (1993). *Dhammapada: The sayings of the Buddha*. Boston: Shambhala.

Campbell, D. T. (1983). The two distinct routes beyond kin selection to ultrasociality: Implications for the humanities and social sciences. In D. Bridgeman (Ed.), *The nature of prococial development: Theories and strategies* (pp. 11 – 39). New York: Academic Press.

Carnegie, D. (1984/1944). *How to stop worrying and start living*. New York: Pocket Books.

Carstensen, L. L., Pasupathi, M., Mayr, U., & Nesselroade, J. R. (2000). Emotional experience in everyday life across the adult life span. *Journal of Personality and Social Psychology, 79,* 644 – 655.

Carter, C. (1998). Neuroendocrine perspectives on social attachment and love. *Psychoneuroendocrinology, 23,* 779 – 818.

Carver, C. S., & White, T. L. (1994). Behavioral inhibition, behavioral activation, and affective responses to impending reward and punishment: The BIS/BAS scales. *Journal of Personality and Social Psychology, 67,* 319 – 333.

Carver, C. S., Scheier, M. F., & Weintraub, J. K. (1989). Assessing coping strategies: A theoretically based approach. *Journal of Personality and Social Psychology, 56,* 267 – 283.

Cassidy, J. (1999). The nature of the child's ties. In J. Cassidy & P. R. Shaver (Eds.),

Handbook of attachment: Theory, research, and applications (pp. 3‒20). New York: Guilford.

Cather, W. (1987/1918). *My Antonia*; New York: Library of America.

Chan, W. T. (1963). *A source book in Chinese philosophy*. Princeton, NJ: Princeton University Press.

Chorpita, B. F., & Barlow, D. H. (1998). The development of anxiety: The role of control in the early environment. *Psychological Bulletin*, 124, 3‒21.

Churchland, P. M. (1998). Toward a cognitive neuriobiology of the moral virtues. *Topoi*, 17, 83‒96.

Cialdini, R. B. (2001). *Influence: Science and practice*. (4th ed.). Boston: Allyn and Bacon.

Cialdini, R. B., Vincent, J. E., Lewis, S. K., Catalan, J., Wheeler, D., & Darby, B. L. (1975). Reciprocal concessions procedure for inducing compliance: The door-in-the-face technique. *Journal of Personality and Social Psychology*, 31, 206‒215.

Clark, A. (1999). *Being there: Putting brain, body, and world together again*. Cambridge, MA: MIT Press.

Cleckley, H. (1955). *The mask of sanity*. St. Louis, MO: Mosby.

Cohen, S., & Herbert, T. B. (1996). Health psychology: psychological factors and physical disease from the perspective of human psychoneuroimmunology. *Annual Reviews of Psychology*, 47, 113‒142.

Conze, E. (Ed.). (1954). *Buddhist texts through the ages*. New York: Philosophical Library.

Conze, E. (Ed.). (1959). *Buddhist Scriptures*. London: Penguin.

Cooper, J. M. (Ed.). (1997). *Plato: Complete works*. Indianapolis, IN: Hackett.

Cosmides, L., & Tooby, J. (2004). Knowing thyself: The evolutionary psychology of moral reasoning and moral sentiments. *Business, Science, and Ethics*, 91‒127.

Costa, P. T. J., & McCrae, R. R. (1989). Personality continuity and the changes of adult life. In M. Storandt & G. R. VandenBos (Eds.), *The adult years: Continuity and change* (pp. 45‒77). Washington, DC: American Psychological Association.

Cross, P. (1977). Not can but will college teaching be improved. *New Directions for Higher Education*, 17, 1‒15.

Cruikshank, B. (1999). *Will to empower: Democratic citizens and other subjects*. Ithaca: Cornell University Press.

Csikszentmihalyi, M. (1990). *Flow: The psychology of optimal experience.* New York: Harper & Row.

Csikszentmihalyi, M. (1997). *Finding flow.* New York: Basic Books.

Dalai Lama. (2001/1995). *The art of living: A guide to contentment, joy, and fulfillment.* (G. T. Jinpa, Trans.) London: Thorsons.

Damasio, A. (1994). *Descartes' error: Emotion, reason, and the human brain.* New York: Putnam.

Damasio, A. R., Tranel, D., & Damasio, H. (1990). Individuals with sociopathic behavior caused by frontal damage fail to respond autonomically to social stimuli. *Behavioral Brain Research, 41,* 81-94.

Damon, W. (1997). *The youth charter: How communities can work together to raise standards for all our children.* New York: Free Press.

Damon, W., Menon, J. & Bronk, K. (2003). The development of purpose during adolescence. *Applied Developmental Science 7,* 119-128.

Darwin, C. (1998/1871). *The descent of man and selection in relation to sex.* Amherst, NY: Prometheus.

Daston, L., and Park, C. (1998). *Wonders and the order of nature, 1150-1750.* New York: Zone.

Davidson, R. J. (1994). Asymmetric brain function, affective style, and psychopathology: The role of early experience and plasticity. *Development and Psychopathology, 6,* 741-758.

Davidson, R. J. (1998). Affective style and affective disorders: Perspectives from affective neuroscience. *Cognition and Emotion, 12,* 307-330.

Davidson, R. J., and Fox, N. A. (1989). Frontal brain asymmetry predicts infants' response to maternal separation. *Journal of Abnormal Psychology, 98,* 127-131.

Dawkins, R. (1976). *The selfish gene.* Oxford, UK: Oxford University Press.

DePaulo, B. M., & Morris, W. L. (2005). Singles in society and science. *Psychological Inquiry, 16,* 57-83.

DeRubeis, R. J., Hollon, S. D., Amsterdam, J. D., Shelton, R. C., Young, P. R., Salomon, R. M., et al. (2005). Cognitive therapy vs medications in the treatment of moderate to severe depression. *Archives of General Psychiatry, 62,* 409-416.

DeWolff, M., & van Ijzendoorn, M. (1997). Sensitivity and attachment: A metaanalysis on parental antecedents of infant attachment. *Child Development, 68,* 571-591.

Dharmakirti. (2002). *Mahayana tantra*. New Delhi, India: Penguin.

Diener, E., & Diener, C. (1996). Most people are happy. *Psychological Science, 7*, 181–185.

Diener, E., & Oishi, S. (2000). Money and happiness: Income and subjective well-being across nations. In E. Diener & E. M. Suh (Eds.), *Culture and subjective well-being* (pp. 185–218). Cambridge, MA: MIT Press.

Diener, E., & Suh, M. E. (1998). Subjective well-being and age: An international analysis. In K. Schaie & M. Lawton (Eds.), *Annual review of gerontology and geriatrics*, Vol 17: *Focus on emotion and adult development, Annual review of gerontology and geriatrics* (pp. 304–324). New York: Springer.

Diener, E., Suh, E. M., Lucas, R. E., & Smith, H. L. (1999). Subjective wellbeing: Three decades of progress. *Psychological Bulletin, 125*, 276–302.

Diener, E., Wolsic, B., & Fujita, F. (1995). Physical attractiveness and subjective well-being. *Journal of Personality and Social Psychology, 69*, 120–129.

Dijksterhuis, A., & van Knippenberg, A. (1998). The relation between perception and behavior, or how to win a game of Trivial Pursuit. *Journal of Personality and Social Psychology, 74*, 865–877.

Dobson, K. S. (1989). A meta-analysis of the efficacy of cognitive therapy for depression. *Journal of Consulting and Clinical Psychology, 57*, 414–419.

Doniger, W., & Smith, B. (Eds. & Trans.). (1991). *The laws of Manu*. London: Penguin.

Donne, J. (1975/1623). *Devotions upon emergent occasions: A critical edition with introduction and commentary*. Salzburg: University of Salzburg.

Donnellan, M. B., Trzesniewski, K. H., Robins, R. W., Moffitt, T. E., & Caspi, A. (2005). Low self-esteem is related to aggression, antisocial behavior, and delinquency. *Psychological Science, 16*, 328–335.

Dunbar, R. (1993). Coevolution of neocortical size, group size and language in humans. *Behavioral and Brain Sciences, 16*, 681–735.

Dunbar, R. (1996). *Grooming, gossip, and the evolution of language*. Cambridge, MA: Harvard University Press.

Dunning, D., Meyerowitz, J. A., & Holzberg, A. D. (2002). Ambiguity and self-evaluation: The role of idiosyncratic trait definitions in self-serving assessments of ability. In *Heuristics and biases: The psychology of intuitive judgment*. (pp. 324–333). Cambridge, UK: Cambridge University Press.

Durkheim, E. (1951/1897). *Suicide*. (J. A. Spalding & G. Simpson, Trans.) New York:

Free Press.

Durkheim, E. (1965/1915). *The elementary forms of the religious life.* (J. W. Swain, Trans.) New York: Free Press.

Ekman, P., Sorensen, E., & Friesen, W. V. (1969). Pan-cultural elements in the facial displays of emotion. *Science,* 164, 86 – 88.

Elder, G. H., Jr. (1974). *Children of the great depression.* Chicago: University of Chicago Press.

Elder, G. H. (1998). The life course and human development. In R. M. Lerner (Ed.), *Handbook of child psychology.* Vol. 1, *Theoretical models of human development* (pp. 939 – 991). New York: Wiley.

Eliade, M. (1959/1957). *The sacred and the profane: The nature of religion.* (W. R. Task, Trans.). San Diego, CA: Harcourt Brace.

Emerson, R. W. (1960a/1838). The divinity school address. In S. Whicher (Ed.), *Selections from Ralph Waldo Emerson* (pp. 100 – 116). Boston: Houghton Mifflin.

Emerson, R. W. (1960b/1838). Nature. In S. Whicher (Ed.), *Selections from Ralph Waldo Emerson* (pp. 21 – 56). Boston: Houghton Mifflin.

Emmons, R. A. (1999). *The psychology of ultimate concerns: Motivation and spirituality in personality.* New York: Guilford.

Emmons, R. A. (2003). Personal goals, life meaning, and virtue: Wellsprings of a positive life. In C. L. M. Keyes & J. Haidt (Eds.), *Flourishing: Positive psychology and the life well-lived* (pp. 105 – 128). Washington DC: American Psychological Association.

Emmons, R. A., & McCullough, M. E. (2003). Counting blessings versus burdens: An experimental investigation of gratitude and subjective well-being in daily life. *Journal of Personality and Social Psychology,* 84, 377 – 389.

Epictetus (1983/1st-2nd cent. CE). *The manual.* (N. White, Trans.). Indianapolis, IN: Hackett.

Epicurus (1963/c. 290 BCE). *The philosophy of Epicurus.* (G. K. Strodach, Trans.). Chicago: Northwestern University Press.

Epley, N., & Caruso, E. M. (2004). Egocentric ethics. *Social Justice Research,* 17, 171 – 187.

Epley, N., & Dunning, D. (2000). Feeling "holier than thou": Are self-serving assessments produced by errors in self- or social prediction. *Journal of Personality and Social Psychology,* 79, 861 – 875.

Erikson, E. H. (1963/1950.) *Childhood and society*. (2nd ed.). New York: Norton.

Fadiman, J., & Frager, R. (Eds.). (1997). *Essential Sufism*. San Francisco: HarperSanFrancisco.

Fazio, R. H., Sanbonmatsu, D. M., Powell, M. C., & Kardes, F. R. (1986). On the automatic evaluation of attitudes. *Journal of Personality and Social Psychology*, 50, 229 – 238.

Feeney, J. A., & Noller, P. (1996). *Adult attachment*. Thousand Oaks, CA: Sage.

Feinberg, T. E. (2001). *Altered egos: How the brain creates the self*. New York: Oxford University Press.

Feingold, A. (1992). Good looking people are not what we think. *Psychological Bulletin*, 111, 304 – 341.

Feng, G. F., & English, J. (Eds.). (1972). *Tao Te Ching*. New York: Random House.

Fenton, T. (2005.) *Bad news: The decline of reporting, the business of news, and the danger to us all*. New York: Regan Books.

Fisher, H. (2004). *Why we love: The nature and chemistry of romantic love*. New York: Henry Holt.

Fitzgerald, J. M. (1988). Vivid memories and the reminiscence phenomenon: The role of a self-narrative. *Human Development*, 31, 261 – 273.

Flanagan, O. (1991.) *Varieties of moral personality: Ethics and psychological realism*. Cambridge, MA: Harvard University Press.

Fleeson, W., Malanos, A. B., & Achille, N. M. (2002). An intraindividual process approach to the relationship between extraversion and positive affect: Is acting extraverted as "good" as being extraverted? *Journal of Personality and Social Psychology*, 83, 1409 – 1422.

Frank, R. H. (1999). *Luxury fever: Why money fails to satisfy in an era of excess*. New York: Free Press.

Frank, R. H. (1988). *Passions within reason: The strategic role of the emotions*. New York: Norton.

Frankl, V. E. (1984). *Man's search for meaning*. New York: Pocket Books.

Franklin, B. (1962/c. 1791). *Autobiography of Benjamin Franklin*. New York: MacMillan.

Franklin, B. (1980/1733 – 1758). *Poor Richard's Almanack (selections)*. Mount Vernon, NY: Peter Pauper Press.

Frederick, S., & Loewenstein, G. (1999). Hedonic adaptation. In D. Kahneman, E.

Diener & N. Schwartz (Eds.), *Well-being: The foundations of hedonic psychology* (pp. 302–329). New York: Russell Sage.

Fredrickson, B. L. (1998). What good are positive emotions? *Review of General Psychology, 2*, 300–319.

Fredrickson, B. L. (2001). The role of positive emotions in positive psychology: The broaden-and-build theory of positive emotions. *American Psychologist, 56*, 218–226.

Freitas, A. L., and Higgins, E. T. (2002). Enjoying goal-directed action: The role of regulatory fit. *Psychological Science, 13*, 1–6.

Freud, S. (1976/1900). *The interpretation of dreams.* (J. Strachey, Trans.) New York: Norton.

Gallup, G. (1982). Self-awareness and the emergence of mind in primates. *American Journal of Primatology, 2*, 237–248.

Gardner, H., Csikszentmihalyi, M., & Damon, W. (2001). *Good work: When excellence and ethics meet.* New York: Basic Books.

Gazzaniga, M. S. (1985). *The social brain.* New York: Basic Books.

Gazzaniga, M. S., Bogen, J. E., & Sperry, R. W. (1962). Some functional effects of sectioning the cerebral commissures in man. *Proceedings of the National Academy of Sciences, USA, 48*, 1765–1769.

Geertz, C. (1973). Thick description: Toward an interpretive theory of culture. In C. Geertz (Ed.), *The interpretation of cultures.* New York: Basic Books.

Gershon, M. D. (1998). *The second brain.* New York: HarperCollins.

Gibbard, A. (1990). *Wise choices, apt feelings.* Cambridge, MA: Harvard University Press.

Gibran, K. (1977/1923). *The prophet.* New York: Alfred A. Knopf.

Gladwell, M. (2000). *The tipping point: How little things can make a big difference.* New York: Little Brown.

Gladwell, M. (2005). *Blink: The power of thinking without thinking.* New York: Little, Brown.

Glass, D. C., & Singer, J. E. (1972). *Urban stress; Experiments on noise and social stressors.* New York: Academic Press.

Glover, J. (2000). *Humanity: A moral history of the twentieth century.* New Haven, CT: Yale University Press.

Goldenberg, J. L., Pyszczynski, T., Greenberg, J., McCoy, S. K., & Solomon, S.

(1999). Death, sex, love, and neuroticism: Why is sex such a problem? *Journal of Personality and Social Psychology, 77*, 1173 – 1187.

Goldenberg, J. L., Pyszczynski, T., Greenberg, J., Solomon, S., Kluck, B., & Cornwell, R. (2001). I am NOT an animal: Mortality salience, disgust, and the denial of human creatureliness. *Journal of Experimental Psychology: General, 130*, 427 – 435.

Gottman, J. (1994). *Why marriages succeed or fail.* New York: Simon & Schuster.

Graham, J., and Haidt, J. (manuscript in preparation). *The implicit and explicit moral values of liberals and conservatives.* University of Virginia, Dept. of Psychology.

Gray, J. A. (1994). Framework for a taxonomy of psychiatric disorder. In S. H. M. van Goozen & N. E. Van de Poll (Eds.), *Emotions: Essays on emotion theory* (pp. 29 – 59). Hillsdale, NJ: Lawrence Erlbaum.

Gray, J. G. (1970/1959). *The Warriors: Reflections of men in battle.* New York: Harper & Row.

Grob, C. S., & de Rios, M. D. (1994). Hallucinogens, managed states of consciousness, and adolescents: Cross-cultural perspectives. In P. K. Bock (Ed.), *Psychological Anthropology* (pp. 315 – 329). Westport, CT: Praeger.

Gross, J., & Haidt, J. (2005). The morality and politics of self-change. Unpublished manuscript, University of Virginia.

Guth, W., Schmittberger, R., and Schwarze, B. (1982). An experimental analysis of ultimatum bargaining. *Journal of Economic Behavior and Organization, 3*, 367 – 388.

Guyer, P. (Ed.). (1992). *The Cambridge companion to Kant.* Cambridge, UK: Cambridge University Press.

Haidt, J. (2001). The emotional dog and its rational tail: A social intuitionist approach to moral judgment. *Psychological Review, 108*, 814 – 834.

Haidt, J. (2003). Elevation and the positive psychology of morality. In C. L. M. Keyes and J. Haidt (Eds.), *Flourishing: Positive psychology and the life welllived* (pp. 275 – 289). Washington, DC: American Psychological Association.

Haidt, J., Koller, S., and Dias, M. (1993). Affect, culture, and morality, or is it wrong to eat your dog? *Journal of Personality and Social Psychology, 65*, 613 – 628.

Haidt, J., Rozin, P., McCauley, C. R., & Imada, S. (1997). Body, psyche, and culture: The relationship between disgust and morality. *Psychology and Developing Societies, 9*, 107 – 131.

Haidt, J., & Rodin, J. (1999). Control and efficacy as interdisciplinary bridges. *Review of General Psychology, 3,* 317-337.

Haidt, J., & Hersh, M. A. (2001). Sexual morality: The cultures and reasons of liberals and conservatives. *Journal of Applied Social Psychology, 31,* 191-221.

Haidt, J., Rosenberg, E., & Hom, H. (2003). Differentiating diversities: Moral diversity is not like other kinds. *Journal of Applied Social Psychology, 33,* 1-36.

Haidt, J., & Joseph, C. (2004). Intuitive ethics: How innately prepared intuitions generate culturally variable virtues. *Daedalus* (Fall), 55-66.

Haidt, J., & Keltner, D. (2004). Appreciation of beauty and excellence. In C. Peterson and M. E. P. Seligman (Eds.), *Character strengths and virtues* (pp. 537-551). Washington, DC: American Psychological Association.

Haidt, J., & Bjorklund, F. (in press). Social intuitionists answer six questions about morality. In W. Sinnott-Armstrong (Ed.), *Moral psychology.* Vol. 2, *The cognitive science of morality.*

Hamer, D. H. (2004). *The God gene: How faith is hardwired into our genes.* New York: Doubleday.

Hamilton, W. D. (1964). The genetical evolution of social behavior, parts 1 and 2. *Journal of Theoretical Biology, 7,* 1-52.

Hansen, C. (1991). Classical Chinese Ethics. In P. Singer (Ed.), *A companion to ethics* (pp. 69-81). Oxford, UK: Basil Blackwell.

Hare, R. D. (1993). *Without conscience.* New York: Pocket Books.

Harker, L., & Keltner, D. (2001). Expressions of positive emotion in women's college yearbook pictures and their relationship to personality and life outcomes across adulthood. *Journal of Personality and Social Psychology, 80,* 112-124.

Harlow, H. F. (1971). *Learning to love.* San Francisco, CA: Albion.

Harlow, H. F., Harlow, M. K., & Meyer, D. R. (1950). Learning motivated by a manipulation drive. *Journal of Experimental Psychology, 40,* 228-234.

Harlow, H. F., & Zimmerman, R. (1959). Affectional responses in the infant monkey. *Science, 130,* 421-432.

Harris, J. R. (1995). Where is the child's environment? A group socialization theory of development. *Psychological Review, 102,* 458-489.

Hazan, C., & Shaver, P. (1987). Romantic love conceptualized as an attachment process. *Journal of Personality and Social Psychology, 52,* 511-524.

Hazan, C., & Zeifman, D. (1999). Pair bonds as attachments. In J. Cassidy & P. R.

조너선 하이트의 바른 행복

Shaver (Eds.), *Handbook of attachment: Theory, research, and applications* (pp. 336–354). New York: Guilford.

Heine, S. J., & Lehman, D. R. (1999). Culture, self-discrepancies, and selfsatisfaction. *Personality and Social Psychology Bulletin, 25,* 915–925.

Helson, H. (1964). *Adaptation level theory: An experimental and systematic approach to behavior.* New York: Harper & Row.

Hick, J. (1967). The problem of evil. In P. Edwards (Ed.), *The Encyclopedia of Philosophy,* Vols. 3 & 4 (pp. 136–141). New York: Macmillan.

Hill, K., & Hurtado, A. M. (1996). *Ache life history.* New York: Aldine de Gruyter.

Hollon, S. D., & Beck, A. T. (1994). Cognitive and cognitive-behavioral therapies. In A. E. Bergin & S. L. Garfield (Eds.), *Handbook of psychotherapy and behavior change* (4th ed.). New York: Wiley.

Hollon, S. D., DeRubeis, R. J., Shelton, R. C., & Weiss, B. (2002). The emperor's new drugs: Effect size and moderation effects. *Prevention and Treatment, 5,* n.p.

Holmes, O. W., Jr. (1891). *Speeches.* Boston: Little, Brown.

Hom, H., & Haidt, J. (in preparation). The bonding and norming functions of gossip. Unpublished manuscript, University of Virginia.

Hoorens, V. (1993). Self-enhancement and superiority biases in social comparisons. In Vol. 4 of W. Strobe & M. Hewstone (Eds.), *European review of social psychology* (pp. 113–139). Chichester, UK: John Wiley.

Hume, D. (1969/1739). *A treatise of human nature.* London: Penguin.

Hunter, J. D. (2000). *The death of character: Moral education in an age without good and evil.* New York: Basic Books.

Irving, W. (1976). *George Washington: A biography.* Charles Neider (Ed.). Garden City, NY: Doubleday.

Isen, A. M., & Levin, P. F. (1972). Effect of feeling good on helping: Cookies and kindness. *Journal of Personality and Social Psychology, 21,* 384–388.

Isen, A. M., & Simmonds, S. (1978). The effect of feeling good on a helping task that is incompatible with good mood. *Social Psychology, 41,* 346–349.

Ito, T. A., & Cacioppo, J. T. (1999). The psychophysiology of utility appraisals. In D. Kahneman, E. Diener, and N. Schwarz (Eds.), *Well-being: The foundations of hedonic psychology* (pp. 470–488). New York: Russell Sage Foundation.

Iyengar, S. S., & Lepper, M. R. (2000). When choice is demotivating: Can one desire too much of a good thing? *Journal of Personality and Social Psychology, 79,*

995 – 1006.

James, W. (1950/1890). *The principles of psychology.* Vol. 2. New York: Dover.

James, W. (1961/1902). *The varieties of religious experience.* New York: Macmillan.

James, J. M., & Bolstein, R. (1992). Effect of monetary incentives and follow-up mailings on the response rate and response quality in mail surveys. *Public Opinion Quarterly, 54*, 442 – 453.

Jankowiak, W. R., & Fischer, E. F. (1992). A cross-cultural perspective on romantic love. *Ethnology, 31*, 149 – 155.

Jefferson, T. (1975/1771). Letter to Robert Skipwith. In M. D. Peterson (Ed.), *The portable Thomas Jefferson* (pp. 349 – 351). New York: Penguin.

Julien, R. M. (1998). *A primer of drug action.* (8th ed.). New York: W. H. Freeman.

Jung, C. G. (1963). *Memories, dreams, reflections.* New York: Pantheon.

Kagan, J. (1994). *Galen's prophecy: Temperament in human nature.* New York: Basic Books.

Kagan, J. (2003). Biology, context, and developmental inquiry. *Annual Review of Psychology, 54*, 1 – 23.

Kahneman, D., & Tversky, A. (1979). Prospect theory: An analysis of decisions under risk. *Econometrica, 47*, 263 – 291.

Kant, I. (1959/1785). *Foundation of the metaphysics of morals.* (L. W. Beck, Trans.) Indianapolis, IN: Bobbs-Merrill.

Kaplan, H. R. (1978). *Lottery winners: How they won and how winning changed their lives.* New York: Harper and Row.

Kass, L. R. (1994). *The hungry soul: Eating and the perfecting of our nature.* Chicago: University of Chicago.

Kasser, T. (2002). *The high price of materialism.* Cambridge, MA: MIT Press.

Kasser, T., & Ryan, R. M. (1996). Further examining the American dream: Differential correlates of intrinsic and extrinsic goals. *Personality and Social Psychology Bulletin, 22*, 280 – 287.

Keller, H. (1938). *Helen Keller's journal.* Garden City, NY: Doubleday.

Keltner, D., & Haidt, J. (2003). Approaching awe, a moral, spiritual, and aesthetic emotion. *Cognition and Emotion, 17*, 297 – 314.

Keyes, C. L. M., & Haidt, J. (Eds.). (2003). *Flourishing: Positive psychology and the life well lived.* Washington, DC: American Psychological Association.

King, L. A. (2001). The hard road to the good life: The happy, mature person. *Journal of Humanistic Psychology, 41*, 51 – 72.

Klemke, E. D. (Ed.). (2000). *The meaning of life.* (2nd ed.). New York: Oxford University Press.

Kohn, M. L., and Schooler, C. (1983). *Work and personality: An inquiry into the impact of social stratification.* Norwood, NJ: Ablex.

Kosfeld, M., Heinrichs, M., Zak, P. J., Fischbacher, U., & Fehr, E. (2005). Oxytocin increases trust in humans. *Nature, 435*, 673 – 676.

Koslowsky, M., & Kluger, A. N. (1995). *Commuting stress.* New York: Plenum.

Kramer, P. D. (1993). *Listening to Prozac.* New York: Viking.

Kuhn, D. (1991). *The skills of argument.* Cambridge, UK: Cambridge University Press.

Kunda, Z. (1990). The case for motivated reasoning. *Psychological Bulletin, 108*, 480 – 498.

Kunz, P. R., & Woolcott, M. (1976). Season's greetings: from my status to yours. *Social Science Research, 5*, 269 – 278.

LaBar, K. S., & LeDoux, J. E. (2003). Emotional learning circuits in animals and humans. In R. J. Davidson, K. R. Scherer & H. H. Goldsmith (Eds.), *Handbook of affective sciences* (pp. 52 – 65). Oxford, UK: Oxford University Press.

Laertius, D. (1925/3rd cent. CE). *Lives of eminent philosophers.* (R. D. Hicks, Trans.) London: Heinemann.

Lakin, J. L., and Chartrand, T. L. (2003). Using nonconscious behavioral mimicry to create affiliation and rapport. *Psychological Science, 14*, 334 – 339.

Lakoff, G., & Johnson, M. (1980). *Metaphors we live by.* Chicago: University of Chicago Press.

Lakoff, G., & Johnson, M. (1999). *Philosophy in the flesh.* New York: Basic Books.

Langer, E. J., & Rodin, J. (1976). The effects of choice and enhanced personal responsibility for the aged: A field experiment in an institutional setting. *Journal of Personality and Social Psychology, 34*, 191 – 198.

Lazarus, R. S., & Folkman, S. (1984). *Stress, appraisal, and coping.* New York: Springer.

Leakey, R. (1994). *The origin of humankind.* New York: Basic Books.

Leary, M. (2004). *The curse of the self: Self-awareness, egotism, and the quality of human life.* Oxford, UK: Oxford University Press.

Le Conte, J. (1892). *Evolution: Its nature, its evidences, and its relation to religious thought*. (2nd ed.). New York: D. Appleton.

LeDoux, J. (1996). *The Emotional Brain*. New York: Simon & Schuster.

Lerner, M. J., & Miller, D. T. (1978). Just world research and the attribution process: Looking back and ahead. *Psychological Bulletin, 85*, 1030 – 1051.

Leys, S. (Ed.). (1997). *The analects of Confucius*. New York: Norton.

Lichtheim, M. (1976). *Ancient egyptial literature: A book of readings*. Vol. 2, *The new kingdom*. Berkeley: University of California.

Lorenz, K. J. (1935). Der kumpan in der umvelt des vogels. *Journal für Ornithologie, 83*, 137 – 213.

Lucas, R. E. (2005). Happiness can change: A longitudinal study of adaptation to disability. Unpublished manuscript. Michigan State University.

Lucas, R. E., Clark, A. E., Georgellis, Y., & Diener, E. (2003). Reexamining adaptation and the set point model of happiness: Reactions to changes in marital status. *Journal of Personality and Social Psychology, 84*, 527 – 539.

Lucas, R. E., & Dyrenforth, P. S. (in press). Does the existence of social relationships matter for subjective well-being? In K. D. Vohs & E. J. Finkel (Eds.), *Intrapersonal processes and interpersonal relationships: Two halves, one self*. New York: Gulford.

Lucas, R. E., & Gohm, C. L. (2000). Age and sex differences in subjective wellbeing across cultures. In E. Diener & E. M. Suh (Eds.), *Culture and subjective wellbeing* (pp. 291 – 318). Cambridge, MA: MIT press.

Lucretius. (1977/c. 59 BCE). *The nature of things*. (F. O. Copley, Trans.) New York: Norton.

Lykken, D. T. (1999). *Happiness: What studies on twins show us about nature, nurture, and the happiness set-point*. New York: Golden Books.

Lykken, D. T., McGue, M., Tellegen, A., & Bouchard, T. J. (1992). Emergenesis: Genetic traits that may not run in families. *American Psychologist, 47*, 1565 – 1577.

Lykken, D. T., & Tellegen, A. (1996). Happiness is a stochastic phenomenon. *Psychological Science, 7*, 186 – 189.

Lynn, M., & McCall, M. (1998). Beyond gratitude and gratuity. Unpublished manuscript, Cornell University, School of Hotel Administration, Ithaca, NY.

Lyte, M., Varcoe, J. J., & Bailey, M. T. (1998). Anxiogenic effect of subclinical bacterial infection in mice in the absence of overt immune activation. *Physiology and behavior, 65*, 63 – 68.

Lyubomirsky, S., King, L., & Diener, E. (in press). The benefits of frequent positive affect: Does happiness lead to success? *Psychological Bulletin.*

Lyubomirsky, S., Sheldon, K. M., & Schkade, D. (in press). Pursuing happiness: The architecture of sustainable change. *Review of General Psychology.*

Machiavelli, N. (1940/c. 1517). *The prince and the discourses.* (L. Ricci & C. E. Detmold, Trans.). New York: Modern Library.

MacIntyre, A. (1981). *After virtue.* Notre Dame, IN: University of Notre Dame Press.

Marcus, G. (2004). *The birth of the mind.* New York: Basic Books.

Margolis, H. (1987). *Patterns, thinking, and cognition.* Chicago: University of Chicago Press.

Markus, H. R., & Kitayama, S. (1991). Culture and the self: Implications for cognition, emotion, and motivation. *Psychological Review, 98*, 224 – 253.

Marx, K. (1977/1867). *Capital: A critique of political economy.* New York: Vintage.

Mascaro, J. (Ed. and Trans.). (1965). *The Upanishads.* London: Penguin.

Mascaro, J. (Ed. and Trans.). (1973). *The Dhammapada.* Harmondsworth, UK: Penguin.

Maslow, A. H. (1964). *Religions, values, and peak-experiences.* Columbus, OH: Ohio State University Press.

Mastekaasa, A. (1994). Marital status, distress, and well-being: An international comparison. *Journal of Comparative Family Studies, 25*, 183 – 205.

McAdams, D. P. (1994). Can personality change? Levels of stability and growth in personality across the life span. In T. F. Heatherton & J. L. Weinberger (Eds.), *Can personality change?* (pp. 299 – 313). Washington, DC: American Psychological Association.

McAdams, D. P. (2001). The psychology of life stories. *Review of General Psychology, 5*, 100 – 122.

McCraty, R., and Childre, D. (2004). The grateful heart: The psychophysiology of appreciation. In R. A. Emmons and M. E. McCullough (Eds.), *The psychology of gratitude* (pp. 230 – 255). New York: Oxford.

McCullough, M. E., Hoyt, W. T., Larson, D. B., Koenig, H. G., & Thoresen, C. (2000). Religious involvement and mortality: A meta-analytic review. *Health Psychology, 1*, 211 – 222.

McNeill, W. H. (1995). *Keeping together in time: Dance and drill in human history.*

Cambridge, MA.: Harvard University Press.

Meichenbaum, D. (1985). *Stress innoculation training.* New York: Pergamon.

Metcalfe, J., & Mischel, W. (1999). A hot/cool-system analysis of delay of gratification: Dynamics of willpower. *Psychological Review,* 106, 3 – 19.

Miller, N. E. (1944). Experimental studies of conflict. In J. M. Hunt (Ed.), *Personality and the behavior disorders.* New York: Ronald Press.

Miller, W. I. (1997). *The anatomy of disgust.* Cambridge, MA: Harvard University Press.

Miller, W. R., & C'de Baca, J. (2001). *Quantum Change.* New York: Guilford.

Mithen, S. (2000). Mind, brain and material culture: An archaeological perspective. In P. Carruthers and A. Chamberlain (Eds.), *Evolution and the human mind* (pp. 207 – 217), Cambridge: Cambridge University Press.

Montaigne, M. (1991/1588). *The complete essays.* (M. A. Screech, Ed. & Trans.). London: Penguin.

Moss, C. (1998). *Elephant Memories: Thirteen years in the life of an elephant family.* New York: William Morrow.

Mroczek, D. K., & Spiro, A. (2005). Change in life satisfaction during adulthood: Findings from the veterans affairs normative aging study. *Journal of Personality and Social Psychology,* 88, 189 – 202.

Myers, D. G. (2000). The funds, friends, and faith of happy people. *American Psychologist,* 55, 56 – 67.

Nakamura, J., and Csikszentmihalyi, M. (2003). The construction of meaning through vital engagement. In C. L. M. Keyes and J. Haidt (Eds.), *Flourishing: Positive psychology and the life well-lived* (pp. 83 – 104). Washington, DC: American Psychological Association.

Nestler, E. J., Hyman, S. E., & Malenka, R. C. (2001). *Molecular neuropharmacology: A foundation for clinical neuroscience.* New York: McGraw-Hill.

Newberg, A., D'Aquili, E., & Rause, V. (2001). *Why God won't go away: Brain science and the biology of belief.* New York: Ballantine.

Nietzsche, F. (1997/1889). *Twilight of the idols.* (R. Polt, Trans.) Indianapolis, IN: Hackett.

Nolen-Hoeksema, S., & Davis, C. G. (2002). Positive responses to loss. In C. R. Snyder & S. J. Lopez (Eds.), *Handbook of positive psychology* (pp. 598 – 607). New York: Oxford.

조너선 하이트의 바른 행복

Nosek, B. A., Banaji, M. R., & Greenwald, A. G. (2002). Harvesting intergroup implicit attitudes and beliefs from a demonstration web site. *Group Dynamics, 6,* 101-115.

Nosek, B. A., Greenwald, A. G., & Banaji, M. R. (in press). The Implicit Association Test at age 7: A methodological and conceptual review. In J. A. Bargh (Ed.), *Automatic processes in social thinking and behavior.* Philadelphia: Psychology Press.

Nussbaum, M. C. (2001). *Upheavals of thought.* Cambridge, UK: Cambridge University Press.

O'Connor, E. (Ed. & Trans.). (1993). *The essential Epicurus.* Amherst, NY: Prometheus Books.

Obeyesekere, G. (1985). Depression, Buddhism, and work of culture in Sri Lanka. In A. Klineman & B. Good (Eds.), *Culture and depression* (pp. 134-152). Berkeley: University of California Press.

Olds, J., & Milner, P. (1954). Positive reinforcement produced by electrical stimulation of septal areas and other regions of rat brains. *Journal of Comparative and Physiological Psychology, 47,* 419-427.

Ovid (2004/c. 10 CE). *Metamorphoses.* (D. Raeburn, Trans.). London: Penguin.

Pachocinski, R. (1996). *Proverbs of Africa: Human nature in the Nigerian oral tradition.* St. Paul, MN: Professors World Peace Academy.

Pahnke, W. N. (1966). Drugs and mysticism. *International Journal of Parapsychology, 8,* 295-313.

Panthanathan, K., and Boyd, R. (2004). Indirect reciprocity can stabilize cooperation without the second-order free rider problem. *Nature, 432,* 499-502.

Park, C. L., Cohen, L., & Murch, R. (1996). Assessment and prediction of stress-related growth. *Journal of Personality, 64,* 71-105.

Pelham, B. W., Mirenberg, M. C., & Jones, J. K. (2002). Why Susie sells seashells by the seashore: Implicit egotism and major life decisions. *Journal of Personality and Social Psychology, 82,* 469-487.

Pennebaker, J. (1997). *Opening up: The healing power of expressing emotions* (Rev. ed.). New York: Guilford.

Perkins, D. N., Farady, M., & Bushey, B. (1991). Everyday reasoning and the roots of intelligence. In J. F. Voss, D. N. Perkins & J. W. Segal (Eds.), *Informal reasoning and education* (pp. 83-105). Hillsdale, NJ: Erlbaum.

Peterson, C., & Seligman, M. E. P. (2004). *Character strengths and virtues: A handbook and classification.* Washington, DC: American Psychological Association and Oxford University Press.

Piaget, J. (1965/1932). *The moral judgment of the child.* (M. Gabain, Trans.) New York: Free Press.

Piliavin, J. A. (2003). Doing well by doing good: Benefits for the benefactor. In C. L. M. Keyes and J. Haidt (Eds.), *Flourishing: Positive psychology and the life well-lived* (pp. 227-247). Washington, DC: American Psychological Association.

Pincoffs, E. L. (1986). *Quandaries and virtues: Against reductivism in ethics.* Lawrence, KS: University of Kansas.

Pinker, S. (1997). *How the mind works.* New York: Norton.

Pinker, S. (2002). *The blank slate: The modern denial of human nature.* New York: Viking.

Plomin, R., & Daniels, D. (1987). Why are children in the same family so different from one another? *Behavioral and Brain Sciences, 10,* 1-60.

Pronin, E., Lin, D. Y., & Ross, L. (2002). The bias blind spot: Perceptions of bias in self versus others. *Personality and Social Psychology Bulletin, 28,* 369-381.

Proust, M. (1992a/1922). *In search of lost time.* Vol. 2, *Within a budding grove.* (C. K. S. Moncreiff & T. Kilmartin, Trans.) London: Chatto and Windus.

Proust, M. (1992b/1922). *In search of lost time.* Vol. 5, *The captive and the fugitive.* (C. K. S. Moncreiff & T. Kilmartin, Trans.) London: Chatto and Windus.

Putnam, R. D. (2000). *Bowling alone: The collapse and revival of American community.* New York: Simon & Schuster.

Pyszcsynski, T., Greenberg, J., & Solomon, S. (1997). Why do we want what we want? A terror management perspective on the roots of human social motivation. *Psychological Inquiry, 8,* 1-20.

Pyszczynski, T., & Greenberg, J. (1987). Toward an integration of cognitive and motivational perspectives on social inference: A biased hypothesis-testing model. *Advances in Experimental Social Psychology, 20,* 297-340.

Reis, H. T., & Gable, S. L. (2003). Toward a positive psychology of relationships. In C. L. M. Keyes & J. Haidt (Eds.), *Flourishing: Positive psychology and the life well-lived* (pp. 129-159). Washington, DC: American Psychological Association.

Richerson, P. J., & Boyd, R. (1998). The evolution of human ultra-sociality. In I. Eibl-Eibesfeldt & F. K. Salter (Eds.), *Indoctrinability, ideology, and warfare:*

Evolutionary perspectives (pp. 71 – 95). New York: Berghahn.

Richerson, P. J., & Boyd, R. (2005). *Not by genes alone: How culture transformed human evolution.* Chicago: University of Chicago Press.

Ridley, M. (1996). *The origins of virtue.* Harmondsworth, UK: Penguin.

Riis, J., Loewenstein, G., Baron, J., Jepson, C., Fagerlin, A., & Ubel, P. A. (2005). Ignorance of hedonic adaptation to hemodialysis: A study using ecological momentary assessment. *Journal of Experimental Psychology: General, 134,* 3 – 9.

Rind, B., Tromovitch, P., & Bauserman, R. (1998). A meta-analytic examination of assumed properties of child sexual abuse using college samples. *Psychological Bulletin, 124,* 22 – 53.

Rodin, J., & Langer, E. (1977). Long-term effects of a control-relevant intervention with the institutionalized aged. *Journal of Personality and Social Psychology, 35,* 897 – 902.

Rolls, E. T. (1999). *The brain and emotion.* Oxford, UK: Oxford University Press.

Ross, M., & Sicoly, F. (1979). Egocentric biases in availability and attribution. *Journal of Personality and Social Psychology, 37,* 322 – 336.

Rozin, P., & Fallon, A. (1987). A perspective on disgust. *Psychological Review, 94,* 23 – 41.

Rozin, P., Haidt, J., McCauley, C., & Imada, S. (1997). Disgust: Preadaptation and the evolution of a food-based emotion. In H. MacBeth (Ed.), *Food preferences and taste* (pp. 65 – 82). Providence, RI: Berghahn.

Rozin, P., Haidt, J., & McCauley, C. (2000). Disgust. In M. Lewis and J. M. Haviland-Jones (Eds.), *Handbook of emotions* (pp. 637 – 653). New York: Guilford Press.

Rozin, P., and Royzman, E. B. (2001). Negativity bias, negativity dominance, and contagion. *Personality and Social Psychology Review, 5,* 296 – 320.

Russell, J. B. (1988). *The prince of darkness: Radical evil and the power of good in history.* Ithaca, NY: Cornell University Press.

Ryan, R. M., and Deci, E. L. (2000). Self-determination theory and the facilitation of intrinsic motivation, social development, and well-being. *American Psychologist, 55,* 68 – 78.

Ryff, C. D., & Singer, B. (2003). Flourishing under fire: Resilience as a prototype of challenged thriving. In C. L. M. Keyes & J. Haidt (Eds.), *Flourishing: Positive psychology and the life well-lived* (pp. 15 – 36). Washington, DC: American

Psychological Association.

Sabini, J., & Silver, M. (1982). *Moralities of everyday life*. Oxford, UK: Oxford University Press.

Salovey, P., & Mayer, J. D. (1990). Emotional intelligence. *Imagination, Cognition, and personality, 9*, 185 – 211.

Sampson, R. J. (1993). Family management and child development: Insights from social disorganization theory. Vol. 6 of J. McCord (Ed.), *Advances in criminological theory* (pp. 63 – 93). New Brunswick, NJ: Transaction Press.

Sanfey, A. G., Rilling, J. K., Aronson, J. A., Nystrom, L. E., & Cohen, J. D. (2003). The neural basis of economic decision-making in the ultimatum game. *Science, 300*, 1755 – 1758.

Sartre, J. P. (1989/1944). *No exit and three other plays*. (S. Gilbert, Trans.). New York: Vintage International.

Schatzberg, A. F., Cole, J. O., & DeBattista, C. (2003). *Manual of Clinical Psychopharmacology*, (4th Ed.). Washington, DC: American Psychiatric Publishing.

Schkade, D. A., & Kahneman, D. (1998). Does living in California make people happy? A focusing illusion in judgments of life satisfaction. *Psychological Science, 9*, 340 – 346.

Schulz, R., & Decker, S. (1985). Long-term adjustment to physical disability: The role of social support, perceived control, and self-blame. *Journal of Personality and Social Psychology, 48*, 1162 – 1172.

Schwartz, B. (2004). *The paradox of choice*. New York: HarperCollins.

Schwartz, B., Ward, A., Monterosso, J., Lyubomirsky, S., White, K., & Lehman, D. R. (2002). Maximizing versus satisficing: Happiness is a matter of choice. *Journal of Personality and Social Psychology, 83*, 1178 – 1197.

Seligman, M. E. P. (1995). The effectiveness of psychotherapy: The Consumer Reports study. *American Psychologist, 50*, 965 – 974.

Seligman, M. E. P. (2002). *Authentic happiness*. New York: Free Press.

Seneca, L. A. (1917 – 1925/c. 50 CE). *Moral epistles*. Vol. 1, The Loeb Classical Library. Cambridge, MA: Harvard University Press.

Shapiro, S., Schwartz, G. E. R., & Santerre, C. (2002). Meditation and positive psychology. In C. R. Snyder & S. J. Lopez (Eds.), *Handbook of positive psychology* (pp. 632 – 645). New York: Oxford University Press.

조너선 하이트의 바른 행복

Sheldon, K. M. (2004). *Optimal human being: An integrated multi-level perspective.* Mahwah, NJ: Lawrence Erlbaum.

Sheldon, K. M., & Kasser, T. (1995). Coherence and congruence: Two aspects of personality integration. *Journal of Personality and Social Psychology, 68,* 531–543.

Shoda, Y., Mischel, W., & Peake, P. K. (1990). Predicting adolescent cognitive and self-regulatory competencies from preschool delay of gratification: Identifying diagnostic conditions. *Developmental Psychology, 26,* 978–986.

Shore, B. (1996). *Culture in mind: Cognition, culture, and the problem of meaning.* New York: Oxford University Press.

Shulgin, A. (1991). *PIHKAL: A chemical love story.* Berkeley: Transform Press.

Shweder, R. A., Much, N. C., Mahapatra, M., & Park, L. (1997). The "big three" of morality (autonomy, community, and divinity), and the "big three" explanations of suffering. In A. Brandt & P. Rozin (Eds.), *Morality and Health* (pp. 119–169). New York: Routledge.

Singer, P. (1979). *Practical ethics.* Cambridge, UK: Cambridge University Press.

Skitka, L. J. (2002). Do the means always justify the ends, or do the ends sometimes justify the means? A value protection model of justice reasoning. *Personality and Social Psychology Bulletin, 28,* 588–597.

Smith, A. (1976/1759). *The theory of moral sentiments.* Oxford, UK: Oxford University Press.

Smith, N. M., Floyd, M. R., Scogin, F., & Jamison, C. S. (1997). Three year followup of bibliotherapy for depression. *Journal of Consulting and Clinical Psychology, 65,* 324–327.

Solnick, S. J., & Memenway, D. (1998). Is more always better? A survey on positional concerns. *Journal of Economic Behavior and Organization, 37,* 373–383.

Solomon, R. C. (1999). *The joy of philosophy: Thinking thin versus the passionate life.* New York: Oxford University Press.

Srivastava, S., John, O. P., Gosling, S. D., & Potter, J. (2003). Development of personality in early and middle addulthood: Set like plaster or persistent change? *Journal of Personality and Social Psychology, 84,* 1041–1053.

Stall, S. (1904/1897). *What a young man ought to know.* London: Vir Publishing.

Steele, J. D. (1867). *Fourteen weeks in chemistry.* New York: A. S. Barnes.

Sternberg, R. J. (1986). A triangular theory of love. *Psychological Review, 93,* 119–135.

Sternberg, R. J. (1998). A balance theory of wisdom. *Review of General Psychology, 2,* 347–365.

Tajfel, H. (1982). Social psychology of intergroup relations. *Annual Review of Psychology, 33,* 1–39.

Tamir, M., Robinson, M. D., & Clore, G. L. (2002). The epistemic benefits of trait-consistent mood states: An analysis of extraversion and mood. *Journal of Personality and Social Psychology, 83*(3), 663–677.

Tavris, C. (1982). *Anger: The misunderstood emotion.* New York: Simon & Schuster.

Taylor, C. (1989). *Sources of the self: The making of the modern identity.* Cambridge, MA: Harvard University Press.

Taylor, S. E. (2003). *Health psychology.* Boston: McGraw-Hill.

Taylor, S. E., Klein, L. C., Lewis, B. P., Gruenewald, T. L., Gurung, R. A., & Updegraff, J. A. (2000). Biobehavioral responses to stress in females: Tend-and-befriend, not fight-or-flight. *Psychological Review, 107,* 411–429.

Taylor, S. E., Lerner, J. S., Sherman, D. K., Sage, R. M., & McDowell, N. K. (2003). Portrait of the self-enhancer: Well adjusted and well liked or maladjusted and friendless. *Journal of Personality and Social Psychology, 84,* 165–176.

Tedeschi, R. G., Park, C. L., & Calhoun, L. G. (1998). Posttraumatic growth: Conceptual issues. In R. G. Tedeschi, C. L. Park & L. G. Calhoun (Eds.), *Posttraumatic growth: Positive changes in the aftermath of crisis* (pp. 1–22). Mahwah, NJ: Lawrence Erlbaum.

Templeton, J. M. (1997). *Worldwide laws of life: 200 eternal spiritual principles.* Philadelphia: Templeton Foundation Press.

Tennen, H., & Affleck, G. (1998). Personality and transformation in the face of adversity. In R. G. Tedeschi, C. L. Park & L. G. Calhoun (Eds.), *Posttraumatic growth: Positive changes in the aftermath of crisis* (pp. 65–98). Mahwah, NJ: Lawrence Erlbaum.

Thoits, P. A., & Hewitt, L. N. (2001). Volunteer work and well-being. *Journal of Health and Social Behavior, 42,* 115–131.

Thrash, T. M., and Elliot, A. J. (2004). Inspiration: Core characteristics, component processes, antecedents, and function. *Journal of Personality and Social Psychology, 87,* 957.

Thomas, K. (1983). *Man and the Natural World.* New York: Pantheon.

Tooby, J., & Cosmides, L. (1996). Friendship and the banker's paradox: Other pathways to the evolution of adaptations for altruism. *Proceedings of the British Academy,* 88, 119 – 143.

Trevathan, W. (1987). *Human birth.* New York: Aldine de Gruyter.

Trivers, R. L. (1971). The evolution of reciprocal altruism. *Quarterly Review of Biology,* 46, 35 – 57.

Troyat, H. (1967). *Tolstoy.* (N. Amphoux, Trans). New York: Doubleday.

Trut, L. N. (1999). Early canid domestication: The farm fox experiment. *American Scientist,* 87, 160 – 169.

Turkheimer, E. (2000). Three laws of behavior genetics and what they mean. *Current Directions in Psychological Science,* 9, 160 – 164.

Updegraff, J. A., & Taylor, S. E. (2000). From vulnerability to growth: Positive and negative effects of stressful life events. In J. Harvey & E. Miller (Eds.), *Loss and trauma: General and close relationship perspectives* (pp. 3 – 28). Philadelphia: Brunner-Routledge.

Uvnas-Moberg, K. (1998). Oxytocin may mediate the benefits of positive social interaction and emotions. *Psychoneuroimmunology,* 23, 819 – 835.

van Baaren, R. B., Holland, R. W., Steenaert, B., & van Knippenberg, A. (2003). Mimicry for money: Behavioral consequences of imitation. *Journal of Experimental Social Psychology,* 39, 393 – 398.

van Baaren, R. B., Holland, R. W., Kawakami, K., & van Knippenberg, A. (2004). Mimicry and Prosocial Behavior. *Psychological Science,* 15, 71 – 74.

Van Boven, L., & Gilovich, T. (2003). To do or to have? That is the question. *Journal of Personality and Social Psychology* 85, 1193 – 1202.

van IJzendoorn, M. H., Moran, G., Belsky, J., Pederson, D., Bakermans-Kranenburg, M. J., & Kneppers, K. (2000). The similarity of siblings' attachments to their mother. *Child Development,* 71, 1086 – 1098.

Vormbrock, J. K. (1993). Attachment theory as applied to war-time and job-related marital separation. *Psychological Bulletin,* 114, 122 – 144.

Waite, L. J., & Gallagher, M. (2000). *The case for marriage: Why married people are happier, healthier, and better off financially.* New York: Doubleday.

Warren, R. (2002). *The purpose driven life: What on earth am I here for?* Grand Rapids, MI: Zondervan.

Wasson, R. G. (1986). *Persephone's quest: Entheogens and the origins of religion.* New Haven, CT: Yale University Press.

Watson, J. B. (1928). *Psychological care of infant and child.* New York: W. W. Norton.

Wegner, D. (1994). Ironic processes of mental control. *Psychological Review,* 101, 34–52.

Weinfield, N. S., Sroufe, L. A., Egeland, B., & Carlson, E. A. (1999). The nature of individual differences in infant-caregiver attachment. In J. Cassidy & P. R. Shaver (Eds.), *Handbook of attachment: Theory, research, and applications* (pp. 68–88). New York: Guilford.

Wesley, J. (1986/1786). *Works of John Wesley.* A. Outler (Ed.). Nashville, TN: Abingdon Press.

White, R. B. (1959). Motivation reconsidered: The concept of competence. *Psychological Review* 66, 297–333.

Whybrow, P. C. (2005). *American mania: When more is not enough.* New York: Norton.

Wilkinson, G. S. (1984). Reciprocal food sharing in the vampire bat. *Nature,* 308, 181–184.

Williams, G. C. (1966). *Adaptation and natural selection: A critique of some current evolutionary thought.* Princeton: Princeton University Press.

Wilson, D. S. (2002). *Darwin's cathedral: Evolution, religion, and the nature of society.* Chicago: University of Chicago Press.

Wilson, E. O. (1990). *Success and dominance in ecosystems: The case of the social insects.* Oldendorf, Germany: Ecology Institute.

Wilson, T. D., & Gilbert, D. T. (2003). Affective forecasting. In Vol. 35 of M. P. Zanna (Ed.), *Advances in experimental psychology* (pp. 345–411). San Diego, CA: Academic.

Wilson, T. D., & Gilbert, D. T. (2005). Making sense: A model of affective adaptation. Unpublished manuscript.

Wright, R. (1994). *The moral animal.* New York: Pantheon. Wrzesniewski, A., McCauley, C. R., Rozin, P., & Schwartz, B. (1997). Jobs, careers, and callings: People's relations to their work. *Journal of Research in Personality,* 31, 21–33.

Wrzesniewski, A., Rozin, P., & Bennett, G. (2003). Working, playing, and eating: Making the most of most moments. In C. L. M. Keyes & J. Haidt (Eds.), *Flourishing: Positive psychology and the life well-lived* (pp. 185–204). Washington, DC: American Psychological Association.

Zaehner, R. C. (Ed. and Trans.). (1969). *The Bhagavad-Gita.* Oxford: Clarendon.

찾아보기

조너선 하이트의 바른 행복

조너선 하이트의 바른 행복